普通高等教育“十二五”规划教材

工程项目评价

蒋红妍 主编

北 京
冶 金 工 业 出 版 社
2014

内 容 提 要

工程项目投资具有很大的不确定性，欲充分发挥资金作用、最大限度地规避风险，必须做好工程项目评价。本书主要围绕工程项目评价基本理论和方法进行阐述，内容包括工程项目评价概述、工程项目概况评价、工程项目融资评价、工程项目财务评价、工程项目国民经济评价、工程项目社会评价、工程项目环境影响评价、工程项目后评价等。

本书可供高等院校土木工程专业及工程管理专业高年级本科生、土木工程建造与管理专业研究生及相关专业师生使用，也可供政府经济部门、项目投资部门、工程项目建设单位、银行金融机构、业主单位的工程管理、投资咨询和评估人员参考。

图书在版编目(CIP)数据

工程项目评价/蒋红妍主编. —北京：冶金工业出版社，2014.12

普通高等教育“十二五”规划教材

ISBN 978-7-5024-6784-5

Ⅰ.①工… Ⅱ.①蒋… Ⅲ.①基本建设项目—项目评价—高等学校—教材 Ⅳ.①F282

中国版本图书馆 CIP 数据核字(2014)第 276512 号

出 版 人 谭学余

地　　址 北京市东城区嵩祝院北巷 39 号 邮编 100009 电话 (010)64027926

网　　址 www.cnmip.com.cn 电子信箱 yjcbs@cnmip.com.cn

责任编辑 杨 敏 美术编辑 吕欣童 版式设计 孙跃红

责任校对 郑 娟 责任印制 牛晓波

ISBN 978-7-5024-6784-5

冶金工业出版社出版发行；各地新华书店经销；北京印刷一厂印刷

2014 年 12 月第 1 版，2014 年 12 月第 1 次印刷

787mm×1092mm 1/16；16.25 印张；393 千字；249 页

35.00 元

冶金工业出版社 投稿电话 (010)64027932 投稿信箱 tougao@cnmip.com.cn

冶金工业出版社营销中心 电话 (010)64044283 传真 (010)64027893

冶金书店 地址 北京市东四西大街 46 号(100010) 电话 (010)65289081(兼传真)

冶金工业出版社天猫旗舰店 yjgy.tmall.com

(本书如有印装质量问题，本社营销中心负责退换)

前　言

工程项目评价是当前我国经济发展中引人注目的突出问题，对国民经济稳定、协调、健康的发展有重要作用。本书系统介绍了工程项目评价的基本理论和方法，具体包括工程项目评价概论、资金等值计算与方案比选、工程项目概况评价、工程项目投资估算、工程项目融资评价、工程项目财务评价、工程项目国民经济评价、工程项目评价中的不确定性分析及风险决策、工程项目社会评价、工程项目环境影响评价、工程项目后评价等11章内容。

本书在取材上注重吸收国内外最新的研究成果和先进经验，体现国内最新政策变动，反映项目评价领域的新动态及要求；注重工程项目评价知识的完备性，体现全过程及全方位评价的理念；立足于新世纪对复合型人才的需要，在内容编排上参考了相关执业资格考试大纲，便于实现学校人才培养与社会执业资格认证的对接。

本书由西安建筑科技大学蒋红妍主编。各章编写分工为：第1章由蒋红妍、侯洁颖编写；第2章由赵楠、陈旭编写；第3章由郭宏竹、蒋红妍编写；第4章由郭宏竹、樊胜军编写；第5章由赵楠、侯洁颖编写；第6章由陈旭、侯洁颖编写；第7章由蒋红妍、侯洁颖编写；第8章由陈旭、蒋红妍编写；第9章由樊胜军、赵楠编写；第10章由樊胜军、蒋红妍编写；第11章由樊胜军、郭宏竹编写。

本书的出版得到了西安建筑科技大学教材建设立项项目资助，在此编者向支持本书出版的领导和专家表示深深的感谢；在编写过程中得到了西安建筑科技大学相关教师的大力支持与帮助，同时参考了许多专家学者的有关研究成果及文献资料，在此一并表示衷心的感谢。

工程项目评价尚属一门发展中的新学科，其理论体系还在不断完备，许多问题还需进一步研究与探讨。限于编者水平，书中不足及疏漏之处，敬请各位读者及同行批评指正。

编　者

2014年8月

前言

目　　录

1　工程项目评价概述 …… 1

1.1　工程项目及其评价 …… 1

1.1.1　工程项目的概念 …… 1

1.1.2　工程项目评价的分类及原则 …… 6

1.2　工程项目评价内容及程序 …… 10

1.2.1　工程项目评价内容 …… 10

1.2.2　工程项目评价的程序 …… 11

1.3　工程项目评价的发展与应用 …… 13

1.3.1　西方国家工程项目评价的发展与应用 …… 13

1.3.2　我国项目评价的发展 …… 14

1.3.3　对工程项目评价发展的思考 …… 16

复习思考题 …… 17

2　资金等值计算与方案比选 …… 18

2.1　资金时间价值与等值计算 …… 18

2.1.1　资金时间价值的概念 …… 18

2.1.2　利息与利率的概念 …… 19

2.1.3　利息的计算 …… 20

2.1.4　资金等值计算及应用 …… 21

2.2　工程项目效果评价指标 …… 30

2.2.1　评价指标概述 …… 30

2.2.2　静态分析指标 …… 31

2.2.3　动态分析指标 …… 35

2.3　工程项目方案比选 …… 38

2.3.1　工程项目方案比选的基础知识 …… 38

2.3.2　工程项目方案比选的内容和方法 …… 39

2.3.3　工程项目技术方案的计算期 …… 41

2.3.4　工程项目互斥方案比选 …… 41

2.3.5　工程项目独立方案比选 …… 49

2.3.6　工程项目混合方案比选 …… 51

复习思考题 …… 52

3 工程项目概况评价 …… 54
3.1 工程项目概况评价概述 …… 54
3.1.1 工程项目概况评价的概念 …… 54
3.1.2 工程项目概况评价内容 …… 54
3.1.3 企业资信及其评价 …… 55
3.2 工程项目建设必要性评价 …… 56
3.2.1 工程项目建设必要性评价的目的与作用 …… 56
3.2.2 工程项目建设必要性评价的角度 …… 56
3.2.3 工程项目建设必要性评价的内容 …… 57
3.2.4 工程项目市场需求预测 …… 57
3.3 工程项目产品方案和生产规模的确定 …… 59
3.3.1 产品方案选择 …… 59
3.3.2 生产规模的确定 …… 60
3.4 工程项目生产建设条件及技术评价 …… 65
3.4.1 资源条件评价 …… 65
3.4.2 投入物供应条件评价 …… 66
3.4.3 交通运输条件评价 …… 68
3.4.4 场址条件评价 …… 69
3.4.5 工程项目技术评价 …… 70
复习思考题 …… 73

4 工程项目投资估算 …… 74
4.1 工程项目投资估算概述 …… 74
4.1.1 工程项目投资估算的作用 …… 74
4.1.2 投资估算的阶段划分和精度要求 …… 74
4.1.3 投资估算的内容 …… 75
4.1.4 投资估算编制的原则和依据 …… 76
4.2 固定资产投资估算 …… 77
4.2.1 固定资产投资构成及计算 …… 77
4.2.2 固定资产投资估算方法 …… 87
4.3 流动资金估算 …… 92
4.3.1 流动资金构成 …… 92
4.3.2 流动资金估算方法 …… 92
4.4 工程项目总投资估算及其审查 …… 95
4.4.1 工程项目总投资估算 …… 95
4.4.2 投资估算的审查 …… 95
复习思考题 …… 96

5　工程项目融资评价 ………… 97
5.1　融资方案概述 ………… 97
5.1.1　工程项目融资的主体 ………… 97
5.1.2　工程项目资金筹措 ………… 98
5.2　工程项目资本金筹措 ………… 99
5.2.1　项目资本金制度 ………… 99
5.2.2　项目资本金来源 ………… 100
5.2.3　既有法人项目资本金筹措 ………… 100
5.2.4　新设法人项目资本金筹措 ………… 101
5.2.5　资本金来源的可靠性评估 ………… 102
5.3　工程项目债务资金筹措 ………… 102
5.3.1　信贷融资 ………… 102
5.3.2　债券融资 ………… 104
5.3.3　租赁融资 ………… 105
5.4　融资方案设计与优化 ………… 105
5.4.1　融资结构分析 ………… 105
5.4.2　融资风险分析 ………… 107
5.4.3　资金成本分析 ………… 108
5.4.4　编制项目的资金筹措计划方案 ………… 111
5.4.5　融资方案优化 ………… 112
复习思考题 ………… 114

6　工程项目财务评价 ………… 115
6.1　财务评价概述 ………… 115
6.1.1　工程项目财务评价的含义与作用 ………… 115
6.1.2　工程项目财务评价的内容与程序 ………… 116
6.1.3　工程项目财务评价的基础数据及测算 ………… 116
6.2　财务评价的价格体系 ………… 117
6.2.1　财务评价涉及的价格 ………… 117
6.2.2　财务评价的取价原则 ………… 118
6.3　财务效益与费用的估算 ………… 119
6.3.1　营业收入 ………… 120
6.3.2　补贴收入 ………… 120
6.3.3　成本与费用 ………… 121
6.3.4　相关税费估算 ………… 126
6.4　财务效益计算与分析 ………… 127
6.4.1　财务效益计算的基础知识 ………… 127
6.4.2　财务效益分析的内容 ………… 129

6.4.3 几个主要的财务评价报表 …… 132
6.5 改扩建项目的财务评价 …… 136
6.5.1 改扩建项目的范畴和特点 …… 137
6.5.2 改扩建项目的效益与费用 …… 137
6.5.3 改扩建项目经济评价 …… 140
6.6 非经营性项目的财务评价 …… 142
6.6.1 非经营性项目的概念与目的 …… 142
6.6.2 非经营性项目财务评价的要求 …… 142
复习思考题 …… 144

7 工程项目国民经济评价 …… 145

7.1 国民经济评价概述 …… 145
7.1.1 工程项目国民经济评价的含义和内容 …… 145
7.1.2 国民经济评价的范围 …… 146
7.1.3 工程项目国民经济评价的必要性和意义 …… 146
7.2 经济评价效益和费用的估算 …… 147
7.2.1 国民经济评价中效益与费用的概念 …… 147
7.2.2 效益与费用的识别原则 …… 148
7.2.3 经济效益与费用的估算原则 …… 148
7.2.4 直接效益与直接费用 …… 149
7.2.5 间接效益与间接费用 …… 149
7.2.6 转移支付 …… 150
7.3 经济评价参数的测定与选用 …… 151
7.3.1 概述 …… 151
7.3.2 社会折现率 …… 152
7.3.3 影子汇率 …… 153
7.3.4 影子工资 …… 154
7.4 影子价格的计算 …… 156
7.4.1 影子价格的概念 …… 156
7.4.2 市场定价货物的影子价格 …… 156
7.4.3 政府调控价格货物的影子价格 …… 159
7.4.4 土地影子价格 …… 159
7.5 经济评价方法及效果分析 …… 161
7.5.1 经济费用效益分析指标 …… 161
7.5.2 经济评价报表 …… 164
7.5.3 报表编制方式 …… 165
7.5.4 经济评价的费用效果分析 …… 168
复习思考题 …… 170

8　工程项目评价中的不确定性分析及风险决策 …… 171
8.1　概述 …… 171
8.2　盈亏平衡分析 …… 171
8.2.1　盈亏平衡分析原理 …… 172
8.2.2　盈亏平衡分析的局限性 …… 175
8.3　敏感性分析 …… 175
8.3.1　敏感性分析的类别 …… 175
8.3.2　敏感性分析的局限性 …… 178
8.4　概率分析 …… 179
8.4.1　概率分析原理 …… 179
8.4.2　方案风险估计 …… 182
8.5　多方案的风险决策 …… 183
8.5.1　决策问题及其结构 …… 183
8.5.2　决策的分类 …… 184
8.5.3　决策树法 …… 187
复习思考题 …… 190
9　工程项目社会评价 …… 191
9.1　工程项目社会评价概述 …… 191
9.1.1　工程项目社会评价的概念 …… 191
9.1.2　工程项目社会评价的发展历程 …… 191
9.1.3　工程项目社会评价的特点、原则和准则 …… 193
9.1.4　工程项目社会评价的目的、作用、范围和层次 …… 195
9.1.5　工程项目社会评价的内容 …… 198
9.1.6　我国工程项目社会评价的主要问题 …… 200
9.2　工程项目社会评价的步骤和方法 …… 201
9.2.1　工程项目社会评价的步骤 …… 201
9.2.2　工程项目社会评价的方法 …… 202
9.3　工程项目社会评价报告的编写 …… 205
9.3.1　工程项目社会评价报告的要求 …… 205
9.3.2　工程项目社会评价报告编写要点 …… 206
复习思考题 …… 208
10　工程项目环境影响评价 …… 209
10.1　工程项目环境影响评价概述 …… 209
10.1.1　工程项目环境影响评价的概念 …… 209
10.1.2　工程项目环境影响评价的意义和作用 …… 210
10.1.3　我国工程项目环境影响评价的基本原则 …… 211

10.1.4 环境影响评价管理 …… 212
10.2 工程项目环境影响评价的工作程序和内容 …… 213
10.2.1 工程项目环境影响评价的工作程序 …… 213
10.2.2 工程项目环境影响评价的工作内容 …… 215
10.3 工程项目环境影响评价方法 …… 219
10.3.1 环境影响评价指标体系 …… 219
10.3.2 工程项目环境影响评价的技术方法 …… 220
10.3.3 工程项目环境影响综合评价方法 …… 223
复习思考题 …… 228

11 工程项目后评价 …… 229

11.1 工程项目后评价概述 …… 229
11.1.1 工程项目后评价的概念 …… 229
11.1.2 工程项目后评价的特点 …… 229
11.1.3 工程项目后评价与前评价的区别 …… 230
11.1.4 工程项目后评价的作用 …… 231
11.2 工程项目后评价的基本内容 …… 232
11.2.1 工程项目前期工作的后评价 …… 232
11.2.2 工程项目实施后评价 …… 233
11.2.3 工程项目运营后评价 …… 234
11.2.4 工程项目影响后评价 …… 235
11.2.5 工程项目持续性评价 …… 236
11.3 工程项目后评价的工作程序和方法 …… 237
11.3.1 工程项目后评价程序 …… 237
11.3.2 工程项目后评价的基本方法 …… 238
11.4 工程项目后评价综合结论与报告 …… 246
复习思考题 …… 248

参考文献 …… 249

1 工程项目评价概述

本章概要：工程项目评价是为投资决策提供科学依据的一项技术工作。本章分析了工程项目的概念，介绍了工程项目评价的分类；概述了工程项目评价的内容和程序；回顾总结了工程项目评价在国内外的发展和应用，对其未来发展方向给出了探索性建议。

1.1 工程项目及其评价

1.1.1 工程项目的概念

根据美国项目管理协会（PMI）的定义，项目是指为完成某一独特的产品、服务或任务所做的一次性努力。投资项目是项目的重要部分，有广义和狭义之分。广义的投资项目是指在一定的约束条件下，投资主体为获得预期效益，将货币资金或实物资本投入盈利性或非盈利性项目，从事各种经济活动并具有明确目标要求的一次性事业；狭义的投资项目是指既有投资行为又有建设行为的工程建设项目，即工程项目。

工程项目是在有限资源的约束下，有预期经济或社会目标，实现其特定功能从而形成固定资产的一次性事业。工程项目的建设不同于其他工业产品的批量性生产，也不同于其他重复性生产。建设一家冶金厂、修建一座街心公园、扩建一家轻型车厂等，都是工程项目。

1.1.1.1 工程项目的内容

工程项目的内容包括：

(1) 工程项目由许多独立组成部分（或要素）构成，主要包括人、技术、资源、时间、空间和信息等。从参与者角度来看，工程项目由项目发起人、甲乙双方的项目经理、客户、执行组织及有利害关系的组织或个人（银行、投资公司、供货商、咨询者等）组成。上述项目参与者又称干系人，是指积极参与项目、其利益在执行中或项目成功后将受到积极或消极影响的个人或组织。

(2) 工程项目的诸要素在结构和功能上是有序的，各要素彼此相关，并且保持合理的秩序。工程项目诸要素之间的基本关系是合同关系，此外还有行政的、经济的、技术的、社会的、信息的关系。上述各种关系的优化组合，形成工程项目的合理运营机制和功能，使工程项目与环境的协调及总体目标得以实现。

(3) 工程项目具有约束条件。工程项目是在限定资源条件下，在一定的空间、时间范围进行的。工程项目的资源主要是人、财、物，而关键的是财，即资金，此外，工程项目与其他项目不同，必须有明确的空间、时间要求。

(4) 任何工程项目都有特定的目标，即投资、工期、质量。这些目标对于不同的项目，其重要度有所不同，应尽量节约投资，按预定工期和质量要求完成项目的目标。

(5) 工程项目作为完成某项事业的过程是一次性的，即完成项目任务的单件性。不同于批量生产的产品，世界上没有完全相同的工程项目，每个项目都有其特殊性。

1.1.1.2 工程项目的基本特征

工程项目作为组织体，与企业、行政部门、事业单位组织体不同，有其特殊的内在规律和特征。在研究工程项目评价之前，必须加以明确。

(1) 工程项目的目标性。任何工程项目都具有特定的目标，按照目标进行管理。对项目的投资（成本）、工期、质量等目标进行控制，是工程项目的重要特征，而目的和手段的统一是控制的第二个特征。具体为：

1）工程项目从开始到结束，尤其是在实施过程中，其目标起着强烈的约束作用。

2）按照现代组织论的观点，组织形成的原则有职能性原则和目标性原则两种。工程项目的组织形式原则主要是目标性原则，即项目经理把不同专业、不同部门、不同工种的人员，按照工程项目目标的总需求，统一地组织在一起，共同地为实现工程项目目标而工作的原则。

3）为了实现工程项目的目标，要求对工程项目的实施过程进行有效的控制。为此，工程项目管理要有严格的计划，整个实施过程要严格地程序化。

4）针对不同工程项目的时机要求，工程项目目标（质量、成本、工期）可以具有不同的优先次序。

(2) 工程项目的强约束性。工程项目的强约束性体现在时间约束、资源约束及质量约束：

1）时间约束。在最优计划条件下，工程项目要求有合理的建设期，尤其是生产高科技产品的工程项目，对其时间的要求最敏感。

2）资源约束。由于资源的有限性及稀缺性，项目所需求的资金、人力、物力等资源应进行最佳配置。

3）质量约束。达标的工程项目必须满足预期的生产能力、技术水平、效益指标等要求，而这些要求都体现在工程质量方面。

(3) 工程项目的单件性和一次性。

工程项目的单件性特征，决定了项目管理的一次性特点，这也是工程项目区别于非项目活动的重要特征。如某个工厂的建设，一栋大楼的动工，一个机场的兴建，体现了设计的单一性、施工的单件性及建成后的不可移动性，这些均不同于工业产品的批量生产，也不同于其他生产过程的重复性。

(4) 工程项目的总体性与统一性。

工程项目是由独立的多种要素组成，各要素之间有机相连，但不是简单的机械拼合，各结合部之间是项目管理的薄弱环节，给参加建设的各单位之间的沟通、协调造成困难。由于工程项目的主管部门、业主、承包企业、供应厂家、顾问、设计部门、监理单位、金融机构等既各自独立，又分别具有各自的功能，因此，要求在项目管理的过程中使它们都具有逻辑上的统一性、配合性与均衡性。

1.1.1.3 工程项目的分类

工程项目是多种多样的，从不同的角度来识别项目，会有不同的分类结果。通常按建设投资的再生产性质、建设资金来源、项目利得归属、项目的工艺技术来源等对其进行分类。

从项目管理角度分类，通常按照投资再生产的性质来划分工程项目，一般分为基本建设项目与更新改造项目两类。

（1）基本建设项目。是指利用国家预算内基建拨款、自筹资金、国内外基本建设贷款以及其他专项资金进行的，以扩大生产能力为主要目的的新建、扩建工程。

基本建设项目有狭义与广义之分。狭义的基本建设项目只指固定资产外延扩大再生产；广义的基本建设项目是指固定资产扩大再生产和简单再生产，包括一般性扩建、改建、迁建、恢复等工程。

其中新建项目的建筑物、设备等固定资产和劳动力都是根据产品设计的要求建筑、购置和组成的；扩建项目是在企业原有生产规模的基础上，基本上不改变产品方向，增加企业的固定资产，扩大企业的生产规模。在一般情况下，扩建企业的同时要改变企业的产品方向，或者在改造企业的同时扩大企业的生产规模，所以通常统称改扩建项目。

此外，按是否产生直接的经济效益，基本建设项目还可分为生产性的基本建设项目和非生产性的基本建设项目。

（2）更新改造项目。是指利用企业基本折旧基金、国家更改措施预算拨款、企业自有资金、国内外技术改造贷款资金，对现有企业的设施及辅助性装置进行的改造项目。

例如，企业为提高生产率、改进产品质量、改变产品方向等进行的投资项目均属于这种类型。更新改造项目与基本建设项目的主要区别是：前者属于固定资产内涵的扩大再生产或简单再生产；而后者主要属于固定资产的外延扩大再生产。

其他的分类方法还有，按工程项目的投资来源，分为国内资金项目、中外合资项目和外方出资项目；按工程项目所用的工艺技术的来源，分为利用国内技术的项目和引进国外技术的项目；按项目所产生效益的归属情况，又可将项目分为两种：一种是自给补偿性项目，如工厂、矿山、旅馆等，这类项目建成后，能提供产品或服务，在偿还投资后获得盈利，另一种是社会福利性项目，如公路、桥梁的修筑、污染的处理、城市美化等项目，这类项目建成后带来社会效益。

1.1.1.4 工程项目的两重性

每一项工程项目处于两个重要而又相互联系的环境下，即物质环境和经济环境。项目的成功在于，在物质环境下根据自然规律，创造出产品和提供服务，然而，项目的价值则要在经济环境下，根据产品和服务的有用性，遵循市场供需规律，用经济的指标来衡量。

每一项工程项目，在物质和经济双重环境下均具有两重性，在物质环境下是一项成功的工程设计和实施项目，而在经济环境下能满足预期的效益，如图 1-1 所示。

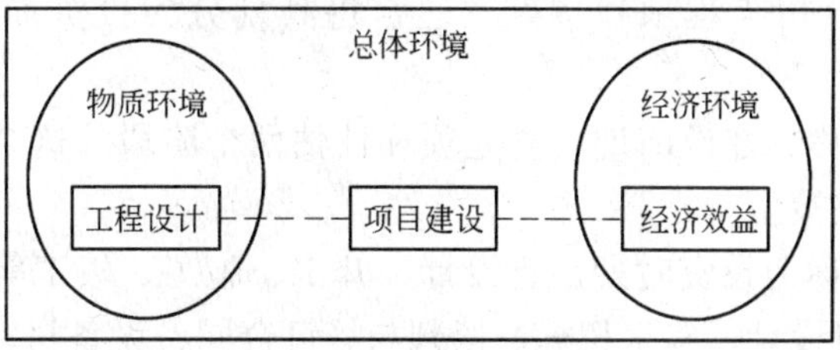

图 1-1 物质与经济环境

因而，每一项工程项目应具备技术上的先进性、适用性和经济上的合理性。每一项成功的工程项目在物质—经济双重环境下，必须满足这一双重标准。

具体来说，在有限资源条件下，可以用效率的指标，衡量项目技术、经济的表现，即在给定投入的条件下，创造出最大的产出。

项目的技术指标是在单位资源消耗下，获取最大产出，称为物质效率。物质效率衡量了项目在物质环境下的成功度，其表达式为：

物质效率 = 产出/投入

经济效率是以单位经济投入和单位经济产出来表示的。通常还要通过共同的交换媒介，例如：货币。这样，经济效率可表示为：

经济效率 = 收益/成本

人们应用已知的自然规律和法则，在项目实施前可以较确切地计算出项目的物质效率，但是确切计算经济效率要困难得多。这是因为人们个体和集体行为规律具有很大的不确定性，在社会经济各种不确定因素作用下，预期经济效率有很大的不确定性，因此，全面衡量经济效率要考虑风险的因素。此外，众所周知，物质效率要大于100%是不可能的，然而经济效率可以超过100%；也只有这样，一项投资方案才可被认为在经济上是成功的。

工程项目技术上的先进性和经济上的合理性有时会互相矛盾，需要科学、全面地权衡。这是因为采用某种技术，必须立足当地的自然资源和社会条件。地方不同、条件不同，实际效果就不同。从长远角度看，可以采用某种技术，但从近期看，则需要采用另一种技术。例如，核电作为一种新能源在技术上已经比较成熟，发达国家广泛采用核电技术来补充能源需要，而发展中国家由于技术、经济条件的限制，近中期重点发展的仍然是火力和水力发电。由此可见，联系到具体的自然条件和社会条件，并非一切先进技术都是经济上合理的。

由于工程项目的两重性，一个项目既要满足技术上的先进性和经济上的合理性，又要处理和权衡好两者之间的关系，这正是工程项目评价的重要性所在。

1.1.1.5 工程项目周期划分及其内容

一个工程项目具体展开，要经过若干个阶段，这些阶段按逻辑顺序排列，互相作用、互相影响，在各阶段要分别完成相应的工作内容。

（1）工程项目周期。从工程项目起始至结束的完整循环过程称之为工程项目周期，如图1-2所示。

工程项目周期包括立项、评估、设计、开工、施工、竣工、运作等7个阶段，每一阶段按顺序排列，形成一循环过程。

为了更为直观地分析工程项目周期，通常将其划分为投资前期、建设时期和生产时期。

1）投资前期，亦称为建设前期，含立项和评估两个阶段。这个时期的主要工作是进行可行性研究与投资决策。

2）建设时期，亦称为投资时期，含设计、开工、施工、竣工等4个阶段，这个时期的主要工作是工程项目设计、施工招标、谈判与签订合同、设备材料订货、施工安装、生产准备、试运行、竣工验收等。

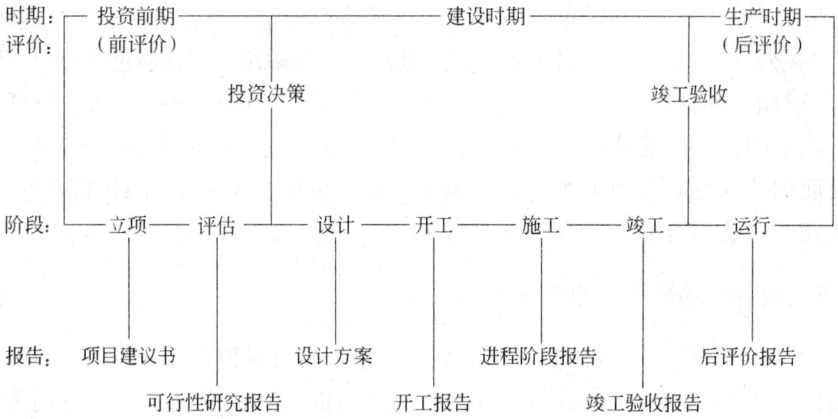

图 1-2　工程项目周期

3）生产时期，即运行阶段或经营期，主要工作是项目正常营运、投资回收、后评价，直至项目终止。

在工程项目周期的全过程中，“投资决策”和“竣工验收”是各个时期的分界线。

需要进一步指出的是，项目周期不仅包含按时序展开的各个阶段，同时也是一个循环的过程。在项目周期循环往复的过程中，管理和投资咨询人员，可以不断总结经验教训，探索科学评价方法，提高投资决策水平，从而达到提高投资效益的目的。

（2）工程项目周期中各时期的具体内容包括：

1）投资前期。投资前期包含立项和评估两个阶段，具体内容如下：

①立项阶段。根据企业发展战略和国家产业政策，对市场需要、购买力、技术条件、产品或服务发展潜力、资源供应、筹资可能等进行综合研究，寻找投资机会，把握最佳时机，及时提出项目投资的设想。立项阶段产生的工作报告是“项目建议书”。

②评估阶段。根据立项阶段选定的投资方向，展开项目可行性研究。对于重大的投资项目，可行性研究还具体分为初步可行性研究和详细可行性研究，以使评估工作更为深入、细致、可信、有效。可行性研究通过对项目背景、市场需求预测、厂址选择、技术方案、环境保护、组织定员、投资估算和效益评价等方面进行深入的研究，以回答“项目可行或不可行”这一问题，并形成“可行性研究报告”工作文件。

经过立项和评估阶段的工作，要产生结论性意见，即投资决策。若做出投资可行的决策，即可进入建设时期。

2）建设时期。建设时期包含设计、开工、施工、竣工等 4 个阶段，具体内容如下：

①设计阶段。要根据投资决策和项目工作目标，进行初步设计、详细设计和施工方案设计等。具体提出项目的技术要求、技术指标、技术参数、施工进度计划、总体设计方案和分项设计方案，另外，落实资金筹措具体事宜。

②开工阶段。通过招标投标，选定施工单位，进行设备材料订货，做好开工前的准备。包括计划、组织、监督等管理工作的准备，以及材料、设备、运输等物质条件的准备。

③施工阶段。按照投资计划和设计施工方案，做到资金、人员、材料、设备、管理整体到位，开展施工现场技术监督和费用核算，确保施工进度和施工质量。

④竣工阶段。施工与生产准备同步，施工结束后进行质量检查，设备、工艺逐项调试，进行试运转，当机器、工艺运转稳定并实现原设计要求后，按规定程序，通过项目竣工验收。

3）生产时期。即运行阶段或经营期。正常生产经营，偿还贷款，回收投资并获取经济效益。在此期间，企业能否在整个项目寿命期内，达到预期的经济和社会效益，这不仅反映了投资前期可行性研究的工作质量和施工质量，也反映了生产时期的管理水平。当贷款偿还后或在某一适当时期，进行项目评价小结，即称为“项目后评价”。

1.1.2 工程项目评价的分类及原则

工程项目评价是投资决策机构、贷款银行或有关部门对拟建工程项目的建设必要性、建设生产条件、工程技术、经济效益和社会效益等方面进行的全面审核、分析和评价。一般由专门的、有资信的投资咨询机构独立完成。

1.1.2.1 工程项目评价的分类

工程项目评价按评价的时间、内容和方法不同，有以下几种分类：

（1）按项目评价的时间分。通常，把投资前期立项和评估两个阶段进行的评价工作称为工程项目前评价（估）；生产时期开展的评价工作称为工程项目后评价。前评价与后评价前后呼应，相互作用。

1）工程项目前评价。工程项目前评价是项目建议书和可行性研究阶段进行的，是项目开工前对拟建项目的必要性和可能性进行分析、论证项目的技术经济条件，为项目方案的比选和决策提供依据；后评价则是在项目运行一定时期后，对已实施的项目进行全面综合评价，分析项目实施的实际经济效果和影响力，并论证最佳决策的合理性和项目的持续能力，为以后的决策提供经验和教训。图1-3给出了项目前评价的简要工作流程。

显然，事前评价都有一定的预测性，因而也就有一定的不确定性和风险性。

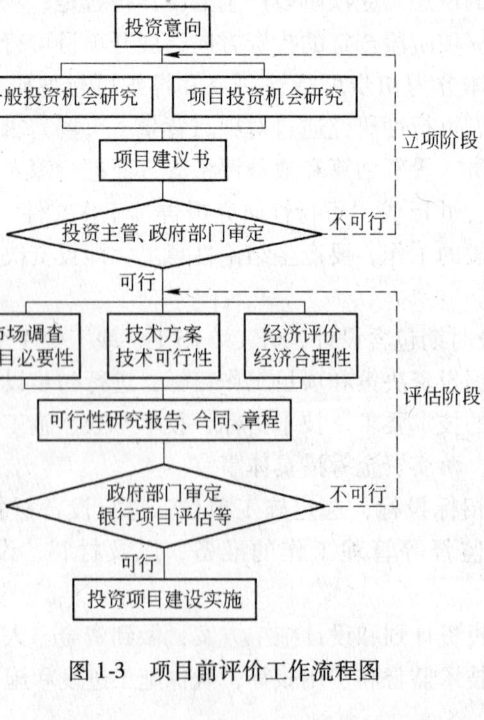

图1-3 项目前评价工作流程图

2）工程项目后评价。项目后评价，是在项目建成投产期，项目已发挥其效益，能为社会提供产品或服务后，对项目投资决策的正确性、项目实施过程中项目管理的有效性等进行的总结评价。

从图1-2中可见，项目后评价位于项目周期最后一个阶段，但是从后评价的功能来看，评价结果能反馈到后继项目中去，为后继项目提供经验和教训，有助于提高投资管理水平。因此，后评价又是一个新项目的开端。项目后评价处于承前启后的位置，对于项目周期其他阶段具有制约作用。前评价的资料是后评价进行的比较基础，而后评价的报告又是同类后继项目前评价的重要参考依据。具体详见本书第11章“工程项目后评价”。

（2）按工程项目评价的内容分。具体可分为技术评价、经济评价及社会评价。

1）技术评价。技术评价是指对项目所选技术、工艺和装备的先进性、可靠性、耐用性、适用性、配套性等的评价。

2）经济评价。工程项目经济评价包括财务评价（也称财务分析）和国民经济评价（也称经济分析）。

财务评价是在国家现行财税制度和价格体系的前提下，从项目的角度出发，计算项目范围内的财务效益和费用，分析项目的赢利能力和偿债能力，评价项目在财务上的可行性。

国民经济评价是项目经济评价的核心。国民经济评价是在合理配置社会资源的前提下，从国家经济整体利益的角度出发，计算项目对国民经济的贡献，分析项目的经济效率、效果和对社会的影响，评价项目在宏观经济上的合理性。

3）社会评价。关于社会评价的内容和含义，一种观点认为社会评价包括资金再分配的效果（消费与积累之间的分配、贫富之间的分配等）和一些不易定量的项目的实施对社会产生的影响（就业效果、环境效果）；另一种观点则主张社会评价亦称社会影响分析，是分析项目对其所在地民众生活的影响，分析项目可能引起的消极社会影响和社会问题，以保证符合公众利益。我国对工业项目的社会评价目前仍处于初期阶段。

（3）按评价的方法分。具体可分为定量分析法与定性分析法两种。

1）定量分析法。定量分析法是对可度量因素的分析方法。在项目经济评价定量分析中考虑的因素有资产价值、资本成本、有关销售额、成本等一系列可以以货币形式表示的一切费用和收益。

定量分析法按其具体方法不同，可以分为静态分析法和动态分析法。静态分析法是指不考虑资金使用时间的不同、不计算资金的时间价值的方法。动态分析法是指在分析项目或方案的经济效益时，要对发生在不同时间的效益、费用计算资金的时间价值。

2）定性分析法。定性分析法是指对无法精确度量的重要因素采用的估量分析方法。项目评价中一般采用定量分析与定性分析相结合的方法。

（4）按评价范围分。按评价范围的大小不同分为项目评价法（局部评价法）和企业评价法（全局评价法）。

1）局部评价法。局部评价法以具体的技术改造项目为评价对象，费用、效益的计量范围仅限于项目本身，适用于关系简单，费用、效益容易分离的技术改造项目。例如，投入一笔资金将高能耗设备更换为低能耗设备，只要比较投资和节能导致的费用节约额便能计算出节能的经济效果。

2）全局评价法。全局评价法从企业全局出发，通过比较一个企业改造和不改造两个不同方案经济效益的变化来评价项目的经济效益。该方法既考虑了项目自身的效益，又考虑了给企业其他部分带来的相关效益，适用于生产系统复杂，效益、费用不好分离的技术改造项目。例如，在炼油厂拟建设一个节能项目，该项目能节约燃料油，节约的燃料油又被焦化或重油催化装置进一步深度加工转化为高附加值的轻质油和低分子烯烃，节能改造的效益既体现在燃料油的节约上，又体现在高价值油品的增产上，费用和效益不能很清楚地分离，这时应该采用企业评价法（全局评价法）。

1.1.2.2 工程项目评价的原则

工程项目评价是投资决策的手段，投资决策机构、金融机构以评价的结论作为实施项目、决策项目和提供贷款的主要依据。因此要力求保证项目评价结论的客观性。

项目评价的目的之一是项目决策。决策是一个过程，包括提出问题、制定目标、拟订方案、分析评价，最后从数种可行的方案中选出一种最佳的或比较理想的方案。决策是否科学，关键在于决策的结果能否带来经济的稳步健康发展，保证经济增长既有速度又有质量，最终使广大人民群众能够从经济增长中得到真正的实惠。

要正确处理各方面的关系，保证项目评价与项目决策的科学性，必须遵循以下原则：

（1）全面性。决定一个工程投资项目是否可行的因素包括诸多方面，从大的方面看，取决于市场因素、资源因素、技术因素、经济因素和社会因素等。另外，决定一个项目是否可行，不但包括项目内部因素，还包括外部因素，如项目所需要的外部配套条件、国家的金融政策、税收政策和一定时期的区域规划等。所以，在进行项目评价时，必须全面考虑、综合平衡，全面考虑其技术的先进性、经济的合理性和政策的正确性。

工程项目评价对待经济和技术评价的基本原则是：投资方案的选择要尽可能适应技术发展趋势，尽可能采用世界上先进的工艺技术和设备。但是，当技术的先进性和经济性产生矛盾时，最终判别标准是投资方案能否为企业、国家带来经济效益和社会效益，是否有利于企业和社会的可持续发展。对技术方案进行评价时，要统一评价技术的先进性、适用性与经济性，不能片面追求最新技术。

此外，由于国家发展国民经济的战略方针和政策是牵动全局、影响长远的决策，如产业政策，税收政策，金融政策，物价政策，技术政策和外贸、外汇政策等。特别是产业政策，它决定着国民经济各领域、各部门、各方面组成的多层次的构造体，影响着活劳动和物化劳动，以及各种自然资源在各产业部门之间的分配和由这种分配结果所形成的各产业部门产值的比例构成。产业政策不正确，会造成产业结构不合理，影响生产资源的有效利用，进而影响经济的增长速度和质量。

发展国民经济的战略是确定项目决策目标的依据，没有明确的目标，拟订方案就没有依据，决策就具有盲目性。以往工程项目建设领域中的重复建设、重复引进以及其他一些失误，都可以归结为目标不正确。所以，工程项目决策必须与国民经济发展的战略相结合，这是实现决策科学化的头等重要的工作，是正确决策的前提。

（2）准确性。工程项目评价实质上是对有关拟建项目的各个方面的信息资料进行综合、加工、分析和评价的过程，数据来源可靠或准确与否，直接影响项目评价结论的客观性、准确性和公正性。

数据资料是项目评价的支柱。在国外，由政府、经济部门发布各种统计数据，行业学会、协会、研究机关以及商业性出版社组织根据自己掌握的数据加以汇编、分析和研究，公开印发和出售这些资料。一些发达国家已运用计算机数据信息系统，供政府及企业领导者、计划和经济人员使用。当然，使用这些资料时应加以分析，考虑其来源、日期、目的、条件，以及应用于不同条件下的换算方法等。

在我国，目前的情况是缺乏专门的机构和专业人员的统计、分析和研究，管理上混乱，致使一些数据资料缺乏真实性，有的经济资料获得的渠道不同，只供内部参考，设计人员很难获得，至于国际行情，更是茫然不清。这种情况对产品需求量、销售预测、经济的数量计算等影响很大。固然，工程项目评价中常依赖假设，但假设的条件多，尤其对基本问题的假设越多，风险就越大，也就失去了项目评价的意义和价值。因此，必须从组织机构上加强统计数据和情报资料的收集工作。

(3) 科学性。在复杂的经济运行中，仅靠对本部门、本企业所处环境的某种感觉或直觉来进行决策判断越来越不可靠，而且还会导致很多失误。因此，对经济和技术的未来发展情况做出科学、准确的预测，无疑能为我们作出正确的决策提供依据，从而避免发生决策失误。所谓预测，就是围绕决策问题的各种内外部情况所进行的预计，对尚未发生或目前还不明确的事物所进行的事先估计和推测，对事物未来将要发生的结果所进行的探讨和研究。在系统管理日益重要的今天，预测已成为项目评价与决策的一个重要组成部分和一项重要工具。

此外，在工程项目投资评估过程中需要一系列的技术经济指标。虽然在进行项目评价时，可以根据侧重点的不同选择不同的指标，但应力争做到选择指标的统一性。一般可以选择正式颁布实施的《建设项目经济评价指标和参数》。例如，国民经济评价中采用的社会折现率、影子汇率换算系数和政府投资项目财务评价中使用的财务基准收益率，这些指标都要按照国家发展和改革委员会与建设部的相关规定使用。

(4) 微观经济效果与宏观经济效果相结合。微观经济效果是从一个企业的角度出发来考察该项目的经济效果，宏观经济效果是从整个国民经济的角度出发来考察技术方案的经济效果。

微观经济效果与宏观经济效果相结合的实质，就是要处理好局部利益与整体利益的关系。一般来说，微观（企业）经济效果是宏观经济效果的基础，而宏观（国家）经济效果是衡量微观经济效果的最终标准。通常两者是相一致的，但在某一情况下也可能产生矛盾。也就是从一个企业、一个部门来看是有利的，但从整个国民经济来看却是不利的，或者从整个国民经济来看是有利的，而从一个企业、一个部门来看则经济效果不大。这时，企业或部门的利益就要服从国民经济的整体利益，要在计算由于占用劳动力、资金、资源所引起的其他国民经济部门劳动耗费和效益相应变化的基础上，选择宏观经济效果最佳的技术方案。

(5) 近期经济效果与远期经济效果相结合。近期经济效果与远期经济效果相结合，实质上就是要正确处理当前利益与长远利益之间的关系。通常只有把当前利益与长远利益结合起来，才能保证国民经济稳定、持续、健康地发展。因此，进行项目评价时，不仅要看近期的经济效果，更要考虑长远的经济效果。也就是说，要从经济发展的角度进行动态的考察，克服静态考察时容易产生的片面性，以避免由于贪图眼前小利而带来无穷后患。

（6）定性分析与定量分析相结合。定性分析是一种在占有一定资料的基础上，根据咨询工程师的经验、直觉、学识、洞察力和逻辑推理能力进行的决策分析。随着应用数学的计算机技术的发展，经济决策更多地依赖于定量分析。

（7）静态分析与动态分析相结合。静态分析是指进行项目决策分析与评价时，对资金时间因素不作价值形态的量化。因而，静态分析很难反映未来时期的发展变化情况，但指标比较简单、直观，使用起来比较方便。

动态分析是指进行项目决策分析与评价时考虑资金的时间价值，用复利计算方法进行计算并作出价值判断。在动态分析中，将不同时间内资金的流入和流出换算成同一时间点的价值，为不同方案、不同项目的比较提供了同等的基础，并能反映出未来时期的发展变化情况。

在工程项目评价工作中，可以根据工作阶段和深度要求的不同，采用静态分析和动态分析相结合，以动态分析为主、静态分析为辅的决策分析与评价原则。

1.2 工程项目评价内容及程序

1.2.1 工程项目评价内容

工程项目评价内容总的来说有三个方面，即经济评价、技术评价和社会评价。在社会生产实践中，技术和经济之间从来就是紧密联系在一起的。两者既相互依赖、互相促进，又互相矛盾、互相制约，因而它们之间的关系是复杂的、多方面的。如何处理好技术和经济的关系，以取得最大的经济效益和社会效益，是社会经济发展中的重要问题，也是工程项目评价、投资决策所要研究的重要课题。

具体来说，工程项目评价的内容体现在以下几个方面。

1.2.1.1 工程项目建设必要性评价

建设必要性是工程项目建设投资的前提。工程项目建设必要性评价主要是通过市场调查做出预测，来回答该工程项目是否符合国家经济发展规划和行业及地区发展规划，是否符合地区及各部门发展的要求等问题。

1.2.1.2 工程项目建设生产条件评价

生产条件是工程项目建设的重要物质前提。工程项目建设生产条件评价主要从资源、原材料燃料条件，交通运输条件，环境保护措施，厂址条件等方面着手，以回答该工程项目建设所需的人力、物力资源问题。

1.2.1.3 工程项目工艺技术方案评价

工艺技术是工程项目建设的保证。工程项目工艺技术方案评价主要评价工程项目的设计、工艺是否合理，技术设备是否合理、安全和先进。

1.2.1.4 工程项目投资估算与筹资方案评价

在工程项目投资估算的基础上制订出筹资方案是工程项目投资的重要途径。工程项目投资估算主要是估算工程项目的总投资额，包括建设投资额、流动资金投资额和建设期利息等。根据估算的结果，制订出科学的资金措施方案以及资金使用计划。

1.2.1.5 工程项目财务效益评价

工程项目的财务效益是投资盈利问题，是投资的核心，而生产条件选择及工艺技术工作等都是为这个核心服务的。它要回答的问题是该工程项目从自身的角度来看，在财务上是不是有利可图。

1.2.1.6 工程项目国民经济效益评价

不同于财务效益评价，国民经济评价是按资源合理配置的原则，从国民经济的整体角度考察投资项目所耗费的社会资源和对社会的贡献。它既要考虑项目自身的费用和收益，又要考虑整个国民经济因该项目的存在而获得的利益或者遭受的损失。

1.2.1.7 工程项目风险评价

对项目投资进行风险评价，实际上就是分析和确定与项目盈利密切相关的因素对主要投资决策指标的影响程度。有些因素的大小稍有变化，就会使主要投资决策指标发生很大变化。这说明投资决策对这些相关因素高度敏感，而敏感性强的因素往往给项目投资带来较大风险。风险评价的目的，就是掌握敏感性强的因素对主要投资决策指标的作用程度，合理进行投资决策，加强风险控制。

1.2.1.8 工程项目环境影响评价

环境问题作为国际性议题，在现今的工业建设中不可回避。为此，我国还引进了“绿色 GDP”的概念，它是指名义 GDP 扣除自然资源消耗后，经环境调整的国内生产净值。为坚持走可持续发展道路，工程项目在建设中对环境的污染和破坏程度一定要控制在允许的范围内，并且要做到低消耗、少污染、高产出、高效率。环境影响评价主要就是看该工程项目是否符合环境标准。

1.2.1.9 工程项目社会评价

工程项目社会评价是从社会的角度出发，分析该工程项目是否与社会发展目标相适应，是否有利于社会福利的增加。

1.2.1.10 工程项目总评价

工程项目总评价是工程项目评价工作的最后一个阶段，其主要工作是总结并协调上述的各个分项评估，提出项目评价的总结论，并提出结论性意见和建议。通过对工程项目评价报告的深入论证和评价得出工程项目可行还是不可行。如果可行，哪个方案最好，如果不可行，指出为何不可行，并提出该工程项目存在哪些主要问题及问题的解决办法，供决策部门（项目委托部门）参考。

由于不同的工程项目，其性质、规模和类型都存在着不同程度的区别，因此在进行工程项目评价时，以上内容的侧重点也会有所不同。工程项目经济评价内容的选择，应该根据工程项目的性质、目标、投资者、财务主体以及工程项目对经济与社会的影响程度等具体情况确定。对于费用效益计算比较简单、建设期和运营期比较短、不涉及进出口平衡等一般工程项目，如果财务评价的结论能够满足投资决策的需要，可不进行国民经济评价。对于关系公共利益、国家安全和市场不能有效配置资源的经济和社会发展的工程项目，除应进行财务评价外，还应进行国民经济评价。

1.2.2 工程项目评价的程序

工程项目评价的程序是指开展项目评价工作应当依次经过的步骤。不同的工程项目，其投资额不同、涉及面不同，对其评价的程序也不完全一致。就一般工程项目而言，其程序包括资料收集、研究分析及编制评价报告三个阶段。

1.2.2.1　资料收集阶段

资料收集阶段是项目评价的准备阶段。根据具体情况，项目评价工作可以有几种不同的做法：由评价咨询机构组织，主要依靠外聘专家完成；主要依靠评价机构内部评价人员完成评价工作；前两种方法的结合。

对于主要依靠评价机构内部评价人员完成评价工作的情况，项目负责人（项目经理）、各专业评价负责人要有相应的任职资格，以保证评价质量和评价咨询机构的信誉。

对于主要依靠组织外聘专家或内外专家两者结合完成评价工作情况，项目负责人一定要有较强的组织领导能力和较高的专业技术水平，一般要建立外聘专家工作档案，加强专家的组织管理，注意搞好内外专业人员和专家的协调工作，发挥各自的特长，提高评价工作的效率和质量。

工程项目评价工作是多层次、全方位的技术经济论证过程，评价工作组应包括经济、技术各方面的专业人员。其中，经济专业人员应包括市场调查人员、财务人员、统计人员等，技术专业人员应包括工程设计人员、技术人员、计算机人员等。要确保评价工作组的每个成员对整个工程项目有整体的了解，在此基础上，经济专业人员和技术专业人员根据各自的明确分工，认真进行信息搜集。

另外，工程项目评价工作要以项目负责人（项目经理）为主导，参与评价工作的各专业人员要密切配合和协作，充分发挥专家特长，尊重专家意见和集中专家智慧，尤其是需要各级行政领导部门的大力支持和指导，这是完成项目评价咨询工作的可靠保证。

在明确评价研究的范围及目标之后，就进入准备阶段。整个准备阶段中，资料、数据等信息的收集和整理是工作的基础。收集的资料主要是针对该工程项目的概况、市场调查情况、建设生产条件、技术状况等一切有关项目评价内容的信息。资料主要来源于该项目可行性研究报告的编制单位、主管部门或建设单位。资料的依据有：项目主管部门对项目的建设要求所下达的指令性文件；对项目承办单位或可行性研究单位的请示报告的批复文件；可行性研究开始前已经形成的工作成果及文件；国家和拟建地区的工业建设政策、法令和法规；根据项目需要进行调查和收集的设计基础资料。在准备的过程中，要注意查证核实收集的资料，确保其正确性和真实性。

1.2.2.2　研究分析阶段

在对收集齐全的资料进行整理后，关键的一步就是分析和论证有关的信息。在审查分析工作过程中，如发现原有资料不足，应继续调查和收集必要的补充资料。

按照工程项目评价的内容对工程项目可行性研究报告进行审查分析，通过工程项目概况审查（包括对借款人资信的评估）、市场和规模分析、工艺技术和设计分析、工程项目财务数据预测、企业财务效益和国民经济效益的分析评估等各方面的多方案比选、分析、论证，归纳分析结果，说明评估工程项目的建设必要性，技术、财务的可行性和经济的合理性，提出工程项目投资建设的可行性方案或否定工程项目投资建设的总结性意见与建议。

研究分析阶段是项目评价程序中最重要的阶段。在研究过程中，要采用科学的分析方法，数据的测算要采用合理一致的指标体系。此外，研究分析的过程是反复的，需要评价小组耐心地开展工作。

在研究分析中，要对所得资料在时间顺序、数据异常、情况突变和同行业对比等方面进行核实，并提出疑问，对发现的疑问和存在的问题进一步调查，找出原因，加以证实。针对找出的原因，研究问题的性质，分析这些问题是主要的还是次要的，产生的原因是源于内部还是源于外部，问题的存在是短暂的还是持续的，是能够改善的还是不能克服的，以及这些问题的发展趋势和变化情况。

经过审查分析得出数据资料，再去粗取精、去伪存真、由表及里地加以综合判断，应遵循公正、客观和科学的原则，切记片面性和主观随意性。

1.2.2.3 编制评价报告阶段

在前面两项工作完成后，就可以进行项目评价报告的编制。项目评价报告是对工程项目的总体评价。在完成项目评价报告的初稿后，项目评价工作组要对其进行讨论和修改，以最后定稿。

项目评价报告要对可行性研究报告中提出的多种方案加以比较论证和评估，推荐一个最佳（或次优）的投资建设方案，对拟建工程项目的投资结构及技术、经济等因素进行综合分析，得出综合评估结论，并针对相关政策、制度和其他有关规定提出合理可行的建议。

1.3 工程项目评价的发展与应用

工程项目评价经历了从理论与方法的初步形成到不断完善，再到趋于成熟的发展过程。总体来看，西方国家在这方面的工作开展较早且较为深入，我国的工程项目评价虽起步稍晚，但推进迅速，且取得了一定成绩。

1.3.1 西方国家工程项目评价的发展与应用

系统的工程项目评价理论和方法是在近二十几年才发展起来的，但其雏形可以追溯到资本主义早期发展时期。在资本主义早期，政府投资的公共项目很少，大部分是私人投资项目。私人资本主义追逐的是企业的最大利润，因此当时的项目评价就是围绕如何获得最大利润来进行的，并且假设经济环境是在政府自由放任政策下的完全竞争。1844 年，法国工程师杜比发表了题为《公共工程项目效用的测算》论文，开创了现代成本效益系统分析的方法。现代意义的项目评价方法萌芽于 20 世纪 30 年代。30 年代的世界性经济大萧条迫使各国政府不得不卷入经济事务，各国经济学家重新考虑项目评价问题，将社会效用、生产与消费、资源配置以及社会福利问题纳入项目评价的范围之内。

另外，一系列公共工程建设的兴起，使得公共项目评价方法也应运而生。美国为有效控制洪水，大兴水利工程，1936 年颁布了《全国洪水控制方法》，规定运用成本效益分析方法评价洪水控制和水力资源开发项目。该法提出这样一个原则：一个项目，只有当其产生的效益大于其投入的成本时才被认为是可行的，该原则现在也被认为是项目投资最重要的前提条件。将成本效益分析方法引入项目评价中，标志着科学评价方法的建立。

20 世纪 60 年代之后，一些西方发展经济学家投入到发展中国家的项目评价研究中来。英国牛津大学教授里特尔和米尔里斯于 1968 年合作编著了《发展中国家工业项目分析手册》，第一次系统、科学地阐述了项目评价的基本理论和基本方法。1968 年，经济合作与发展组织（OECD）在《工业项目手册》中首先提出了“新方法论”，建议按照国际市场价格和汇率来估计项目的投入与产出。该法较之成本效益系统分析法，更具有科学性和先进性，大大推动了项目评价理论方法的发展，但其局限性在于不太适用于发展中国家的项目评价。1972 年，大斯古帕塔等出版了《项目评价准则》，1975 年，世界银行经济专家斯奈尔编著了《项目经济分析》，1980 年，联合国工业发展组织（UNIDO）和阿拉伯国家发展中心（IDCAS）联合出版了《工业项目评价手册》。以上经典著作为项目评价理论的发展及其运用做出了巨大贡献。

针对“新方法论”的局限性，联合国工业发展组织（UNIDO）和阿拉伯国家发展中心（IDCAS）于 1980 年提出了“增值法”的思想，即根据项目对国民收入增长的贡献来判断项目的价值。“增值法”建立了项目评价和国民收入之间的联系，简单明了，但其未考虑项目的外部效果和非经济效果，使得问题过分简单化。

银行通常把项目评价的结果作为银行贷款与否以及贷款多少的依据。20 世纪 80 年代后，世界银行在项目评价理论和实践的发展过程中发挥了积极作用。世界银行规定，所有的贷款项目都要进行评价，为了提高各会员国项目评价的水平，在理论方面，世界银行出版了一系列著作，在实践方面，则为发展中国家培训了大量专业技术人才。

同时，各国经济学家和工程界人士加大了对建设项目宏观评价的研究力度，将社会评价和综合评价视为工程项目，尤其是大型、超大型工程项目上马的必要条件，同时更加注重环境保护和可持续发展在项目评价中的地位，并制定了相应的国际标准。

1.3.2 我国项目评价的发展

从新中国成立后至改革开放前，我国的项目决策主要沿用前苏联的做法。新中国成立初期的项目管理基本上是按照“先勘察、后设计；先设计、后施工”的基本原则进行的，而真正将项目投资方法引入项目管理程序，最早是在第一个“五年”经济计划时期。当时国家为了使国民经济得到迅速恢复和发展，在前苏联的帮助下，进行了以 156 个重点建设项目为中心的工业化基础投资。为了得到预期的投资效果，对建设项目的评价和管理主要借鉴了当时前苏联的建设项目管理办法。前苏联理论界长期以来只承认劳动消耗是费用，不承认还有其他费用。国家提供给工厂、农庄的资金都不计利息，导致运行资金使用不当及资源的较严重浪费。我国在“一五”期间，经济评价主要沿袭前苏联的方法，采用投资回收期和投资效果系数等静态指标，对一些大型工程项目进行技术经济论证，对当时的投资管理、经济建设起到了一定的积极作用。但由于只是采用简单的静态分析方法，总体看不够完善。

我国现代意义的项目评价方法源于 20 世纪 80 年代。1980 年我国在世界银行的合法席位得到恢复，1981 年，我国成立了以转贷世界银行贷款为主要业务的中国投资银行。中国投资银行于 1983 年出版了《工业贷款项目评价手册》，其关于项目评价的研究和实践在我国起到了很好的探索和示范作用，同时，我国学术界对项目评价的理论和方法进行了深入的探讨，并且积极汲取国外项目评价理论和方法的经验，并且得到了政府部门的有力支持。

20 世纪 80 年代后，原国家计划委员会、国家经济贸易委员会、中国建设银行、中国国际工程咨询公司和国务院有关部门先后颁布了不同类型项目的评价方法。其中，国家计划委员会于1987年首次正式颁布了《建设项目经济评价方法》。

2001年我国加入世界贸易组织WTO后，国家的经济活动逐步由政府转向社会和企业。按照“谁投资、谁决策、谁受益、谁承担风险”的原则，政府职能向服务管理模式的方向转变，基本建设投资领域的项目审批制度也得到了简化、淡化和弱化，政府的职能逐步从参与经济活动的主体地位让位于社会和企业。在工程项目建设领域，如何更好地贯彻投资项目决策科学化、民主化和优化评价后决策的管理程序，如何合理地配置资源、在激烈的国内外市场竞争中求生存求发展，如何完善投资决策及其支持系统、进一步做好工程项目的选择和评价工作，如何进一步提高评价人员素质、能力和水平，为工程项目决策提供依据，均成为亟待解决的重要问题。

在项目的投资决策中，项目评价本应起到举足轻重的作用，但由于各种原因，一段时期以来，有些工程项目的投资建设，将项目评价当做项目的“脚踏板”。其根本原因在于投资体制还不完善，企业还未拥有真正的自主权。我国投资体制改革初期，国家是投资主体，项目所需资金全部靠国家拨款，而后改为“拨改贷”，造成许多无本经营企业，企业产权界限不清，管理者权、责不明，利润要上缴，投资伸手要，拨款也好，贷款也罢，只要能拿到钱就可以上项目，企业就有可能扩大规模，从而造成了严重的后果。上述情况自1986年国家实行项目资本金制度后开始扭转，投资主体开始逐步实现多元化。

我国有关部门对项目可行性研究报告及项目经济评价方法与参数，做出了相应详简不同的规定。原国家计划委员会和建设部于1993年4月联合颁布的《建设项目经济评价方法与参数》（第二版），在指导我国工程项目经济评价工作、实现项目决策科学化方面发挥了巨大作用，在当时条件下贴近社会主义市场经济的要求，使我国工程项目经济评价方法和理论向前迈进了一大步。随着改革的不断渗入和发展，金融、投资、财税等方面的改革力度进一步加大，对经济评价工作提出了更高的要求。我国加入WTO后，需要研究如何与国际接轨，从大的方面看，有可行性研究报告的结构、市场分析的重点内容、方案比选的方法、资金筹措方案的研究和项目风险的分析等；从细节方面讲，评价指标体系的完善和简化、评价基准的确定、计算价格的选取、重要计算参数的选取等都需要进一步探讨。

2002年1月，原国家计划委员会委托中国国际工程咨询公司编写的《投资项目可行性研究指南》（试用版）一书，对我国投资项目的评价研究做了大量详细的探索性要求。2004年7月国务院颁布了《国务院关于投资体制改革的决定》，界定了政府投资项目和企业投资项目的决策程序，2006年7月，国家发展和改革委员会与中华人民共和国建设部又颁布了修订后的《关于建设项目经济评价工作的若干规定》、《建设项目经济评价方法》和《建设项目经济评价参数》，为工程项目评价提供了技术依据。

随着国民经济发展水平的不断提高，我国的经济政策不仅仅是以经济增长为主要目标，同时还包括了更加广泛的社会发展内容，如社会收入的公平分配、劳动就业、技术进步以及各种社会变革等。为了考察投资项目对实现社会目标方面的贡献，还必须从整个社会的角度出发，对项目进行社会评价。

1.3.3 对工程项目评价发展的思考

1.3.3.1 进一步加强社会评价和综合评价

在企业财务评价和国民经济评价的基础上，应进一步加强社会评价和综合评价。从企业财务评价到国民经济评价，再到社会评价和综合评价，这一过程是人们对工程项目评价从局部到整体、从感性到理性、从落后到进步的认识过程，也是工程项目评价理论与方法的进步过程。在这个发展进程中，随着社会的进步和技术的发展，人们对工程项目重要性的认识越来越深，对工程项目的影响范围和影响程度越来越了解。因此，在项目评价中所考察的目标越来越多，研究的范围越来越广，分析的问题越来越深，对分析的精确度和准确度要求也越来越高。

在项目评价初期，由于发展和认识的局限性，人们只注重企业或项目本身的效益，没有看到更广更深的层面，因此当时的项目评价指的就是企业或项目的财务评价。后来人们逐渐认识到工程项目对整个国民经济的影响，发现有必要从整个国民经济的角度对工程项目重新建立评价指标体系，即上升到国民经济评价的高度。近几十年，随着社会财富的不断积累和人类生活水平的不断提高，人们在关注工程项目经济效益的同时，也开始关注工程项目的非经济效益，如社会效益、心理效益、环境效益、国际关系效益、可持续发展效益等，而且社会越发展、人类生活水平越高，对工程项目的非经济因素的影响越重视。因此，对于今后的工程建设项目，在企业财务评价和国民经济评价的基础上，社会评价和综合评价有被加强的趋势。

1.3.3.2 开展可持续发展评价

在社会评价和综合评价的基础上，应该开展可持续发展评价。工程项目的生命周期往往较长，因此从某种意义上来说，对工程项目的评价是对以工程项目为中心的未来环境的预测和评价。其中，未来环境指的是项目实施中环境和项目建成后环境，应与项目建成前环境保持连续性，至少不应向环境恶化的方向突变，即符合可持续发展的要求。可持续发展是工程项目社会评价和综合评价中必须考察的一个目标，也是其最具代表性的评价指标之一。

随着全球环境（包括生态环境和社会环境）的不断恶化，人们越来越认识到不能再以牺牲后代的发展来换取当代的一时发展，否则，发展将是暂时的、短暂的和不可持续的。因此，应坚决贯彻可持续发展战略，走可持续发展之路。任何有悖于该战略安排的行为应视为违法，任何有悖于该发展道路的项目应在评价时给予可持续发展评价一票否决权。因此，在社会评价和综合评价的基础上，尽快建立可持续发展评价体系，确定其评价地位。

1.3.3.3 逐步转向“以人为本”

在企业财务评价的基础上，工程项目微观评价究竟仍“以财为本”，还是应“以人为本”。企业财务评价注重的只是低投入、高利润、低风险，即“以财为本”，不注重或很少注重人的发展。这是项目评价产生初期具有的缺陷。当时，西方正处于工业革命时期，绝大部分产业属于劳动密集型或机器密集型产业，对项目建设者或投资者来说，劳动力是一种并不比机器更优越的资本。再者，当时的竞争主要表现为劳动生产率的竞争，因此对能动的人的影响重视不够。当今社会处于知识经济时代，竞争主要表现为知识的竞争、信息的竞争，归根结底是人才的竞争。人才（即人力资源）是最为重要最为优越的资本。因此，拟建项目能否营造一个舒适和具有广泛发展前景的环境，以留住人才和吸引更多的人才加入，应该而且能够成为工程项目微观评价的一个指标。

“以人为本”的评价思想不但要体现在项目的建设者身上，更应体现在项目的使用者身上。项目终究是要竣工并投入运营，是要为一个地区或一个国家的人民造福的，因此设计时要充分考虑人的需求，既要考虑大众化需求，也要考虑个性化需求。如何更好地解决这一对矛盾，在充分考虑大众化需求的同时，尽量兼顾个性化需求，也应作为工程项目微观评价的一个指标，因为现在的经济是谁抓住了顾客谁就抓住了市场、抓住了竞争的法宝。

1.3.3.4 大力开创信息化评价手段

在现行评价方法的基础上，要大力开创信息化评价手段。工程项目评价是建立在对与该项目有关的信息进行广泛收集的基础之上的，没有相关的信息和数据支持，评价便无从谈起，而且，评价工作的质量在很大程度上取决于所掌握的信息的完备性、真实性和处理的科学性。高速发展的计算机技术和网络技术为项目评价工作注入了新的生机与活力，它使信息收集途径多样化、立体化，信息收集更为方便、快捷，同时使得信息处理更为高效化、科学化。

与其他评价工作相比，工程项目评价的一个显著特点就是“超前性”，即所评价的对象都是还没有发生的未来事物，具有显著的不确定性，而且评价目标错综复杂、相互制约。采用静态的评价方法虽然操作简单，但不符合实际情况，准确度不高；采用动态分析方法比较符合实际情况，准确度较高，但操作复杂，把握不好各因素之间的制约力度。以计算机技术和信息技术为基础的“虚拟现实”技术可有效解决这一矛盾。“虚拟现实”技术和工程项目评价理论和方法相结合，可“人为”创造一个虚拟的“未来环境”，在一定条件下运营，便可从中得到很多有价值的评价数据，比其他方法更为直接、高效。“虚拟现实”技术在工程项目评价中的应用只是项目评价理论和方法与信息技术相结合的一个实例，随着科学技术的不断发展，信息技术在工程项目评价中的应用将更加广泛。

随着科学技术的不断发展和人类对工程项目认识的不断深入，工程项目评价具有向微观和宏观两个方向发展的趋势，并借助于现代科学技术，更加突出“以人为本”的评价思想。

复习思考题

1-1 何谓工程项目，其包括哪些内容？

1-2 说明工程项目的分类依据及其类别。

1-3 何谓工程项目的两重性？

1-4 工程项目评价的含义。

1-5 工程项目评价有哪些类别？

1-6 工程项目评价应遵循哪些原则？

1-7 工程项目评价体现为哪些具体内容？

1-8 工程项目评价的工作程序。

2　资金等值计算与方案比选

本章概要：资金等值计算是进行项目经济评价的基础，是进行工程技术方案比选的基本方法。本章阐述了资金等值计算的基本原理和主要内容，介绍了工程技术方案经济评价中的各项指标和方案比选的基本方法，为开展后续经济评价工作提供了基础知识。

人们无论从事何种经济活动，都必须花费一定的时间。在一定意义上讲，时间是一种最宝贵也是最有限的“资源”，有效地使用资源可以产生价值。在研究工程经济问题时，着重针对经济技术方案中时间因素的研究，是科学开展工程经济分析的重要内容，要正确评价工程技术方案的经济效果，就必须考虑资金的时间价值，以得到更加客观的评价结论。

2.1　资金时间价值与等值计算

2.1.1　资金时间价值的概念

在工程经济计算中，技术方案的经济效益，所消耗的人力、物力和自然资源，最后都是以价值形态，即资金的形式表现出来的。资金运动反映了物化劳动和活劳动的运动过程，而这个过程也是资金随时间运动的过程。因此，在工程经济分析时，不仅要着眼于技术方案资金量的大小（资金收入和支出的多少），而且也要考虑资金发生的时间。资金是运动的价值，资金的价值是随时间变化而变化的，是时间的函数，随时间的推移而增值，其增值的这部分资金就是原有资金的时间价值。其实质是资金作为生产经营要素，在扩大再生产及其资金流通过程中，资金随时间周转使用的结果。

影响资金时间价值的因素很多，其中主要有以下几项：

（1）资金的使用时间。在单位时间的资金增值率一定的条件下，资金使用时间越长，则资金的时间价值越大，使用时间越短，则资金的时间价值越小。

（2）资金数量的多少。在其他条件不变的情况下，资金数量越多，资金的时间价值就越多，反之，资金的时间价值则越少。

（3）资金投入和回收的特点。在总资金一定的情况下，前期投入的资金越多，资金的负效益越大，反之，后期投入的资金越多，资金的负效益越小。而在资金回收额一定的情况下，离现在越近的时间回收的资金越多，资金的时间价值就越多，反之，离现在越远的时间回收的资金越多，资金的时间价值就越少。

（4）资金周转的速度。资金周转越快，在一定的时间内等量资金的周转次数越多，资金的时间价值越多，反之，资金的时间价值越少。

综上所述，资金的时间价值是客观存在的，生产经营的一项基本原则就是充分利用资金的时间价值并最大限度地获得其时间价值，这就要求加速资金周转，尽快回收资金，并不断从事利润较高的投资活动，任何资金的闲置，都是资金时间价值的损失。

2.1.2 利息与利率的概念

利息是资金时间价值的一种重要表现形式，通常用利息额的多少作为衡量资金时间价值的绝对尺度，用利率作为衡量资金时间价值的相对尺度。

2.1.2.1 利息

在借贷过程中，债务人支付给债权人超过原借贷金额的部分就是利息。即：

$$I = F - P \tag{2-1}$$

式中 I——利息；

F——目前债务人应付（或债权人应收）总金额，即还本付息总额；

P——原借贷金额，常称为本金。

从本质上看利息是由贷款发生利润的一种再分配。在工程经济分析中，利息常常被看成是资金的一种机会成本。这是因为如果放弃资金的使用权利，相当于失去收益的机会，也就相当于付出了一定的代价。事实上，投资就是为了在未来获得更大的收益而对目前的资金进行某种安排。很显然，未来的收益应当超过现在的投资，正是这种预期的价值增长才能刺激人们从事投资。因此，在工程经济分析中，利息常常是指占用资金所付的代价或者是放弃使用资金所得的补偿。

2.1.2.2 利率

在工程经济学中，利率的定义是从利息的定义中衍生出来的。也就是说，在理论上先承认了利息，再以利息来解释利率。在实际计算中，正好相反，常根据利率计算利息。

利率就是在单位时间内所得利息额与原借贷金额之比，通常用百分数表示。即：

$$i = \frac{I_t}{P} \times 100\% \tag{2-2}$$

式中 i——利率；

I_t——单位时间内所得的利息额。

用于表示计算利息的时间单位称为计息周期，计息周期通常为年、半年、季、月、周或天。如某公司向银行借得本金1000万元，一年后支付利息80万元，则年利率为8%。

利率是各国发展国民经济的重要杠杆之一，利率的高低由以下因素决定：

（1）利率的高低首先取决于社会平均利润率的高低，并随之变动。在通常情况下，社会平均利润率是利率的最高界限。因为如果利率高于利润率，无利可图就不会发生借款。

（2）在社会平均利润率不变的情况下，利率高低取决于金融市场上借贷资本的供求情况。借贷资本供过于求，利率便下降，反之，求过于供，利率便上升。

（3）借出资本要承担一定的风险，风险越大，利率也就越高。

（4）通货膨胀对利息的波动有直接影响，资金贬值往往会使利息无形中成为负值。

（5）借出资本的期限长短。贷款期限长，不可预见因素多，风险大，利率就高，反之利率就低。

2.1.2.3 利息和利率在工程经济活动中的作用

利息和利率在工程经济活动中的作用主要包括：

（1）利息和利率是以信用方式动员和筹集资金的动力。以信用方式筹集资金有一个特点就是自愿性，而自愿性的动力在于利息和利率。比如一个投资者，他首先要考虑的是，投资某一项目所得到的利息是否比把这笔资金投入其他项目所得的利息多。如果多，他就可以在这个项目投资，如果所得的利息达不到其他项目的利息水平，他就可能不在这个项目投资。

（2）利息促进投资者加强经济核算，节约使用资金。投资者借款需付利息，增加支出负担，这就促使投资者必须精打细算，把借入资金用到刀刃上，减少借入资金的占用，以少付利息。同时可以使投资者自觉减少各环节占压资金。

（3）利息和利率是宏观经济管理的重要杠杆。国家在不同的时期制定不同的利息政策，对不同地区、不同行业规定不同的利率标准，就会对整个国民经济产生影响。例如对于限制发展的行业，利率规定得高一些，对于提倡发展的行业，利率规定得低一些，从而引导行业和企业的生产经营服从国民经济发展的总方向。同样，占用资金时间短的，收取低息，占用时间长的，收取高息，对产品适销对路、质量好、信誉高的企业，在资金供应上给予低息支持，反之，收取较高利息。

（4）利息与利率是金融企业经营发展的重要条件。金融机构作为企业，必须获取利润。由于金融机构的存放款利率不同，其差额成为金融机构的业务收入，此款扣除业务费后就是金融机构的利润。所以利息和利率能刺激金融企业的经营发展。

2.1.3　利息的计算

利息计算有单利和复利之分。当计息周期在一个以上时，就需要考虑“单利”与“复利”的问题。

2.1.3.1　单利

所谓单利，是指在计算利息时，仅用最初本金来计算，而不计入先前计息周期中所累积增加的利息，即通常所说的“利不生利”的计息方法。其计算式如下：

$$I_t = P \times i_{单} \tag{2-3}$$

式中　I_t——第 t 计息周期的利息额；

P——本金；

$i_{单}$——计息周期单利利率。

而 n 期末单利本利和 F 等于本金加上总利息，即：

$$F = P + I_n = P(1 + n \times i_{单}) \tag{2-4}$$

式中　I_n—— n 个计息周期所付或所收的单利总利息，即：

$$I_n = \sum_{t=1}^{n} I_t = \sum_{t=1}^{n} P \times i_{单} = P \times i_{单} \times n \tag{2-5}$$

在以单利计息的情况下，总利息与本金、利率以及计息周期数成正比关系。

此外，在利用式（2-4）计算本利和 F 时，要注意式中 n 和 $i_{单}$ 反映的时期要一致。如果 $i_{单}$ 为年利率，则 n 应为计息的年数；若 $i_{单}$ 为月利率，n 应为计息的月数。

例 2-1　假如某公司以单利方式借入 1000 万元，年利率 8%，第四年末偿还本利，则各年利息和本利和如表 2-1 所示。

表 2-1 单利计算分析表 （单位：万元）

使用期	年初借款	年末利息	年末本利和	年末偿还
1	1000	1000 × 8% = 80	1080	0
2	1080	80	1160	0
3	1160	80	1240	0
4	1240	80	1320	1320

由表 2-1 可见，单利的年利息额仅由本金所产生，其新生利息不再加入本金产生利息，即“利不生利”。这不符合客观的经济发展规律，没有反映资金随时都在“增值”的概念，即没有完全反映资金的时间价值。因此，在工程经济分析中单利使用较少，通常只适用于短期投资或短期贷款。

2.1.3.2 复利

所谓复利，是指在计算某一计息周期的利息时，其先前周期上所累积的利息要计算利息，即“利生利”的计息方式。其表达式如下：

$$I_t = i \times F_{t-1} \tag{2-6}$$

式中 i——计息周期复利利率；

F_{t-1}——第 $t-1$ 期末复利本利和。

而第 t 期末复利本利和的表达式如下：

$$F_t = F_{t-1} \times (1 + i) \tag{2-7}$$

例 2-2 数据同例 2-1，按复利计算，则各年利息和本利和如表 2-2 所示。

表 2-2 复利计算分析表 （单位：万元）

使用期	年初款额	年末利息	年末本利和	年末偿还
1	1000	1000 × 8% = 80	1080	0
2	1080	1080 × 8% = 86.4	1166.4	0
3	1166.4	1166.4 × 8% = 93.312	1259.712	0
4	1259.712	1259.712 × 8% = 100.777	1360.489	1360.489

从表 2-2 和表 2-1 可以看出，同一笔借款，在利率和计息周期均相同的情况下，用复利计算出的利息金额比用单利计算出的利息金额多。

如例 2-2 与例 2-1 两者相差 1360.49 - 1320 = 40.49 万元，投入的本金越大，利率越高，计息周期越多时，两者差距就越大。复利计息比较符合资金在社会再生产过程中运动的实际状况。因此，在实际中得到了广泛的应用，在工程经济分析中，一般采用复利计算。

复利计算有间断复利和连续复利之分。按期（如年、半年、季、月、周、日）计算复利的方法称为间断复利（即普通复利）；按瞬时计算复利的方法称为连续复利。在实际使用中都采用间断复利，这一方面是出于习惯，另一方面是因为会计通常在年底结算一年的进出款，按年支付税金、保险金和抵押费用，因而采用间断复利考虑问题更适宜。

2.1.4 资金等值计算及应用

资金有时间价值，即使金额相同，因其发生在不同时间，其价值就不相同，反之，不同时点绝对值不等的资金，在时间价值的作用下却可能具有相等的价值。这些不同时期、不同数额但其“价值等效”的资金称为等值，又称为等效值。常用的等值计算公式主要有终值和现值计算公式。

2.1.4.1　现金流量图的绘制

在进行工程经济分析时，可把所考察的技术方案视为一个系统。投入的资金、花费的成本和获取的收益，均可看成是以资金形式体现的该系统资金流出或资金流入。这种在考察技术方案整个期间各时点 t 上实际发生的资金流出或资金流入称为现金流量，其中流出系统的资金称为现金流出，用符号 CO_t 表示；流入系统的资金称为现金流入，用符号 CI_t 表示，现金流入与现金流出之差称为净现金流量，用符号 $(CI - CO)_t$ 表示。

对于一个技术方案，其每期现金流量的流向（支出或收入）、数额和发生时间都不尽相同。为了正确地进行工程经济分析计算，有必要借助现金流量图来进行分析。所谓现金流量图就是一种反映技术方案资金运动状态的图示，即把技术方案的现金流量绘入一时间坐标图中，表示出各现金流入、流出与相应时间的对应关系，如图 2-1 所示。运用现金流量图，就可全面、形象、直观地表达技术方案的资金运动状态。

现以图 2-1 说明现金流量图的作图方法和规则：

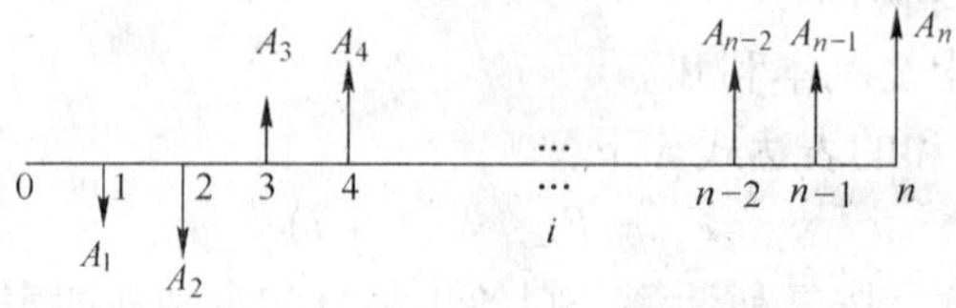

图 2-1　现金流量图

（1）以横轴为时间轴，向右延伸表示时间的延续，轴上每一刻度表示一个时间单位，可取年、半年、季或月等，时间轴上的点称为时点，通常表示的是该时间单位末的时点，0 表示时间序列的起点。整个横轴又可看成是所考察的“技术方案”。

（2）相对于时间坐标的垂直箭线代表不同时点的现金流量情况，现金流量的性质（流入或流出）是对特定的人而言的。对投资人而言，在横轴上方的箭线表示现金流入，即表示收益，在横轴下方的箭线表示现金流出，即表示费用。

（3）在现金流量图中，箭线长短与现金流量数值大小本应成比例，但由于技术方案中各时点现金流量常常差额悬殊而无法成比例绘出，故在现金流量图绘制中，箭线长短只要能适当体现各时点现金流量数值的差异，并在各箭线上方（或下方）注明其现金流量数值即可。

（4）箭线与时间轴的交点即为现金流量发生的时点。

总之，要正确绘制现金流量图，必须把握好现金流量的三要素，即现金流量的大小（现金流量数额）、方向（现金流入或现金流出）和作用点（现金流量发生的时点）。

2.1.4.2　终值和现值的计算

A　一次支付现金流量的终值和现值计算

a　一次支付现金流量

由式（2-6）和式（2-7）可知，如果一周期一周期地计算，当周期数很多时计算十分烦琐，而且在式（2-7）中没有直接反映出本金 P、本利和 F、利率 i、计息周期数 n 等要素的关系。对式（2-6）和式（2-7）根据现金流量支付情形需要进一步简化，其中一次支付是最基本的现金流量情形。

一次支付又称整存整付，是指所分析技术方案的现金流量，无论是流入或是流出，分别在各时点上只发生一次，如图 2-2 所示。

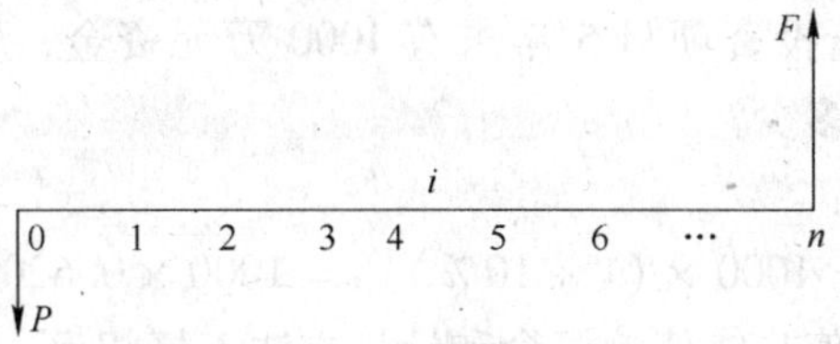

图 2-2 一次支付现金流量图

图 2-2 中，i 为计息期复利利率；n 为计息的期数；P 为现值，资金发生在（或折算为）某一特定时间序列起点时的价值；F 为终值，资金发生在（或折算为）某一特定时间序列终点时的价值。

b 终值计算（已知 P 求 F）

现有一笔资金 P，年利率 i，按复利计算，n 年以后的本利和为多少？

根据复利的定义即可求得 n 年末本利和（即终值）F 如表 2-3 所示。

表 2-3 一次支付终值公式推算表

计息期	期初金额（1）	本期利息额（2）	期末本利和 F =（1）+（2）
1	P	$P \times i$	$F_1 = P + Pi = P(1+i)$
2	$P(1+i)$	$P(1+i) \times i$	$F_2 = P(1+i) + P(1+i) \times i = P(1+i)^2$
3	$P(1+i)^2$	$P(1+i)^2 \times i$	$F_3 = P(1+i)^2 + P(1+i)^2 \times i = P(1+i)^3$
⋮	⋮	⋮	⋮
n	$P(1+i)^{n-1}$	$P(1+i)^{n-1} \times i$	$F = F_n = P(1+i)^{n-1} + P(1+i)^{n-1} \times i = P(1+i)^n$

由表 2-3 可知，一次支付 n 年末终值（即本利和）F 的计算公式为：

$$F = P(1+i)^n \tag{2-8}$$

式中 $(1+i)_n$ 称为一次支付终值系数，用（F/P，i，n）表示，故式（2-8）可写成：

$$F = P(F/P,i,n) \tag{2-9}$$

在（F/P，i，n）这类符号中，括号内斜线上的符号表示所求的未知数，斜线下的符号表示已知数。（F/P，i，n）表示在已知 P，i 和 n 的情况下求解 F 的值。

例 2-3 某公司借款 1000 万元，年复利率 $i = 10\%$，试问 5 年末连本带利一次需偿还多少？

解：按式（2-8）计算得：

$$F = P(1+i)^n = 1000 \times (1+10\%)^5 = 1000 \times 1.61051 = 1610.51(\text{万元})$$

c 现值计算（已知 F 求 P）

由式（2-8）的逆运算即可得出现值 P 的计算式为：

$$P = \frac{F}{(1+i)^n} = F(1+i)^{-n} \tag{2-10}$$

式中，$(1+i)^{-n}$ 称为一次支付现值系数，用符号 $(P/F,i,n)$ 表示。式（2-10）可写成：

$$P = F(P/F,i,n) \tag{2-11}$$

一次支付现值系数名称描述了 $(1+i)^{-n}$的功能，即未来一笔资金乘上该系数就可求出其现值。计算现值的过程叫“折现”或“贴现”，其所使用的利率常称为折现率或贴现率。$(1+i)^{-n}$或 $(P/F, i, n)$ 也可叫折现系数或贴现系数。

例 2-4 某公司希望所投资项目 5 年末有 1000 万元资金，年利率 $i=10\%$，复利计息，试问现在需一次投入多少？

解：由式（2-10）得：

$$P = F(1+i)^{-n} = 1000 \times (1+10\%)^{-5} = 1000 \times 0.6209 = 620.9 \text{（万元）}$$

从上面计算可知，现值与终值的概念和计算方法正好相反，可知现值系数与终值系数是互为倒数，即：

$$(P/F,i,n) = \frac{1}{(F/P,i,n)}$$

在 P 一定、n 相同时，i 越高，F 越大；在 i 相同时，n 越长，F 越大；在 F 一定，n 相同时，i 越高，P 越小；在 i 相同时，n 越长，P 越小。

从表 2-4 可知，按 12% 的利率，时间 20 年，现值与终值相差约 9.6 倍。如用终值进行分析，会使人感到评价结论可信度降低，而用现值概念很容易被决策者接受。因此，在工程经济分析中，现值比终值使用更为广泛。

表 2-4 一元现值与终值的关系

利率＼时间	1 年	5 年	10 年	20 年
1%	1.0100	1.0510	1.1046	1.2201
5%	1.0500	1.2762	1.6288	2.6532
8%	1.0800	1.4693	2.1589	4.6609
10%	1.1000	1.6105	2.5937	6.7274
12%	1.1200	1.7623	3.1058	9.6462
15%	1.1500	2.0113	4.0455	16.3660

在工程经济评价中，由于现值评价常常是选择现在为同一时点，把技术方案预计的不同时期的现金流量折算成现值，并按现值之代数和大小做出决策。

因此，在工程经济分析时应当注意以下两点：一是正确选取折现率。折现率是决定现值大小的一个重要因素，必须根据实际情况灵活选用。二是要注意现金流量的分布情况。从收益方面来看，获得的时间越早、数额越多，其现值也越大。因此，应使技术方案早日完成，早日实现生产能力，早获收益，多获收益，才能达到最佳经济效益。从投资方面看，在投资额一定的情况下，投资支出的时间越晚、数额越少，其现值也越小。因此，应合理分配各年投资额，在不影响技术方案正常实施的前提下，尽量减少建设初期投资额，加大建设后期投资比重。

B 等额支付系列现金流量的终值、现值计算

a 等额支付系列现金流量

在工程经济活动中，多次支付是最常见的支付情形。多次支付是指现金流量在多个时点发生，而不是集中在某一个时点上。如果用 A 表示第 t 期末发生的现金流量大小，可正

可负，用逐个折现的方法，可将多次支付现金流量换算成现值，即：

$$P = A_1(1+i)^{-1} + A_2(1+i)^{-2} + \cdots + A_n(1+i)^{-n} = \sum_{t=1}^{n} A_t(1+i)^{-t} \quad (2\text{-}12)$$

或

$$P = \sum_{t=1}^{n} A_t(P/F,i,t) \quad (2\text{-}13)$$

同理，也可将多次支付现金流量换算成终值：

$$F = \sum_{t=1}^{n} A_t(1+i)^{n-t} \quad (2\text{-}14)$$

$$F = \sum_{t=1}^{n} A_t(F/P,i,n-t) \quad (2\text{-}15)$$

综合式（2-12）~式（2-15），虽然各个系数都可以计算，但如果 n 较长、A 较多时，计算是非常烦琐的。如果多次支付现金流量 A，各年的现金流量序列是连续的，且数额相等，即 $A_t = A =$ 常数，则可大大简化上述计算公式，A 称为年金，即为发生在（或折算为）某一特定时间序列各计息周期末（自第一期期末开始）的等额资金序列的值（见图 2-3）。

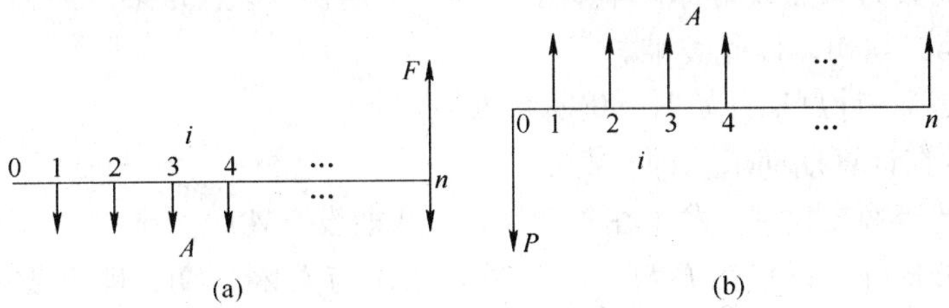

图 2-3 等额支付现金流量示意图

（a）年金 A 与终值 F 的关系；（b）年金 A 与现值 P 的关系

b 终值计算（已知 A，求 F）

由式（2-14）可得出等额支付系列现金流量的终值为：

$$F = \sum_{t=1}^{n} A_t(1+i)^{n-t} = A[(1+i)^{n-1} + \cdots + (1+i) + 1] = A\frac{(1+i)^n - 1}{i} \quad (2\text{-}16)$$

式中，$\frac{(1+i)^n - 1}{i}$ 称为等额支付系列终值系数或年金终值系数，用符号 $(F/A,i,n)$ 表示。式（2-16）又可写成：

$$F = A(F/A,i,n) \quad (2\text{-}17)$$

例 2-5 某投资人若 10 年内每年末存入银行 10000 元，年利率 8%，问 10 年末本利和为多少？

解：由式（2-16）得：

$$F = A\frac{(1+i)^n - 1}{i} = 10000 \times \frac{(1+8\%)^{10} - 1}{8\%} = 10000 \times 14.487 = 144870(\text{元})$$

c 现值计算（已知 A，求 P）

由式（2-10）和式（2-16）得：

$$P = F(1+i)^{-n} = A \times \frac{(1+i)^n - 1}{i(1+i)^n} \quad (2\text{-}18)$$

式中，$\frac{(1+i)^n-1}{i(1+i)^n}$称为等额支付系列现值系数或年金现值系数，用符号 $(P/A,i,n)$ 表示。则式（2-18）又可写成：

$$P = A(P/A,i,n) \tag{2-19}$$

例 2-6　某投资项目，计算期 5 年，每年年末等额收回 100 万元，问在利率为 10% 时，开始须一次投资多少？

解：由式（2-18）得：

$$P = A \times \frac{(1+i)^n-1}{i(1+i)^n} = 100 \times \frac{(1+10\%)^5-1}{10\% \times (1+10\%)^5} = 100 \times 3.7908 = 379.08\ (\text{万元})$$

年金 A 与终值 F、现值 P 的关系 如图 2-3 所示。

2.1.4.3　等值计算的应用

A　等值计算公式使用注意事项

等值计算公式使用注意事项包括：

（1）计息期数为时点或时标，本期末即等于下期初。0 点是第一期初，也叫零期，第一期末即等于第二期初，以此类推。

（2）P 是在第一计息期开始时（0 期）发生。

（3）F 发生在计算期期末，即 n 期末。

（4）各期的等额支付 A，发生在各期期末（0 期没有 A）。

（5）当待分析的问题包括 P 与 A 时，第一个 A 与 P 隔一期，即 P 发生在系列 A 的前一期。

（6）当待分析的问题包括 A 与 F 时，最后一个 A 是与 F 同时发生，不能把 A 定在每期期初，因为公式的建立与它是不相符的。

B　等值计算的应用

根据上述复利计算公式可知，等值基本公式相互关系如图 2-4 所示。

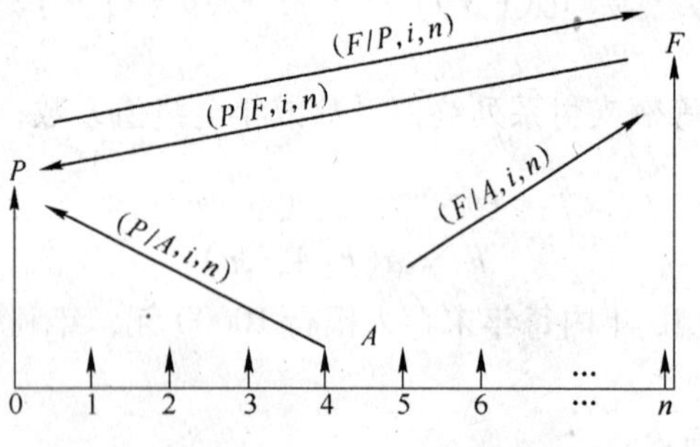

图 2-4　等值基本公式相互关系示意图

例 2-7　设 $i=10\%$，现在的 1000 元等于 5 年末的多少元？

解：画出现金流量图（如图 2-5 所示）。

根据式（2-8）可计算出 5 年末的本利和 F 为：

$$F = P(1+i)^n = 1000 \times (1+10\%)^5 = 1000 \times 1.6105 = 1610.5\ (\text{元})$$

计算表明，在年利率为 10% 时，现在的 1000 元等值于 5 年末的 1610.5 元，或 5 年末的 1610.5 元，当 $i=10\%$ 时，等值于现在的 1000 元。

如果两个现金流量等值，则对任何时刻的价值必然相等。现用上例求第 3 年末的价值。

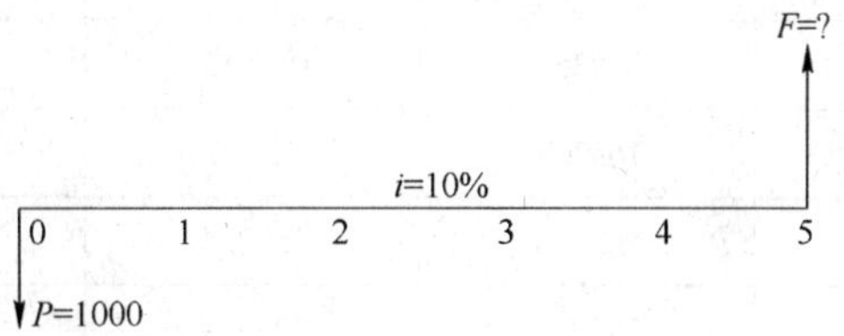

图 2-5　一次支付现金流量图

按 $P=1000$ 元计算 3 年末的价值，根据式（2-8）可计算得：

$$F = P(1+i)^n = 1000 \times (1+10\%)^3 = 1000 \times 1.331 = 1331(\text{元})$$

用 $F=1610.5$ 元，计算 2 年前的价值，根据式（2-10）可计算得：

$$P = F(1+i)^{-n} = 1610.5 \times (1+10\%)^{-2} = 1610.5 \times 0.8264 = 1331(\text{元})$$

若计算第七年末的价值：

按 $P=1000$ 元计算第七年末的价值，根据式（2-8）可计算得：

$$F = P(1+i)^n = 1000 \times (1+10\%)^7 = 1000 \times 1.9487 = 1948.7(\text{元})$$

按 $F=1610.5$ 元，计算第七年末的价值（注意：这时 $n=7-5=2$），根据式（2-8）可计算得：

$$F = P(1+i)^n = 1610.5 \times (1+10\%)^2 = 1610.5 \times 1.21 = 1948.7(\text{元})$$

影响资金等值的因素有三个：资金数额的多少、资金发生的时间长短、利率（或折现率）的大小。其中利率是一个关键因素，一般等值计算中是以同一利率为依据的。

在工程经济分析中，等值是一个十分重要的概念，它为评价人员提供了一个计算某一经济活动有效性或者进行技术方案比较、优选的可能性。因为在考虑资金时间价值的情况下，其不同时间发生的收入或支出是不能直接相加减的。而利用等值的概念，则可以把在不同时点发生的资金换算成同一时点的等值资金，然后再进行比较。所以，在工程经济分析中，技术方案比较都是采用等值的概念来进行分析、评价和选定。

例 2-8　某项目投资 10000 万元，由甲乙双方共同投资。其中：甲方出资 60%，乙方出资 40%。由于双方未重视各方的出资时间，其出资情况如表 2-5 所示。

表 2-5　甲乙双方出资情况

	第 1 年	第 2 年	第 3 年	合　计	所占比例
甲方出资额	3000	2000	1000	6000	60%
乙方出资额	1000	1000	2000	4000	40%
合　计	4000	3000	3000	10000	100%

表 2-5 所示的这种资金安排没有考虑资金的时间价值，从绝对额看是符合各方出资比例的。但在考虑资金时间价值后，情况就不同了。设该项目的收益率为 $i=10\%$，运用等值的概念计算甲乙双方投资的现值如表 2-6 所示。

表 2-6　甲乙双方出资情况

	第 1 年	第 2 年	第 3 年	合　计	所占比例
折现系数	0. 9091	0. 8264	0. 7513		
甲方出资额	2727. 3	1652. 8	751. 3	5131. 4	61. 31%
乙方出资额	909. 1	826. 4	1502. 6	3238. 1	38. 69%
合　计	3636. 4	2479. 2	2253. 9	8369. 5	100%

由表 2-6 可知，这种出资安排有损甲方的利益，必须重新做出安排。一般情况下，应坚持按比例同时出资，特殊情况下，不能按比例同时出资的，应进行资金等值换算。

2. 1. 4. 4　名义利率与有效利率的计算

在复利计算中，利率周期通常以年为单位，它可以与计息周期相同，也可以不同。当计息周期小于一年时，就出现了名义利率和有效利率的概念。

A　名义利率的计算

所谓名义利率 r 是指计息周期利率 i 乘以一年内的计息周期数 m 所得的年利率。即：

$$r = i \times m \tag{2-20}$$

若计息周期月利率为 1%，则年名义利率为 12%。很显然，计算名义利率时忽略了前面各期利息再生的因素，这与单利的计算相同。通常所说的年利率都是名义利率。

B　有效利率的计算

有效利率是指资金在计息中所发生的实际利率，包括计息周期有效利率和年有效利率两种情况。

a　计息周期有效利率的计算

计息周期有效利率，即计息周期利率 i，其计算由式（2-20）可得：

$$i = \frac{r}{m} \tag{2-21}$$

b　年有效利率的计算

若用计息周期利率来计算年有效利率，并考虑年内利息再生因素，这时所得的年利率称为年有效利率（又称年实际利率）。根据利率的概念即可推导出年有效利率的计算式。

已知某年初有资金 P，名义利率为 r，一年内计息 m 次（如图 2-6 所示），则计息周期利率为 $i = r/m$。根据一次支付终值公式（参见公式 2-8）可得该年的本利和 F，即：

$$F = P\left(1 + \frac{r}{m}\right)^m$$

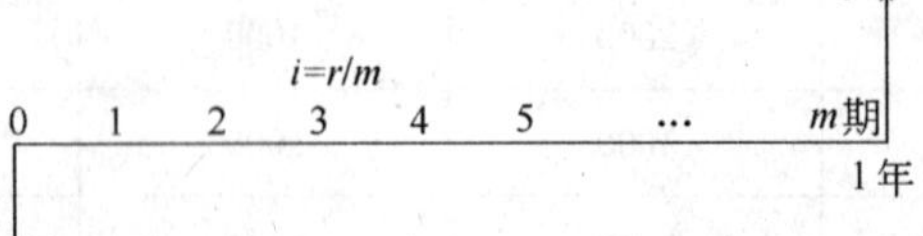

图 2-6　年有效利率计算现金流量图

根据利息的定义（参见公式 2-1），可得该年的利息 I 为：

$$I = F - P = P\left(1 + \frac{r}{m}\right)^m - P = P\left[\left(1 + \frac{r}{m}\right)^m - 1\right]$$

再根据利率的定义（参见公式2-2），可得该年的实际利率，即年有效利率 i_{eff} 为：

$$i_{eff} = \frac{I}{P} = \left(1 + \frac{r}{m}\right)^m - 1 \tag{2-22}$$

由此可见，年有效利率和名义利率的关系实质上与复利和单利的关系一样。

例 2-9 现设年名义利率 $i = 10\%$，则年、半年、季、月、日的年有效利率如表 2-7 所示。

表 2-7 名义利率与有效利率比较表

年名义利率（r）/%	计息期	年计息次数（m）	计息期利率（$i = r/m$）/%	年有效利率（i_{eff}）/%
10	年	1	10	10
	半年	2	5	10.25
	季	4	2.5	10.38
	月	12	0.833	10.46
	日	365	0.0274	10.51

从式（2-22）和表2-7可以看出，每年计息周期 m 越多，i_{eff} 与 r 相差越大，另一方面，名义利率为10%，按季度计息时，按季度利率2.5%计息与按年利率10.38%计息，二者是等价的。所以，在工程经济分析中，如果各技术方案的计息期不同，就不能简单地使用名义利率来评价，而必须换算成有效利率进行评价，否则会得出不正确的结论。

C 计息周期小于（或等于）资金收付周期时的等值计算

当计息周期小于（或等于）资金收付周期时，等值的计算方法有以下两种。

（1）按收付周期实际利率计算。

（2）按计息周期利率计算。

例 2-10 现在存款1000元，年利率10%，半年复利一次。问5年末存款金额为多少？

解： 现金流量如图2-7所示。

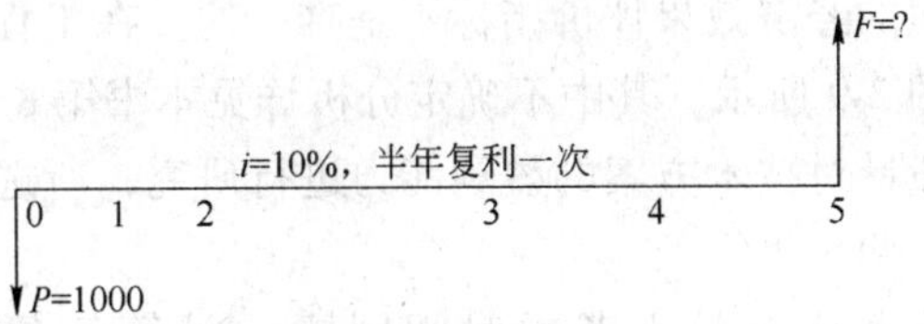

图 2-7 现金流量图

（1）按年实际利率计算

$$i_{eff} = \left(1 + \frac{10\%}{2}\right)^2 - 1 = 10.25\%$$

则 $$F = 1000 \times (1 + 10.25\%)^5 = 1000 \times 1.62889 = 1628.89(\text{元})$$

（2）按计息周期利率计算

$$F = 1000 \times \left(F/P, \frac{10\%}{2}, 2 \times 5\right) = 1000(F/P, 5\%, 10)$$

$$= 1000 \times (1 + 5\%)^{10} = 1000 \times 1.62889 = 1628.89(\text{元})$$

有时上述两法计算结果有很小差异，这是因为一次支付终值系数略去尾数误差造成的，此差异是允许的。但应注意，对等额系列流量，只有计息周期与收付周期一致时才能按计息期利率计算。否则，只能用收付周期实际利率来计算。

例 2-11 每半年内存款 1000 元，年利率 8%，每季复利一次。问五年末存款金额为多少？

解：现金流量如图 2-8 所示。

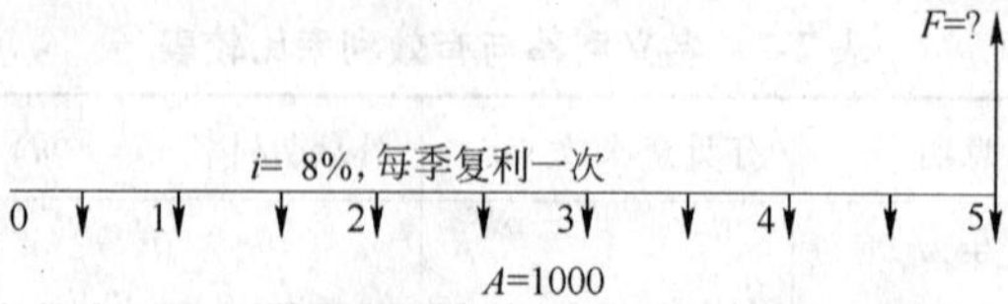

图 2-8 现金流量图

由于本例计息周期小于收付周期，不能直接采用计息期利率计算，故只能用实际利率来计算。

计息期利率 $i = \frac{r}{m} = \frac{8\%}{4} = 2\%$

半年期实际利率 $i_{\text{eff半}} = (1 + 2\%)^2 - 1 = 4.04\%$

则 $F = 1000(F/A, 4.04\%, 2 \times 5) = 1000 \times 12.029 = 12029$（元）

2.2 工程项目效果评价指标

技术方案的经济效果评价，一方面取决于基础数据的完整性和可靠性，另一方面取决于选取的评价指标体系的合理性，只有选取正确的评价指标体系，经济效果评价的结果才能与客观实际情况相吻合，才具有实际意义。

2.2.1 评价指标概述

一般来讲，技术方案的经济效果评价指标不是唯一的。在工程经济评价中，常用的经济效果评价指标体系如图 2-9 所示，其中不确定分析详见本书第 8 章。

确定性分析中，一般针对技术方案的盈利能力进行研究，所选取的评价指标分为静态分析指标和动态分析指标两大类。

静态分析指标的最大特点是不考虑时间因素，计算简便。在对技术方案进行粗略评价，对短期投资方案进行评价，或对逐年收益大致相等的技术方案进行评价时，静态分析指标是可以采用的。动态分析指标强调利用复利方法计算资金时间价值，它将不同时间内资金的流入和流出，换算成同一时点的价值，从而为不同技术方案的经济比较提供了可比基础，并能反映技术方案在未来时期的发展变化情况。

总之，在进行工程技术方案经济效果评价时，应根据评价深度要求、可获得资料的多少以及评价方案本身所处的条件，选用多个不同的评价指标，这些指标有主有次，从不同侧面反映评价方案的经济效果。

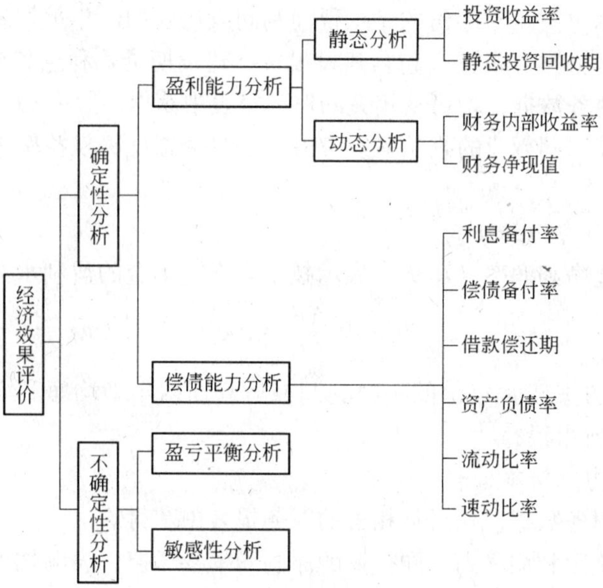

图 2-9 常规经济效果评价指标体系

2.2.2 静态分析指标

2.2.2.1 投资收益率

A 投资收益率的基本概念

投资收益率是衡量技术方案获利水平的评价指标，它是技术方案建成投产达到设计生产能力后一个正常生产年份的年净收益额与技术方案投资的比率。它表明技术方案在正常生产年份中，单位投资每年所创造的年净收益额。对生产期内各年的净收益额变化幅度较大的技术方案，可计算生产期年平均净收益额与技术方案投资的比率，其计算公式为：

$$R = \frac{A}{I} \times 100\% \tag{2-23}$$

式中 R——投资收益率；

A——技术方案年净收益额或年平均净收益额；

I——技术方案投资。

B 判别准则

将计算出的投资收益率（R）与所确定的基准投资收益率（R_e）进行比较。若 $R \geq R_e$，则技术方案可以考虑接受；若 $R < R_e$，则技术方案是不可行的。

C 应用

根据分析的目的不同，投资收益率又具体分为：总投资收益率（*ROI*）、资本金净利润率（*ROE*）。

a 总投资收益率（*ROI*）

总投资收益率（*ROI*）表示总投资的盈利水平，按下式计算：

$$ROI = \frac{EBIT}{TI} \times 100\% \tag{2-24}$$

式中 $EBIT$——技术方案正常年份的年息税前利润或运营期内年平均息税前利润；

TI——技术方案总投资（包括建设投资、建设期贷款利息和全部流动资金）。

公式中所需的财务数据，均可从相关的财务报表中获得。

总投资收益率高于同行业的收益率参考值，表明用总投资收益率表示的技术方案盈利能力满足要求。

b 资本金净利润率（ROE）

技术方案资本金净利润率（ROE）表示技术方案资本金的盈利水平，按下式计算：

$$ROE = \frac{NP}{EC} \times 100\% \tag{2-25}$$

式中 NP——技术方案正常年份的年净利润或运营期内年平均净利润，净利润 = 利润总额 - 所得税；

EC——技术方案资本金。

公式中所需的财务数据，均可从相关的财务报表中获得。

技术方案资本金净利润率高于同行业的净利润率参考值，表明用资本金净利润率表示的技术方案盈利能力满足要求。

例 2-12 已知某技术方案拟投入资金和利润如表 2-8 所示。计算该技术方案的总投资利润率和资本金利润率。

表 2-8 某技术方案拟投入资金和利润表 （单位：万元）

序号	项 目	第 1 年	第 2 年	第 3 年	第 4 年	第 5 年	第 6 年	第 7～10 年
1	建设投资							
1.1	自有资金部分	1200	340					
1.2	贷款本金		2000					
1.3	贷款利息（年利率 6%，投产后前 4 年等本偿还，利息照付）		60	123.6	92.7	61.8	30.9	
2	流动资金							
2.1	自有资金部分			300				
2.2	贷款			100	400			
2.3	贷款利息（年利率 4%）			4	20	20	20	20
3	所得税前利润			-50	550	590	620	650
4	所得税后利润（所得税率 25%）			-50	425	442.5	465	487.5

解：（1）计算总投资收益率（ROI）

技术方案总投资 TI = 建设投资 + 建设期贷款利息 + 全部流动资金

$$= 1200 + 340 + 2000 + 60 + 300 + 100 + 400 = 4400\ （万元）$$

年平均息税前利润 $EBIT = [(123.6 + 92.7 + 61.8 + 30.9 + 4 + 20 \times 7) + (-50 + 550 + 590 + 620 + 650 \times 4)] \div 8 = 595.4$（万元）

根据式（2-24）可计算总投资收益率（*ROI*）

$$ROI = \frac{EBIT}{TI} \times 100\% = \frac{595.4}{4400} \times 100\% = 13.53\%$$

（2）计算总投资收益率（*ROE*）

技术方案资本金 $EC = 1200 + 340 + 300 = 1840$（万元）

年平均净利润 $NP = (-50 + 425 + 442.5 + 465 + 487.5 \times 4) \div 8 = 404.06$（万元）

根据式（2-25）可计算资本金净利润率（*ROE*）

$$ROE = \frac{NP}{EC} \times 100\% = \frac{404.06}{1840} \times 100\% = 21.96\%$$

总投资收益率（*ROI*）是用来衡量整个技术方案的获利能力，要求技术方案的总投资收益率（*ROI*）应大于行业的平均投资收益率，总投资收益率越高，从技术方案所获得的收益就越多。而资本金净利润率（*ROE*）则是用来衡量技术方案资本金的获利能力，资本金净利润率（*ROE*）越高，资本金所取得的利润就越多，权益投资盈利水平也就越高。

对于技术方案而言，若总投资收益率或资本金净利润率高于同期银行利率，适度举债是有利的；反之，过高的负债比率将损害企业和投资者的利益。由此可以看出，总投资收益率或资本金净利润率指标不仅可以用来衡量技术方案的获利能力，还可以作为技术方案筹资决策参考的依据。

D 优劣分析

投资收益率（*R*）指标经济意义明确、直观，计算简便，在一定程度上反映了投资效果的优劣，可适用于各种投资规模。但不足的是没有考虑投资收益的时间因素，忽视了资金具有时间价值的重要性，指标的计算主观随意性太强，正常生产年份的选择比较困难，其确定带有一定的不确定性和人为因素。因此，以投资收益率指标作为主要的决策依据不太可靠，其主要用在技术方案制定的早期阶段或研究过程，且计算期较短、不具备综合分析所需详细资料的技术方案，尤其适用于工艺简单而生产情况变化不大的技术方案的选择和投资经济效果的评价。

2.2.2.2 投资回收期

A 投资回收期的概念

投资回收期也称返本期，是反映技术方案投资回收能力的重要指标，分为静态投资回收期和动态投资回收期，通常只进行技术方案静态投资回收期计算分析。

技术方案静态投资回收期是在不考虑资金时间价值的条件下，以技术方案的净收益回收其总投资（包括建设投资和流动资金）所需要的时间，一般以年为单位。静态投资回收期宜从技术方案建设开始年算起，若从技术方案投产开始年算起，应予以特别注明。从建设开始年算起，静态投资回收期（P_t）的计算公式如下：

$$\sum_{t=0}^{P_t} (CI - CO)_t = 0 \tag{2-26}$$

式中 P_t——技术方案静态投资回收期；

CI——技术方案现金流入量；

CO——技术方案现金流出量；

$(CI - CO)_t$——技术方案第 t 年净现金流量。

B 应用

静态投资回收期可借助技术方案投资现金流量表，根据净现金流量计算，其具体计算又分以下两种情况：

（1）当技术方案实施后各年的净收益（即净现金流量）均相同时，静态投资回收期的计算公式如下：

$$P_t = \frac{I}{A} \tag{2-27}$$

式中 I——技术方案总投资；

A——技术方案每年的净收益，即 $A=(CI\text{-}CO)_t$。

例 2-13 某技术方案估计总投资 2800 万元，技术方案实施后各年净收益为 320 万元，则该技术方案的静态投资回收期为：

$$P_t = \frac{I}{A} = \frac{2800}{320} = 8.75(\text{年})$$

在应用式（2-27）时应注意，由于技术方案的年净收益不等于年利润额，所以静态投资回收期不等于投资利润率的倒数。

（2）当技术方案实施后各年的净收益不相同时，静态投资回收期可根据累计净现金流量求得，也就是在技术方案投资现金流量表中累计净现金流量由负值变为零的时点。其计算公式为：

$$P_t = T - 1 + \frac{\left|\sum_{t=0}^{T-1}(CI-CO)_t\right|}{(CI-CO)_T} \tag{2-28}$$

式中 T——技术方案各年累计净现金流量首次为正值或零的年数；

$\left|\sum_{t=0}^{T-1}(CI-CO)_t\right|$——技术方案第（$T-1$）年累计净现金流量的绝对值；

$(CI-CO)_T$——技术方案第 T 年净现金流量。

例 2-14 某技术方案投资现金流量表的数据如表 2-9 所示，计算其静态投资回收期。

表 2-9 某技术方案投资现金流量表

计算期	1	2	3	4	5	6	7	8
现金流入			800	1200	1200	1200	1200	1200
现金流出	600	900	500	700	700	700	700	700
净现金流量	-600	-900	300	500	500	500	500	500
累计净现金流量	-600	-1500	-1200	-700	-200	300	800	1300

根据式（2-28），可得：

$$P_t = T - 1 + \frac{\left|\sum_{t=0}^{T-1}(CI-CO)_t\right|}{(CI-CO)_T} = 6 - 1 + \frac{|-200|}{500} = 5.4(\text{年})$$

C 判别准则

将计算出的静态投资回收期 P_t 与所确定的基准投资回收期 P_c 进行比较。若 $P_t \leqslant P_c$，表明技术方案投资能在规定的时间内收回,则技术方案可以考虑接受;若 $P_t > P_c$,则技术方案是不可行的。

D 优劣分析

静态投资回收期指标容易理解，计算也比较简便，在一定程度上显示了资本的周转速度。显然，资本周转速度愈快，静态投资回收期愈短，风险愈小，技术方案抗风险能力强。因此在技术方案经济效果评价中一般都要求计算静态投资回收期，以反映技术方案原始投资的补偿速度和技术方案投资风险性。对于那些技术上更新迅速的技术方案，或资金相当短缺的技术方案，或未来的情况很难预测而投资者又特别关心资金补偿的技术方案，采用静态投资回收期评价特别有实用意义。

但不足的是，静态投资回收期没有全面地考虑技术方案整个计算期内现金流量，即只考虑回收之前的效果，不能反映投资回收之后的情况，故无法准确衡量技术方案在整个计算期内的经济效果。所以，静态投资回收期作为技术方案选择和技术方案排队的评价准则是不可靠的，它只能作为辅助评价指标，或与其他评价指标结合应用。

2.2.3 动态分析指标

2.2.3.1 财务净现值

A 财务净现值的概念

财务净现值（ $FNPV$ ）是反映技术方案在计算期内盈利能力的动态评价指标。技术方案的财务净现值是指用一个预定的基准收益率（或设定的折现率）i_c，分别把整个计算期间内各年所发生的净现金流量都折现到技术方案开始实施时的现值之和。

财务净现值计算公式为：

$$FNPV = \sum_{t=0}^{n} (CI - CO)_t (1 + i_c)^{-t} \tag{2-29}$$

式中 $FNPV$——财务净现值；

$(CI - CO)_t$——技术方案第 t 年的净现金流入量；

i_c——基准收益率；

n——技术方案计算期。

可根据需要选择计算所得税前财务净现值或所得税后财务净现值。

B 判别准则

财务净现值是评价技术方案盈利能力的绝对指标。当 $FNPV > 0$ 时,说明该技术方案除了满足基准收益率要求的盈利之外,还能得到超额收益,即技术方案现金流入的现值和大于现金流出的现值和,该技术方案有收益,故该技术方案财务上可行;当 $FNPV = 0$ 时,说明该技术方案基本能满足基准收益率要求的盈利水平,即技术方案现金流入的现值正好抵偿技术方案现金流出的现值,该技术方案财务上还是可行的;当 $FNPV < 0$ 时,说明该技术方案不能满足基准收益率要求的盈利水平,即技术方案收益的现值不能抵偿支出的现值,该技术方案财务上不可行。

例 2-15 已知某技术方案有如下现金流量（表 2-10），设 $i_c = 8\%$，试计算财务净现值（ $FNPV$ ）。

表 2-10 某技术方案现金流量表

年 份	1	2	3	4	5	6	7
净现金流量/万元	-4200	-4700	2000	2500	2500	2500	2500

根据式 (2-29)，可得：

$$FNPV = \sum_{t=0}^{n}(CI-CO)_t(1+i_c)^{-t} = -4200(P/F,8\%,1)-4700(P/F,8\%,2)+2000(P/F,8\%,3)+2500(P/F,8\%,4)+2500(P/F,8\%,5)+2500(P/F,8\%,6)+2500(P/F,8\%,7)=242.76(\text{万元})$$

由于 $FNPV=242.76$（万元）>0，所以该技术方案在经济上是可行的。

C 优劣分析

财务净现值指标的优点是：考虑了资金的时间价值，并全面考虑了技术方案在整个计算期内现金流量的时间分布的状况；经济意义明确直观，能够直接以货币额表示技术方案的盈利水平；判断直观。不足之处是：必须首先确定一个符合经济现实的基准收益率，而基准收益率的确定往往是比较困难的；在互斥方案评价时，财务净现值必须慎重考虑互斥方案的寿命，如果互斥方案寿命不等，必须构造一个相同的分析期限，才能进行各个方案之间的比选；财务净现值也不能真正反映技术方案投资中单位投资的使用效率；不能直接说明在技术方案运营期间各年的经营成果；没有给出该投资过程确切的收益大小，不能反映投资的回收速度。

2.2.3.2 财务内部收益率

A 财务内部收益率的概念

对具有常规现金流量（即在计算期内，开始时有支出而后才有收益，且方案的净现金流量序列的符号只改变一次的现金流量）的技术方案，其财务净现值的大小与折现率的高低有直接的关系。若已知某技术方案各年的净现金流量，则该技术方案的财务净现值就完全取决于所选用的折现率，即财务净现值是折现率的函数。

在工程经济分析中，常规技术方案的财务净现值函数曲线，在其定义域（$0<i<+\infty$）内，财务净现值随折现率的增大而递减，$FNPV$ 与 i 之间的关系一般如图 2-10 所示。

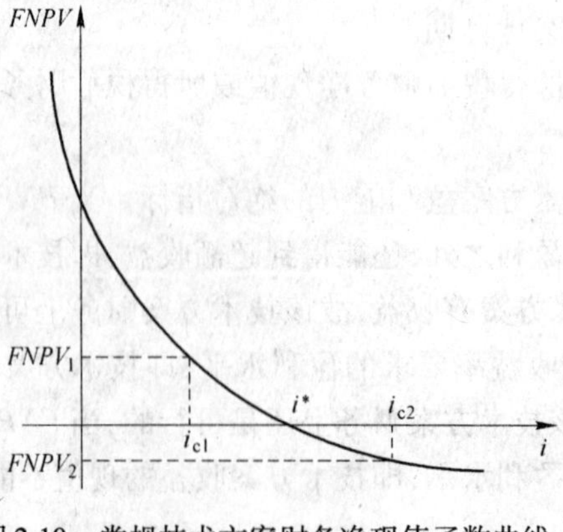

图 2-10 常规技术方案财务净现值函数曲线

按照一般财务净现值的评价准则，只要 $FNPV(i)\geqslant 0$，技术方案就是可以接受的，但

FNPV (i) 是 i 的递减函数。因此，折现率定得越高，技术方案被接受的可能性就越小。可见 *FNPV* (i) =0 时，函数曲线与横轴相交，i 达到了临界值 i^*，则 i^* 即为财务内部收益率 (*FIRR*)。

对于常规技术方案，财务内部收益率实质上就是使技术方案在计算期内各年累计净现值为零时的折现率，其数学表达式为：

$$FNPV(FIRR) = \sum_{t=0}^{n}(CI - CO)_t(1 + FIRR)^{-t} = 0 \tag{2-30}$$

式中　*FIRR*——财务内部收益率。

财务内部收益率是一个未知的折现率，由式（2-30）可知，求方程式中的折现率需解高次方程，不易求解，在实际工作中，一般通过计算机直接计算，手算时可采用试算法确定财务内部收益率 *FIRR* 。

B　判别准则

财务内部收益率计算出来后，与基准收益率进行比较。若 $FIRR \geqslant i_c$，则技术方案在经济上可以接受；若 $FIRR < i_c$，则技术方案在经济上应予拒绝。技术方案投资财务内部收益率、技术方案资本金财务内部收益率和投资各方财务内部收益率可有不同判别基准。

C　优劣分析

财务内部收益率（ *FIRR* ）指标考虑了资金的时间价值以及技术方案在整个计算期内的经济状况，不仅能反映投资过程的收益程度，而且 *FIRR* 的大小不受外部参数影响，完全取决于技术方案投资过程净现金流量系列的情况。这种技术方案内部决定性，使它在应用中具有一个显著的优点，即避免了像财务净现值之类的指标那样须事先确定基准收益率这个难题，而只需要知道基准收益率的大致范围即可。但不足的是财务内部收益率计算比较麻烦；对于具有非常规现金流量的技术方案来讲，其财务内部收益率在某些情况下甚至不存在或存在多个内部收益率。

D　*FIRR* 与 *FNPV* 比较

对独立常规技术方案的评价，从图 2-10 可知，当 $FIRR \geqslant i_{c1}$时，根据 *FIRR* 评价的判断准则，技术方案可以接受；而 i_{c1}对应的 $FNPV_1 > 0$，根据 *FNPV* 评价的判断准则，技术方案也可接受。当 $FIRR < i_{c2}$时，根据 *FIRR* 评价的判断准则，技术方案不能接受；i_{c2}对应的 $FNPV_2 < 0$，根据 *FNPV* 评价的判断准则技术方案也不能接受。由此可见，对独立常规技术方案应用 FIRR 评价与应用 *FNPV* 评价均可，其结论是一致的。

FNPV 指标计算简便，显示出了技术方案现金流量的时间分配，但得不出投资过程收益程度大小，且受外部参数(i_c) 的影响；*FIRR* 指标较为麻烦，但能反映投资过程的收益程度，而 *FIRR* 的大小不受外部参数影响，完全取决于投资过程现金流量。

2.2.3.3　基准收益率

A　基准收益率的概念

基准收益率也称基准折现率，是企业或行业投资者以动态的观点所确定的、可接受的技术方案最低标准的收益水平。其在本质上体现了投资决策者对技术方案资金时间价值的判断和对技术方案风险程度的估计，是投资资金应当获得的最低盈利率水平，是评价和判断技术方案在财务上是否可行和技术方案比选的主要依据。因此，基准收益率确定得合理与否，对技术方案经济效果的评价结论有直接的影响，定得过高或过低都会导致投资决策的失误。基准收益率是一个重要的经济参数，根据不同角度编制的现金流量表，计算所需的基准收益率应有所不同。

B 基准收益率的测定

基准收益率的测定需要考虑的问题包括：

(1) 在政府投资项目以及按政府要求进行财务评价的建设项目中采用的行业财务基准收益率，应根据政府的政策导向进行确定。

(2) 在企业各类技术方案的经济效果评价中参考选用的行业财务基准收益率，应在分析一定时期内国家和行业发展战略、发展规划、产业政策、资源供给、市场需求、资金时间价值、技术方案目标等情况的基础上，结合行业特点、行业资本构成情况等因素综合测定。

(3) 在中国境外投资的技术方案财务基准收益率的测定，应首先考虑国家风险因素。

(4) 投资者自行测定技术方案的最低可接受财务收益率，除了应考虑上述第 2 条中所涉及的因素外，还应根据自身的发展战略和经营策略、技术方案的特点与风险、资金成本、机会成本等因素综合测定。

2.3 工程项目方案比选

工程经济分析的任务就是要根据所考察工程的预期目标和所拥有的资源条件，分析该工程的现金流量情况，选择合适的技术方案，以获得最佳的经济效果。这里的技术方案是广义的，既可以是工程建设中各种技术措施和方案（如工程设计、施工工艺、生产方案、设备更新、技术改造、新技术开发、工程材料利用、节能降耗、环境技术、工程安全和防护技术等措施和方案），也可以是建设相关企业的发展战略方案（如企业发展规划、生产经营、投资、技术发展等关乎企业生存发展的战略方案）。可以说技术方案是工程经济最直接的研究对象，而计算工程项目的经济技术指标，科学比较经济技术指标及经济效果，获得最佳的技术方案则是工程经济研究的目的。

工程项目方案比选就是根据国民经济与社会发展以及行业、地区发展规划的要求，在拟定的技术方案、财务效益与费用估算的基础上，采用科学的分析方法，对技术方案的财务可行性和经济合理性进行分析论证，为选择技术方案提供科学的决策依据。

2.3.1 工程项目方案比选的基础知识

2.3.1.1 工程项目方案间的相互关系

按其经济关系的不同，备选方案间可分为独立型、互斥型、依存型、资金约束条件下的相关型和混合型等多种关系。

(1) 独立型。指经济上互不相关的方案，即接受或舍弃某个方案，并不影响其他方案的取舍，方案可同时存在。如果决策对象是单一方案，则可认为是独立方案的特例。独立方案的采用与否，只取决于方案自身的经济性。只要能通过某些经济指标的检验，则方案在经济上就可以接受。

(2) 互斥型。方案间存在着互不相容、互相排斥的关系。在众多方案比选时，接受其中之一，就要放弃其他所有方案，方案不能同时存在。如，企业拥有的资金量只能实施改造老产品、开发新产品两个方案中的一个，那么这两个方案就是互斥方案。

(3) 依存型。如果两个方案或多个方案间、某一方案实施要以另外一个或多个方案实施为条件，那么这两个或多个方案为依存方案，或称互补方案。例如，开发陕西、山西、内蒙古西部煤炭基地项目和建设铁路、电厂项目需彼此适应，就是依存关系。在进行方案的经济性评价时，通常将依存方案作为一个项目群，视为一个整体。

(4) 资金约束条件下的相关型。如果没有资金总量的约束，方案之间具备独立性。但由于资金限量，接受一些方案就意味着要舍弃其他方案，这就是资金约束条件下的相关方案。它实际上是由于客观条件（资金）约束，使方案由独立关系转化为相关关系的。

(5) 混合型。在方案众多的情况下，方案间相关关系可能包括多种类型，称之为混合方案。

2.3.1.2 工程项目方案的可比性条件

各备选方案进行比较时，必须具备以下的可比性条件：

(1) 被比较方案的费用及效益计算口径一致。

(2) 被比较方案具有相同的计算期。

(3) 被比较方案现金流量具有相同的时间单位。

(4) 被比较方案应采用一致的经济参数（如基准收益率等）。

如果以上条件不能满足，各个方案之间不能直接比较，必须经过处理后方能进行比较和优选。

2.3.2 工程项目方案比选的内容和方法

2.3.2.1 工程项目方案比选的内容

工程项目方案比选的内容应根据技术方案的性质、目标、投资者、财务主体以及方案对经济与社会的影响程度等具体情况确定，一般包括方案盈利能力、偿债能力、财务生存能力等评价内容。

A 技术方案的盈利能力

技术方案的盈利能力是指分析和测算拟定技术方案计算期的盈利能力和盈利水平，其主要分析指标包括方案财务内部收益率和财务净现值、资本金财务内部收益率、静态投资回收期、总投资收益率和资本金净利润率等，可根据拟定技术方案的特点及经济效果分析的目的和要求等选用。

B 技术方案的偿债能力

技术方案的偿债能力是指分析和判断财务主体的偿债能力，其主要指标包括利息备付率、偿债备付率和资产负债率等。

C 技术方案的财务生存能力

财务生存能力分析也称资金平衡分析，是根据拟定技术方案的财务计划现金流量表，通过考察拟定技术方案计算期内各年的投资、融资和经营活动所产生的各项现金流入和流出，计算净现金流量和累计盈余资金，分析技术方案是否有足够的净现金流量维持正常运营，以实现财务可持续性。

财务可持续性应首先体现在有足够的经营净现金流量，这是财务可持续的基本条件，其次在整个运营期间，允许个别年份净现金流量出现负值，但各年累计盈余资金不应出现负值，这是财务生存的必要条件。若出现负值，应进行短期借款，同时分析该短期借款的时间长短和数额大小，进一步判断拟定技术方案的财务生存能力。短期借款应体现在财务计划现金流量表中，其利息应计入财务费用，为维持技术方案正常运营，还应分析短期借款的可靠性。

在实际应用中，对于经营性方案，工程项目方案比选是从拟定技术方案的角度出发，根据国家现行财政、税收制度和现行市场价格，计算拟定技术方案的投资费用、成本与收入、税金等财务数据，通过编制财务分析报表、计算财务指标，分析拟定技术方案的盈利能力、偿债能力和财务生存能力，据此考察拟定技术方案的财务可行性和财务可接受性，明确拟定技术方案对财务主体及投资者的价值贡献，并得出经济效果评价的结论。投资者可根据拟定技术方案的经济效果评价结论、投资的财务状况和投资所承担的风险程度，决定拟定技术方案是否应该实施。

2.3.2.2 工程项目方案比选的方法

由于工程项目方案比选的目的在于确保决策的正确性和科学性，避免或最大限度地减小技术方案的投资风险，明确技术方案投资的经济效果水平，最大限度地提高技术方案投资的综合经济效果。因此，正确选择经济效果评价的方法是十分重要的。

备选方案的经济效果评价包括确定性评价方法与不确定性评价两个方面，对同一个技术方案必须同时进行确定性评价和不确定性评价。其基本方法有：

（1）按评价方法的性质分类。按评价方法的性质不同，备选方案经济效果评价分为定量分析和定性分析。

1）定量分析。指对可度量因素的分析方法。

在技术方案经济效果评价中考虑的定量分析因素包括资产价值、资本成本、有关销售额、成本等一系列可以以货币表示的一切费用和收益。

2）定性分析。指对无法精确度量的重要因素实行的分析方法。

在技术方案的经济效果评价中，应坚持定量分析与定性分析相结合，以定量分析为主的原则。

（2）按评价方法是否考虑时间因素分类。对定量分析，按其是否考虑时间因素又可分为静态分析和动态分析。

1）静态分析。不考虑资金的时间因素，即不考虑时间因素对资金价值的影响，而对现金流量分别进行直接汇总来计算分析指标的方法。

2）动态分析。是在分析方案的经济效果时，对发生在不同时间的现金流量折现后来计算分析指标。在工程经济分析中，由于时间和利率的影响，对技术方案的每一笔现金流量都应该考虑它所发生的时间，以及时间因素对其价值的影响。动态分析能较全面地反映技术方案整个计算期的经济效果。

在技术方案的经济效果评价中，应坚持动态分析与静态分析相结合，以动态分析为主的原则。

（3）按技术方案评价的时间分类。按技术方案评价的时间可分为事前评价、事中评价和事后评价。

1）事前评价是指在技术方案实施前为决策所进行的评价。显然，事前评价都有一定的预测性，因而也就有一定的不确定性和风险性。

2）事中评价也称跟踪评价，是指在技术方案实施过程中所进行的评价。这是由于在技术方案实施前所做的评价结论及评价所依据的外部条件（市场条件、投资环境等）的变化而需要进行修改，或因事前评价时考虑问题不周、失误，甚至根本未做事前评价，在建设中遇到困难，而不得不反过来重新进行评价，以决定原决策有无全部或局部修改的必要性。

3）事后评价也称后评价，是在技术方案实施完成后，总结评价技术方案决策的正确性，技术方案实施过程中项目管理的有效性等。

2.3.3 工程项目技术方案的计算期

工程项目技术方案的计算期是指在经济效果评价中为进行分析所设定的期限，包括建设期和运营期。

（1）建设期指技术方案从资金正式投入开始到技术方案建成投产为止所需要的时间。建设期应参照技术方案建设的合理工期或技术方案的建设进度计划合理确定。

（2）运营期分为投产期和达产期两个阶段。

1）投产期是指技术方案投入生产，但生产能力尚未完全达到设计能力时的过渡阶段。

2）达产期是指生产运营达到设计预期水平后的时间。

运营期一般应根据技术方案主要设施和设备的经济寿命期（或折旧年限）、产品寿命期、主要技术的寿命期等多种因素综合确定。行业有规定时，应从其规定。

综上可知，技术方案计算期的长短主要取决于技术方案本身的特性，因此无法对技术方案计算期做出统一规定。计算期不宜定得太长：一方面是因为按照现金流量折现的方法，把后期净收益折为现值的数值相对较小，很难对经济效果分析结论产生有决定性的影响；另一方面由于时间越长，预测的数据会越不准确。

计算期较长的技术方案多以年为时间单位，对于计算期较短的技术方案，在较短的时间间隔内（如月、季、半年或其他非日历时间间隔）现金流水平有较大变化，可根据技术方案的具体情况选择合适的计算现金流量的时间单位。

由于折现评价指标受计算时间的影响，对需要比较的技术方案应取相同的计算期。

2.3.4 工程项目互斥方案比选

2.3.4.1 互斥方案比选的差额分析法

由于互斥的备选方案常常投资额不等，其比选实质是判断差额投资的经济合理性，即投资大的方案相对于投资小的方案多投入的资金能否带来满意的差额收益。因此差额分析法是互斥方案比选的基本方法，具体可以采用不同的评价指标。

按照其在判定差额部分是否可行时所采用的不同指标，分别有差额投资回收期法、差额净现值法、差额内部收益率法等多种形式。当有多个互斥方案进行比较时，其步骤如下：

（1）按项目方案投资额从小到大将方案排序。

（2）以投资额最低的方案为临时最优方案，计算此方案的绝对经济效果指标，并与判别标准比较，直至找到一个可行方案。

（3）依次按差额分析法采用相应指标进行方案选择，每比较一次就淘汰一个方案，最终留下的即为最优方案。

2.3.4.2　互斥方案比选的静态方法

常用的有差额投资回收期和差额投资收益率等，以差额投资回收期法为例说明如下。

一般来讲，在满足相同需要的情况下，投资相对大的方案，其生产成本要相对低一些。差额投资回收期是指投资多的方案所获得的超额收益或节约费用回收差额投资的期限。其计算公式为：

$$\Delta P_t = \frac{\Delta k}{\Delta c} = \frac{k_2 - k_1}{c_1 - c_2} \tag{2-31}$$

式中　ΔP_t——差额投资回收期；

Δk——投资差额，$\Delta k = k_2 - k_1$，k_1、k_2 分别为两方案的投资总额，$k_2 > k_1$；

Δc——年成本差额，$\Delta c = c_1 - c_2$，c_1、c_2 分别为两方案的年成本，$c_2 < c_1$。

当差额投资回收期 ΔP_t 不大于基准投资回收期 P_c 时，投资大的方案是合理的；反之则投资大的方案不可取。

例 2-16　某建设项目有两个方案可供选择。甲方案采用中等水平工艺设备，投资 2400 万元，年生产成本 1400 万元；乙方案采用自动线，投资 3900 万元，年生产成本为 900 万元。该部门的基准投资回收期为 5 年，应采用哪种方案？

解：

$$\Delta P_t = \frac{k_2 - k_1}{c_1 - c_2} = \frac{3900 - 2400}{1400 - 900} = 3(\text{年})$$

因为 $\Delta P_t = 3 < P_c = 5$，所以采用投资大的乙方案。

2.3.4.3　互斥方案比选的动态方法

动态方法要区分方案的寿命期相同和不同两种情况，讨论互斥方案的比选。

A　相同寿命期的互斥方案比选

对于寿命相等的互斥方案，通常将其寿命期限作为共同分析期或计算期，这样能满足在时间上的可比性。动态经济指标净现值、内部收益率等都可用于差额分析。

a　差额净现值 ΔNPV

设两互斥方案 A 的投资大于 B 的投资，其差额净现值由下式计算：

$$\Delta NPV = \sum_{t=0}^{n} [(CI - CO)_A - (CI - CO)_B]_t (1 + i_c)^{-t}$$

$$= \sum_{t=0}^{n} (\Delta CI - \Delta CO)_t (1 + i_c)^{-t} \tag{2-32}$$

式中　ΔNPV——差额净现值；

$(CI - CO)_A$——投资大的方案的净现金流量；

$(CI - CO)_B$——投资小的方案的净现金流量；

ΔCI——差额现金流入，$\Delta CI = CI_A - CI_B$；

ΔCO——差额现金流出，$\Delta CO = CO_A - CO_B$。

其判别准则为：$\Delta NPV \geqslant 0$，表明增量投资可以接受，则选择投资大的方案；当 ΔNPV <0，表明增量投资不能接受，则选择投资小的方案。

由于
$$\Delta NPV_{A-B} = \sum_{t=0}^{n} [(CI_A - CO_A) - (CI_B - CO_B)_t](1 + i_0)^{-t}$$

$$= \sum_{t=0}^{n}(CI_A - CO_A)_t(1+i_0)^{-t} - \sum_{t=0}^{n}(CI_B - CO_B)_t(1+i_0)^{-t}$$

$$= NPV_A - NPV_B \tag{2-33}$$

因此 ΔNPV 判别准则可以简化。

由式（2-33）可知，$\Delta NPV \geqslant 0$ 与 $NPV_A \geqslant NPV_B$ 是等价的。当有多个互斥方案时，直接用净现值最大准则选择最优方案比两两比较的增量分析更为简便。

采用净现值指标比选同寿命的互斥方案时，判别准则具体为：净现值最大且大于零的方案为最优方案，即 NPV 大者优。这实际是经济效果评价中“利润最大化”原则的具体表现。

例 2-17 现有两种可选择的小型机床，其有关资料如表 2-11 所示，其使用寿命都是 5 年，基准折现率为 8%，试用净现值法评价选择最优方案。

表 2-11 机床有关资料 （单位：元）

项目 / 方案	投 资	年收入	年支出	净残值
机床 A	10000	5000	2200	2000
机床 B	12500	7000	4300	3000

解：（1）计算两方案的 NPV 值

$$NPV_A = -10000 + (5000 - 2200)(P/A,8\%,5) + 2000(P/F,8\%,5)$$
$$= -10000 + 2800 \times 3.993 + 2000 \times 0.6806 \approx 2542(\text{元})$$
$$NPV_B = -12500 + (7000 - 4300)(P/A,8\%,5) + 3000(P/F,8\%,5)$$
$$= -12500 + 2700 \times 3.993 + 3000 \times 0.6806 \approx 323(\text{元})$$

（2）比较。因为 $NPV_A, NPV_B > 0$，所以机床 A，B 两个方案除均能达到基准收益率 8% 外，还能分别获得 2542 元和 323 元的超额净现值收益，说明两个方案在经济上都是合理的，都是可以接受的，但由于 $NPV_A > NPV_B$，故选择机床 A 为最优方案。

注意：净现值用于方案比选时，方案的寿命期必须相等。

需要指出的是，当净现值指标用于多方案比较时，没有考虑各方案投资额的大小，不直接反映资金的利用效率。因而在投资制约的条件下，方案净现值的大小一般不能直接评定投资额不同的方案的优劣，通常用净现值率（NPVR）作为辅助指标。

由净现值 NPV 指标的互斥方案比选可以得到以下两点引申知识：

（1）由净现值 NPV 与净年值 NAV、净未来值 NFV 的等值关系知，对于同寿命的互斥方案比选，可采用以上三项指标，判别准则依次为“NPV 大者优、NAV 大者优和 NFV 大者优”，实际中净现值 NPV 与净年值 NAV 较为常用；

（2）根据“NPV 大者优”进行互斥方案择优时，是对方案的现金流入及现金流出都给予了考虑和计算。在实际工作中，往往会遇到一些比较特殊的备选方案比选：其效益基本相同，或其具体的数值难以计算或无法用货币衡量，比如环保效果、教育效果、军事效果等。

此时可以通过对各方案费用现值的比较进行选择。比如，建造一个储存仓库，无论采用钢结构还是砖混结构或者钢筋混凝土结构，其功能是一样的，只需要计算各个方案的费用，就可以比较优劣。

当用于多个同寿命的互斥方案比选时，其判别准则是：费用现值最小的方案为优，这实际上是经济效果评价中“成本最小化”原则的具体表现。

例 2-18 两种设备 A、B 的使用情况数据见表 2-12，寿命期均为 5 年，基准收益率为 10%，使用费用现值比较两设备的经济性。

表 2-12 两设备的使用成本数据 （单位：万元）

	年 份	0	1	2	3	4	5
设备 A	购买和维修费用	80			10		
	年使用成本		5	5	6	6	7
设备 B	购买和维修费用	70				15	
	年使用成本		6	8	8	10	10

解：
$$
\begin{aligned}
PC_A &= 80 + 5(P/F,10\%,1) + 5(P/F,10\%,2) + (6+10)(P/F,10\%,3) + \\
&\quad 6(P/F,10\%,4) + 7(P/F,10\%,5) \\
&= 80 + 5\times 0.9091 + 5\times 0.8264 + 16\times 0.7513 + 6\times 0.6830 + 7\times 0.6209 \\
&= 109.14(\text{元})
\end{aligned}
$$

$$
\begin{aligned}
PC_B &= 70 + 6(P/F,10\%,1) + 8(P/F,10\%,2) + 8(P/F,10\%,3) + \\
&\quad (10+15)(P/F,10\%,4) + 10(P/F,10\%,5) \\
&= 70 + 6\times 0.9091 + 8\times 0.8264 + 8\times 0.7513 + 25\times 0.6830 + 10\times 0.6209 \\
&= 111.36(\text{元})
\end{aligned}
$$

因 $PC_A < PC_B$，所以方案 A 较优。

b 差额内部收益率法

差额内部收益率是指相比较两个方案净现金流量差额的现值之和等于零时的折现率，即差额净现金流量的内部收益率，或者说两个方案净现值相等时的折现率。

A、B 为投资额不等的两个互斥方案，B 方案的投资额大于 A 方案。则差额内部收益率的计算表达式为：

$$\Delta NPV(\Delta IRR) = \sum_{t=0}^{n}(\Delta CI - \Delta CO)_t(1+\Delta IRR)^{-t} = 0 \tag{2-34}$$

或
$$\sum_{t=0}^{n}(CI_A - CO_A)_t(1+\Delta IRR)^{-t} = \sum_{t=0}^{n}(CI_B - CO_B)_t(1+\Delta IRR)^{-t} \tag{2-35}$$

式中 ΔNPV——差额净现值；

ΔIRR——差额内部收益率；

ΔCI——方案 A 与方案 B 的差额现金流入，即 $\Delta CI = CI_B - CI_A$；

ΔCO——方案 A 与方案 B 的差额现金流出，即 $\Delta CO = CO_B - CO_A$。

采用 ΔIRR 的判别准则是：若 $\Delta IRR \geqslant i_c$（基准收益率），则投资大的方案为优；若 $\Delta IRR < i_c$，则投资小的方案为优。

差额内部收益率 $\Delta IRR \geqslant i_c$ 时，表明投资大的方案除了具有与投资方案相同的收益能力外，差额投资也达到了基本经济要求，因此投资大方案为优；反之，若 $\Delta IRR < i_c$，则表明投资大方案达不到投资小方案的收益水平或差额投资在经济上不合理，因此投资小的方案优。

与差额净现值法类似，差额内部收益率只能说明增加投资部分的经济性，并不能说明全部投资的绝对效果。因此，采用差额内部收益率法进行方案评选时，首先必须要判断被比选方案的绝对效果。

例 2-19 两个互斥方案，寿命相同，资料见表 2-13。基准收益率为 15%，试用差额投资收益率法比较和选择最优可行方案。

表 2-13 项目有关数据表

方案＼项目	投资/万元	年收入/万元	年支出/万元	净残值/万元	使用寿命/年
A	5000	1600	400	200	10
B	6000	2000	600	0	10

解：(1) 计算 NPV 值，判别可行性。

$$\begin{aligned} NPV_A &= -5000 + (1600-400)(P/A,15\%,10) + 200(P/F,15\%,10) \\ &= -5000 + 1200 \times 5.019 + 200 \times 0.2472 \approx 1072(万元) \\ NPV_B &= -6000 + (2000-600)(P/A,15\%,10) \\ &= -6000 + 1400 \times 5.019 \approx 1027(万元) \end{aligned}$$

NPV_A, NPV_B均大于零，所以方案 A、B 均可行，按净现值最大判断，方案 A 最优，当然也可以按内部收益率判别各方案的可行性，但计算较为烦琐。

(2) 计算差额投资内部收益率，比较、选择最优可行方案。

设 $i_1 = 12\%$，$i_2 = 14\%$

$$\begin{aligned} \Delta NPV(i_1) &= [-6000 + (2000-600)(P/A,12\%,10)] - \\ &\quad [-5000 + (1600-400)(P/A,12\%,10) + 200(P/F,12\%,10)] \\ &\approx 66(万元) \\ \Delta NPV(i_2) &= [-6000 + (2000-600)(P/A,14\%,10)] - \\ &\quad [-5000 + (1600-400)(P/A,14\%,10) + 200(P/F,14\%,10)] \\ &\approx -10(万元) \end{aligned}$$

$$\begin{aligned} \Delta IRR &= i_1 + \frac{\Delta NPV(i_1)}{\Delta NPV(i_1) + |\Delta NPV(i_2)|}(i_2 - i_1) \\ &= 12\% + \frac{66}{66+10}(14\% - 12\%) \approx 13.7\% \end{aligned}$$

因为 $\Delta IRR < i_0$，所以投资小的方案 A 为优，按净现值和差额内部收益率的结论一致。

经数学分析知，ΔIRR 的求解是一个高次方程，它并不等于内部收益率之差，即 $\Delta IRR_{A-B} \neq IRR_A - IRR_B$。因此当采用 IRR 指标进行方案比选时，必须采用增量内部收益

率 ΔIRR。

需要说明的是，当所比较的互斥方案投资额相等时，ΔIRR 判别准则失效，应改用 NPV 指标，另外，ΔIRR 也可用于仅有费用现金流（效果相同）的互斥方案比选，此时只需把增量投资所导致的其他费用节约看成是增量效益即可，不再赘述。

B 不同寿命期的互斥方案比选

实际工作中，备选方案的服务寿命常常是不同的。对于寿命期不同的互斥方案按动态方法进行比选，同样要求方案间具有时间可比性。

满足这一要求需要解决如下问题：一是设定一个合理的共同分析期；二是给寿命期不等于分析期的方案选择合理的方案接续假定或残值回收假定。

a 共同分析期的确定方法

解决服务寿命不同的方法通常有以下四种：

(1) 取各备选方案服务寿命的最小公倍数作为各方案比较的共同分析期，在此期间内，当某方案服务寿命终结时，继续用同一方案更替。

(2) 取寿命最短的服务寿命作为各方案比较的共同分析期。这种情况下服务寿命长的方案在共同分析期末仍具有一定的“未使用价值”，应予以回收。

(3) 取寿命最长方案的服务寿命为各方案比较的共同分析期。这种情况下服务寿命短的方案在其服务寿命终结时，继续以同一方案更替直到共同分析期末为止，可能也有一定的“未使用价值”，应予以回收。

(4) 按具体情况规定统一的分析期。这样在达到统一分析期前，服务寿命短的方案以同一方案重复，服务寿命长的方案在统一分析期期末可能具有“未使用价值”，应予以回收。

上述重复更新的假设，均未考虑技术进步对方案的影响。

共同分析期取哪一种为宜，需根据具体情况而定。根据上述处理原则，即可解决不同服务寿命的互斥方案比选。

b 采用净现值法比选不等寿命的互斥方案

当互斥方案寿命不等时，一般情况下各方案的现金流在各自寿命期内的现值不具有可比性。如果要使用现值指标进行方案比选，必须设定一个共同的分析期。采用净现值指标评选方案，应首先按上述办法解决时间可比问题。在取定共同分析期之后，即可按寿命相同方案的办法处理。

例 2-20 互斥方案 A、B 的有关数据如表 2-14 所示，设 $i_c = 10\%$，试比较方案。

表 2-14 A、B 方案数据

方 案	初始投资/万元	年净现金流量/万元	服务寿命/年
A	100	50	4
B	200	70	6

解：依据重复更新假设，取两方案服务寿命的最小公倍数 12 年作为共同分析期，其现金流量如图 2-11 所示。分别计算两种方案在共同服务年限内的净现值，记作 NPV_{A12}，NPV_{B12}。

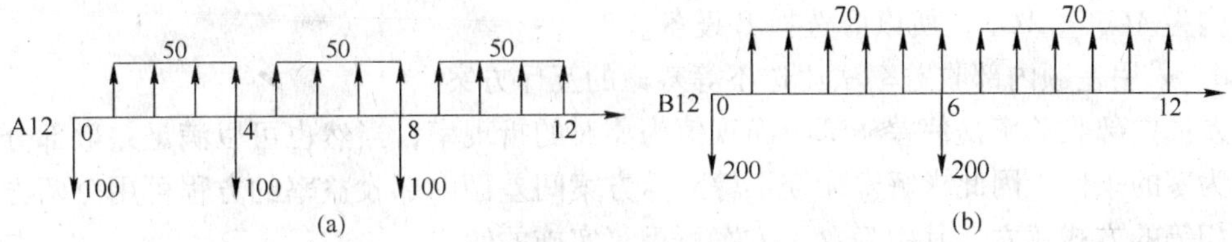

图 2-11　12 年服务期的两方案现金流量图

$$NPV_{A12} = -100 + 50(P/A,10\%,12) - 100(P/F,10\%,4) - 100(P/F,10\%,8)$$
$$= -100 + 50 \times 6.8137 - 100 \times 0.6830 - 100 \times 0.4665 = 125.7(\text{万元})$$
$$NPV_{B12} = -200 + 70(P/A,10\%,12) - 200(P/F,10\%,6)$$
$$= -200 + 70 \times 6.8137 - 200 \times 0.564 = 164.2(\text{万元})$$

由于 $NPV_{A12}>0$，$NPV_{B12}>0$，而且 $NPV_{B12}>NPV_{A12}$，故方案 B 优于方案 A

费用现值用于不等寿命方案比选时，也应遵循共同分析期的处理原则，其判别准则为“费用现值最小的方案为优”。

c　采用净年值法比选不等寿命的互斥方案

用净现值或费用现值指标评选方案时，为了满足时间可比性要求而开展的“共同分析期的确定”及“期末未使用价值的估计”，使评选过程复杂化。

若采用现值指标的等效指标——年值指标，则有着独特的便利优势，是不等寿命方案比选最为简便的方法。其原因在于，将各方案在其计算期的收入及支出，按一定折现率换算为等值的年值，就可以用以比选不同寿命的方案，即只按一个寿命周期计算相应年值指标就可以了。具体有净年值与费用年值两项指标。

用年值法进行寿命不等的互斥方案比选，实际上隐含着作出这样一种假定：各备选方案在其寿命结束时均可按原方案重复实施或以与原方案经济效果水平相同的方案接续。因为一个方案无论重复实施多少次，其等效年值不变，所以年值法实际上假定了各方案可以无限多次重复实施。在这一假定前提下，年值法以“年”为时间单位比较各方案的经济效果，从而使寿命不等的互斥方案间具有可比性。因此用年值指标来评选方案，在满足重复更新假设的条件下，只需计算各选方案一个服务寿命周期的年值即可判断方案优劣。

遇到效益基本相同、具体数值难以计算、无法用货币衡量的多个备选方案时，最便利的方法就是使用费用年值指标，其判别准则为“费用年值最小的方案为优”。

例 2-21　有两台功能相同的设备，所不同的部分指标如表 2-15 所示，试在 $i_c=15\%$ 的条件下进行决策选择。

表 2-15　设备 A、B 的数据

设　备	初始投资/元	预期寿命/年	残值/元	年操作成本/元
A	3000	6	500	2000
B	4000	9	0	1600

解：分别按各方案的寿命计算费用年值指标。

$$AC_A = 2000 + 3000(A/P,15\%,6) + 500(A/F,15\%,6) = 2735.6(\text{元})$$
$$AC_B = 1600 + 4000(A/P,15\%,9) = 2438.7(\text{元})$$

因为 $AC_B < AC_A$，所以应选择 B 设备。

d 采用差额内部收益率法比选不等寿命的互斥方案

差额内部收益率是使差额部分净现值为零时的折现率，当然也可以满足差额部分的净年值为零的条件。因此求解寿命期不等互斥方案间差额内部收益率的方程可用令两方案净年值相等的方式建立，其中隐含了方案可重复实施的假定。

设互斥方案的寿命期分别为 n_A、n_B，求解差额内部收益率 ΔIRR 的方程为：

$$\sum_{t=0}^{n_A}(CI_A - CO_A)_t(P/F,\Delta IRR,t)(A/P,\Delta IRR,n_A)$$
$$= \sum_{t=0}^{n_B}(CI_B - CO_B)_t(P/F,\Delta IRR,t)(A/P,\Delta IRR,n_B) \tag{2-36}$$

就一般情况而言，用差额内部收益率进行寿命不等互斥方案比选，应满足下列条件之一：初始投资大的方案年均净现金流量大，且寿命长；初始投资小的方案年均净现金流量小，且寿命短。

年均净现金流量的表达式如下：

方案 j 的年均净现金值为： $\sum_{t=0}^{n_j}(CI_j - CO_j)_t/n_j$ (2-37)

方案比选的判别准则为：在 ΔIRR 存在的情况下，若 $\Delta IRR \geqslant i_c$，则年均净现金流大的方案为优；若 $0 < \Delta IRR < i_c$，则年均净现金流小的方案为优。

例 2-22 设互斥方案 A、B 的寿命分别为 5 年和 3 年，各自寿命期内的净现金流量如表 2-16 所示。若 $i_c = 12\%$，试用差额内部收益率法比选方案。

表 2-16 A、B 方案的净现金流量 （单位：万元）

方案 \ 年份	0	1	2	3	4	5
A	−300	96	96	96	96	96
B	−100	42	42	42		

解：首先进行绝对效果检验，计算每个方案在各自寿命内现金流的内部收益率。

根据方程

$$-300 + 96(P/A,IRR_A,5) = 0 \quad -100 + 42(P/A,IRR_B,3) = 0$$

可求得 $IRR_A = 18.14\%$，$IRR_B = 12.53\%$

由于 IRR_A，IRR_B 均大于基准折现率，故方案 A、B 均能通过绝对效果检验，方案比选应采用差额内部收益率指标。

初始投资大的方案 A 的年均净现金流（$-300/5 + 96 = 36$）大于初始投资小的方案 B 的年均净现金流（$-100/3 + 42 = 8.7$），且方案 A 的寿命 5 年长于方案 B 寿命 3 年，差额内部收益率可以使用。由方程

$$[-300 + 96(P/A,\Delta IRR,5)](A/P,\Delta IRR,5) - [-100 + 42(P/A,\Delta IRR,3)](A/P,\Delta IRR,3) = 0$$

利用线性插入法，可求得 $\Delta IRR = 20.77\% > i_c$，由判断准则可知，应选年均净现金流大的方案 A。

对于仅有或仅需计算费用的寿命不等互斥方案比选，求解方案间差额内部收益的方程时，可用令两方案费用年值相等的方式来建立，即相当于净年值相等的基础上、在等式两边分别剔除相同收入部分的情况。

C　寿命期无限的互斥方案比较

一些公共工程项目，如桥梁、运河、铁路等，通常具有很长的服务期（大于 50 年）。一般言之，经济分析对遥远未来的现金流量是不敏感的。例如，当利率为 4% 时，50 年后的 1 元现值仅为 1 角 4 分，而利率为 8% 时，现值仅为 2 分。因此，对于服务寿命很长的工程方案，可以近似地当做无限服务寿命期来处理。

按无限期计算出的现值，一般称为“资金成本或资本化成本”，计算公式为：

$$P = \frac{A}{i} \quad 或 \quad A = P \cdot i \tag{2-38}$$

式（2-38）在处理无限服务寿命的经济分析中有重要作用。

例 2-23　某桥梁工程，初步拟定两种结构类型方案供备选。A 方案为钢筋砼结构，初始投资 1500 万元，年维护费为 10 万元，每 5 年大修 1 次费用为 100 万元；B 方案为钢结构，初始投资 2000 万元，年维护费为 5 万元，每 10 年大修 1 次费用为 100 万元。若两方案效用相同，$i_c = 5\%$，哪一个方案经济？

解：（1）现值法：A 方案的费用现值为：

$$PC_A = 1500 + \frac{10}{5\%} + \frac{100 \times (A/F,5\%,5)}{5\%} = 2026(万元)$$

B 方案的费用现值为：

$$PC_B = 2000 + \frac{5}{5\%} + \frac{100 \times (A/F,5\%,10)}{5\%} = 2259(万元)$$

由于 $PC_A < PC_B$，则 A 方案经济。

（2）年值法：A 方案的年费用为：

$$AC_A = 10 + 100 \times (A/F,5\%,5) + 1500 \times 5\% = 103.10(万元)$$

B 方案的年费用为：

$$AC_B = 5 + 100 \times (A/F,5\%,10) + 2000 \times 5\% = 112.95(万元)$$

由于 $AC_A < AC_B$，则 A 方案经济。

2.3.5 工程项目独立方案比选

2.3.5.1 资金无限制的独立方案选择

当资金足够多时，只要备选方案经过单方案评价、经济上可行，即可入选，不必进行方案间的比选。即独立方案的采用与否，只取决于方案自身的经济性，只需检验它们是否能够通过净现值、净年值或内部收益等绝对效益评价指标。因此，多个独立方案与单一方案的评价方法是相同的，此处不再赘述。

2.3.5.2 有资金约束的独立方案选择

独立方案是指方案之间虽然不存在相互排斥或相互补充的关系，但由于资金方面的约束，不可能满足所有方案投资的要求，或者由于投资项目的不可分性，这些约束条件意味着接受某几个方案必须要放弃另一些方案，使得局部看来独立的方案，由于资金的约束变成了相关方案。对这类方案评价的目的是在资金总额一定的条件下，寻求总体效益最好的方案组合。比选的方法有互斥组合法和效率指标排序法。

(1) 独立方案互斥化法。基本思想是把各个独立方案进行组合，其中每一个组合方案代表一个互斥方案，再利用互斥方案的评选方法选择最佳的方案组合。举例说明如下。

例 2-24 有 3 个独立的投资方案有 A、B、C，各方案的有关数据如表 2-17 所示。已知总投资限额是 800 万元，基准收益率为 10%，试选择最佳投资方案组合。

表 2-17 A、B、C 方案的有关数据

方 案	投资/万元	年净收入/万元	寿命期/年
A	350	62	10
B	200	39	10
C	420	76	10

解：由于 3 个方案的总投资合计为 970 万元超过了投资限额，因而不能同时选中。

独立方案互斥化法的基本步骤如下：

列出全部相互排斥的组合方案。如果有 m 个独立方案，那么组合方案数 $N = 2^m - 1$（不投资除外）。这 N 个组合方案相互排斥。本例中有 3 个独立方案，互斥组合方案共有 7 个，这 7 个组合方案互相排斥。组合结果见表 2-18。

在所有组合方案中，除去不满足约束条件的 A、B、C 组合，并且按投资额大小顺序排列，采用净现值、差额内部收益率法选择最佳方案组合。

本例采用净现值法，净现值最大的组合方案为最佳组合方案，结果见表 2-18。

表 2-18 用净现值法选择最佳组合方案

序 号	方案组合	投 资	净现值	决 策
1	B	200	39.6	
2	A	350	30.9	
3	C	420	46.9	
4	B、A	550	70.5	
5	B、C	620	86.5	最 佳
6	A、C	770	77.8	
7	A、B、C	970		超出投资

由上表可知，按最佳投资决策确定选择方案 B 和 C。

当方案的个数增加时，其组合数将成倍增加，所以这种方法比较适用于方案数比较小的情况。当方案数目较多时，可采用效率指标排序法。

(2) 效率指标排序法。效率指标排序法是通过选取能反映投资效率的指标，用这些指标把投资方案按投资效率的高低顺序排列，在资金约束下选择最佳方案组合，使有限资金能获得最大效益。常用的排序指标有内部收益率与净现值率。

1) 内部收益率排序法。是将方案按内部收益率的高低依次排序，然后按顺序选取方案。这一方法的目标是达到总投资的效益最大。

2）净现值率排序法。是将各方案的净现值率按大小顺序，并依此次序选取方案。这一方法的目标是达到一定总投资的净现值最大。

例 2-25 表 2-19 所示为 7 个相互独立的投资方案，寿命期均为 8 年。基准收益率为 10%，若资金总额为 380 万元，用净现值率法进行评选。

表 2-19 7 个投资方案的有关数据 （单位：万元）

方案	投资额	年净收益
A	80	24.7
B	115	25.6
C	65	15.5
D	90	30.8
E	100	26
F	70	12.2
G	40	8

解：各方案的净现值、净现值率及排序结果如表 2-20 所示。

表 2-20 各投资方案的有关指标 （单位：万元）

方案	净现值	净现值率	排序
A	51.77	0.65	2
B	21.58	0.19	5
C	17.69	0.27	4
D	74.34	0.83	1
E	38.71	0.38	3
F	-4.91	-0.07	7
G	2.68	0.07	6

由表 2-20 可知，方案的优先顺序为 D—A—E—C—B—G，方案 F 净现值率小于零，应淘汰。当资金总额为 380 万元，最优组合方案是 D、A、E、C、G。

值得注意的是，用内部收益率或净现值率排序来评选独立方案，并不一定能保证获得最佳组合方案。只有当各方案投资占总投资比例很小或者入选方案正好分配完总投资时才能保证获得最佳组合方案，因为未分配的投资无法产生效益。

2.3.6 工程项目混合方案比选

当方案组合中既包含有互斥方案，也包含有独立方案时，就构成了混合方案。独立方案或互斥方案的选择，属于单项决策。但在实际情况下，需要考虑各个决策之间的相互关系。混合型方案的特点，就是在分别决策基础上，研究系统内诸方案的相互关系，从中选择最优的方案组合。

混合型方案选择的程序如下：

（1）按组际间方案互相独立、组内方案互相排斥的原则，形成所有各种可能的方案组合。

(2) 以互斥型方案比选原则筛选组内方案。

(3) 在总的投资限额下，以独立型方案比选原则选择最优的方案组合。

例 2-26 某投资项目有一组六个可供选择的方案，其中两个是互斥型方案，其余为独立型方案。基准收益率为 10%，其投资、净现值等指标如表 2-21 所示。分别假设该项目投资额为 1000 万元、2000 万元，试进行方案选择。

解：六个方案的净现值都是正值，表明方案都是可取的。

(1) 在 1000 万元资金限额下，以净现值率为判断，选择 A、C 两个方案。A、C 方案的组合效益

$$NPV = 250 + 200 = 450(\text{万元})$$

(2) 在 2000 万元资金限额时，选择 A、C、E、F 四个方案的组合效益

$$NPV = 250 + 200 + 175 + 150 = 775(\text{万元})$$

表 2-21 混合方案比选

投资方案		投资/万元	净现值/万元	净现值率/%
互斥型	A	500	250	0. 500
	B	1 000	300	0. 300
独立型	C	500	200	0. 400
	D	1 000	275	0. 275
	E	500	175	0. 35
	F	500	150	0. 300

复习思考题

2-1 何谓资金的时间价值，其影响因素有哪些？

2-2 利息和利率在工程经济活动中起什么作用？

2-3 何谓资金等值，其影响因素有哪些？

2-4 何谓有效利率，其与名义利率的关系如何？

2-5 工程技术方案经济效果评价的常用静态分析指标有哪些？分别说明其适用情况。

2-6 工程技术方案经济效果评价的常用动态分析指标有哪些？分别说明其适用情况。

2-7 工程项目方案之间的关系类型有哪些，各自有何特点？

2-8 说明差额分析法的比选思路。

2-9 互斥多方案可运用哪些方法进行比选？

2-10 寿命期不等的互斥方案比选可用哪些方法？

2-11 在进行互斥方案比选时，为什么可直接采用净现值法而不能直接用内部收益率法？

2-12 寿命期不等互斥方案经济比选时，为什么可直接采用净年值法而不能直接使用净现值法？

2-13 有两方案可用于付款，期限为 3 年。甲方案：每年年初付款 100 万元。乙方案：每年年末付款 100 万元。若年利率为 10%，那么两者在第三年年末的金额相差多少万元？

2-14 某企业拟建一个工业项目，第 1、2、3 年年初分别投资 1000 万元、2000 万元和 1500 万元，第 3 年、第 4 年年末分别收益 600 万元、1000 万元，经营费用 100 万元。以后各年年末平均收益 1200 万元，经营费用均为 150 万元，寿命期 10 年，期末残值 1300 万元。试画出该项目的现金流量图。

2-15 某企业拟向银行贷款 1500 万元，5 年后一次还清。A 银行贷款年利率为 6. 5%，按月计息，B 银行

贷款年利率为7.2%，按年计息。问企业向哪家银行贷款更划算？

2-16 某企业购买了一台设备，购置费为20000元，估计能使用20年，20年末的残值为500元，年运行费为800元，此外，每4年大修一次，其大修费为每次2500元。试按以下要求计算该设备的等值年费用（年金）：

（1）年利率为10%，每半年计息一次；

（2）年利率为10%，每年计息一次。

2-17 计算右边现金流量图的现值、年金，年利率为10%。

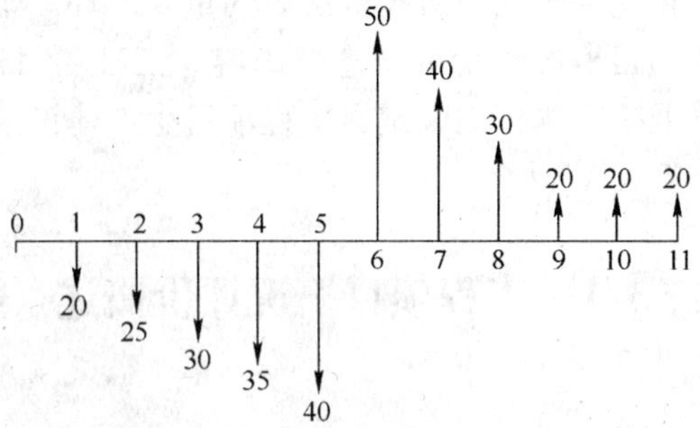

2-18 某工程建设项目，拟投资6000万元，投资分3年支付，每年年末支付2000万元，第4年开始获利，每年年末可盈利1000万元，项目投产后寿命期为12年。此项目内部收益率是否达到10%？

2-19 某厂计划改建总装车间，现有甲、乙两方案。方案甲采用流水线，总投资为40万元，年经营成本为20万元；方案乙采用自动线，总投资为40万元，年经营成本为12万元。两方案年产量相同，计算期为5年。哪个方案的经济效果更好？

2-20 有两种可供选择的设备。设备A：投资10 000元，计算期为5年，残值为2000元，使用后年收入为5000元，年支出为2200元。设备B：投资15 000元，计算期为10年，期末无残值，使用后年收入为7000元，年支出为4300元。若基准收益率为8%，试分别用净现值和净年值两个指标对方案进行选择。

2-21 某投资者现有资金200万元，面临A、B、C、D、E五个长期投资方案，投资者的期望收益率为9%，投资期限均为5年，各方案的投资额、年收益及第5年期末的残值收入如下表所示。当下市面上有五年期利率为7.5%的债券出售。问投资者该如何投资？

A、B、C、D、E五个方案现金流量表

方 案	投资/万元	年净现金流/万元	残值/万元
A	50	17	0
B	40	15	5
C	75	16	6
D	70	21	7
E	85	25	0

2-22 某公司拟进行一项固定资产项目投资，第1年年初投资500万元，第2年年初投资400万元，计算期内现金流入与现金流出的代数和为915万元，基准收益率为10%，有甲、乙、丙、丁四个方案可供选择。方案甲：计算期为10年，净现值为150万元；方案乙：计算期为11年，净现值率为18%；方案丙：计算期为11年，净年值为25万元；方案丁：计算期为10年，内部收益率为12%。试进行方案选择。

3 工程项目概况评价

本章概要：工程项目概况评价是项目投资决策的重要一环。本章阐述了工程项目概况评价工作，具体包括工程项目概况评价的概念及内容、工程项目建设必要性评价的内容、工程项目产品方案的选择及生产规模的确定、工程项目生产建设条件的评价以及工程项目技术评价。

3.1 工程项目概况评价概述

3.1.1 工程项目概况评价的概念

工程项目概况评价，是指对工程项目投资者、工程项目提出的背景、审批程序与工程项目的发展情况及其投资环境所做的调研和分析说明。通过对工程项目有关情况的分析说明，可以让投资的决策者对工程项目的概况、工程项目提出的缘由与投资者的意向有一个基本的了解，进而为后续进行的工程项目建设必要性及其在技术、财务、经济和社会等方面的评价做好准备。

对工程项目概况的评价，是工程项目评价的第一步。通过对工程项目概况的评价，初步弄清工程项目建设的背景和目的，了解工程项目的基本情况。工程项目概况评价之后，如已取得充分论据说明这个工程项目不应投资建设，就可以否定这个工程项目，不必进行各方面的详细评价分析，可节省人力和时间。

3.1.2 工程项目概况评价内容

对工程项目概况的评价，主要是根据工程项目调查所得的资料，结合可行性研究报告的有关部分进行，着重研究工程项目的总貌、目的和必要性。概况评价的主要内容如下：

（1）工程项目概貌评价。评价工程项目的基本内容、规模和性质、拟生产什么产品、多大生产规模及建设工程的性质。

（2）工程项目的目的和必要性评价。评价提出这个工程项目的目的和理由，判断所提出工程项目的建设目的是否必要和合理，是否符合国家的建设方针和经济政策，是否符合企业的长远发展规划，并估计拟建工程项目达到这些目的的可能性。

（3）工程项目的选址定点评价。从原材料和能源供应、产品试销或出口、交通运输和技术力量以及预计的环境污染和“三废”处理措施等方面加以审查。实际工作中，需要对不同选址方案加以对比、综合考虑。有时工程项目选址定点会受当地非正常的干预或个别人主观臆断的影响，应从工程项目建设、生产的技术要求和经验后果等方面陈述利害，确保工程项目有一个合适的建设地点。

（4）工程项目的方案选择评价。了解优先采用本方案的理由，在讨论本方案时有无不同意见。了解可行性研究中对此工程项目的规模、工艺技术等是否有几种不同方案，以便在进行市场和规模评价、技术和设计评价以及财务、经济效益评价中作进一步的分析比较。

（5）工程项目的投资评价。根据可行性研究报告中的有关设备采购、单项工程以及有关投资估算的数据，初步核查工程项目的总投资额（主要分析工程项目的固定资产投资）。具体着重评价以下内容：

1）总投资估算是否正确，有无明显的缺口、漏项或低估，对一些容易漏项的费用，如进口设备国内费用、设计费用、预备费等，应注意审查有无漏项。

2）估算的总投资额中，各项内容（如建筑安装工程、进口技术和设备等）各占多大比重，以了解工程项目的投资重点在哪方面，以便在下一步的具体评价中有所侧重。

3）工程项目财务效益评价，核查可行性研究报告中的有关数据，根据工程项目产品的规模产量、销售单位及产品成本等，评价其年度利润和投资利润率以及大致的贷款偿还期等。

（6）工程项目的风险评价。不同工程项目面临风险的种类和大小不尽相同，比如有的工程项目其原料供应问题较大，大多数工程项目受制于市场，涉外工程项目受国际政治、经济、各国贸易政策、汇率等诸多因素的影响。在工程项目风险评价中应直率地提出工程项目存在的较严重的风险，以便在以后的市场和规模评价、设计和技术评价、财务经济效益评价以及不确定性分析中做进一步分析，并研究为减少或解决这些风险准备采取的措施。

（7）贷款者资信评价。主要内容包括厂名（商号）及所在地址、历史沿革、经营业务性质、规模、种类、资产负债情况、主要负债人的经历和业绩、近年生产经营情况、当年财务及盈亏情况、关联企业的情况、信用情况等。

3.1.3 企业资信及其评价

工程项目概况各分项评价将在后续各节介绍，本节重点阐述贷款者资信评价。

3.1.3.1 企业资信概念

资信即资质信用。资质是指企业的经济和技术实力、经营管理和经营状况等企业基本条件和素质。在经济学范畴，信用是作为借贷行为的总称，或者“在本质上是借贷行为的总称”。信用是商品经济发展的产物，现代信用是和社会生产、交换、分配紧密联系的，它是继货币之后，作为货币的延伸或货币的暂代品出现的。

借贷行为（如贷款、延期付款以及个人、企业、政府及其相互间各种形式的借贷）必然会涉及还贷问题。通常所说的信用好坏正是指借款人的守约能力和偿债意愿，由此（在借贷行为发生前）引出的信用调查、信用评估或咨询之说，归根结底是对对方的偿债能力和偿债意愿的评估。一个企业具有雄厚的资财实力及其整体素质较高，既是其过去业绩的结晶，又是其未来正常运营的前提，还是其即期偿债、恪守信用的物质基础和后盾。离开了这种基础和后盾，即使有守信之心，亦无偿债之力。可见将资、信并列，以资信度（或资信等级）代替信用度（或信用等级）进行评价，显得更为全面和科学。

3.1.3.2 企业资信评价

企业资信评价分为常规评价方法和非常规评价方法两大类。

A 常规评价方法

半个世纪来，西方发达国家就企业信用调查或评估，先后采用了多种办法和标准，如

“五 C”法、“五 P”法、“五 W”法或标准等，其实质是集中于企业的人、财、物以及经营环境的考察上。近些年，越来越趋向于资信等级评价，如 AAA 级（极好）、AA 级（优良）、A 级（较好）、BBB 级（一般）等。按照国际惯例，并结合实际情况，我国的各大商业银行和资信评估机构也分别制定了各自的资信等级评价标准，各大银行还将资信等级评价、项目评价与贷款风险管理有机结合起来，形成一整套的以量化分析为主、以定性分析为辅的比较规范化的操作程序。其实质是围绕企业资质信用诸方面（如企业素质、企业信用、经营管理、经济效益和发展前景等方面）设计出若干个考核指标，制定评分标准和权重标准，通过加权评分归纳出资信等级或风险等级。

B 非常规评价方法

常规资信等级评价方法得出的结论具有一定的时效性，不能反映企业某些突发事件或偶然性变化。而就工程项目评价而言，其主要任务是对工程项目本身作出切合实际的理性判断，而对原有企业或企业基础只需大致判断其优劣好坏就可以了，因此可以根据常规的资信评价所考查的内容，筛选出若干最有代表性和影响力的因素量化指标，建立简单的统计数学模型，并随时根据当前对企业的观察资料，通过模型计算分析并作出判断。常用的非常规评价方法有回归判别法和多元判别分析法等。

3.2 工程项目建设必要性评价

工程项目建设必要性评价，是根据项目目标，采用定性或定量的方法，审查、分析和评价项目是否有必要兴建，实际上是对项目运营所产生的效果能否被社会承认这个大前提进行分析和审查。

3.2.1 工程项目建设必要性评价的目的与作用

工程项目建设必要性评价的目的就是根据市场和现有生产能力的状况来判断工程项目产品或服务的目标市场潜量，有无建设的必要，建设该项目有何经济上、政治上或是社会上的意义，生产的产品或服务是否满足消费者的需要和有无竞争力。

工程项目建设必要性评价作为工程项目存在具有重要性和可能性的理由，是由以下四个方面决定的：

（1）工程项目建设必要性评价能说明项目规划和投资决策的正确性。

（2）工程项目建设必要性评价能为增强项目产品的竞争力和提高投资效益、降低风险提供可靠的依据。

（3）工程项目建设必要性评价有利于说明对控制投资项目建设规模、预防盲目和重复建设的情况。

（4）工程项目建设必要性评价有利于引导投资者和贷款机构选择正确的投资方向。

3.2.2 工程项目建设必要性评价的角度

工程项目建设必要性评价一般从以下几个角度进行论证：

（1）提供的产品或服务能满足某种需求。

（2）符合或促进国家、地区、行业或产业政策和规划。

(3) 解决企业某方面的关键问题，如质量、技术、市场优势等。

(4) 可以在某方面取得突破，如填补空白、行业领先、紧缺商品供应或国产化等。

(5) 明显改善经济运行质量或促进地方经济发展。

(6) 为城市建设、环境保护、人民生活带来利益。

(7) 能开发或充分利用（节约）某项资源。

(8) 有助于产业布局或行业配套。

3.2.3　工程项目建设必要性评价的内容

工程项目建设必要性评价具体内容包括评价工程项目是否符合国家的产业政策、行业规划和地区规划，是否符合经济和社会发展需要，是否符合市场需求，是否符合企业的发展要求。一般可从宏观和微观两个方面加以阐述：

(1) 从国民经济和社会发展的宏观角度论证建设项目的必要性。即站在全局高度，分析拟建项目是否符合国家宏观经济和社会发展意图，是否符合市场需求和国家规定的投资方向，是否符合国家建设方针和技术经济政策。

通常对大中型和中小型两类建设项目在宏观分析方面的侧重点有所不同：大中型项目多从国民经济、自然生态环境和社会发展的角度，中小型项目则更多地从地区与行业发展的角度进行分析评价。具体分析的基本内容都以是否满足两个需求和一个要求为准：

1) 国民经济平衡发展的需求，包括环境需求和社会需求。

2) 经济结构优化的需求，包括是否可持续、平衡地发展。

3) 是否符合国家在一定时期的产业政策与国民经济长远发展及行业和地区发展规划的要求，且以工程项目是否符合国家一定时期的方针政策为工程项目建设必要性的首要依据。

(2) 分析工程项目在微观上存在的必要性，即从企业自身发展角度、从投资者出发衡量工程项目对市场需求、企业发展、科技进步和投资效益等微观方面的影响。重点分析内容有：

1) 工程项目产品（或提供的服务）是否符合市场需求。

2) 工程项目建设是否符合企业发展战略。

3) 考虑合理生产规模要求后是否取得较好的经济效果。

4) 工程项目的社会与环境效益。

3.2.4　工程项目市场需求预测

在市场经济条件下，作为满足需求的载体，产品是由工程项目实现的，其生产制作过程是工程项目进行管理活动的过程，故此需求形成的工程项目必须源于市场，工程项目的生命力只能来自对市场的正确认识和把握。工程项目的市场需求预测是指在市场调查和市场预测的基础上，根据满足需求的项目及其载体形式——产品的竞争能力、市场规模、位置、性质和特点等要素对拟建项目所做出的有关“项目产品是否由市场需求”专业判断的一种分析技术。

3.2.4.1　工程项目市场需求预测的作用

工程项目市场需求预测的作用包括：

（1）市场需求预测是工程项目可行性研究和项目评价的前提和先决条件。工程项目可行性研究和评价的内容相当广泛，既有工程项目的厂址选择、生产建设条件的研究考察，又有技术设计方案的分析选择，还要进行工程项目的财务效益分析、国民经济评价和投资风险分析等。所有这些工作都必须以市场预测为前提，项目只有通过市场预测，确认工程项目产品是国内外市场所需的，并且有较好的发展前景，才能进行工程项目的后续工作，否则应及时中止工程项目的可行性研究和评价工作，以避免人力、物力和财力的浪费。

（2）工程项目产品的市场需求预测，是确定工程项目生产规模大小的重要依据。制约工程项目建设规模的因素很多，如原材料、能源等供应条件，资金、土地和设备等的限制条件，以及产品本身的性质和经济规模要求等。但是，工程项目产品的市场需求是确定工程项目建设规模的基本因素，它决定工程项目的生存和发展。因此，必须根据对市场情况的可靠预测，确定工程项目的产品方案和工程项目的建设规模。

（3）市场预测是选择和确定工艺生产技术和设备的依据。工程项目生产技术和设备的选择受产品方案和生产规模的制约，而产品方案和生产规模是根据市场对工程项目产品的实际需求的预测结果为依据确定的。工程项目产品的质量、规格、系列以及市场的实际需求量确定之后，其相应的生产技术和设备就容易确定了。

（4）工程项目产品的市场需求预测是企业制定产品生产计划和销售价格的依据。通过市场调查和预测，了解消费者对产品的性能、质量和价格的要求、需求量，购买时间及其顾客的地点分布情况等，为企业安排生产计划，制定销售价格，规划产品销售渠道和促销政策等提供依据。

3.2.4.2 工程项目市场需求预测的内容

市场需求预测主要是围绕与项目产品相关的市场条件展开。由于项目产品的多样性，既包括为特定使用人提供的有形产品、无形产品，还包括为社会公众提供使用或服务的公共产品，如铁路、公路、城市基础设施，因此市场需求预测的具体内容有很大的差异，但就其基本内容和方法而言又是相通的。

工程项目市场需求预测的主要内容有：

（1）市场现状调查。主要是调查拟建项目同类产品的市场容量、价格以及市场竞争力现状。

（2）产品供需预测。这是利用市场调查所获得的信息资料，对工程项目产品未来市场供应和需求的数量、品种、质量、服务进行定性与定量分析，具体包括供应预测、需求预测、产品供需平衡分析、目标市场分析等。

（3）价格预测。工程项目产品价格是测算工程项目投产后的销售收入、生产成本和经济效益的基础，也是考察工程项目产品竞争力的重要方面。预测价格时，应对影响价格形成与导致价格变化的各种因素进行分析，初步设定工程项目产品的销售价格和投入品的采购价格。一般采用回归法、比价法等方法。

（4）竞争力分析。即研究拟建工程项目在国内外市场竞争中获胜的可能性和获胜能力。进行竞争力分析，不仅要研究工程项目自身竞争力，也要研究竞争对手的竞争力，并进行对比，以优化工程项目的技术经济方案，扬长避短，发挥竞争优势。对市场竞争比较激烈的项目产品，还应进行营销策略研究。

（5）市场风险分析。这是在产品供需、价格变动趋势和竞争能力等常规分析已达到一定深度要求的情况下，对未来国内外市场某些重大不确定因素发生的可能性，及其可能对工程项目造成的损失程度进行分析。市场风险分析可定性描述，估计风险程度，也可定量计算风险发生概率，分析对工程项目的影响程度。

3.3 工程项目产品方案和生产规模的确定

建设规模确定与产品方案选择是在市场预测的基础上，论证比选拟建项目的建设规模和产品方案（包括主要产品和辅助产品及其组合），作为确定项目技术方案、设备方案、工程方案、原材料燃料供应方案及投资估算的依据。

3.3.1 产品方案选择

产品方案，即产品结构分析，是对拟建项目生产产品品种及其生产能力的组合方案。生产多种产品的拟建工程项目，应研究其主要产品、辅助产品、副产品的种类及其生产能力的合理组合，以便为下一步研究技术、设备、原材料燃料供应等方案提供依据。

产品方案需要在产品组合研究的基础上形成。

3.3.1.1 产品组合及其类型

A 产品组合的概念

产品组合是不同产品的划分及其比例，含产品种类、品种的结构、相互间的数量关系，包括组合深度和组合广度两方面的内容。组合深度是指产品品种的数量，组合广度则指产品线（产品品种）的数量。深度和广度的关联性表现为产品线之间的相关程度：扩大产品组合的广度，可以分散投资风险，尽量利用项目的潜能，挖掘产品组合的深度，可以占有更多的细分市场，提高用户或消费者的满意程度，以扩大经营。

B 产品组合的类型

产品组合的类型有全线全面型、市场专业型、产品线专业型、有限产品线专业型和特殊产品专业型。

(1) 全线全面型。这种产品组合的主要特征是尽量向所有的用户或消费者提供所需要的产品，为此要求不断地扩大产品组合的广度和挖掘产品组合的深度，力求某一产品线的产品品种覆盖各个细分市场，按整体市场对不同种类产品的需求增加产品线的数量，而对产品线之间的关联性没有严格的限制。

(2) 市场专业型。工程项目专向某一市场提供其所需要的各种产品，即以专业市场的不同需求为引线确定产品线的设置，并不强调其关联性。

(3) 产品线专业型。工程项目只生产同一类型的不同品种产品来满足市场需求。

(4) 有限产品线专业型。工程项目只生产某一生产线中一个或少数几个品种的产品来满足市场需求。

(5) 特殊产品专业型。根据用户或消费者的特殊需要而专门生产特殊的产品。

3.3.1.2 确定产品组合的原则

确定产品组合一般要遵循符合产业政策、针对市场需求、专业化协作、资源综合利用、环境保护、考虑原材料燃料供应、适应技术设备条件、满足生产储存条件等原则。

科学技术、市场需求和竞争形势都在变化，产品组合也应随之变化才能形成适应企业内外环境的新的产品组合。项目评价报告应详细列出各类、各种产品的名称、规格、标准、年产量、内外销比例，说明依据，并指出可预见的变化，以考虑对策。

多数企业都不止生产一个产品，各个产品生产的比例就是产品结构。确定各个产品生产多少的比例关系就可以运用边际分析方法，即对各个产品的边际效益进行分析。如果把资金增量投入到各个产品，所能产生的边际效益是相等的，那么这个企业的产品结构就是合理的，否则，其中必定有某种产品值得扩大规模，以带来更多的收益。针对产品结构进行边际分析，可以明确哪些产品需要增加投入，哪些产品需要增加或缩小生产规模。

3.3.1.3 确定产品方案的关注因素

确定产品方案时，一般应研究以下主要因素和内容：

（1）市场需求。工程项目产品方案应以市场需求确定产品的品种、数量、质量，并能较好适应市场变化。

（2）产业政策。工程项目产品方案应符合政府发布的鼓励发展的产业和产品方向，以及技术政策和技术标准要求，使产品具有较高技术含量和市场竞争力。

（3）专业化协作。工程项目产品方案应利于专业化协作，以及上下游产品链的衔接。

（4）资源综合利用。共生型资源开发项目或者在生产过程中产有副产品的项目，在确定产品方案时，应考虑资源的综合利用，提出主要产品和副产品的组合方案。

（5）环境条件。确定项目产品方案，应考虑环境保护要求和可能获得的环境容量，以及环境治理设施投资等因素。

（6）原材料燃料供应方案。研究工程项目产品方案，应考虑工程项目所采用的原材料燃料的可得性，以及数量、品质、来源的稳定性。

（7）技术设备条件。工程项目产品方案应与可能获得的技术装备水平相适应。

（8）生产储运条件。工程项目产品的生产、包装、运输、储存有特殊要求的，确定产品方案时应考虑满足这些要求的可能性。

3.3.2 生产规模的确定

3.3.2.1 生产规模的概念

生产规模又称生产能力，是指工程项目设定的正常运营年份可能达到的生产或服务能力。尽管项目在整个存续期间生产和产品组合必然有变化而必须作调整，但一定时期内的生产能力可视为常数。

项目生产规模反映了生产要素在企业中的集中程度，一般用实物单位或标准实物单位来计量，实际中常用的衡量指标有产量和生产能力等。产量是指企业在一条件下和一定时期内实际生产的产品数量，生产能力是指企业在一定生产技术条件下和一时期内能够生产某种产品的最大能力，产量和生产能力通常都按年计算。

不同类型工程项目的生产规模表述各有不同，工业项目通常以年产量、年加工量、装机容量等表述；农林水利项目以年产量、种植面积、灌溉能力、防洪治涝面积、水库库容、供水能力等表述；交通运输项目以运输能力、吞吐能力等表述；城市基础设施项目和服务行业项目以年处理量、建筑面积、服务能力等表述。产品种类繁多且差异性较大时，一般可换算成标准实物量来表示产量或生产能力。

3.3.2.2 生产规模的研究内容

生产规模研究主要包括以下内容：

(1) 建设总规模，包括主要产品年产量、主要副产品年产量和主要设备装置。

(2) 主要生产车间的生产能力、生产线数量。

(3) 说明项目经济规模，进行不同规模项目效益与费用的比较分析，说明本项目确定的建设规模的合理性。

(4) 如果项目采用分期建设方法，应说明项目总规模、分期建设规模，并说明分期建设的起止时期和各期建设的主要内容。

3.3.2.3 生产规模的影响因素

在确定工程项目生产规模时，不仅要考虑工程项目内部各因素之间的数量匹配、能力协调，还要使所有生产力因素共同形成的经济实体（如项目）在规模上大小适应。这样可以合理确定和有效控制工程造价，提高项目的经济效益。生产规模的影响因素主要有：

(1) 国家经济计划和产业政策因素。经济计划是指各级政府的计划安排和规定。要使经济稳定发展，保持合理的产业结构和区域经济结构必不可少，而产业结构和区域经济结构是产业投资结构和区域投资结构形成的，各级政府制订计划时已安排了各个产业和区域的投资结构，同时包括项目的生产规模，特别是生产有关国计民生产品的大中型项目的建设规模。

制定产业政策是国家加强和改善宏观调控，有效调整优化产业结构，提高产业素质，促进国民经济持续快速健康发展的重要手段。产业政策包括产业结构政策、产业组织政策、产业技术政策和产业布局政策，以及其他对产业发展有重大影响的政策和法规。确定拟建项目的生产规模要考虑国家产业政策，主要是要按照产业政策所规定的投资项目的经济规模标准作为项目的最低建设规模。在我国，投资项目小型化、分散化是工业企业达不到规模经济、生产效率低下的主要原因之一。为此，对于部分规模效益比较显著、市场供需矛盾比较突出的热点产品，国家产业政策规定了其经济规模标准。

(2) 市场因素。市场因素是生产规模确定中需要考虑的重要因素。其中，项目产品的市场需求状况是确定项目生产规模的前提，市场需求从产出方向上规定了项目生产规模。一般来说，在市场评价阶段，已经明确了项目产品的市场供求情况及市场需求量。如果项目产品无市场，或者市场需求量很小，就已经否定了项目，不必再确定生产规模的问题；如果项目产品有一定的市场需求量，就要根据规模经济理论，参照此需求量及其他制约因素确定拟建项目的生产规模。通常，当市场需求变化快、品种规格多时，应采用中、小型生产规模；当产品适应性强、市场需求量大、品种规格变化小时，拟建项目应采用大、中型生产规模。

(3) 自然资源、原材料能源供应和外部建设条件。资源包括土地资源、矿产资源、能源、水资源和人力资源等。项目的基本投入物是指用于项目经营的主要原材料、中间产品和主要的燃料及动力等。在一定时期，资源的需求和资源的供给往往会发生矛盾，因为对资源的需求是无限的，而资源的供给又总是有限的，谓之资源的稀缺性。项目所需的基本投入物来源可能受到三个方面的制约：一是总的供应量满足不了项目的需要；二是基本投入物的质量满足不了项目的需求；三是使用基本投入物的成本问题。虽然基本投入物的质和量都能满足项目的要求，但可能供应地比较集中，在一定的区域范围内基本可以解决，也可能项目消耗某种基本投入物的量比较大，由许多厂家来提供，而这些厂家比较分散，或者要从国外进口，需要考虑运输成本的问题。因此，确定工程项目生产规模也应考虑自然资源、原材料、能源供应，同时，各类原材料及燃料供应、交通运输、通信、施工能力等都可以对项目生产规模产生影响。

（4）生产技术和设备的先进性及其来源。在确定建设规模时，要综合考虑技术设备对应的标准规模、主导设备装置制造商的水平等因素。因为在不同的工业部门内，可供使用的加工工艺和设备通常可以按某种生产能力进行标准化处理，如果按照某种适用的标准化工艺和设备所确定的建设规模不处于规模经济区间，就应当按照其他组合方式来确定拟建项目的建设规模，使其达到规模经济。标准化的工艺和设备因素和其他因素共同确定规模经济。

（5）资金的可供应量。无论在什么时候，可用于投资的资金都是有限的，有时是非常短缺的。资金供给量的大小与确定多大的生产规模密切相关，即使是在工艺和设备的选择上进行充分的比较和遴选，能节约的资金也是很有限的。资金的有限性表现在自有资金不足，银根紧缩，又难以得到金融机构的支持，如果项目所需的设备和投入物全部或部分需要从国外进口，又会受到外汇供给的限制。没有投资资金的支持，无论什么样的生产规模都难以实现。因此，在确定建设规模时要结合项目资金的可得性来考虑，量力而行。

（6）环境容量。环境保护问题越来越受到重视，不同的建设规模对环境的影响也是不同的。对因项目而出现的“三废”，国家规定了排放标准，因此在确定生产规模时，既要考虑当地环境的承受能力，又要考虑控制企业污染物总量。也就是说，工程项目的生产建规模要按照可得的自然环境选择。

（7）合理经济规模。合理经济规模是指在一定的技术经济条件下，项目投入产出比处于较优状态，资源和资金可以得到充分利用，并可能获得较优经济效益的规模。根据项目条件，确定一次达到或者分期达到合理经济规模。

有的行业会有国家或行业制定的生产经济规模标准，在确定生产规模时，就要尽可能接近并达到合理经济规模，提高项目竞争力。经济效益是制约和决定项目建设规模的关键因素。在项目评价中，按照经济效益的高低，通常可以把项目建设规模分为以下四种类型：

1）亏损规模，即销售收入小于总成本费用的规模。在图 3-1 的规模效果曲线图中，小于 QE_1 与大于 QE_2 的规模都属于“亏损规模”。

2）起始规模（或最小经济规模），即销售收入等于总成本费用的保本最小规模。在图 3-1 的规模效果曲线图中，QE_1 点即为“起始规模”。

3）合理经济规模（或适宜经济规模），即销售收入大于总成本费用，并保证一定盈利水平的生产规模。在图 3-1 的规模效果曲线图中，该规模位于 QE_1 与 QE_2 之间。

4）最佳经济规模，即能够产生最高经济效益的生产规模。在图 3-1 的规模效果曲线图中，QE 点即为最佳经济规模。

由上可知，第四种规模是最理想的规模，拟建项目的生产规模最好能达到这个水平，但是，由于受许多因素的限制，这种规模一般难以达到，而第一种和第二种都不能选择。因此应当优先考虑第三种。

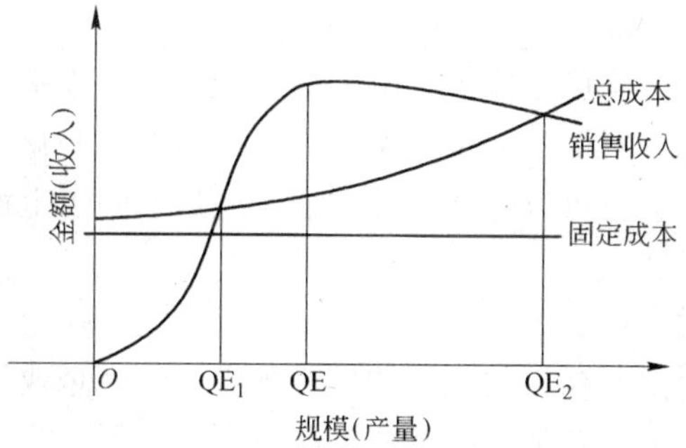

图 3-1 规模效果曲线图

(8) 行业因素。不同行业、不同类型的项目在确定生产规模时，应考虑与行业相关的一些特殊因素：煤炭、金属与非金属矿山、石油、天然气等矿产资源开发项目，应根据资源合理开发利用要求和资源可采储量、赋存条件等确定建设规模；水利水电项目，应根据水的资源量、可开发利用量、地质条件、建设条件、库存生态影响、占用土地，以及移民安置等确定建设规模；公路、铁路项目，应根据拟建项目影响区域内一定时期运输量的需求预测，以及该项目在综合运输系统和本运输系统中的作用确定线路等级、线路长度和运输能力；技术改造项目，应充分研究拟建生产规模与企业现有生产规模的关系，拟建生产规模属于外延型还是外延内涵复合型，以及利用现有场地、公用工程和辅助设施的可能性等因素，以确定建设规模。

3.3.2.4 生产规模的确定方法

A 经验法。

经验法是指根据国内外同类或类似企业的经验数据，考虑生产规模的制约和决定因素，确定拟建项目生产规模的一种方法。在实践中，该方法应用最为广泛。

在确定拟建项目生产规模之前，首先应找出与该项目相同或类似的企业，特别是要找出几个规模不同的企业，并计算出各不同规模企业的主要技术经济指标：财务内部收益率、投资利润率和投资回收期等，然后，综合考虑制约和决定该项目拟建生产规模的各种因素，确定一个适当的规模。

例 3-1 拟建一个生产化妆品的项目，同类企业的生产规模是年产 10 万件、20 万件、30 万件、40 万件、50 万件、60 万件。通过调查并计算，已知各种规模企业的投资和财务内部收益率数据见表 3-1。

表 3-1 各种企业规模的投资和内部收益率关系表

生产规模/万件 · 年$^{-1}$	10	20	30	40	50	60
投资额/万元	2200	4300	5900	7800	10000	12890
财务内部收益率/%	19.1	19.8	20.9	21.5	25.6	25.1

通过表 3-1 可以看出，年产 50 万件是最佳的生产规模，但是投资需要 10000 万元人民币。通过对影响生产规模的各种制约与决定因素进行研究，除资金供给和市场需求因素以外，其他方面都是适合的，但是如果该项目筹措到的资金只有 5930 万元，那么选择年产 30 万件的规模，收益率达到 20.9%，可以接受该项目。

B 生存技术法。

生存技术法是由曾获得诺贝尔经济学奖的美国经济学家施蒂格勒提出的，即把某一行业按规模分类，然后计算各时期不同规模企业所占份额及其变化，以此判断该规模等级的效率和生存能力的强弱。它也可以称为经验方法，但是不同于上面阐述的经验法，并且对项目评估人员要求更高。

C 规模效益曲线法。

规模效益曲线法是通过不断扩大拟定的生产规模，研究企业的销售收入与成本曲线随之变化的情况，来确定企业最合适的生产规模的方法。由于销售收入和成本曲线也称规模效果曲线，所以该方法也称为规模效果曲线法。

从图 3-1 可以看出，$QE_1 \sim QE$ 是规模经济区，在这个区域内，QE 不但是规模经济的临界点，也是最佳经济规模点，因为在这一点上边际收入等于边际成本。从理论上讲，应当以 QE 作为拟建项目的生产规模，但在实践中，往往受其他制约和决定生产规模的因素影响，无法达到这个规模，一般小于 QE。由此可以看出，在选择拟建项目生产规模时，首先应当确定规模经济区，然后在这个区间内，根据制约和决定生产规模的诸多因素，选择离 QE 点最近的规模。

3.3.2.5 生产规模的合理性分析

生产规模定得是否合理，直接影响企业经济效果和长远发展，也影响到项目投资收益。

（1）产业政策和行业特点的符合性。为了实现国民经济有序发展、有效节约资源，国家和行业制定了某些重要产品的生产规模标准和鼓励发展、限制发展及禁止发展的产业（含规模）目录。建设项目的规模要符合国家和行业的产业政策，这是建设规模合理性分析的首要因素。

（2）收益的合理性。建设规模的变动会引起收益的变动，适当的经营规模可实现费用的节约，提高竞争力，获得相应的经济效益。

项目生产规模的经济性问题是建设方案总体设计时需要考虑的重要问题：

1）并不是所有的项目都是规模越大越经济。

2）不同产业规模的经济性可能不同。着重对规模效益显著的产业研究规模的经济性，选择能实现规模收益递增的经济规模。

3）在确定生产规模时，理论上应追求最优经济规模，但由于现实中受到各种因素的制约，最优经济规模往往难以达到，一般寻求的是合理经济规模。

（3）资源利用的合理性。投资项目的建设和运营要以资源的耗费为基础，资源利用的合理性是建设规模合理性分析的重要内容。从资源利用的合理性角度考察建设规模性，主要应考虑资源利用的可靠性、有效性和经济性：

1）资源利用的可靠性。投入物的来源和规模的确定，以资源的可靠性为前提。广义的资源包括物质资源、人力资源和资金等。

2）资源利用的有效性。有效利用资源不仅实现了资源的节约，同时也降低了成本、提高了效益。

3）资源利用的经济性。资源利用的经济性与有效性存在着内在的联系。达到一定的合理规模，一方面可以更加有效地利用资源，另一方面有利于合理组合、综合利用资源。

（4）外部条件的适应性与匹配性。项目的建设规模会受到外部条件的制约，因此，分析建设规模的合理性必须考虑外部条件的适应性与匹配性。这里的外部条件泛指项目之外的所有方面，包括市场、原材料供应和其他外部建设条件（包括物资条件、交通条件、自然环境和社会人文环境等）：

1）项目的生产规模应与市场需求相适应，产品的目标市场定位、竞争能力和营销策略都应使项目产品的销售计划能得以实现。

2）投入物（包括自然资源、原材料、能源、土地、资金等）供应能满足生产规模的要求，并且稳定可靠、价格合理。

3）其他外部建设条件与建设规模相互适应和匹配。

（5）技术改造项目的特殊问题。建设规模的合理性受现有装置的影响，生产规模需要能够与现有装置有效结合和匹配。

3.4 工程项目生产建设条件及技术评价

工程项目生产建设条件评价，就是分析工程项目是否有条件进行建设，建成投产后是否有条件进行正常生产运营，主要包括工程项目资源条件、投入物供应及来源条件、工程项目所在地的交通运输条件、场址条件等。工程项目技术评价应说明具体项目所需的技术、评价可供选择的各种技术，并按项目各组成部分的最佳组合选择最合适的技术。

3.4.1 资源条件评价

矿产资源、水利水能资源和森林资源等是资源开发项目的物质基础，直接关系到项目开发方案和建设规模的确定。资源开发项目包括：金属矿、煤矿、石油天然气矿、建材矿、化学矿、水利水能和森林采伐等项目。在工程项目评价中，应对资源开发利用的可能性、合理性和资源的可靠性进行研究和评价。

3.4.1.1 资源开发利用的基本要求

资源开发利用的基本要求主要包括：

（1）符合资源总体开发规划要求。资源开发项目应在总体开发规划的指导下进行合理开发。例如，煤炭开采项目，应符合煤田区域开发规划；油气田开采项目，应符合油气田区域开发规划；水利水电项目，应符合流域综合开发规划和国土治理要求。

（2）符合资源综合利用的要求。多金属、油气混合矿等资源开发项目，应根据资源特征提出资源综合利用方案，做到物尽其用。

（3）符合节约资源和可持续发展的要求。在研究资源开发项目动用资源规模和开采强度时，应处理好远期与近期的关系，力求节约资源。

（4）森林资源开发应符合国家保护生态环境的规定。

（5）资源储量和品质的勘探深度应达到规定要求。资源储量和品质的勘探深度应确保资源开发项目设定的生产规模和开采年限。

3.4.1.2 资源评价

资源评价主要是对拟开发利用资源的合理性、自然品质、赋存条件、开发价值进行评价。

(1) 资源开发的合理性。对于不可再生的资源，特别是某些稀缺的矿产资源，在研究拟建项目开发方案时，首先应根据国家矿产资源开发利用规划，分析研究这些资源近期与远期开发的关系，资源保护、储备与可持续发展的关系。

(2) 资源可用量。根据拟建项目性能，研究矿产资源的可采储量或水利水能资源的蕴藏量或森林资源的储积量，提出合理的开发（开采）规模和开发（开采）年限。矿产开采项目，应根据国家矿产资源储量委员会批准的储量报告，在进一步勘探核查的基础上，提出项目的矿产可采储量；水利水能开发项目，应根据流域开发总体规划，分析研究拟建项目河段内的年径流量、水位落差，并提出水利水能资源合理开发利用量；森林采伐项目，应根据森林储积量调查资料，以及有关部门批准的采伐与迹地恢复规划，研究提出项目的原木可采伐量。

(3) 资源自然品质。根据拟建项目特点研究资源品质为制定项目技术方案提供依据。金属矿和非金属矿开采项目，应分析研究矿石品位、物理性能和化学组分、洗选难易程度；煤炭开采项目，应分析研究煤炭的热值、灰分、硫分、结焦性能等；石油天然气开采项目，应分析研究油气的化学组分、物理性能（黏度、凝固点等）；水利水能开发项目，应分析研究河床稳定性、泥沙含量、有机物含量、水体状态（水位、水温、流速）等。

(4) 资源赋存条件。分析研究资源的地质构造和开采难易程度，以便确定开采方式和设备方案。矿产开采项目，应分析地质构造、岩体性质、矿体结构、矿层厚度、倾斜度、埋藏深度、灾害因素、涌水量等；石油天然气开采项目，应分析研究油气藏压力、含油气地质构造、孔隙率、渗透率等；水利水能开发项目，应分析研究拟建项目河段内地质构造、地震活动和其他危害因素，以及水能梯级分布情况。

(5) 资源开发价值。分析研究资源的开发利用价值，预测项目的经济效益。矿产开采项目，应分析计算每吨矿产品生产能力投资、每吨矿产品的开采成本等指标；森林采伐项目，应分析每立方米原木生产能力投资；水利水能开发项目，应分析每吨供水能力投资、每千瓦电力装机容量投资，以及防洪、灌溉、航运、养殖等综合利用的效益。

3.4.2 投入物供应条件评价

工业产品生产的投入物指投入各种物资的总称，是项目产品进行生产的必备条件，可分为原材料和燃料动力两大类。投入物供应条件评价，是指对工程项目所需的原材料、辅助材料和燃料的品种、规格、成分、数量、价格、来源及供应方式，进行研究论证，以确保工程项目建成后正常生产运营，并为计算生产运营成本提供依据。

3.4.2.1 主要原材料供应方案

主要原材料是项目建成后生产经营所需的主要投入物。在建设规模、产品方案、技术方案确定后，应对所需主要原材料的品种、规格、成分、质量、数量、价格、来源、供应方式和运输方式进行研究。技术改造项目应结合企业使用原材料的数量、品种、来源、供应方式和运输方式现状，统筹研究。

(1) 研究确定品种、质量和数量。根据项目产品方案详细研究并提出所需各种物料的品种、规格，根据项目建设规模和物料消耗定额计算各种物料的年消耗量。为了保证正常生产，根据生产周期、生产批量、采购运输条件等计算物料的经常储备量，同时还要考虑保险储备量和季节储备量。保险储备量是指为预防物料延滞到货风险增加的储备量；季节储备量是指为预防由于季节变化可能导致的物料供应量、供应价格变化增加的储备量。经常储备量、保险储备量和季节储备量三者之和为物料储备总量（即最高储备量），作为生产物流方案（包括运输、仓库等设施）研究的依据。

根据产品方案和技术方案，研究确定所需原材料的质量性能（包括物理性能和化学成分）。为确保采购的原材料、辅助材料的质量符合生产工艺要求，应研究提出建立必要的检验、化验和试验设施。

（2）研究确定供应来源与方式。主要包括：

1）供应企业和地区研究。对可以从市场上采购的原材料和辅助材料，应确定采购的地区。有特殊要求的原材料，应提出拟选择的供货企业及供货方案。

2）供应方式。一般有市场采购、投资建立原料基地、投资供货企业扩大生产能力等方式。

3）进口原材料的供应。应调查研究国际贸易情况，分析拟选择的制造企业和供应企业的资信情况，确保原材料供应的可靠性。

4）大宗原材料的供应。应调查研究主要供应企业的生产经营情况，并在可行性研究阶段与拟选择的供应企业签订供货意向协议。

（3）研究确定运输方式。根据项目所需物料的形态（固态、液态、气态），运输距离，包装方式，仓储要求，运输费用等因素研究确定物料运输方式。物料运输所需的设备和设施，应充分依靠社会运输解决。特殊物料运输，如易燃、易爆、易腐蚀、剧毒、有辐射性等物料，应按照政府部门发布的安全规范要求，提出相应的运输方案。大宗原材料的运输，一般应在可行性研究阶段与拟选择的运输企业签订运输意向协议。

（4）研究选取原材料价格。在市场预测的基础上，对主要原材料的出厂价、到厂价，以及进口物料的到岸价和有关税费等做进一步计算，并进行比选。

3.4.2.2 燃料供应方案

项目所需燃料包括生产工艺用燃料、公用和辅助设施用燃料，其他设施用燃料。主要评价内容如下：

（1）燃料品种、质量和数量。根据拟建项目生产能力和燃料消耗定额，计算分析所需燃料的品种、数量和质量。生产工艺有特殊要求的，应分析论证确保燃料的品种、质量和性能满足生产工艺要求的方案。

（2）燃料运输方式和来源。在选择燃料来源时，还要研究运输条件，包括运输距离、接卸方式和运输设备等。大宗燃料的来源和运输，在可行性研究阶段，应与拟选择的供应企业、运输企业签订燃料供应和运输意向协议。

（3）燃料价格。在市场预测的基础上，对燃料价格（包括运输费用）进一步测算，并进行比选。

3.4.2.3 主要原材料燃料供应方案比选

主要原材料燃料供应方案比选的主要内容为：

（1）满足生产要求的程度，即原材料、燃料在品种、质量、性能、数量上能否满足项目建设规模、生产工艺的要求。

（2）采购来源的可靠程度，包括原材料、燃料供应的稳定程度（包括数量、质量）和大宗原材料、燃料运输的保证程度。

（3）价格和运输费用是否经济合理。价格比选一般采用定性比较，必要时可采用定量分析，如单位产品边际利润法、盈亏平衡法和原材料最低成本法。运输费用，主要比选运输方式和单位运量的费用（如吨·公里运费）。

经过比选提出推荐方案，并分别编制主要原材料年需要量表和主要燃料年需要量表，如表3-2和表3-3所示。

表3-2 主要原材料年需要量表

序 号	原材料名称	技术条件	计量单位	年需要量	预测价格	供应来源

表3-3 主要燃料年需要量表

序 号	燃料名称	技术条件	计量单位	年需要量	预测价格	供应来源

3.4.3 交通运输条件评价

交通运输是现代社会经济发展的关键因素，对任何项目来说，交通运输条件的好坏不仅关系到项目建设所需物资能否及时供应、项目能否很快建成的问题，“物流”的畅通与否也是制约企业今后生产经营发展的重要因素，尤其是对那些“物流”量大的项目更为重要。交通运输条件评价，是根据建设规模、产品方案、技术方案确定的主要投入品和产出品的品种、数量、特性、流向，对提出的项目内外部运输方案进行研究、评价。

3.4.3.1 运输方案选择的要求

运输方案选择的要求主要包括：

（1）统筹规划场内运输和外部运输，做到物料流向合理，场内和外部运输、接卸、贮存形成完整的、连续的系统。

（2）项目的外部运输，应尽量依托社会运输系统。拟自建专用铁路、公路、码头，应有足够的运量，避免浪费投资。

（3）主要产出品、大宗原材料和燃料的运输，应避免多次倒运，降低运输成本，提高运输效率。

（4）自建的外部运输线路、车站和码头，应符合规划要求。

3.4.3.2 运输方案研究内容

运输方案研究主要是计算运输量，选择运输方式，合理布置运输线路，选择运输设备和建设运输设施。

（1）运输量的计算。计算各种物料进出的年运量，并注明其物态和包装形式，计算场内各个环节的物料、中间产品的运输量，并注明物料形态。

（2）运输方式选择。根据已确定的运输量和物料特性，研究选择物料的运输方式。应调查研究项目所在地区现有和在建的铁路、公路、水运、空运、管道等的运输能力，能否承担项目投入品和产出品的运输。依托社会运输系统解决运输的，应研究提出场内与外部运输方式接卸设施的方案。根据物料性质、流向及数量、装卸位置等，确定项目内部运输方式（管道、皮带、车辆）和标准。

（3）运输设备选择。运输设备的配置形式，可以采用自备、租赁、委托等形式。应优先研究依托社会运输系统的可能性和经济性，尽量减少自备。需要自备运输设备的，应研究提出所需运输设备清单。

项目运输方案经过比选后，提出推荐方案，并编制场外运输量一览表和场内运输量一览表，如表3-4和表3-5所示。

表3-4　场外运输量一览表

序　号	物料名称	运输方式	起点	讫点	运输量		物态	包装形式	备　注
					运入	运出			

表3-5　场内运输量一览表

序　号	物料名称	运输方式	装货点	卸货点	运输量	物态	包装形式	备　注

3.4.4　场址条件评价

建设地点和项目场址这两个词语应当加以区别。建设地点的选择应当在一个相当广阔的地理区域内，从中可以考虑几个可供选择的项目场址，一个合适的建设地点可以包括一个相当大的地区，但项目场址的选择应当是确定建立工程项目的具体场地所在。场址是指工程项目物质载体存在于地理时间和空间特征上的具体方位或坐落。

3.4.4.1　场址选择的考虑因素

工程项目场址选择就是在国家经济布局和区域发展规划的范围内，从几个可供考虑的场址方案中选择最优场址方案进行分析评价的过程。要考虑的因素有：

（1）自然因素。包括自然资源和自然条件。其中，自然资源包括矿产资源、水资源、土地资源、海洋资源、气象资源等。例如，矿山采选项目的场（厂）址选择是矿产资源指向型的，水利发电站项目的选择是水资源指向型的。自然条件包括地形、地貌及占地面积、工程性质、水文地质等，这些自然条件对项目选址影响很大，有时甚至是决定性的。

（2）经济因素。包括拟选地的经济实力、协作条件、基础设施、技术水平、市场潜力、人口素质与数量等。它们既是工业化的结果，同时又反过来对工业发展与项目选址产生影响。

（3）运费和地理位置因素。运费是生产成本的重要组成部分，因而选址要在原料、燃料、产品销售地的关系中综合研究，寻求最小运费点。地理位置因素是建设项目拟选地点与资源产地、经济发达地区、水陆交通干线及港口、大中城市、消费市场等的空间关系。有利的地理位置往往伴随着好的经济协作条件，能方便地获得原料、燃料、技术和信息。

（4）社会、政治因素。国家对经济社会发展的总体战略布局、少数民族地区和贫困地区的经济发展问题、生态环境的保护、国家安全、法规制度、管理及财税政策等因素，都影响着一些重大项目的选址。

3.4.4.2　场址选择的具体要求

工程项目场址选择的具体要求有：

（1）对在产品生产过程中，原料耗费程度较大、单位产品消耗原料数倍以上的，则选择靠近原料产地，原料的外运成本比工厂建在消费地而大量运输原料要合算。

（2）对在项目的生产过程中，原料耗费小、成品不便运输或运输过程损耗大，应按接近消费地选址。

（3）对属于劳动密集型、人工费在产品成本中占绝大部分的项目，应在劳动力供应充足的地区选址。

（4）对属于“知识密集型”、“技术密集型”的项目应考虑技术协作条件，在靠近科技中心选址。

此外，场址的选择还应考虑工程地质、水文地质、地形等自然条件是否符合拟建项目的建设布局和工艺要求，是否便于取得项目所需的电、热、水及其他协作条件。

3.4.4.3　场址方案比选

场址方案比选，即通过上述研究，对多个场址方案进行工程条件和经济性条件的比较。

（1）工程条件比选。主要内容有占用土地种类及面积、地形地貌、气候条件、地质条件、地震情况、征地拆迁移民安置条件、社会依托条件、环境条件、交通运输条件、施工条件等。

（2）经济性条件比选。主要内容有：

1）建设投资比选。包括土地购置费、场地平整费、基础工程费、场外运输投资、场外公用工程投资、防洪工程投资、环境保护投资，以及施工临时设施费用等。

2）运营费用比较。包括原材料及燃料运输费、产品运输费、动力费、排污费和其他费用等。

（3）环境保护影响比较。包括是否符合城市规划、场址地理位置与环境的敏感性、周边土地是否污染、环境条件（包括大气环境质量、水环境质量、固体废物处置环境容量等）、气象等。

（4）安全条件比较。包括场址地理位置内是否有危险品的生产与储存、拟建项目对周边环境的影响、周边环境对拟建项目的影响和建设条件的影响等。

3.4.5　工程项目技术评价

3.4.5.1　工程项目技术评价的内容

工程项目技术评价的内容主要包括：

（1）技术选择。在工程项目技术评价中，应对各种可供选择的技术进行评价，以确定对该项目来说最佳的技术。评价时应联系工厂生产规模，开始时应对产量、生产逐步上升和酝酿期限做数量估计，并对产品质量和适销性作出估计，然后就这一段时期内各种可供选择的技术对资金投资费用和生产成本的影响作出估计。技术的选择必须联系项目可能得到的主要投入以及长期和短期的生产要素资源的适当结合。

（2）技术获得方式。在选择技术的同时，应找出能获得这种技术的其他来源。当必须在其他企业获得技术时，就必须决定获取的方法。这些方法可以分为技术许可证交易、技术的全套购买和技术供应方分项所有权的合资经营企业，应对这些获取方式所涉及的问题作出分析。

（3）技术费用。除选择技术和因此可能需要的设计和技术服务外，在项目评价报告中还应估计技术和技术服务的费用。当然，这种估价是困难的。如果能找到资料，可参考同一工业其他项目的技术支付进行估价，此外，也可按不同的支付方案估价，如按一次总付、按连续使用费率支付或两者结合。

（4）设备选择。设备选择和技术选择相互依存，在项目评价报告中，应根据工厂生产能力和所选择的生产技术来确定机械和设备方面的需要，应概略说明通过使用某种生产技术达到某种生产规模所必需的机械设备最佳组合。在所有工程项目中，必须说明每一加工阶段设备额定生产能力，并使之同下一生产阶段的生产能力和机械需要相联系。从投资角度来看，在符合各种机械功能和工艺需要的条件下，设备费用要控制到最低。

3.4.5.2　工程项目技术评价的原则

工程项目技术方案评价的原则是，要根据国家对某一行业（或产品）的技术政策，来确定该项目选用工艺技术和技术装备的先进性、实用性、可靠性和经济性，并进行评价，要做到技术政策服从经济政策、技术服从效益。具体要注意以下方面：

（1）工艺技术方案的选择要适合国情。主要包括：

1）技术要具有先进性。投资项目技术的先进性表现为工艺的先进性、设备选型的先进性、设计方案及产品方案的先进性、技术经济基础指标参数的先进性。应从技术水平和实用性两个方面来进行评价，以判断是否达到国际先进水平、国际水平或国内先进水平。

2）技术要具有适用性。技术的适用性是指项目所采用的技术，对推动生产、推广应用、满足需要方面所具有的适应能力。主要体现在：应同项目的生产能力相匹配，不同的生产规模需要选用不同的工艺技术；应与原材料、辅助材料和燃料相适应；应与设备相适应；应与员工素质和管理水平相适应；应与环境保护要求相适应。

3）技术要具有可靠性。可靠性是指技术在使用中的可靠程度，即在规定时间内和规定条件下，产品工作性能符合要求和工艺方法成功的概率。可靠性将直接影响项目的产品产量、质量、劳动生产率、成本和经营利润。

4）技术要具有环保性。项目技术评价就是考虑多方案比较优选，选用技术上成熟、经济上合理、有利于环保的方案。尤其要注意选用清洁生产工艺，并生产清洁产品和高附加值产品。

5）适应市场变化。必须根据市场变化趋势，分析工艺技术的适应性。同一生产线上希望能进行多层次、多品种、多方法的加工，有能力进行生产调节，以适应市场变化。高新技术产品的寿命期短，更应注意市场的适应性。

6）技术要具有连锁效果。连锁效果是指技术应用后对科学技术和其他领域的作用，如推动其他行业的发展、改善劳动条件、增加就业机会、改善人民生活、提高文化修养等。

对于既符合国家技术政策又符合国情的投资项目，应在投资上给予大力支持；而对于那些既与国情矛盾较大，又不符合国家技术政策的项目，应提出不同的咨询意见。

（2）经济性原则。经济性追求以尽可能少的投入，获得尽可能多的产出。技术方案经济性的评价，要处理好局部利益与整体利益、直接效益和间接效益、当前利益和长远利益、经济效益和社会效益等的关系，追求综合效益最优。经济性评价可依据下列原则进行：

1）最大收益原则。工程项目应选择在一定资源条件下能够带来最大收益的技术方案。

2）最小成本原则。为了达到项目的特定目的，对各种技术方案进行比较，选择总成本最小的技术方案。

（3）安全性原则。进行工程项目技术评价时，还要从社会环境及劳动保护的角度，分析和评价技术方案是否会对工作人员造成人身危害，以及对周围环境造成危害，并考虑技术方案操作、维修的灵活、方便，同类产品要注意标准化、系列化和通用化。

（4）要考虑引进方式。在同等条件下，优先选用国内技术，对引进技术，要考虑消化、吸收能力，有效利用和综合利用资源，有利于开拓国内外市场。从以往经验看，要尽量引进技术，少成套进口设备，一般是考虑进口一些国内不能制造的关键设备、零部件和稀缺材料。

3.4.5.3　工程项目技术评价的程序

工程项目技术方案评价的具体步骤如下：

（1）收集资料。需要收集的资料主要有：工程项目拟采用的工艺技术及设备选型方案；类似项目所采用的技术方案；相关的国家技术经济政策；相关技术发展趋势的信息资料；收集和分析技术发展的最新信息；项目建议书和可行性研究报告等项目论证资料；项目有关的基础技术资料，包括与项目技术评价有关的工艺方案、工艺流程、工艺说明书、设备性能说明书等。

（2）分析技术发展趋势。项目的技术评价是对项目在整个寿命期内所采用技术的可行性的分析评价。由于科学技术迅猛发展，新技术、设备不断出现，更新速度日益加快，因此进行工程项目技术评价时，必须注意分析技术发展趋势，预测技术的寿命期。

（3）明确技术评价的重点。技术评价所涉及的问题十分广泛，项目评价人员不可能也没有必要对每个技术问题都进行详细的审查分析。因此应将对整个国家、地区、行业有影响的技术问题和项目主要的技术问题作为技术评价的重点。

（4）核实指标，审查方案的可比性。技术方案指标是方案比较与评价的依据，在方案比较与评价之前，应核实指标的内容是否合理、计算范围是否统一、各项数据是否正确，发现内容不合理、范围不统一及数据不准确时，应进行调整与修正。进行技术方案的比选时，应保证各方案具有产量、质量和时间等的可比性。

（5）方案评价。方案评价是对技术方案所进行的定性、定量分析和评价，是技术评价的关键环节，一般包括功能评价、技术评价和经济评价。

1）功能评价。这是对技术方案满足投资目标程度的定性分析。评价中，应分析随着市场供求状况的变化可能导致的项目投资目标的变化，分析技术方案能否充分满足目标需要，是否具有较高的市场应变能力。

2）技术评价。主要是对技术的先进性、适用性和可靠性进行分析。对技术先进性的分析，就是分析技术的寿命期是处于初创阶段、成长阶段、成熟阶段还是没落阶段。采用技术要因地制宜，因项目而异，讲究实效，确保技术的可靠性。

3）经济评价。经济评价是对技术方案的经济性进行定性和定量分析。反映技术方案经济效益的指标主要有投资效益指标（如投资利润率、投资回收期等）和生产经营效益指标（成本利润率、资金利润率）等，应进行静态和动态分析。

4）总评价。总评价是对拟建项目的技术方案进行综合分析和评价，主要从技术先进性、适用性、经济性和安全性统筹考虑的角度来评价技术方案的可行性，辩证地考察它们之间的关系。

进行项目技术评价时，还应注意以下两种风险：一是技术风险，即由于所采用的技术未经过充分论证或技术力量不足，难以消化所采用的新技术等原因造成的失败；二是经济风险，即由于经济上的不合理而造成的失败。技术评价中，应提出避免或减少风险的措施。

复习思考题

3-1　工程项目概况评价包括哪些具体内容？

3-2　企业资信评价方法有哪些？

3-3　工程项目建设必要性评价的内容是什么？

3-4　工程项目市场需求预测有什么作用，其主要内容是什么？

3-5　确定工程项目产品方案时，应研究哪些主要因素？

3-6　工程项目生产规模的影响因素有哪些？

3-7　工程项目评价中，项目建设规模通常分为哪几种类型？

3-8　工程项目生产规模的合理性分析包括哪些内容？

3-9　工程项目资源评价包括哪些内容？

3-10　工程项目主要原材料燃料供应方案比选的主要内容有哪些？

3-11　工程项目场址选择应考虑哪些因素？

3-12　工程项目场址方案比选包括哪些内容？

3-13　工程项目技术评价包括哪些内容？

3-14　说明工程项目技术评价的工作步骤。

4 工程项目投资估算

本章概要：投资估算是在给定工程项目的产品方案、生产规模、场址选择等基础上，估算工程项目建设所需的费用，估算工程项目投入的总资金，并测算建设期内分年资金需求量。投资估算结果是工程项目融资的重要依据，也是进行财务评价和经济分析的基础。本章主要介绍了工程项目投资估算的内容，作用和方法，详细阐述了固定资产投资及流动资金的构成与估算方法，是后续经济评价的工作基础。

4.1 工程项目投资估算概述

4.1.1 工程项目投资估算的作用

工程项目投资估算既是拟建工程项目投资决策必需的重要依据，又是项目实施阶段投资控制的目标值。对于建设工程的前期决策、价格控制、筹集资金等方面的作用及影响举足轻重。

投资估算在工程项目开发建设过程中的作用有：

（1）项目建议书阶段的投资估算，是项目主管部门审批项目建议书的依据之一，并对项目的规划、规模起参考作用，从经济上判断项目是否应列入投资计划。

（2）项目可行性研究阶段的投资估算，是项目投资决策的重要依据，是正确评价建设项目投资合理性，分析投资效益，为项目决策提供依据的基础。当可行性研究报告被批准之后，其投资估算额就作为建设项目投资的限额，不得随意突破。

（3）项目投资估算对工程设计概算起控制作用，它为设计提供了经济依据和投资限额，设计概算不得突破批准的投资估算额。投资估算一经确定，即成为限额设计的依据，用以对各设计专业实行投资切块分配，作为控制和指导设计的尺度或标准。

（4）项目投资估算可作为项目资金筹措及制定建设贷款计划的依据，建设单位可根据批准的项目投资估算额进行资金筹措和向银行申请贷款。

（5）项目投资估算是核算建设项目固定资产投资需要额和编制固定资产投资计划的重要依据。

4.1.2 投资估算的阶段划分和精度要求

投资估算贯穿于工程项目投资前期工作始终，工程项目投资前期工作可划分为项目规划、项目建议书、初步可行性研究及详细可行性研究四个阶段。由于不同阶段工作深度和掌握的资料不同，投资估算的准确程度也就不同。因此在前期工作的不同阶段，允许投资估算的深度与准确度不同。随着工作的进展，项目条件的逐步明确和细化，投资估算会不断深入，准确度会逐步提高，从而对项目投资起到有效的控制作用。

4.1.2.1 项目规划阶段的投资估算

建设项目规划阶段是指有关部门根据国民经济发展规划、地区发展规划和行业发展规划的要求，编制一个建设项目的建设规划。此阶段所作的投资估算，是按项目规划的要求和内容，粗略地估算建设项目所需的投资额。重在反映有关各个项目之间的相互关系，是决定对某一项目是否继续进行前期研究的重要依据之一。其对投资估算精度的要求为允许误差不大于 ±30%。

4.1.2.2 项目建议书阶段的投资估算

项目建议书阶段，是按照项目建议书中的产品方案、项目建设规模、产品主要生产工艺、企业车间组成、初选建厂地点等，估算建设项目所需要的投资额。这一阶段所作的投资估算，为项目主管部门决定应否将项目列入投资计划提供经济上的判断基础。根据这个判断基础，主管部门可以否定一个项目，所以，此时的投资估算，是项目主管部门审批项目建议书的主要依据之一，并对项目的规划、规模起着重要的参考作用。其对投资估算精度的要求为误差控制在 ±20% 以内。

4.1.2.3 初步可行性研究阶段的投资估算

初步可行性研究阶段，是在弄清项目的投资规模、原材料来源、工艺技术、场址、组织机构和建设进度等情况条件下，进行经济效益评价，判断项目的可行性，估算建设项目所需的投资额。此投资估算能对项目的可行性作出比较真实的初步反映，是建设项目投资决策的重要依据，也是计算、分析项目投资经济效益的重要条件。其对投资估算精度的要求为误差控制在 ±10% 以内。

4.1.2.4 详细可行性研究阶段的投资估算

详细可行性研究阶段，主要是进行全面、详细、深入的技术经济分析论证，评价、选择拟建项目的最佳投资方案，对项目的可行性提出结论性意见。这一阶段的投资估算是进行详尽经济评价，决定项目可行性，选择最佳投资方案的主要依据，也是编制设计文件，控制初步设计及概算的主要依据。其对投资估算精度的要求为误差控制在 ±10% 以内。

4.1.3 投资估算的内容

我国建设项目的投资估算是该建设工程从规划、设计、筹建、施工直至竣工投产所必需的全部投资总额。根据国家规定，从满足建设项目投资计划和投资规模的角度，建设项目投资估算包括固定资产投资估算和流动资金估算两部分，如图 4-1 所示。

固定资产投资估算的内容按照费用的性质划分，包括建筑安装工程费、设备及工器具购置费、工程建设其他费用、基本预备费、涨价预备费、建设期贷款利息、固定资产投资方向调节税等。其中，建筑安装工程费、设备及工器具购置费形成固定资产，工程建设其他费用可分别形成固定资产、无形资产和其他资产。基本预备费、涨价预备费、建设期贷款利息，在可行性研究阶段为简化计算，一并计入固定资产。

从满足建设项目经济评价的角度，固定资产投资可以分为静态部分和动态部分。涨价预备费、建设期贷款利息和固定资产投资方向调节税构成动态投资部分，其余为静态投资部分。

流动资金是指生产经营项目投产后，用于购买原材料、燃料、支付工资及其他经营费用等所需的周转资金。它是伴随固定资产投资而发生的永久性流动资产投资，等于项目投产运营后

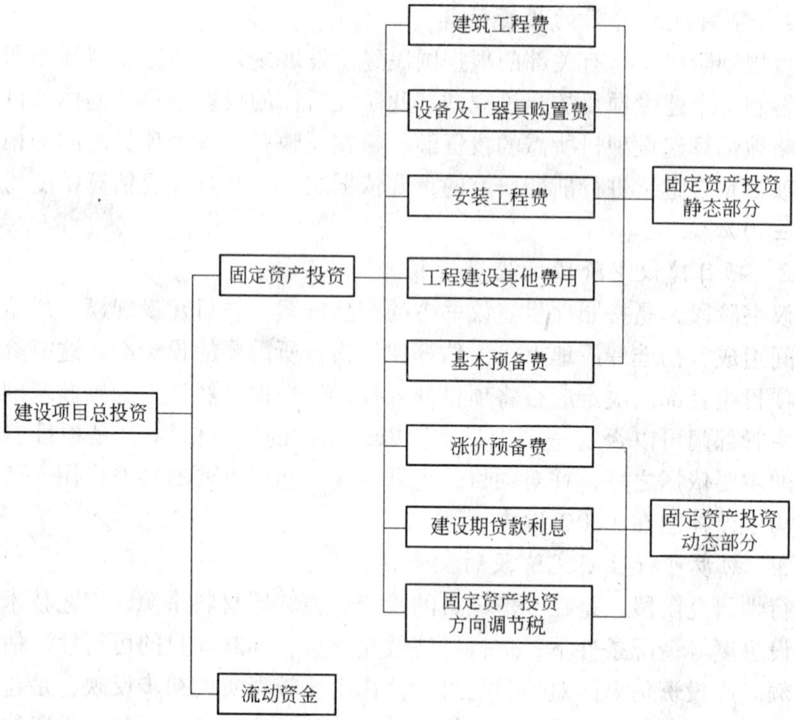

图 4-1 建设项目总投资估算构成

所需全部流动资产扣除流动负债后的余额。根据国家现行规定要求，新建、扩建和技术改造项目，必须将项目建成投产后所需的铺底流动资金列入投资计划，铺底流动资金不落实的，国家不予批准立项，银行不予贷款。铺底流动资金等于项目投产后所需流动资金的30%。

4.1.4 投资估算编制的原则和依据

4.1.4.1 投资估算编制的原则

投资估算是建设工程投资决策、投资控制的基本依据，必须遵循下列原则审慎编制：

(1) 求实原则。要求投资估算的编制必须实事求是，尊重实际。在大量、深入、细致、全面的调查研究的基础上，以事实为依据，真实、客观地进行编制。

(2) 效益原则。投资估算是计算、分析项目投资经济效益，作出项目决策的重要依据。因此，投资估算的编制一定要体现效益最大化的原则，从而合理地配置有限的建设资源，促进拟建项目投资效益的提高。

(3) 准确性原则。投资估算作出的投资额，既是投资决策必需的重要依据，又是该项目实施阶段投资控制的目标值，同时还关系着国家建设资源的合理配置，必须力求准确。准确性原则要求各个不同阶段投资估算的误差值一定要严格控制在规定允许的范围内，不得有任何突破。

此外，投资估算的编制程序和编制方法等方面，都需尽量反映现代科技的发展，逐步实现电算化、网络化。

4.1.4.2 投资估算编制的依据

投资估算应做到方法科学、依据充分。主要依据有：

（1）专门机构发布的建设工程造价费用构成、估算指标、计算方法，以及其他有关计算工程造价的文件。

（2）专门机构发布的工程建设其他费用计算办法和费用标准，以及政府部门发布的物价指数。

（3）拟建项目各单项工程的建设内容及工程量。

4.2 固定资产投资估算

4.2.1 固定资产投资构成及计算

固定资产投资由建筑工程费、设备及工器具购置费、安装工程费、工程建设其他费用、基本预备费、涨价预备费、建设期贷款利息、固定资产投资方向调节税组成。

4.2.1.1 建筑安装工程费

A 根据费用构成要素划分

建筑安装工程费按照费用构成要素可划分为：

（1）人工费。是指按工资总额构成规定，支付给从事建筑安装工程施工的生产工人和附属生产单位工人的各项费用。其内容包括计时工资或计件工资、奖金、津贴补贴、加班加点工资、特殊情况下支付的工资等。

（2）材料费。是指施工过程中耗费的原材料、辅助材料、构配件、零件、半成品或成品、工程设备的费用。其内容包括材料原价、运杂费、运输损耗费、采购及保管费、工程设备等。

（3）施工机具使用费。是指施工作业所发生的施工机械、仪器仪表使用费或其租赁费。其中施工机械使用费以施工机械台班耗用量乘以施工机械台班单价（由折旧费、大修理费、经常修理费、安拆费及场外运费、人工费、燃料动力费、税费等七项费用组成）表示，仪器仪表使用费是指工程施工所需使用的仪器仪表的摊销及维修费用。

（4）企业管理费。是指建筑安装企业组织施工生产和经营管理所需的费用。其内容包括管理人员工资、办公费、差旅交通费、固定资产使用费、工具用具使用费、劳动保险和职工福利费、劳动保护费、检验试验费、工会经费、职工教育经费、财产保险费、财务费、税金、其他等。

（5）利润。是指施工企业完成所承包工程获得的盈利。

（6）规费。是指按国家法律、法规规定，由省级政府和省级有关权力部门规定必须缴纳或计取的费用，包括社会保险费、住房公积金、工程排污费等。

（7）税金。是指国家税法规定的应计入建筑安装工程造价内的营业税、城市维护建设税、教育费附加以及地方教育附加。

B 根据工程造价形成划分

建筑安装工程费按照工程造价形成可划分为：

（1）分部分项工程费。是指各专业工程的分部分项工程应予列支的各项费用。具体包括房屋建筑与装饰工程、仿古建筑工程、通用安装工程、市政工程、园林绿化工程、矿山工程等各类专业工程及按各专业工程划分的分部分项工程。

（2）措施项目费。是指为完成建设工程施工，发生于该工程施工前和施工过程中的技术、生活、安全、环境保护等方面的费用。其内容包括安全文明施工费、夜间施工增加费、二次搬运费、冬雨季施工增加费、已完工程及设备保护费、工程定位复测费、特殊地区施工增加费、大型机械设备进出场及安拆费、脚手架工程费等。

（3）其他项目费。包括暂列金额、计日工、总承包服务费等。

（4）规费。定义同前。

（5）税金。定义同前。

4.2.1.2 设备及工器具购置费构成及计算

设备及工器具购置费用由设备购置费和工具、器具及生产家具购置费用两部分组成。

A 设备购置费

设备购量费指用于项目建设而购置或自制的达到固定资产标准的各种国产或进口设备、工具、器具等本身及其运杂费用。固定资产的标准依主管部门的具体规定。

设备购置费一般按下式计算：

$$设备购置费=设备原价+设备运杂费 \tag{4-1}$$

a 设备原价的构成

（1）国产设备原价，指的是设备制造厂的交货价，或订货合同价。

设备分通用设备和非标准设备，通用设备是指按国家规定的产品标准，批量生产的进入设备系列的设备；非标准设备是指国家未定型、使用量小，由设计单位提供的制造图纸，在工厂或施工现场加工的设备。

国产通用设备原价有两种，即带有备件的原价和不带有备件的原价。在计算时，一般采用带有备件的原价。

国产非标准设备原价可按下列方法进行计算：

第一种：综合单价法

$$非标准设备原价=\sum 综合单价（元/吨）\times 设备单重（吨） \tag{4-2}$$

第二种：成本计算估价法

单台国产非标准设备原价

$$\begin{aligned}=&\{[(材料费+加工费+辅助材料费)\times(1+专用工具费率)\times(1+废品损失率)+\\&外购配套件费]\times(1+包装费率)-外购配套件费\}\times(1+利润率)+销项税金+\\&非标准设备设计费+外购配套件费\end{aligned} \tag{4-3}$$

上式中各项费用计算方法如表 4-1 所示。

表 4-1 国产非标准设备原价费用构成

序号	费用名称	计算方法	备注
1	材料费	材料净重×（1+加工损耗系数）×每吨材料综合价	
2	加工费	设备总重量（吨）×设备每吨加工费	
3	辅助材料费	设备总重量（吨）×辅助材料费指标	
4	专用工具费	[（1）+（2）+（3）]×费率	
5	废品损失费	[（1）+（2）+（3）+（4）]×费率	
6	外购配套件费	相应价格+运杂费	

续表 4-1

序号	费用名称	计算方法	备注
7	包装费	[(1)+(2)+(3)+(4)+(5)+(6)]×费率	
8	利润	[(1)+(2)+(3)+(4)+(5)+(7)]×利润率	
9	税金	增值税 = 当期销项税额 − 进项税额 当期销项税额 = 销售额×适用增值税率	销售额为(1)~(8)项之和
10	非标准设备设计费	按国家规定的设计费收费标准计算	

第三种：扩大定额估价法

$$非标准设备原价 = 材料费 + 加工费 + 其他费 + 设计费 \tag{4-4}$$

第四种：类似设备估价法

$$P = \frac{\frac{P_1}{Q_1} + \frac{P_2}{Q_2}}{2}Q \tag{4-5}$$

式中 P_1, P_2 —— 已生产的同类非标准设备价格；

Q_1, Q_2 —— 已生产的同类非标准设备重量；

P —— 拟估非标准设备原价；

Q —— 拟估非标准设备重量。

第五种：非标设备台（件）估价指标法

$$非标准设备原价 = 设备台数 \times 每台设备估价指标（元/台） \tag{4-6}$$

例 4-1 某工厂采购一台国产非标准设备，制造厂生产该台设备所用材料费 50 万元，加工费 6 万元，辅助材料费 8000 元，专用工具费率 1.5%，废品损失率 12%，外购配套件费 8 万元，包装费率 1%，利润率 6%，增值税率 17%，非标准设备设计费 4 万元，用成本计算估价法求该国产非标准设备原价。

解：

专用工具费 =（50 +6 +0.8）×1.5% =0.852（万元）

废品损失费 =（50 +6 +0.8 +0.852）×12% =6.918（万元）

包装费 =（50 +6 +0.8 +0.852 +6.918 +8）×1% =0.726（万元）

利润 =（50 +6 +0.8 +0.852 +6.918 +0.726）×6% =3.918（万元）

销项税额 =（50 +6 +0.8 +0.852 +6.918 +8 +0.726 +3.918）×17% =13.126（万元）

国产非标准设备原价 =50 +6 +0.8 +0.852 +6.918 +8 +0.726 +3.918 +13.126 +4
=94.34（万元）

（2）进口设备原价，是指进口设备的抵岸价，即抵达买方边境港口或边境车站且交完关税等税费后形成的价格。

进口设备抵岸价的构成与进口设备交货类别有关。进口设备的交货类别可以为内陆交货类、目的地交货类、装运港交货类。

内陆交货类，即卖方在出口国内陆的某个地点交货，此时的交货价即为出厂价。这种交货类型是在交货地点，卖方及时提交合同规定的货物和有关凭证，并负担交货前的一切费用和风险，买方按照接受货物，交付货款，负担接货后的一切费用和风险，并自行办理出口手续和装运出口。货物的所有权也在交货后由卖方转移给买方。

目的地交货类，即卖方在进口国的港口或内地交货，有目的港船上交货价、目的港船边交货价（FOS）和目的港码头交货价（关税已付）及完税后交货价（进口国的指定地点）等几种交货价。这种交货类型是买卖双方承担的责任、费用和风险是以目的地约定交货点为分界线，只有当卖方在交货点将货物置于买方控制下才算交货，才能向买方收取货款。此种交货方式对卖方来说承担的风险较大。

装运港交货类，即卖方在出口国装运港交货。主要有装运港船上交货价（FOB，Free On Board），习惯称为离岸价格；运费在内价（C&F），为包括海运费在内的交货价格（Cost and Freight）；运费、保险费在内价（CIF，习惯称为到岸价格），为包括国外运输费、国外运输保险费在内的交货价格（Cost Insurance and Freight）。这种交货类型是卖方按照约定的时间在装运港交货，只要卖方把合同规定的货物装船后提供货运单据便完成交货任务，可凭单据收回货款。

FOB 是我国进口设备采用最多的一种货价。其卖方的责任是：在规定的期限内，负责在合同规定的装运港口将货物装上买方指定的船只，并及时通知买方；负担货物装船前的一切费用和风险，负责办理出口手续；提供出口国政府或有关方面签发的证件；负责提供有关装运单据。买方的责任是：负责租船或订舱，支付运费，并将船期、船名通知卖方；负担货物装船后的一切费用和风险；负责办理保险及支付保险费，办理在目的港的进口和收货手续；接受卖方提供的有关装运单据，并按合同规定支付货款。

进口设备抵岸价 = 货价 + 国际运费 + 运输保险费 + 银行财务费 + 外贸手续费 +
进口关税 + 增值税 + 消费税 + 海关监管手续费 + 车辆购置附加费 (4-7)

1）货价。一般指装运港船上交货价（FOB），进口设备货价可以通过向有关生产厂商询价、报价获得，亦可按订货合同价计算。

2）国际运费是从装运港（站）到达我国抵达港（站）的运费。我国进口设备大部分采用海洋运输，小部分采用铁路运输，个别采用航空运输。进口设备国际运费计算公式为：

国际运费（海、陆、空）= 原币货价（FOB）× 运费率 (4-8)

国际运费（海、陆、空）= 运量（一般按吨）× 单位运价 (4-9)

其中，运费率或单位运价参照有关部门或进出口公司的规定执行。

3）运输保险费是由保险人（保险公司）与被保险人订立保险契约，在被保险人交付议定的保险费后，保险人根据契约的规定对货物在运输过程中发生的承包责任范围内的损失给予经济上的补偿。计算公式为：

运输保险费 = [原币货价（FOB）+ 国外运费] ÷（1 − 保险费率）× 保险费率 (4-10)

其中，国外保险费费率按照保险公司规定的进口货物保险费率计算。

4）银行财务费指中国银行手续费，可按下式简化计算：

银行财务费 = 原币货价（FOB）× 人民币外汇牌价 × 银行财务费率 (4-11)

5）外贸手续费指按国家对外经济贸易部规定的对进口产品征收的费用。计算公式为：

外贸手续费 = [离岸价（FOB）+ 国外运输费 + 国外运输保险费] ×
人民币外汇牌价 × 外贸手续费率 (4-12)

6）关税由海关对进出国境或关境的货物和物品征收的一种税。计算公式为：

$$关税 = 到岸价格（CIF）\times 进口关税税率 \quad (4\text{-}13)$$

其中，到岸价格（CIF）包括进口设备货价、国外运输费、国外运输保险费等费用，又称为关税完税价格。进口关税税率按我国海关总署发布的进口关税税率计算。

7）增值税是对从事进口贸易的单位和个人，在进口商品报关进口后征收的税种。我国增值税条例规定，进口应税产品均按组成计税价格和增值税税率直接计入应纳税额。即：

$$进口产品增值税额 = 组成计税价格 \times 增值税税率 \quad (4\text{-}14)$$

$$组成计税价格 = 关税完税价格 + 关税 + 消费税 \quad (4\text{-}15)$$

式中，增值税税率根据规定的税率计算。

8）消费税是对部分进口设备（如轿车、摩托车等）征收的一种税。一般计算公式为：

$$消费税额 = \frac{到岸价（CIF）+ 关税}{1 - 消费税税率} \times 消费税税率 \quad (4\text{-}16)$$

式中，消费税税率根据规定的税率计算。

9）海关监管手续费指海关对进口减税免税或实行保税的进口设备，实施监管和提供服务收取的手续费，全额征收进口关税的设备，不收取海关监管手续费。计算公式如下：

$$海关监管手续费 = 到岸价 \times 海关监管手续费率 \quad (4\text{-}17)$$

10）车辆购置附加费是指进口车辆需缴纳的进口车辆购置附加费。其公式如下：

$$进口车辆购置附加费 = (到岸价 + 关税 + 消费税 + 增值税) \times 进口车辆购置附加费率 \quad (4\text{-}18)$$

例 4-2 某项目进口一套加工设备，该设备的离岸价（FOB）为 200 万美元，国际运费 5 万美元，运输保险费率 2 万美元，关税税率为 20%，增值税税率为 17%，无消费税，求该设备的增值税。(外汇牌价 1:6.83)

解：

进口设备应缴增值税额 =（到岸价格 + 到岸价格 × 关税税率 + 消费税）× 增值税税率

到岸价格 = 离岸价格 + 国际运费 + 运输保险费 = 200 + 5 + 2 = 207（万美元）

该进口设备应缴增值税额 = (207 + 207 × 20%) × 17% × 6.83 = 288.42(万元人民币)

b 设备运杂费

设备运杂费指由制造厂仓库或交货地点（包括港口、边境车站）运至施工工地仓库或设备存放地点所发生的运输以及杂项费用。

设备运杂费通常由运费和装卸费、包装费、设备供销部门的手续费及采购与仓库保管费构成。

(1) 运费和装卸费。国产设备由设备制造厂交货地点起至工地仓库（或施工组织设计制定的需要安装设备的堆放地点）止所发生的运费和装卸费。进口设备则由我国到岸港口或边境车站起至工地仓库（或施工组织设计指定的需安装设备的堆放地点）止所发生的运费和装卸费。

(2) 包装费。是指在设备原价中没有包含的，为了便于设备运输和保护设备进行包装所发生和需要的一切费用。包括水运、陆运的支撑、篷布、包装袋、包装箱、绑扎等费用。

(3) 设备供销部门的手续费。是指按有关部门规定的统一费率计算的费用。

(4) 采购与仓库保管费。指采购、验收、保管和收发设备所发生的各种费用，包括设备采购人员、保管人员和管理人员的工资、工资附加费、办公费、差旅交通费，设备供应部门办公和仓库所占固定资产使用费、工具用具使用费、劳动保护费、检验试验费等。

设备运杂费的计算方法有两种：

第一种：

$$设备运杂费 = 设备原价 \times 运杂费率 \tag{4-19}$$

设备运杂费率一般由各主管部门根据历年设备购置费统计资料，按不同地区占设备原价的百分比确定。

第二种：分项进行计算，具体计算方法如下：

运输、装卸费的确定，应根据材料的来源地、运输里程、运输方法并根据国家有关部门或地方政府交通运输管理部门规定的运价标准分别计算。材料运到现场或使用后，要对包装材料进行回收，回收价值冲减设备购置费。采购与仓库保管费可按主管部门规定的采购与保管费费率计算。

B 工具、器具及生产家具购置费

工具、器具及生产家具购置费指新建或扩建项目初步设计规定的，保证初期正常生产必须购置的没有达到固定资产标准的设备、仪器、工卡模具、器具、生产家具和备品备件等的购置费用。一般以设备购置费为计算基数，按照部门或行业规定的工具、器具及生产家具费率计算。计算公式为：

$$工具、器具及生产家具购置费 = 设备购置费 \times 定额费率 \tag{4-20}$$

4.2.1.3 工程建设其他费用构成及计算

工程建设其他费用是指从工程筹建起到工程竣工验收交付生产或使用止的整个建设期间，除建筑安装工程费用和设备、工器具购置费以外的，为保证工程顺利完成和交付使用后能够正常发挥效益或效能而发生的各项费用。

工程建设其他费用包括土地使用费、与项目建设有关的其他费用以及与未来企业生产经营有关的其他费用三部分。

(1) 土地使用费。是指按照《中华人民共和国土地管理法》等规定，建设项目征用土地或租用土地应支付的费用。

土地使用费由土地征用补偿及迁移费和土地使用权出让金两部分构成。

1) 土地征用补偿及迁移费。建设项目通过划拨方式取得无限期土地使用权后，按照《中华人民共和国土地管理法》等规定需支付土地征用及迁移补偿费，其总和一般不超过被征土地年产值的30倍，土地年产值则按该土地被征用前三年的平均产量和国家规定的价格计算。内容包括土地补偿费、青苗补偿费和被征用土地的地上附着物赔偿费、安置补助费、耕地占用税或城镇土地使用税、土地登记费及征地管理费、征地动迁费、水利水电工程水库淹没处理补偿费等。

2) 土地使用权出让金。土地使用权出让金，是指建设项目通过土地使用权出让方式，取得有限期的土地使用权，依照《中华人民共和国城镇国有土地使用权出让和转让暂行条例》规定，支付的土地使用权出让金。

具体规定如下：明确国家是城市土地的唯一所有者，并分层次、有偿、有限期地出让、转让城市土地。城市土地的出让和转让可采用协议、招标、公开拍卖等方式。在有偿出让和转让土地时，政府对地价不作统一规定，但应坚持地价对目前的投资环境不产生大的影响，地价与当地的社会经济承受能力相适应，地价要考虑已投入的土地开发费用、土地市场供求关系、土地用途和使用年限的原则。

土地使用权出让最高年限按下列用途确定：居住用地七十年；工业用地五十年；教育、科技、文化、卫生、体育用地五十年；商业、旅游、娱乐用地四十年；综合或者其他用地五十年。

土地有偿出让和转让，土地使用者和所有者要签约，明确使用者对土地享有的权利和对土地所用者应承担的义务。有偿出让和转让使用权，要向土地受让者征收契税，转让土地如有增值，要向转让者征收土地增值税，在土地转让期间，国家要区别不同地段，不同用途向土地使用者收取土地占用费。

(2) 与项目建设有关的其他费用。与项目建设有关的其他费用一般包括建设单位管理费、勘察设计费、研究试验费、建设单位临时设施费、工程监理费、工程保险费、引进技术和进口设备其他费用和工程承包费等。

1) 建设单位管理费是指建设项目从立项、筹建、建设、联合试运转、竣工验收交付使用以及后评估等全过程管理所需费用。

建设单位管理费 = ∑单项工程费(包括设备、工具、器具购置费和建筑安装工程费) × 建设单位管理费率

2) 勘察设计费是指委托勘查设计单位进行工程水文地质勘察、工程设计所发生的各项费用，包括工程勘察费、初步设计费（基础设计费)、施工图设计费（详细设计费)、设计模型制作费等。

勘察设计费依据勘察设计委托合同计列，或按照国家计委、建设部《关于发布（工程勘察设计收费管理规定）的通知》（计价格［2002］10 号）规定计算。

3) 研究试验费是指为本建设项目提供或验证设计数据、资料等进行必要的研究试验及按照设计规定在建设过程中必须实行试验、验收所需的费用。但不包括：应由科技三项费用（即新产品试制费、中间试验费和重要科学研究补助费）开支的项目；应在建筑安装费用中列支的施工企业对建筑材料、构件和建筑物进行一般鉴定、检查所发生的费用及技术革新的研究试验费；应由勘查设计费或工程费用中开支的项目。研究试验费应按照研究试验内容和要求进行计算。

4) 建设单位临时设施费是指建设期间建设单位所需临时设施的搭设、维修、摊销费用或租赁费用。建设单位临时设施费的计算，对于新建项目一般按照建筑安装工程费的1%计取，改扩建项目按照建筑安装工程费的0.6%计取。

5) 工程监理费是指建设单位委托工程监理单位实施工程监理的费用。

建设工程监理与相关服务收费根据建设项目性质不同情况，分别实行政府指导价或市场调节价。依法必须实行监理的建设工程施工阶段的监理收费实行政府指导价，其他建设工程施工阶段的监理收费和其他阶段的监理与相关服务收费实行市场调节价。实行政府指导价的建设工程施工阶段监理收费，其基准价根据《建设工程监理与相关服务收费标准》计算，浮动幅度为上下20%。发包人和监理人应当根据建设工程的实际情况在规定的浮动

幅度内协商确定收费额。实行市场调节价的建设工程监理与相关服务收费，由发包人和监理人协商确定收费额。

6）工程保险费是指建设项目在建设期间根据需要对建筑工程、安装工程及机械设备进行投保而发生的保险费用。包括建筑工程一切险和人生意外伤害险、引进设备国内安装保险等，不包括已列入施工企业管理费中的施工管理用财产、车辆保险费。不投保的工程不计取此项费用。工程保险费一般根据工程类别的不同，按照建筑工程费用的一定比例计提。

7）引进技术和引进设备其他费。技术引进费指为引进国外先进技术而支付的费用。包括专利费、专有技术费（保密费）、引进项目图纸资料翻译复制费、引进项目发生备品备件测绘费等。该项费用可根据引进项目的具体情况计取或按引进货价（FOB）的比例计取。

出国人员费用包括买方人员出国设计联络、出国考察、联合设计、监造、培训等所发生的旅费、生活费、制装费等。该项费用依据合同或协议规定的出国人次、期限以及相应的费用标准计算，生活费按照财政部、外交部规定的现行标准计算，旅费按中国民航公布的票价计算。来华人员费用包括卖方来华工程技术人员的现场办公费用、往返现场交通费用、工资、食宿费用、接待费用等，该项费用依据引进合同或协议有关条款以及来华技术人员派遣计划进行计算，来华人员接待费用可按每人次费用指标计算。

银行担保及承诺费指引进项目由国内外金融机构出面承担风险和责任担保所发生的费用，以及支付贷款机构的承诺费用。该项费用应按担保或承诺协议计取。该项费用可以担保金额或承诺金额为基数乘以费率计算。

分期或延期付款利息指利用出口信贷引进技术或进口设备采取分期或延期付款的办法所支付的利息。一般按照规定的利率进行计算。

进口设备检验鉴定费用指进口设备按规定付给商品检验部门的进口设备检验鉴定费。一般按进口设备货价的0.3%～0.5%计算。

8）工程承包费。是指具有总承包条件的工程公司，对工程建设项目从开始建设至竣工投产全过程的总承包所需的管理费用。

具体包括组织勘察设计、设备材料采购、非标准设备设计制造与销售、施工招标、发包、工程预决算、项目管理、施工质量监督、隐蔽工程检查、验收和试车直至投产的各项管理费用。该项费用如无特殊规定时，一般工业建设项目为投资估算的6%～8%；民用建筑（包括住宅建设）和市政项目为投资估算的4%～6%。

（3）与未来企业生产经营有关的其他费用。与未来企业生产经营有关的其他费用包括联合试运转费、生产准备费及办公和生活家具购置费。

1）联合试运转费。联合试运转费是指新建项目或新增加生产能力的工程，在交付生产前按照批准的设计文件所规定的工程质量标准和技术要求，进行整个生产线或装置的负荷联合试运转或局部联动试车所发生的费用净支出（试运转支出大于收入的差额部分费用，以及必要的工业炉烘炉费）。试运转支出包括试运转所需原料、燃料及动力消耗、低值易耗品、其他物料消耗、工具用具使用费、机械使用费、保险金、施工单位参加试运转人员工资以及专家指导费等。试运转收入包括试运转期间的产品销售收入和其他收入。联合试运转费不包括应由设备安装工程费用和开支的调试及试车费用，以及在试运转中暴露出来的因施工原因或设备缺陷等发生的处理费用。

联合试运转费的计算方法：

不发生试运转或试运转收入大于（或等于）费用支出的工程，不列此项费用；

当联合试运转收入小于试运转支出时：

$$联合试运转费 = 联合试运转费用支出 - 联合试运转费用收入 \tag{4-21}$$

2）生产准备费。生产准备费是指建设项目为保证正常生产（或营业、使用）而发生的人员培训费、生产单位提前进厂费。生产人员培训费指自行组织培训或委托其他单位培训的人员工资、工资性补贴、职工福利费、差旅交通费、劳动保护费、学习资料费等。生产单位提前进厂费指生产单位提前进厂参加施工、设备安装、调试等，以及熟悉工艺流程、设备性能等人员的工资、工资性补贴、职工福利费、差旅交通费、劳动保护费等。

对于新建项目生产准备费按设计定员为基数计算，改扩建项目按新增设计定员为基数计算，或采用综合的生产准备费指标进行计算，也可以按上述费用内容的分类指标计算。

$$生产准备费 = 设计定员 \times 生产准备费指标（元/人） \tag{4-22}$$

3）办公和生活家具购置费。办公和生活家具购置费指为保证初期正常生产、生活（或营业、使用）所必需的生产办公、生活家具用具购置费。

该项费用按设计定员为基数乘以综合指标计算。

4.2.1.4 基本预备费

基本预备费是指在初步设计文件及概算中难以预料，而在建设期间可能发生的费用。其内容包括：在技术设计、施工图设计和施工过程中，在批准的初步设计概算范围内所增加的工程和费用；由于一般性自然灾害造成的损失和预防自然灾害所采取的预防措施费用；竣工验收时，竣工验收组织为鉴定工程质量，必须开挖和修复隐蔽工程的费用。

基本预备费是按建筑工程费、设备及工器具购置费、安装工程费及工程建设其他费用之和为基数，乘以基本预备费率进行计算，基本预备费率的取值按国家及主管部门的规定执行。

4.2.1.5 涨价预备费

涨价预备费是指建设项目在建设期间由于价格等变化引起工程造价变化的预测、预留费用。其内容包括：人工、设备、材料、施工机械的差价费；建筑安装工程费及工程建设其他费用调整，利率、汇率调整等增加的费用。

涨价预备费的测算，一般根据国家规定的投资综合价格指数，依估算年份价格水平的投资额为基数，采用复利方法计算。其公式为：

$$PF = \sum_{t=1}^{n} I_t[(1+f)^t - 1] \tag{4-23}$$

式中 PF——涨价预备费；

n——建设期（年）数；

I_t——建设期第 t 年的投资；

f——年均投资价格上涨率。

上式中的年度投资计划额 I_t 可由建设项目资金使用计划表中得出，年投资价格上涨率可根据工程造价指数信息的累积分析得出。

例 4-3 某项目建设期总投资为 1500 万元，建设期 2 年，第 2 年计划投资 40%，年价格上涨率为 3%，求第二年的涨价预备费。

解：第二年的涨价预备费 = $1500 \times 40\% \times [(1+3\%)^2-1] = 36.54$（万元）

4.2.1.6 建设期贷款利息

基本建设项目投资的资金来源由国家预算拨款改为银行贷款后，建设期间贷款应支付银行的利息。该项利息按规定应列入建设项目投资之内。

建设期贷款利息包括向国内银行和其他非银行金融机构贷款、出口信贷、外国政府贷款、国际商业银行贷款以及在境内外发行的债券等在建设期间应偿还的借款利息，并实行复利计算。国外贷款的利息还应包括国外贷款银行根据有关协议以年利率方式向贷款方收取的手续费、管理费、承诺费以及国内代理机构经国家主管部门批准的以年利率方式向贷款单位收取的转贷费、担保费、管理费等。

对于贷款总额一次性贷出且利率固定的贷款，其计算公式为：

$$q_i = P(1+i)^n - P \tag{4-24}$$

式中 q_i——建设期贷款利息；

P——一次性贷款金额；

i——贷款年利率；

n——贷款年数。

当总贷款分年均衡发放时，建设期利息的计算可按当年借款在年中支用、半年计息，上年贷款按全息计算，其计算公式为：

$$q_i = \sum_{j=1}^{n} (P_{j-1} + A_j/2)\, i \tag{4-25}$$

式中 q_i——建设期贷款利息；

P_{j-1}——建设期第（$j-1$）年末贷款累计金额与利息累计金额之和；

A_j——建设期第 j 年贷款金额；

i——贷款年利率；

n——建设期年数。

例 4-4 某新建项目，建设期为 3 年，共向银行贷款 1300 万元。贷款时间为：第一年 300 万元，第二年 600 万元，第三年 400 万元。年利率为 6%，计算建设期利息。

解：在建设期，各年利息计算如下：

第 1 年应计利息 = $300 \times 6\%/2 = 9$（万元）

第 2 年应计利息 = $(300+9+600/2) \times 6\% = 36.54$（万元）

第 3 年应计利息 = $(300+9+600+36.54+400/2) \times 6\% = 68.73$（万元）

建设期利息总和为 114.27 万元。

对于有多种借款资金来源，每笔借款的年利率各不相同的项目，可分别计算每笔借款的利息，也可先计算出各笔借款加权平均的年利率，并以此利率计算全部借款的利息。

4.2.1.7 固定资产投资方向调节税

为贯彻国家产业政策，控制投资规模，引导投资方向，调整投资结构，加强建设重点，促进国民经济持续稳定协调发展，对在我国境内进行固定资产投资的单位和个人（不含中外合资经营、中外合作经营和外商独资企业）征收固定资产投资方向调节税。

投资方向调节税的计税依据为固定资产投资项目实际完成的投资额，其中更新改造投资项目为建筑工程实际完成的投资额。投资方向调节税根据国家产业政策和项目经济规模实行差别税率。

4.2.2 固定资产投资估算方法

4.2.2.1 静态投资的估算方法

静态投资估算是建设项目投资估算的基础，所以必须全面、准确地分析计算，既要避免少算漏算，又要防止高估冒算，要力求切合实际。根据静态投资费用项目内容的不同，其估算采用的方法和深度也不尽相同。在项目规划和项目建议书阶段，投资估算的精度低，可采取简单的计算法，如系数法、生产能力指数法、单位生产能力法、比例法等。在可行性研究阶段，投资估算要求精度高，需采用相对详细的投资估算方法，即指标估算法。

A 单位生产能力估算法

依据调查的统计资料，利用相近规模的单位生产能力投资乘以建设规模，即得拟建项目投资。其计算公式为：

$$C_2 = (\frac{C_1}{Q_1}) Q_2 f \tag{4-26}$$

式中 C_1——已建类似项目的静态投资额；

C_2——拟建项目静态投资额；

Q_1——已建类似项目的生产能力；

Q_2——拟建项目的生产能力；

f——不同时期、不同地点的定额、单位、费用变更等的综合调整系数。

这种方法把项目的建设投资与其生产能力的关系视为简单的线性关系，估算结果精确程度较差。使用这种方法时要注意拟建项目的生产能力和类似项目的可比性，否则误差很大。由于在实际工作中不易找到与拟建项目完全类似的项目，通常把项目按其下属的车间、设施和装置进行分解，分别套用类似车间、设施和装置的单位生产能力投资指标计算，然后相加求得项目总投资。或根据拟建项目的规模和建设条件，将投资进行适当调整后估算项目的投资额。这种方法主要用于新建项目或装置的估算，十分简便迅速，但要求估价人员掌握足够的典型工程的历史数据，而且这些数据均应与单位生产能力的造价有关，方可应用，且必须是新建装置和所选取装置的历史资料相类似，仅存在规模大小和时间上的差异。

单位生产能力估算法估算误差较大，可达±30%。此法只能是粗略地快速估算，由于误差大，应用该估算法时需注意以下几点：

（1）地方性。建设地点不同，地方性差异主要表现为：两地经济情况不同；土壤、地址、水文情况不同；气候、自然条件的差异；材料、设备的来源、运输状况不同等。

（2）配套性。一个工程项目或装置，均有许多配套装置和设施，也可能产生差异，如公用工程、辅助工程、厂外工程和生活福利工程等，这些工程随地方差异和工程规模的变化均各不相同，它们并不与主体工程的变化呈线性关系。

（3）时间性。工程建设项目的兴建，需要较长的建设时间，由于资金时间价值的作用、科学技术的进步、经济发展等方面的影响，时间差异对投资估算准确性的影响明显，应注意进行必要的调整。

B　生产能力指数法

根据已建成的、性质类似的建设项目或生产装置的投资额和生产能力与拟建项目或生产装置的生产能力比较来估算项目的投资额，是对单位生产能力估算的改进。其计算公式为：

$$C_2 = C_1\left(\frac{Q_2}{Q_1}\right)^x \cdot f \tag{4-27}$$

式中　x——生产能力指数；

其他符号含义同前。

上式表明造价与规模（或容量）呈非线性关系，且单位造价随工程规模（或容量）的增大而减小。在正常情况下，$0 \leqslant x \leqslant 1$。不同生产率水平的国家和不同性质的项目中，$x$ 的取值是不相同的。比如化工项目的 x，美国取0.6，英国取0.66，日本取0.7。

若已建类似项目的生产规模与项目生产规模相差不大，Q_1 与 Q_2 的比值在0.5～2之间，则指数 x 的取值近似为1；若已建类似项目的生产规模与项目生产规模相差不大于50倍，且拟建项目生产规模的扩大仅靠增大设备规模来达到时，则 x 的取值约在0.6～0.7之间；若是靠增加相同规格设备的数量达到时，x 的取值约在0.8～0.9之间。生产能力指数法主要应用于拟建装置或项目与用来参考的已知装置或项目的规模不同的场合。

生产能力指数法与单位生产能力估算法相比精确度略高，其误差可控制在±20%以内，尽管估算误差仍较大，但有它独特的好处，即这种估算方法不需要详细的工程设计资料，只知道工艺流程及规模就可以进行投资估算，计算简单、速度快，但要求选用的类似工程的资料必须合理、可靠，条件基本相同，否则就会增大投资估算的误差。

C　系数估算法

系数估算法也称因子估算法，是以拟建项目的主体工程费或主要设备费为基数，以其他工程费与主体工程费或主要设备费的百分比为系数估算项目总投资的方法。这种方法简单易行，但是精度较低，一般用于项目建议书阶段。

a　朗格系数法

这种方法是以设备费为基数，乘以适当系数来推算项目的建设费用。这种方法在国内不常见，是世行投资估算常采用的方法。该方法的计算原理是将总成本费用中的直接成本和间接成本分别计算，再合为建设项目的总成本费用。其计算公式为：

$$C = E \cdot \left(1 + \sum K_i\right) K_c \tag{4-28}$$

式中　C——总建设费用；

E——主要设备费；

K_i——管线、仪表、建筑物等项费用的估算系数；

K_c——管理费、合同费、应急费等项费用的估算系数。

总建设费用与设备费用之比为朗格系数 K_L。即：

$$K_L = \left(1 + \sum K_i\right) K_c \tag{4-29}$$

应用朗格系数法进行工程项目或装置估算的精度不是很高，其原因主要有：装置规模大小发生变化的影响；不同地区自然地理条件的影响；不同地区经济地理条件的影响；不同地区气候条件的影响；主要设备材质发生变化时，设备费用变化较大而安装费变化不大所产生的影响。

由于朗格系数法是以设备费为计算基础，而设备费在一项工程中所占的比重对于石油、石化、化工工程来说为45%～55%，几乎占一半左右，同时一项工程中每台设备所含有的管道、电气、自控仪表、绝热、油漆、建筑等，都有一定的规律。所以，只要对各种不同类型工程的朗格系数掌握准确，估算精度仍可较高。朗格系数法估算误差在10%～15%。

b　设备系数法

以拟建项目或装置的设备费为基数，根据已建成的同类项目或装置的建筑安装费和其他工程费用等各项费用占设备价值的百分比以及相应的调整系数，估算出建筑安装费及其他工程费用等，再加上拟建项目的其他有关费用，汇总估算拟建项目或装置所需投资总额的投资估算方法。估算公式如下：

$$C = E(1 + f_1P_1 + f_2P_2 + f_3P_3 + \cdots) + I \tag{4-30}$$

式中　C——拟建项目投资额；

E——拟建项目设备费；

$P_1, P_2, P_3, \cdots$——已建项目中建筑安装和其他工程费等与设备费的比例；

$f_1, f_2, f_3, \cdots$——由时间因素引起的定额、价格、费用标准等变化的综合调整系数；

I——拟建项目的其他费用。

c　主体专业系数法

以拟建项目中投资比重较大，并与生产能力直接相关的工艺设备投资（包括运杂费及安装费）为基数，根据已建同类项目的相关统计资料，计算出拟建项目各专业工程（总图、土建、采暖、给水排水、管道、电气、自控等）与工艺设备投资的百分比以及相应的调整系数，据此求出拟建项目各专业投资，然后相加即为项目总投资。其计算公式为：

$$C = E'(1 + f_1P_1' + f_2P_2' + f_3P_3' + \cdots) + I \tag{4-31}$$

式中　$P_1', P_2', P_3', \cdots$——已建项目中各专业工程费用与设备投资的比重；

E'——拟建项目中投资比重较大，并与生产能力直接相关的工艺设备投资；

其他符号含义同前。

D　比例估算法

将项目的固定资产投资分为设备投资、建筑物与构筑物投资、其他投资三部分。先估算出设备的投资额，然后再按一定比例估算出建筑物与构筑物的投资及其他投资，最后汇总三部分的投资额估算拟建项目所需的投资总额。

（1）设备投资估算。设备投资需按设备的出厂价格加上设备的运杂费、安装费等进行估算。其估算公式如下：

$$K_1 = \sum Q_i \mathrm{P}_i(1 + L_i) \tag{4-32}$$

式中　K_1——设备的投资估算值；

Q_i——第 i 种设备所需数量；

P_i——第 i 种设备的出厂价格；

L_i——同类项目同类设备的运输、安装费系数。

（2）建筑物与构筑物投资估算。建筑物与构筑物需按以下公式进行投资估算：

$$K_2 = K_1 L_b \tag{4-33}$$

式中　K_2——建筑物与构筑物的投资估算值；

L_b——同类项目中建筑物与构筑物投资占设备投资的比例，露天工程取 0.1～0.2，室内工程取 0.6～1.0。

（3）其他投资估算。其他投资估算的计算公式为：

$$K_3 = K_1 L_W \tag{4-34}$$

式中　K_3——其他投资的估算值；

L_W——同类项目中其他投资占设备投资的比例。

拟建项目固定资产投资总额的估算值 K 为：

$$K = (K_1 + K_2 + K_3)(1 + S\%) \tag{4-35}$$

式中　$S\%$——考虑不可预见因素而设定的费用系数，一般为 10%～15%。

E　指标估算法

这种方法是把建设项目划分为建筑工程、设备安装工程、设备及工器具购置费及其他基本建设费等费用项目或单位工程，再根据各种具体的投资估算指标，进行各项费用项目或单位工程投资的估算，在此基础上，可汇总成每一单项工程的投资。另外再估算工程建设其他费用及预备费，即求得建设项目总投资。

估算指标是一种比概算指标更为扩大的单位工程指标或单项工程指标。编制的方法是采用有代表性的单位或单项工程的实际资料，采用现行的概预算定额编制概预算，或收集有关工程的施工图预算或结算资料，经过修正、调整，反复综合平衡，以单项工程（装置、车间）或工段（区域、单位工程）为扩大单位，以“量”和“价”相结合的形式，用货币来反映活劳动与物化劳动。指标的单位可以根据工艺流程的需要分区切块，按需要而变动。指标的“量”与“价”是受扩大指标单位规定的内容和范围影响而变化。在规定的范围内，“量”是不变的，而“价”是随单价波动的，必须进行必要的调整。估算指标应以定“量”为主，故在估算指标中应有人工数、主要设备规格表、主要材料量、主要实物工程量、各专业工程的投资等。对单项工程，应作简洁的介绍，必要时还要附工艺流程图、物料平衡表及消耗指标。这样，就为动态计算和经济分析创造了条件。

（1）建筑工程费用估算。建筑工程费用是指为建造永久性建筑物和构筑物所需要的费用，一般采用单位建筑工程投资估算法、单位实物工程量投资估算法、概算指标投资估算法等进行估算。

单位建筑工程投资估算法，以单位建筑工程量的投资乘以建筑工程总量计算。一般工业与民用建筑以单位建筑面积（m^2）的投资，工业窑炉砌筑以单位容积（m^3）的投资，水库以水坝单位长度（m）的投资，乘以相应的建筑工程量计算建筑工程费。

单位实物工程量投资估算法，以单位实物工程量的投资乘以实物工程总量计算。土石方工程按每立方米投资，矿山巷道衬砌工程按每延长米投资，路面铺设工程按每平方米投资，乘以相应的实物工程总量计算建筑工程费。

概算指标投资估算法，对于没有上述估算指标且建筑工程费占总投资比例较大的项目，可采用概算指标估算法。采用此种方法，应有较为详细的工程资料、建筑材料价格和工程费用指标，投入的时间和工作量大。

(2) 设备及工器具购置费估算。设备购置费根据项目主要设备以及价格、费用资料编制，工器具购置费按设备费的一定比例计取。对于价值高的设备应按每台（套）估算购置费，价值较小的设备可按类估算，国内设备和进口设备应分别计算。具体计算方法见本章4.2.1节相关部分。

(3) 安装工程费估算。需要安装的设备应估算安装工程费，包括：各种机电设备装配和安装工程费用；与设备相连的工作台、梯子及其装设工程费用；附属于被安装设备的管线敷设工程费用；安装设备的绝缘、保温、防腐等工程费用；单体试运转和联动无负荷试运转费用等。

安装工程费通常按行业或专门机构发布的安装工程定额、取费标准和指标估算投资。具体可按安装费率、每吨设备安装费或单位安装实物工程量的费用估算，即：

$$安装工程费=设备原价\times安装费率 \quad (4\text{-}36)$$

$$安装工程费=设备吨位\times每吨安装费 \quad (4\text{-}37)$$

$$安装工程费=安装工程实物量\times安装费用指标 \quad (4\text{-}38)$$

(4) 工程建设其他费用估算。工程建设其他费用按各项费用科目的费率或者取费标准估算。具体计算方法见本章4.2.1节相关部分。

(5) 基本预备费估算。基本预备费在工程费用和工程建设其他费用基础之上乘以基本预备费率。具体计算方法见本章4.2.1节相关部分。

使用指标估算法，应注意：使用指标估算法应根据不同地区、时间进行调整。因为地区、时间不同，设备与材料的价格均有差异，调整方法可以按主要材料消耗量或“工程量”为计算依据，也可以按不同的工程项目的“万元工料消耗定额”而定不同的系数。在有关部门颁布有定额或材料价差系数（物价指标）时，可以据此调整。使用指标估算法时，必须对工艺流程、定额、价格及费用标准进行分析，经过调整与换算后，才能提高其精确度。

4.2.2.2 动态投资的估算方法

建设投资动态部分主要包括价格变动可能增加的投资额、建设期利息两部分内容，如果是涉外项目，还应该计算汇率的影响。

动态部分的估算应以基准年静态投资的资金使用计划为基础来计算，而不是以编制的年静态投资为基础计算。其中涨价预备费和建设期贷款利息的计算参见本章4.2.1节相关部分。

汇率是两种不同货币之间的换算比率，或者说是以一种货币表示另一种货币的价格。汇率的变化意味着一种货币相对于另一种货币的升值或贬值。在我国，人民币与外币之间的汇率采取以人民币表示外币价格的形式给出，如1美元=6.8元人民币。由于涉外项目的投资中包含人民币以外的币种，需要按照相应的汇率把外币投资额抽象算为人民币投资额，所以汇率变化就会对涉外项目的投资产生影响。

估计汇率对建设项目投资的影响，是通过预测汇率在项目建设期内的变化程度，以估算年份的投资额为基数，计算求得。

4.3 流动资金估算

流动资金是指生产经营项目投产后，为进行正常生产运营，用于购买原材料、燃料，支付工资及其他经营费用等所需的周转资金。流动资金不足，势必导致企业降低固定资产利用率，影响企业生产经营的经济效益，甚至可能导致企业破产倒闭。

4.3.1 流动资金构成

流动资金主要包括以下四类：

(1) 储备资金。包括经营准备阶段购置的各种原材料、辅助材料、燃料、外购半成品、低值易耗品等的费用。

(2) 生产资金。指经营阶段投入的各项在产品、自制半成品的费用和待摊费用。

(3) 成品资金。包括产出后待销售的各种库存产成品。

(4) 结算及货币资金。指正在结算中的各种款项，如发出商品应收账款、预付的购料款以及短期负债等，货币资金指库存现金和银行存款。

4.3.2 流动资金估算方法

流动资金估算一般采用分项详细估算法，个别情况或者小型项目可采用扩大指标法。

4.3.2.1 分项详细估算法

流动资金的特点是在生产过程中不断周转，其周转额的大小与生产规模及周转速度直接相关。分项详细估算法是根据周转额与周转速度之间的关系，对构成流动资金的各项流动资产和流动负债分别估算。在可行性研究中，为简化计算，仅对存货、现金、应收账款和应付账款四项内容进行估算，计算公式为：

$$流动资金 = 流动资产 - 流动负债 \tag{4-39}$$

$$流动资产 = 应收账款 + 存货 + 现金 \tag{4-40}$$

$$流动负债 = 应付账款 \tag{4-41}$$

$$流动资金本年增加额 = 本年流动资金 - 上年流动资金 \tag{4-42}$$

A 周转次数计算

周转次数是指流动资金的各个构成项目在一年内完成多少个生产过程。周转次数可用一年天数（通常按360天计算）除以流动资金的最低周转天数计算，则各项流动资金年平均占用额度为流动资金的年周转额度除以流动资金的年周转次数。即：

$$周转次数 = 360/流动资金最低周转天数 \tag{4-43}$$

存货、现金、应收账款的最低周转天数，可参照同类企业的平均周转天数并结合项目特点确定。又因为周转次数还可以表示为流动资金的年周转额除以各项流动资金年平均占用额，所以：

$$各项流动资金年平均占用额 = 流动资金年周转额/周转次数 \tag{4-44}$$

B 应收账款估算

应收账款是指企业对外赊销商品、劳务而占用的资金。应收账款的年周转额应为全年赊销收入净额。在可行性研究时，用销售收入代替赊销收入。计算公式为：

$$应收账款 = 年销售收入/应收账款周转次数 \tag{4-45}$$

C 存货估算

存货是企业为销售或者生产耗用而储备的各种物资，主要由原材料、辅助材料、燃料、低值易耗品、维修备件、包装物、在产品、自制半成品和产成品等。为简化计算，仅考虑外购原材料、外购燃料、在产品和产成品，并分项进行计算。计算公式为：

$$存货 = 外购原材料 + 外购燃料 + 在产品 + 产成品 \tag{4-46}$$

$$外购原材料 = 年外购原材料总成本/按种类分项周转次数 \tag{4-47}$$

$$外购燃料 = 年外购燃料/按种类分项周转次数 \tag{4-48}$$

$$在产品 = \frac{年外购原材料、燃料 + 年工资及福利费 + 年修理费 + 年其他制造费}{在产品周转次数} \tag{4-49}$$

$$产成品 = 年经营成本/产成品周转次数 \tag{4-50}$$

D 现金需要量估算

项目流动资金中的现金是指货币资金，即企业生产运营活动中停留于货币形态的那部分资金，包括企业库存现金和银行存款。计算公式为：

$$现金需要量 = （年工资及福利费 + 年其他费用）/现金周转次数 \tag{4-51}$$

$$\begin{aligned}年其他费用 = &制造费用 + 管理费用 + 销售费用 - 制造、管理、销售三项费用中所含的\\&工资及福利费、折旧费、维简费、摊销费、修理费\end{aligned} \tag{4-52}$$

E 流动负债估算

流动负债是指在一年或者超过一年的一个营业周期内，需要偿还的各种债务。在可行性研究中，流动负债的估算只考虑应付账款一项。计算公式为：

$$应付账款 = （年外购原材料 + 年外购燃料）/应付账款周转次数 \tag{4-53}$$

例 4-5 已知某拟建项目达到设计生产能力后，全厂定员 2000 人，工资和福利费按每人每年 20000 元估算。每年的其他费用为 1400 万元，年外购原材料、燃料动力费估算为 45000 万元，年经营成本 48000 万元，年修理费占年经营成本的 8%。各项流动资金的最低周转天数分别为：应收账款 30 天，现金 40 天，应付账款 30 天，存货 40 天。用分项详细估算法对该项目进行流动资金的估算。

解：应收账款 = 年经营成本 ÷ 年周转次数 = 48000 ÷ （360 ÷ 30） = 4000（万元）

$$\begin{aligned}现金 &= （年工资及福利费 + 年其他费用）/现金周转次数\\&= （2 \times 2000 + 1400） \div （360 \div 40） = 600（万元）\end{aligned}$$

存货：

$$\begin{aligned}外购原材料、燃料 &= 年外购原材料、燃料动力费/年周转次数\\&= 45000 \div （360 \div 40） = 5000（万元）\end{aligned}$$

$$\begin{aligned}在产品 &= \frac{年外购原材料、燃料 + 年工资及福利费 + 年修理费 + 年其他制造费}{在产品周转次数}\\&= （45000 + 2 \times 2000 + 1400 + 48000 \times 8\%） \div （360 \div 40） = 6027（万元）\end{aligned}$$

产成品 = 年经营成本/产成品周转次数 = 48000 ÷ （360 ÷ 40） = 5333（万元）

存货 = 5000 + 6027 + 5333 = 16360（万元）

流动资产 = 应收账款 + 存货 + 现金 = 4000 + 16360 + 600 = 20960（万元）

应付账款 =（年外购原材料 + 年外购燃料）/应付账款周转次数

= 45000 ÷（360 ÷ 30）= 3750（万元）

流动负债 = 应付账款 = 3750（万元）

流动资金 = 流动资产 − 流动负债 = 20960 − 3750 = 17210（万元）

用分项详细估算法估算出的该项目的流动资金额为17210万元。

铺底流动资金 = 流动资金 × 30% = 17210 × 30% = 5163（万元）

该拟建项目的铺底流动资金估算为5163万元。

4.3.2.2 扩大指标估算法

扩大指标估算法是根据现有同类企业的实际资料，求得各种流动资金率指标，也可依据行业或部门给定的参考值或经验确定比率，将各类流动资金率乘以相对应的费用基数来估算流动资金。一般常用的基数有销售收入、经营成本、总成本费用和固定资产投资等，采用何种基数依行业习惯而定。扩大指标估算法简便易行，但准确度不高，适用于项目建议书阶段的估算。

A 产值（或销售收入）资金率估算法

产值（或销售收入）资金率估算法是通过选用流动资金占年产值（或销售收入）的比率（资金率）与拟建项目的年产值（或销售收入）相乘，估算拟建项目所需流动资金的方法，计算公式为：

流动资金额 = 拟建项目年产值（年销售收入）× 产值（销售收入）资金率 (4-54)

B 经营成本（或总成本）资金率估算法

经营成本（或总成本）资金率估算法是通过选用流动资金占年经营成本（或总成本）的比率（资金率）与拟建项目的年经营成本（或总成本）相乘，估算拟建项目所需流动资金的方法。经营成本是一项反映物质、劳动消耗和技术水平、生产管理水平的综合指标。一些工业项目，尤其是采掘工业项目常采用此法估算流动资金。计算公式为：

流动资金额 = 拟建项目年经营成本（或总成本）× 经营成本（或总成本）资金率 (4-55)

C 固定资产投资资金率估算法

固定资产投资资金率估算法是通过选用流动资金占固定资产投资的比率（资金率）与拟建项目的固定资产投资总额相乘，估算拟建项目所需流动资金的方法，计算公式为：

流动资金额 = 拟建项目固定资产投资 × 固定资产投资资金率 (4-56)

如化工项目的流动资金约占固定资产投资的15% ~20%；一般工业项目的流动资金约占固定资产投资的5% ~12%。参照有关比率，即能用此法估算出拟建项目所需流动资金数额。

D 单位产量资金率估算法

单位产量资金率估算法是通过选用流动资金占单位产量的比率（资金率）与拟建项目的年生产能力相乘，估算拟建项目所需流动资金的方法，计算公式为：

流动资金额 = 拟建项目年生产能力 × 单位产量资金率 (4-57)

4.4 工程项目总投资估算及其审查

4.4.1 工程项目总投资估算

按投资估算内容和估算方法将上述各项估算进行汇总，编制项目总投资估算表，如表4-2所示。

表4-2 工程项目总投资估算表 （单位：万元）

序 号	费用名称	投资额		估算说明
		合 计	其中：外币	
1	建设投资			
1.1	建筑工程费			
1.2	设备购置费			
1.3	安装工程费			
1.4	工程建设其他费用			
1.5	基本预备费			
1.6	涨价预备费			
2	建设期利息			
3	流动资金			
	项目总投资（1+2+3）			

4.4.2 投资估算的审查

加强投资估算审核与管理，有利于保证投资估算的完整性、准确性，使其更好地发挥作用，有利于合理的使用人力、物力、财力资源，便于国家控制投资总规模，调整投资结构，促使国民经济的发展。

投资估算审查是按照对工程建设项目的管辖权限在审查项目建议书、可行性研究报告和项目设计任务数时，同时审查相应的投资估算。由于投资估算本身是经验总结加科学预测的产物，相对工程概预算是粗线条的，但其中项目设计任务书中投资估算精度最高，应重点审查，一经批准即作为工程建设项目总投资的计划控制额，不得任意突破。

工程项目投资估算主要审查以下三点：

（1）审查投资估算编制的依据。工程项目投资估算要采用各种基础资料和数据，因此在审查时，重点审查这些基础资料和数据的时效性、准确性和适用范围。如使用不同年代的基础资料就应特别注重时效性，另外套用国家或地方建设工程主管部门颁发的估算指标，引用当地工程造价管理部门提供的有关数据，或直接调查已竣工的工程项目资料等一定要注意地区、时间、水平、条件、内容等差异，以达到准确、恰当地使用这些基础资料和数据。

（2）审查投资估算的编制方法。编制投资估算的方法有很多种，各有特色，但都有一定的局限性。投资估算方法的审查，是为了将投资估算方法自身固有的适用性和局限性对工程项目投资估算值的可靠性、科学性的影响，控制在一个较为合理的范围。

投资估算方法的审查，要看所选择的投资估算方法是否恰当。一般说来，供决策用的投资估算，不宜使用单一的投资估算方法，而是综合使用几种投资估算方法，互相补充，相互校核。对于投资额较大、较重要的工程应优选近似概算的方法。对于投资额不大、一般规模的工程项目，适宜使用类似比较法和系数估算法。此外，还应针对工程项目建设前期阶段不同，选用不同的投资估算方法。

(3) 审查投资估算编制内容。投资估算总额实际上是由投资估算内容组成并决定的，审查投资估算的编制内容，核心是防止编制投资估算是多项、重项或漏项，保证内容准确，估算合理。

1) 重点内容不能漏。如环境设施、“三废”处理装置等通常是必须配套的，要同时设计、同时施工、同时验收。

2) 在审查投资估算过程中，将有疑问的内容逐项列出，要求投资估算编制人员说明情况，再确定是取消还是保留。

3) 审查费用项目与规定要求、实际情况是否相符，是否有多项、重项或漏项现象，估算的费用划分是否符合国家规定，是否针对具体情况做了适当增减。

4) 审查是否考虑物价变化、费率变动等对投资额的影响，所用的调整系数是否合适。

5) 审查现行标准和规范与已建项目之时的标准和规范有变化时，是否考虑了上述因素对投资估算额的影响。

6) 审查工程项目采用高新技术、材料、设备以及新结构、新工艺等，是否考虑了相应的费用额变化。

7) 审查工程项目所取基本预备费和涨价预备费是否恰当。

复习思考题

4-1 工程建设项目投资估算包括哪些内容?

4-2 工程项目固定资产投资包括哪些内容?

4-3 何谓工程建设其他费用，其构成内容有哪些?

4-4 何谓固定资产静态投资，有哪些估算方法?

4-5 何谓固定资产动态投资，有哪些估算方法?

4-6 工程项目流动资金包括哪些内容?

4-7 说明工程项目流动资金的分项详细估算法。

4-8 工程项目投资估算的审查内容是什么?

4-9 工程项目投资估算在开发建设过程中有哪些作用?

4-10 某新建项目工程费为8000万元，按本项目进度计划，项目建设期为3年，3年的投资计划比例分别为20%、50%、30%，预测建设期内年价格上涨率为3%，试估算该项目建设期的涨价预备费。

4-11 某建设项目的工程费与工程建设其他费的估算额为52180万元，预备费为5000万元，建设期为3年，各年的投资比例分别为20%、55%、25%，第4年投产。该项目固定资产投资来源为自有资金和贷款。贷款的总额为40000万元，其中外汇贷款为2300万美元，外汇牌价为1美元兑换6.90元人民币，贷款的人民币部分从中国建设银行获得，年利率为12%（按季计息），外币部分从中国银行获得，年利率为8%（按年计息）。试计算建设期贷款利率并估算建设投资。

4-12 某地已建成的年产30万吨合成氨工厂的投资额为25000万元，现拟在同一地区建设年产45万吨合成氨的工厂。已知综合调整系数为1.10，合成氨的生产能力指数为0.9。试估算需要投资多少万元?

5 工程项目融资评价

本章概要：为了获得投资，工程项目就需要融资；工程项目投资资金来源渠道的多元化，导致了项目融资方案的多样化；对融资方案进行分析评价，有利于避免或减少融资风险，也有利于确保建设资金在项目建设期内及时到位。本章介绍了项目融资主体、资金来源，分析了项目资本金及债务资金的筹措方式，介绍了工程项目融资方案设计与优化的基本理论。

融资一般是为取得资产而集资采取的货币手段。狭义上的融资即是一个工程项目的资金筹集的行为与过程，工程项目根据自身的生产经营状况、资金拥有的状况，以及企业未来经营发展的需要，通过科学的预测和决策，采用一定的方式，从一定的渠道向企业的投资者和债权人去筹集资金，组织资金的供应，以保证企业正常生产需要、经营管理活动需要的理财行为。

5.1 融资方案概述

融资是资本运作的起点，因此融资管理是企业财务管理的重要内容。任何企业都应努力组织好融资活动，以最小的资本成本筹足企业所需要的资本。项目的投融资模式是指项目投资及融资所采取的基本方式，包括项目的投资和融资组织形式、融资结构。研究融资方案首先要研究拟定项目的投融资主体和项目的投融资模式。

5.1.1 工程项目融资的主体

项目的投融资主体是指进行项目投资及融资活动的经济实体。按照是否依托于项目组建新的经济实体划分，项目的投融资主体分为两类：新设项目法人及既有项目法人。

新设法人融资是指由项目发起人（企业或政府）发起组建的具有独立法人资格的项目公司，由新组建的项目公司承担融资责任和风险，依靠项目自身的盈利能力来偿还债务，以项目投资形成的资产、未来收益或权益作为融资担保的基础。新设法人融资主体的适用条件有：项目发起人希望拟建项目的生产经营活动相对独立，且拟建项目与既有法人的经营活动联系不密切；拟建项目的投资规模较大，既有法人财务状况较差，不具有为项目进行融资和承担全部融资责任的经济实力，需要新设法人募集股本金；项目自身具有较强的盈利能力，依靠项目自身未来的现金流量可以按期偿还债务。

既有法人融资是指建设项目所需的资金，来源于既有法人内部融资、新增资本金和新增债务资金。新增债务资金依靠既有法人整体的盈利能力来偿还，并以既有法人整体的资产和信用承担债务担保。既有法人融资主体的适用条件有：既有法人为扩大生产能力而兴建的扩建项目或原有生产线的技术改造项目；既有法人为新增生产经营所需水、电、汽等动力供应及环境保护设施而兴建的项目；项目与既有法人的资产以及经营活动联系密切；

现有法人具有为项目进行融资和承担全部融资责任的经济实力；项目盈利能力较差，但项目对整个企业的持续发展具有重要作用，需要利用既有法人的整体资信获得债务资金。

5.1.2 工程项目资金筹措

5.1.2.1 项目筹资的基本要求

A 合理确定资金需要量，力求提高筹资效果

无论通过什么渠道、采取什么方式筹集资金，都应首先确定资金的需要量，即要求筹资有一个“度”的问题。资金不足会影响项目的生产经营和发展；资金过剩不仅是一种浪费，也会影响资金使用的效果。在实际工作中，必须采取科学的方法预测与确定未来资金的需要量，选择合适的渠道与方式筹集所需的资金，以防止筹资不足或筹资过剩，提高资金的使用效果。

B 认真选择资金来源，力求降低资金成本

项目筹集资金可以采用的渠道和方式多种多样。不同渠道和方式筹资的难易程度、资金成本和风险各不一样。但任何渠道和方式的筹资都要付出一定的代价，在筹资中通常选择最经济方便的渠道和方式，以使综合的资金成本最低。

C 适时取得资金，保证资金投放需要

筹集资金有时间上的安排，这取决于投资的时间。合理安排筹资与投资，使其在时间上互相衔接，避免取得资金过早而造成投放前的闲置或取得资金滞后而耽误投资的有利时机。

D 适当维持自有资金比例，正确安排举债经营

举债经营即项目通过借债开展生产经营活动。举债经营可以给项目带来一定的好处，但负债的多少必须与自有资金和偿债能力的要求相适应。如负债过多，会发生较大的财务风险，甚至会由于丧失偿债能力而面临破产。因此，项目法人既要利用举债经营的积极作用，又要避免可能产生的债务风险。

5.1.2.2 工程项目资金的来源

A 国内资金和国外资金

资金的来源有多种渠道，一般可以分为来自国内的资金和来自国外的资金（利用外资）。

（1）国内资金。主要有财政预算投资、自筹资金投资、银行贷款投资、利用有价证券市场筹措建设资金（债券、股票）等。

（2）国外资金（利用外资）。其主要形式有外国政府贷款、国际金融组织贷款、国外商业银行贷款、在国外金融市场上发行债券、吸收外国银行（企业）存款、利用出口信贷、吸收国外资本直接投资、补偿贸易、国际租赁等。

B 权益资金与负债资金

我国现行财政制度规定，建设项目所需要投入的资金总额主要由自有资金、赠款和借入资金三部分组成，如图 5-1 所示，工程项目融资主要包括资本金筹措和负债融资两部分。资本金筹措是属于自有资金，即股东权益资金，以权益方式投资的资金取得产权，以负债方式筹集的资金，提供资金方只取得债权。

- 投资项目资金总额
  - 自有资金
    - 资本金（注册资金）
    - 资本溢价 }资本公积金
    - 赔款 }资本公积金
  - 赠款
  - 借入资金
    - 长期借款
    - 流动资金借款
    - 其他短期借款

图 5-1 投资项目资金来源构成

5.2 工程项目资本金筹措

项目资本金是指由项目的发起人、股权投资人（以下称投资者）以获得项目财产权和控制权的方式投入的资金。对于提供债务融资的债权人来说，项目资本金是获得负债融资的一种信用基础——因为项目资本金后于负债受偿，可以降低债权人债权回收风险。在工程项目的融资研究中，应根据项目融资目标的要求，在拟定的融资模式前提下研究资本金筹措方案。

5.2.1 项目资本金制度

为了建立投资风险约束机制，有效地控制投资规模、提高投资效益，国家对于固定资产投资实行资本金制度。根据国务院发布的规定，从 1996 年开始，国有单位和集体投资项目必须首先落实资本金才能进行建设，个体和私营企业的经营性投资项目参照执行，公益性投资项目不实行资本金制度。

资本金的最低需要量是拟投资项目的固定资产投资总额与铺底流动资金（为全部流动资金的 30%）之和，乘以国家规定的各行业最低资本金比例，其计算公式为：

$$\text{项目资本金最低需要量}=(\text{项目固定资产投资总额}+\text{铺底流动资金})\times \text{国家规定的项目最低资本金比例}$$

$$\text{项目资本金比例}=\frac{\text{项目资本金}}{\text{项目总投资（含铺底流动资金）}}\times 100\%$$

根据国务院规定，投资项目资本金占总投资的比例，根据不同行业和项目的经济效益等因素确定，具体规定如表 5-1 所示。

表 5-1 项目资本金占项目总投资的比例表

序号	投资行业	项目资本金占项目总投资的比例
1	钢铁	40% 及以上
2	交通运输、煤炭	35% 及以上
3	邮电、化肥	25% 及以上
4	电力、机电、建材、化工、石油化工、有色、轻工、纺织、商贸及其他行业	20% 及以上

项目资本金的具体比例，由项目审批单位根据投资项目的经济效益及银行贷款意愿和评估意见等情况，在审批可行性研究报告时核定。经国务院批准，对个别情况特殊的国家重点建设项目，可以适当降低资本金比例。

5.2.2 项目资本金来源

资本金的出资方式可以是货币资金、实物、工业产权、非专利技术、土地使用权等。如果采用实物、工业产权、非专利技术和土地处用权等无形资产作为资本金来源，则必须经过有资质的资产评估机构依照法律、法规进行评估作价，不得有意高估或低估。同时规定，无形资产作价出资的比例不得超过项目资本金总额的20%，但对于高新技术成果出资入股的，作价总额可以超过公司注册资本的20%，但不得超过35%。

投资者以货币方式认缴的资本金，其资金来源有：

(1) 各级人民政府的财政预算内资金、国家批准的各种专项建设基金、“拨改贷”和经营性基本建设基金回收的本息、土地批租收入、国有企业产权转让收入、地方人民政府按国家有关规定收取的各种规费及其他预算外资金。

(2) 国家授权的投资机构及企业法人的所有者权益（包括资本金、资本公积金、盈余公积金和未分配利润、股票上市收益等），企业折旧资金以及投资者按照国家规定从资金市场上筹措的资金。

(3) 社会个人合法所有的资金。

(4) 国家规定的其他可以用作投资项目资本金的资金。

为扶持不发达地区的经济发展，国家主要通过在投资项目资本金中适当增加国家投资比重的措施增强其投融资能力。

5.2.3 既有法人项目资本金筹措

既有法人项目的资本金由既有法人负责筹集，可用于项目资本金的资金来源分为内、外两个方面。

5.2.3.1 内部资金来源

内部资金来源是既有法人的自有资金。自有资金主要来自于以下几个方面：

(1) 企业现有的现金。企业库存现金和银行存款可以由企业的资产负债表得以反映，其中可能有一部分可以投入项目，即扣除保持必要的日常经营所需货币资金额，多余的资金可以用于项目投资。

(2) 未来生产经营中获得的可用于项目的资金。在未来的项目建设期间，企业可以从生产经营中获得新的现金经营开支及其日常开支之后，剩余部分可以用于项目投资。未来企业经营获得的净现金流量，需要通过对企业未来现金流量的预测来估算。

(3) 企业资产变现。企业可以将现有资产转让变现，取得现金用于项目投资。企业可以采取单项资产、资产组合、股权转让、经营权、对外长期投资和证券资产等多种变现方式。资产的流动性强，变现较为容易和便捷。资产变现表现为一个企业资产总额构成的变化，即非现金货币资产的减少，现金的货币资产的增加，而资产总额并没有发生变化。

(4) 企业产权转让。企业可以将原有的产权部分或全部转让给他人，换取资金用于新项目的资本金投资。企业产权转让是企业资产控制权或产权结构发生变化，对于原有的产权人，经转让后其控制的企业原有资产的资产总量会减少。

在项目融资方案研究中，应通过分析公司的财务和经营状况，预测公司未来的现金流，判断现有企业是否具备足够的自有资金投资于拟建项目。如果不具备足够的资金能力，或者不愿意失掉原有的资产权益，或者不愿意使其自身的资金运用过于紧张等多方面的考虑，就应该设计外部资金来源的资本筹集方案。

5.2.3.2 外部资金来源

外部资金来源是既有法人通过在资本市场发行股票和企业增资扩股，以及一些准资本金手段，如优先股、股东借款，来获取外部投资人的权益资金投入，用于新上项目的资本金。

(1) 发行股票。股票是股份公司发给股东作为已投资入股的证书和索取股息的凭证，它是可作为买卖对象和（或）抵押品的有价证券。股票筹资是一种有弹性的融资方式，由于股息和红利不像利息必须按期支付，且股票无到期日，公司不需要偿还资金，因而融资风险低。但对投资者来说，因股票的投资报酬可能比债券高，故投资的风险也大。

(2) 企业增资扩股。企业可以通过原有股东增资以及吸收新股东增资扩股，包括国家股，企业法人股、个人股和外资股的增资扩股。

(3) 优先股。按股东承担风险和享有利益的大小，股票可分普通股和优先股两大类。优先股是一种介于股本资金与负债之间的融资方式，优先股股东不参与公司的经营管理，没有公司的控制权。发行优先股通常不需要还本，但要支付固定股息，固定股息通常高于银行贷款利息。优先股相对于其他借款融资通常处于较后的受偿顺序，对于项目公司的其他债权人来说可以视为项目的资本金，而对于普通股股东来说，优先股通常要优先受偿，是一种负债。

(4) 股东借款。股东借款是指公司股东对公司提供的贷款。对于借款公司来说，在法律上是一种负债，但在项目融资中，股东不愿意对项目公司提供更多的注册资金，常用附加股东借款对于项目的银行借款提供准资本金支持。这样一方面可以降低注册资金，另一方面可以获得利息在税前支付的优惠。

5.2.4 新设法人项目资本金筹措

新设法人项目的资本金由新设法人负债筹集。新设法人项目资本金的形成分为两种形式：在新法人设立时由发起人和投资人按项目资本金额度要求提供足额资金；由新法人在资本市场上发行股票进行融资。

5.2.4.1 发起人和投资人出资

按照资本金制度的相关规定，应由投资人或项目发起人认缴或筹集足够的资本金提供给新法人，至于投资人或项目的发起人如何筹集这笔资本金，则是投资人或项目发起人的自身内部事务。项目的发起人和投资人的身份不同（如是政府职能部门或控股的国有公司、民营或外资企业等），其用于资本金投资的资金来源也可能不同。

投资人或项目发起人认缴或筹集的资本金，通常以注册资本的方式投入，有限责任公司及股份公司的注册资本由公司的股东按股权比例认缴。如果公司注册资本的额度要求低于项目资本金额度的要求，股东按项目资本金额度要求投入企业的资金超过注册资本的部分，通常以资本公积的形式记账。

5.2.4.2 新设法人融资

有些情况下，项目最初的投资人或项目发起人对投资项目的资本金并没有安排到位，这时是要通过初期设立的项目法人进一步筹措。其筹集资本金的主要形式有：

（1）在资本市场上募集股东资金。在资本市场募集资本金可以采取私募与公开募集两种基本方式。私募是指将股票直接出售给少数特定的投资者，不通过市场公开销售；公开募集是在证券市场上公开向社会发行销售。在证券市场上公开发行股票，需要取得证券监管机关的批准，需要通过证券公司或投资银行向社会推销，需要提供详细的文件，保证公司的信息披露，保证公司的经营及财务透明度，筹集费用较高，筹资时间较长。私募程序可相对简化但在信息披露方面仍必须满足投资者的要求。

（2）合资合作。通过在资本投资市场上寻求新的投资者，由初期设立的项目法人与新的投资者以合资合作等多种形式，重新组建新的法人。或者由设立初期项目法人的发起人和投资人与新的投资者进行资本整合，重新设立新的法人，使重新设立的新法人拥有的资本达到或满足项目资本金投资的额度要求。采用这一方式，新法人往往需要重新进行公司注册或变更登记。合作制公司的注册资本由合作投资方按预先约定金额投入。

不论以何种方式筹措资本金，都必须符合国家对资本金来源的要求和限制，符合国家资本金制度的规定。

5.2.5　资本金来源的可靠性评估

对于项目资本金来源的可靠性评估，主要应从以下几方面进行考虑：

（1）对出资方、出资方式、资本金来源及数额、资本金认缴度进行评估，并审核各出资者承诺出资和资产评估证明的文件及材料。

（2）对以货币方式投入的资本金，主要应根据出资人近三年的生产经营、资产负债和财务状况变动情况，重点审查其资金来源与使用的平衡情况及落实程度。

（3）对以实物、工业产权、非专利技术、土地使用权等方式投入的，重点审查其所有权是否归出资者所有，估价是否符合法律、法规的要求，投入比例是否符合国家规定等。

（4）对以发行股票方式的筹资，应评估其是否符合国家规定，发行的方式和股票数额是否经有关部门审批同意，是否具有应提交同家有关部门的批复文件。按年度申批计划的，应有分年安排意见。

（5）对于通过发行可转换债券来筹资的项目，应审核负债主体是否符合国家有关法规并经有关部门批准，是否具有应提交国家有关部门的批复文件，并应审核分析转换比率、债券转换对项目法人财务结构的影响、转换前的公司债务负担及转换失败风险。

（6）在评估资本金时，应防止项目法人将对外筹措的负债资金作为项目资本金，并严禁以金融机构借款作为资本金。

5.3　工程项目债务资金筹措

债务资金是指项目投资中除项目资本金外，以负债方式取得的资金。其具体方式有信贷融资、债券融资、租赁融资等。

5.3.1　信贷融资

信贷融资是企业和新建项目筹集债务资金的一个重要渠道。信贷融资具体有银行贷款、出口信贷、外国政府贷款、国际金融机构贷款、银团贷款等。

5.3.1.1 银行贷款

我国的银行贷款分为商业银行贷款及政策性银行贷款。

(1) 商业银行贷款。按照贷款期限，商业银行的贷款分为短期贷款、中期贷款和长期贷款。贷款期限在1年以内的为短期贷款，超过1年至3年的为中期贷款，3年以上期限的为长期贷款。商业银行贷款通常不超过10年，超过10年期限，商业银行需要特别报经人民银行备案。商业银行为了规避贷款风险、保证信贷资金的安全，需要审查借款人的偿债能力。借款人偿债能力不足时，需要提供必要的担保。项目使用银行贷款，需要建立资信、分散风险，才有希望获得银行的贷款支持。既有企业公司法人或者新建项目公司法人使用商业银行贷款，需要满足银行的要求，向银行提供必要的材料。按照目前国家的基本建设管理程序，政府的投资计划管理部门在审批项目可行性研究报告时，对使用银行贷款的项目，需要附有银行的贷款承诺函。

(2) 政策性银行贷款。我国的政策性银行有国家开发银行、进出口银行、农业发展银行等，其中，国家开发银行主要提供基础设施建设及重要的生产性建设项目的长期贷款，一般贷款期限较长；进出口银行主要为产品出口提供贷款支持，提供的出口信贷通常利率低于一般的商业贷款利率；农业发展银行主要为农业、农村发展项目提供贷款，贷款利率通常较低。

为扶持不发达地区的经济发展，国家在信贷资金中，采取适当增加政策性贷款比重以及适当延长政策性贷款的还款期等措施，以增强其投融资能力。

5.3.1.2 出口信贷

项目建设需要进口设备的，可以使用设备出口国的出口信贷。这是设备出口国政府为了支持和扩大本国产品的出口、提高国际竞争力，而对本国设备提供利率补贴并提供信贷担保的方法，鼓励本国银行对出口商或设备进口国的进口商提供优惠利率贷款。具体有：

(1) 买方信贷。设备进口商为借款人，取得贷款资金用于支付进口设备贷款，并对银行还本付息。

(2) 卖方信贷。设备出口商为借款人，从设备出口国的银行取得贷款，设备出口商给予设备购买方以延期付款条件。

出口信贷通常不能对设备价款全额贷款，通常只能提供设备价款85%的贷款，其余的15%价款需要由进口商以现金支付。出口信贷利率通常要低于国际上商业银行的贷款利率。出口信贷通常需要支付管理费、承诺费、信贷保险等附加费用。

5.3.1.3 外国政府贷款

政府贷款是一国政府向另一个国家的企业或政府提供的贷款。外国政府贷款的利率通常很低，一般为2%～4%，甚至无息，期限较长，还款平均期限20～30年，有的甚至长达50年。但通常有限制性条件，限制贷款必须用于采购贷款国的设备。由于贷款使用受到限制，设备进口只能在较小的范围内选择，设备价格可能较高。

外国政府贷款在实际操作中通常由我国指定代理银行转贷款，我国各级财政部门可以为外国政府贷款提供担保。使用外国政府贷款也要支付管理费，国内代理银行转贷需要收取转贷手续费，有时国内代理银行可能根据项目的经营期，要求缩短转贷款的期限。

外国政府贷款经常与出口信贷混合使用，有时还伴有一部分赠款。

5.3.1.4 国际金融机构贷款

国际金融机构提供项目贷款的主要有世界银行、国际金融公司、欧洲复兴与开发银行、亚洲开发银行、美洲开发银行等全球性或地区性金融机构。国际金融机构的贷款通常带有一定的优惠性，贷款利率低于商业银行贷款利率，贷款期限可以安排得很长，同时，对于贷款资金的使用还附有设备采购对象限制性条件，但有可能需要支付某些附加费用，例如承诺费。国际金融机构贷款通常要求设备采购进行国际招标。

国际金融机构的贷款通常需要按这些机构拟定的贷款政策提供，这些机构认为应当支持的发展项目才给予贷款。使用国际金融机构的贷款需按这些机构的要求提供资料，并且需按规定的程序和办法进行。

5.3.1.5 银团贷款

大型建设项目融资中，由于融资金额巨大，一家银行难以承担巨额贷款的风险，可以由多家甚至几十家银行组成银团贷款。组成银团贷款通常需要由一家或数家牵头安排银行，负责联络其他的参加银行，研究考察项目，代表银团成员谈判和拟定贷款条件、起草法律文件。贷款银团中还需要由一家或数家代理银行，负责监管借款人的账户、监控借款人的资金、划收及划转贷款本息等。

使用银团贷款，除了贷款利率之外，借款人还要支付一些管理费、安排费、代理费、承诺费、杂费等附加费用。

5.3.2 债券融资

债券融资是指项目法人以自身的财务状况和信用条件为基础，通过发行企业债券筹集资金，用于项目建设的融资方式。除了一般债券融资外，还有可转换债券融资。

5.3.2.1 一般企业债券

债券是借款单位为筹集资金而发行的一种信用凭证，它证明持券人有权取得固定利息并到期收回本金。我国发行的债券种类有国家债券、地方政府债券、企业债券、金融债券等。债券发行后，可在证券流通市场上进行交易，债券的发行与转让分别通过债券发行市场和债券转让市场进行。

企业可以通过发行企业债券，筹集资金用于项目投资。债券融资可以从资金市场直接获得资金，资金成本（利率）一般低于向银行借款。国内发行的债券通常都是固定利率的。由于有较为严格的证券监管，只有实力很强并且有很好资信的企业才有能力发行企业债券。债券投资人不会愿意承担项目投资风险，因此新项目组建的新公司发行债券，必须有很强的第三方担保。

5.3.2.2 可转换债券

可转换债券是企业发行的一种特殊形式债券。在预先约定的期限内，可转换债券的持有人有权选择按照预先规定的条件将债权转换为发行公司的股权。在公司经营业绩变好时，股票价值上升，可转换债券的持有人倾向于将债权转为股权；而当公司业绩下降或没有达到预期效益时，则倾向于兑付本息。可转换债券作为股票的一个主要衍生品种，纳入股票上市规则管理。可转换债券的发行条件与一般企业债券类似，但由于附加有可转换为股权的权利，通常可转换债券的利率低于一般债券。

现有公司发行可转换债券，通常并不设定后于其他债权受偿，对于其他向公司提供贷款的债权人来说，可转换债券不能视为公司的资本金融资。

5.3.3 租赁融资

租赁方式融资，又称租赁贸易或租赁信贷，也称为国际金融租赁或购买性租赁。是指出租人通过签订租赁合同将设备等物品较长期地租给承租人，承租人将其用于生产经营活动的一种经济合作方式。在租赁期内，出租人享有租赁物的所有权并收取租金，承租人拥有租赁物的使用权，并定期向出租人缴纳租金，租赁关系终止后承租人将该物返还出租人，或根据双方约定，将该物转归承租人所有，或由承租人以低价收购，或由承租人支付较低的租金继续租赁。

国际租赁关系的主体可以是自然人、法人、国家或国际经济组织，客体一般为价值较高的动产或不动产，如工厂的成套设备、建筑设备等。

租赁业务主要包括融资性租赁和经营性租赁两种方式。

5.3.3.1 融资性租赁

机器设备等资产的出租人，在一定期限内将财产租给承租人使用，由承租人分期付给一定的租赁费，这样一种融物与融资相结合的筹资方式，就是融资租赁。融资租赁又称为金融租赁、财务租赁。采取这种租赁方式，通常由承租人选定需要的设备，由出租人购置后租赁给承租人使用，承租人向出租人支付租金，承租人租赁取得的设备按照固定资产计提折旧，租赁期满，设备一般要由承租人所有，由承租人以事先约定的很低价格向出租人收购的形式取得设备所有权。

通常，采用融资租赁，承租人可以对设备的全部价款得到融资，融资额度比使用贷款要大，同时租赁费中所含的利息也比贷款利率要高。

5.3.3.2 经营性租赁

经营租赁是出租方以自己经营的设备租给承租方使用并收取租金，承租方则通过支付一定租金租入设备的方式，节省项目设备购置投资，或等同于筹集到一笔设备购置资金。当预计项目中使用设备的租赁期短于租入设备的经济寿命时，经营租赁可以节约项目运行期间的成本开支，并避免设备经济寿命在项目上的空耗。经营租赁有别于融资租赁，从经济实质上不能被认为是债务资金的一种筹措方式。

5.4 融资方案设计与优化

在投资估算基础上要进行项目融资方案研究，目的在于调查项目的融资环境，研究拟建项目的资金渠道、融资形式、融资结构、融资成本、融资风险，拟定出一套或几套可行的融资方案。经过完善和比选优化，推荐资金来源可靠、资金结构合理、融资成本低、融资风险小的方案。

5.4.1 融资结构分析

项目融资方案的设计及优化中，分析融资结构是一项重要内容。项目的融资结构指各种融资方式的结构比例，即项目筹集资金中各种资金来源的构成及其比例关系，具体包括资本金、债务资金的形式、各种资金的占比、资金来源以及资本金结构、债务资金结构。

资金结构的合理性和优化由各方利益平衡、风险性、资金成本等多方面因素决定。

5.4.1.1 项目资本金与债务资金比例

项目资金结构的一个基本比例是资本金与债务资金的比例。在项目总投资和投资风险一定的条件下，资本金比例越高，权益投资人投入项目的资金越多，承担的风险越高，而提供债务资金的债权人承担的风险就越低。从权益投资人的角度考虑，项目的资金结构应追求以较低的资本金争取较多的债务资金，同时要争取尽可能低的对股东的追索。从债务资金的债权人角度，则希望债权得到有效的风险控制，项目有较高的资本金比例可以承担较高的市场风险，有利于债权得到有效的风险控制。项目的资本金比例越高，贷款的风险越小，贷款的利率可以越低，反之贷款利率越高。当项目资本金比例降低到银行不能接受的水平时，银行将会拒绝贷款。合理的资金结构需要由各个参与方的利益平衡来决定。

5.4.1.2 项目资本金结构

资本金结构包含投资产权结构和资本金比例结构两个方面内容。

A 投资产权结构

工程项目的投资产权结构是指工程项目投资形成的资产所有权结构，是项目的权益投资人对项目资产的拥有和处置形式、收益分配关系。投资产权结构与投融资的组织形式联系密切。权益投资方式有股权式合资结构、契约式合资结构、合伙制结构三种。

投资产权结构是项目投资前期研究的重要内容，通常在项目研究的初期确定。项目的投资产权结构影响项目的投资方案、融资方案、融资谈判，影响项目实施的各个方面。投资产权结构选择要服从项目实施目标的要求。商业性的投资人需要取得投资收益，投资结构应当能够使权益投资人获取满意的投资收益。基础设施投资项目需要以低成本取得良好的服务效果，投资结构应当能够使得基础设施以高效率运行。

B 资本金比例结构

参与投资的各方投资人占有多大出资比例，对于项目成败有重要的影响。公司的控股形式可以是绝对控股或相对控股，各方投资比例应考虑各方的利益需要、资金及技术能力、市场开发能力、已经拥有的权益等。不同的权益比例决定各投资人在项目及公司中的作用、承担的责任义务、收益分配。不同的投资人，由于其背景和特长的不同，对项目的成功有不同的贡献，各个投资人之间的优势互补可以使项目的成功得到更好的保障。如果出资比例处理不当，某些方面的利益没有得到合理分配，可能会造成项目实施中的困难。

5.4.1.3 债务资金结构

债务资金结构需要分析各种债务资金的占比、负债的方式及债务期限的配比。合理的债务资金结构需要考虑融资成本、融资风险，合理设计融资方式、币种、期限、偿还顺序及保证方式。

A 债务期限配比

项目负债结构中，长短期负债借款应合理搭配。短期借款利率低于长期借款，适当安排一些短期融资可以降低总的融资成本，但如果过多采取短期融资，会使项目公司的财务流动性不足，财务稳定性下降，产生过高的财务风险。债务融资的期限应当与项目的经营期限相协调。

B 境内外借贷占比

对于借款公司来说，使用境外贷款或国内银行外汇贷款，如果贷款条件一样，并没有什么区别。但是对于国家来说，项目使用境外贷款，对国家的外汇收支有影响。项目投资中如果有国外采购，可以附带寻求国外的政府贷款、出口信贷等优惠融资。

C 外汇币种选择

不同币种选择的外汇汇率总在不断地变化。项目使用外汇贷款需要仔细选择外汇币种。外汇贷款的借款币种与还款币种有时是不同的。通常应当考虑的是还款币种。为了降低还款成本，选择币值较为软弱的币种作为还款币种。但币值软弱的外汇贷款利率通常较高。币种选择中需要对汇率与利率进行预测，在汇率变化与利率差异之间做出权衡和抉择。

D 偿债顺序安排

负债融资安排中，除了负债种类、期限、币种等计划外，还要妥善安排偿债顺序。偿债顺序包括偿债的时间顺序及不同债务的受偿优先顺序。

通常，在多种债务中，对于借款人在时间上应当先偿还利率较高的债务，后偿还利率低的债务。由于有汇率风险，应当先偿还硬货币的债务，后偿还软货币的债务。

多种债务的受偿优先顺序安排对于取得债务融资有重要影响，如果提供信贷融资的金融机构感觉到资金的债权受偿顺序对己不利，可能会拒绝提供贷款。项目的融资安排应当尽可能使所有的债权人对于受偿优先顺序均可以接受。通常，安排所有的债权人以相同的受偿顺序受偿是一种可行的办法。受偿优先顺序通常受借款人项目财产的抵押及公司账户的监管安排所限定，融资方案中需要对此妥善安排。

5.4.2 融资风险分析

融资风险是指融资活动存在的各种风险。融资风险有可能使投资者、项目法人、债权人等各方蒙受损失。在融资方案分析中，应对各种融资方案的融资风险进行识别、比较，并对最终推荐的融资方案提出防范风险的对策。融资风险分析中应重点考虑资金供应、利率、汇率等风险因素，并分析出资吸引力、再融资能力、融资预算松紧程度等内容。

5.4.2.1 融资风险因素

A 资金供应风险

资金供应风险是指在项目实施过程中由于资金不落实，导致建设工期延长，工程造价上升，使原定投资效益目标难以实现的可能性。导致资金不落实的原因很多，主要包括：

(1) 已承诺出资的股本投资者由于出资能力有限（或者由于拟建项目的投资效益缺乏足够的吸引力）而不能（或不再）兑现承诺。

(2) 原定发行股票、债券计划不能实现。

(3) 既有企业法人由于经营状况恶化，无力按原定计划出资。

为防范资金供应风险，必须认真做好资金来源可靠性分析。

B 利率风险

利率风险是指由于利率变动导致资金成本上升，给项目造成损失的可能性。利率水平随金融市场情况而变动，未来市场利率的变动会引起项目资金成本发生变动。采用浮动利率，项目的资金成本随利率的上升而上升，随利率的下降而下降，采用固定利率，如果未来利率下降，项目的资金成本不能相应下降，相对资金成本将升高。因此，无论采用浮动利率还是固定利率都存在利率风险。

为了防范利率风险，应对未来利率的走势进行分析，以确定采用何种利率。

C 汇率风险

汇率风险是指由于汇率变动给项目造成损失的可能性。国际金融市场上各国货币比价时刻在变动，使用外汇贷款的项目，未来汇率的变动会引起项目资金成本发生变动以及未来还本付息费用支出的变动。某些硬货币贷款利率较低，但汇率风险较高，软货币则相反，汇率风险较低，但贷款利率较高。

为了防范汇率风险，使用外汇数额较大的项目应对人民币的汇率走势、所借外汇币种的汇率走势进行分析，以确定借用何种外汇币种以及采用何种外汇币种结算。一般情况下应尽量借用软货币。

5.4.2.2 出资能力分析

对项目提供贷款的融资人应当有充分出资能力。考虑到出资人的出资风险，在选择项目的股本投资人及贷款人时，应当选择资金实力强、既往信用好、风险承受能力强、所在国政治及经济稳定的出资人。

5.4.2.3 项目再融资能力分析

项目的融资方案中需要设计项目的补充融资计划，即在项目出现融资缺口时应当有及时取得补充融资的计划及能力。主要包括：项目公司股东的追加投资承诺、贷款银团的追加贷款承诺、银行贷款承诺高于项目计划使用资金数额，以取得备用的贷款承诺。

5.4.2.4 项目融资预算的松紧程度

项目的投资支出计划与融资计划的平衡应当匹配，必要时应当留有一定的净现金富余量。融资预算不能过于紧张，同时保持一定的备用提款权（包括股东追加、提前投入资本金、银行的备用提款权）。

5.4.3 资金成本分析

5.4.3.1 资金成本的概念

资金成本是指项目或企业在筹集资金时所支付的一定代价，主要包括筹资费和资金的使用费。筹资费是指在筹集资金过程中发生的各种费用，如委托金融机构代理发行股票、债券而支付的注册费和代理费等，向银行借款而支付的手续费等。使用费是指因使用资金而向资金提供者支付的报酬，如使用发行股票筹集的资金，要向股东们支付红利；使用发行债券和银行贷款借入的资金，要向债权人支付利息；使用租入的资产，要向出租人支付租金等。

由于不同情况下筹集资金的总额不同，为了便于比较，资金成本通常以相对数来表示，即用资金成本率来表示：

$$K = \frac{D}{P - F} \tag{5-1}$$

或

$$K = \frac{D}{P(1 - f)} \tag{5-2}$$

式中 K——资金成本率（一般通称为资金成本）；

P——筹集资金总额；

D——使用费；

F——筹资费；

f——筹资费费率（即筹资费占筹集资金总额的比率）。

5.4.3.2　资金成本的作用

资金成本的主要作用表现在以下几个方面：

（1）选择资金来源、确定融资方案的重要依据。从融资决策的角度来讲，工程项目力求选择资金成本最低的融资方式。

（2）评价工程项目、比较投资方案和进行投资决策的经济标准。从企业投资决策的角度来讲，通常将资金成本视为一个投资项目的最低收益率或必要报酬率。

（3）评价企业经营业绩的基准。资金成本还可用作衡量企业经营业绩的尺度，即全部投资的利润率应高于资金成本，否则表明业绩欠佳，需要改善经营管理。

5.4.3.3　权益资金成本的计算

工程项目权益资本的主要来源有发行股票和利润留成等，其资金成本计算方法如下：

（1）普通股资金成本。普通股持有者拥有公司的普通股权，公司的资产及经营收益扣除负债与优先股后，归普通股股权所有，公司权益归普通股股东所有，普通股股东对于公司的预期收益要求，也可看作为普通股筹资的资金成本。

普通股股东对于公司投资的预期收益要求，可以征询投资方的意见得知，不具备征询意见的条件时，通常可采取资本定价模型，根据同行业类似项目的投资收益确定。采取风险系数β的资本定价模型为：

$$i = i_0 + \beta(i_m - i_0) \tag{5-3}$$

式中　i——普通股资金成本，即普通股股东的预期收益要求；

i_0——社会无风险投资收益率；

i_m——社会平均投资收益率；

β——行业、公司或项目的资本投资风险系数。

（2）利润留成的资金成本。利润留成（又称保留利润）是指企业从税后利润总额中扣除股利后的剩余部分，它属于企业投资者所有。由于企业属股东所有，保留利润也属于股东所有，因此可认为这些未分配保留利润的最低成本是股票本身的资金成本 i_s，也可以采用类似于普通股资金成本确定的方法确定。

（3）优先股资金成本。对于优先股，类似于负债融资，资金成本按照优先股股息对发行优先股取得的资金之比计算，即：

$$i = \frac{\text{优先股股息}}{\text{优先股发行价格} - \text{发行成本}} \times 100\% \tag{5-4}$$

例 5-1　某优先股面值 100 元，发行价格 105 元，发行成本 3%，每年付息一次，固定股息率 5%。计算该优先股资金成本。

解：

$$\text{资金成本} = \frac{5}{105 - 3} \times 100\% = 4.902\%$$

5.4.3.4　债务资金成本的计算

工程项目债务资本的资金成本计算方法如下：

（1）理论公式。借贷资本的使用费用就是支付的贷款利息。因此债务资金的资金成本就是利率，是项目接受的资金现值与未来资金流出（利息、本金偿还）的现值相等的一种折现率，定义如式（5-5）所示。

$$\sum_{t=0}^{n}\frac{F_t}{(1+i)^t}=\sum_{t=0}^{n}\frac{C_t}{(1+i)^t} \tag{5-5}$$

或

$$\sum_{t=0}^{n}\frac{F_t-C_t}{(1+i)^t}=0 \tag{5-6}$$

式中　F_t——各年实际借贷资金流入额；

C_t——各年实际借贷资金支出额，包括资金占用成本及筹资费用；

i——资金成本；

n——借贷期限。

考虑到借贷筹资费用和利息支出均在所得税前支付，对于股权投资方，可取得所得税抵减的好处，税后的借贷资金成本应为：

$$i_{后}=i(1-T) \tag{5-7}$$

式中　$i_{后}$——税后借贷资金成本；

T——所得税税率。

（2）银行及金融机构的贷款资金成本。工程项目借款需要按与银行及金融机构约定的契约利率 $i_{约}$ 来支付利息。由于该笔利息支出可从总收入中扣除（即在所得税前支付），因而减少了应纳税收入。其资金成本为：

$$i=i_{约}(1-T) \tag{5-8}$$

式中　i——借款资金成本；

$i_{约}$——借款契约利率，如贷款计息一年数次，应将其转化为实际年利率；

T——所得税税率。

例 5-2　某企业向银行贷款 1000 万元，年贷款利率为 5%，一年计息两次。所得税税率为 25%，计算该项借款的资金成本。

解：该项借款的资金成本为：

$$i=\left[\left(1+\frac{5\%}{2}\right)^2-1\right](1-25\%)=3.797\%$$

（3）债券资金成本。债券的发行价格有三种：超价发行，即以高于债券票面金额的价格发行；低价发行，即以低于债券票面金额的价格发行；等价发行，即以债券票面金额的价格发行。调整发行价格可以平衡票面利率与购买债券收益之间的差距。债券资金成本的计算与借款资金成本的计算类似。

例 5-3　面值 100 元的债券，发行价格 100 元，票面利率年率 5%，3 年期，到期一次还本付息；发行费 0.5%，在债券发行时支付；兑付手续费 0.5%；所得税税率为 25%。计算债券资金成本和税后债务资金成本。

解：计算债券资金成本，由式（5-6）知：

$$100-100\times0.5\%-\frac{100\times(1+3\times5\%)}{(1+i)^3}-\frac{100\times0.5\%}{(1+i)^3}=0$$

可知 $i=5.096\%$

计算税后债务资金成本：$i_{后}=5.096\%\times(1-25\%)=3.822\%$

5.4.4 编制项目的资金筹措计划方案

通过对项目融资方案的系统研究，在项目分年投资基础之上编制一套完整的项目资金筹措方案，对资金来源、资金筹措方式、融资结构和数量等做出整体安排。项目的资金筹措需要满足项目投资资金使用的要求，投资计划应涵盖项目的建设期及建成后的投产试运行和正式的生产经营。一个完整的项目资金筹措计划方案由两个部分内容构成：项目资金来源计划表和项目投资使用与资金筹措计划表。

5.4.4.1 编制项目资金来源计划表

项目资金来源计划表主要反映项目资本金及债务资金来源的构成。每一项资金来源的融资条件和融资可信程度在表中要加以说明和描述，或在表中附注。表格样式见表5-2和表5-3。

表5-2 新设法人项目资金来源计划表

序号	资金来源	金额/万元	融资条件	融资可信度
1	资本金	2500		
1.1	股东A股本投资	1500		公司书面承诺
1.2	股东B股本投资	500		董事长书面承诺
1.3	股东C股本投资	500		公司预计
2	债务资金	6500		
2.1	某国买方信贷	3500	①	公司意向
2.2	银行长期贷款	3000	②	银行书面承诺，各股东书面承诺担保

①贷款期限8年，其中宽限期3年，宽限期内支付利息，不让本；还款期内等额分期偿还本金；年利率6%，按季付息；国内商业银行转贷手续费0.4%；无其他银行附加费用；以进口设备抵押，抵押率70%。

②贷款期限6年，其中宽限期两年，还款期内等额还本付息；年利率8%，按季付息；由公司股东按股权比例担保，担保费率1%；无其他财务费用。

表5-3 既有法人项目资金来源计划表

序号	资金来源	金额/亿元	融资条件	融资可信度
1	项目资本金	4.0		
1.1	既有法人内部融资	2.0		来自既有公司现有现金流、建设期内的经营净现金流、资产变现
1.2	新增资本金（股东增加股本投资）	2.0		股东承诺书
2	新增债务资金	6.0		
2.1	增加长期贷款			
	银行贷款	5.0	①	银行贷款承诺书
2.2	增加流动资金借贷	1.0	②	银行贷款承诺书，股东担保承诺书
2.3	发行债券			
2.4	融资租赁			
3	合计	10.0		

①贷款期限6年，其中宽限期3年，还款期内等额还本，执行国家基准利率，年利率6%，按季付息；以项目财产及权益抵押；贷款需要与资本金同比例支用。

②贷款期限1年，可循环周转使用；执行国家基准利率，年利率5%，按季付息；由控股母公司担保，担保费率1%；无其他银行附加费。

5.4.4.2 编制项目投资使用计划和筹措表

投资使用计划与资金筹措表是根据项目资金来源计划表反映的各项资金来源和条件，按照项目投资使用要求所进行的规划与安排。该表是投资估算和融资方案两部分的衔接点。编制时总投资与分年投资计划表相结合，使资金的需求与筹措在时序、数量两方面都能平衡。某新建公司新建投资项目分年投资计划与资金筹措表格式详见表5-4。

表5-4 某新建公司新建投资项目分年投资使用与资金筹措计划表

序号	项目＼年份	建设期								运营期								合计
		第一年				…				第 i 年				…				
		外币	折人民币	人民币	小计	外币	折人民币	人民币	小计	外币	折人民币	人民币	小计	外币	折人民币	人民币	小计	
1	投资项目																	
1.1	不含建设期利息的建设投资																	
1.2	建设期利息																	
1.3	流动资金																	
2	资金筹措																	
2.1	资本金																	
2.1.1	股东A																	
2.1.2	股东B																	
2.1.3	股东C																	
2.2	借款																	
	长期借款																	
2.2.1	X银行借款																	
	Y银行借款																	
2.2.2	短期借款																	
2.3	发行债券																	
2.4	融资租赁																	
年末资金结余																		

5.4.5 融资方案优化

5.4.5.1 综合资金成本的计算

综合资金成本是对各种个别资金成本进行加权平均而得的结果，也称为加权平均资金成本。其计算公式为：

$$i_w = \sum i_k f_k \tag{5-9}$$

式中 i_w——加权平均资金成本；

i_k——第 k 种融资的资金成本；

f_k——第 k 种融资的资金额与项目总融资金额的比例，$\sum f_k = 1$。

企业有多种融资方案且每一方案又有多种融资方式时，由于个别资金成本有高低差异，需要计算综合资金成本。在不考虑其他因素时，通常选择综合资金成本最低的方案。

例 5-4　某公司现有长期资本总额为 10000 万元，其中长期借款 2000 万元，长期债券 5000 万元，普通股 3000 万元，各种长期资金成本分别为 5%，6% 和 10%。计算该公司综合资金成本。

解：(1) 计算各种长期资本占全部资本的比例

$$长期借款资金比例 = 2000 \div 10000 \times 100\% = 20\%$$

$$长期债券资金比例 = 5000 \div 10000 \times 100\% = 50\%$$

$$普通股资金比例 = 3000 \div 10000 \times 100\% = 30\%$$

(2) 计算综合资金成本

$$综合资金成本 = 5\% \times 20\% + 6\% \times 50\% + 10\% \times 30\% = 7\%$$

5.4.5.2　融资方案优选

在项目的融资方案优化过程中，首先要对融资结构进行分析，尤其要注意掌握自有资金（资本金）与债务融资（负债）的结构比例，这将直接影响到项目投产运营后企业的资产负债比例、项目借款的还本付息能力及投资回收情况，其次，还要进行最佳融资结构的财务分析。融资方案的最佳结构比例应能使项目投产经营后企业的总体资金结构达到最优，企业的总价值最大，而风险最小。

通过计算、分析不同融资结构下的综合融资成本和企业总价值，寻找企业价值最大、融资成本最低的融资结构，这就是项目的最佳融资结构。

A　各融资来源融资成本已定但资金来源比例未定的方案优选

例 5-5　某项目经过分析测算，决定从申请贷款、发行债券和股票三个方面筹措资金，其融资成本已经分别确定，如表 5-5 所示。试从以下四种资金来源结构及融资成本中选择最优的融资方案。

表 5-5　融资方案及其融资成本表

资金来源	融资方案/%				已定资金融资成本/%
	A	B	C	D	
贷款	35	20	30	50	7
债券	20	40	25	20	9
股票	45	44	45	30	10

解：根据表 5-4 的相关数据，可以计算得到各融资方案下项目的综合融资成本如下：

A 融资方案融资成本 $= 0.35 \times 0.07 + 0.2 \times 0.09 + 0.45 \times 0.1 = 8.75\%$

B 融资方案融资成本 $= 0.2 \times 0.07 + 0.4 \times 0.09 + 0.44 \times 0.1 = 9.4\%$

C 融资方案融资成本 $= 0.3 \times 0.07 + 0.25 \times 0.09 + 0.45 \times 0.1 = 8.85\%$

D 融资方案融资成本 $= 0.5 \times 0.07 + 0.2 \times 0.09 + 0.3 \times 0.1 = 8.3\%$

从以上计算结果可以看出，D 融资方案的综合融资成本为 8.3%，在四种融资方案中最低。因此，在该项目融资过程中，应以贷款 50%、发行债券 20% 和发行股票 30% 的比例进行融资。

B　各融资来源的融资成本未定但资金来源比例已定的方案优选

例 5-6　某项目决定在所筹资金中，贷款、债券和股票的比例分别为 55%、25% 和 20%。试根据表 5-6 确定最优的融资成本。

表 5-6　融资方案及其融资成本表

资金来源	已定资金来源结构/%	融资方案的融资成本结构/%			
		A	B	C	D
贷款	55	6	7	6.5	7.5
债券	25	9	8.5	8	8
股票	20	10	9.5	9	10.5

解：根据表 5-6 的相关数据，可以计算得到各融资方案下项目的综合融资成本如下：

A 融资方案融资成本 $=0.55\times0.06+0.25\times0.09+0.2\times0.1=7.55\%$

B 融资方案融资成本 $=0.55\times0.07+0.25\times0.085+0.2\times0.095=7.875\%$

C 融资方案融资成本 $=0.55\times0.065+0.25\times0.08+0.2\times0.09=7.375\%$

D 融资方案融资成本 $=0.55\times0.075+0.25\times0.08+0.2\times0.105=8.225\%$

从以上计算结果可以看出，C 融资方案的综合融资成本为 7.375%，在四种融资方案中最低。因此，在该项目融资过程中，应以贷款融资成本 6.5%、发行债券融资成本 8% 和发行股票融资成本 9% 的方式进行融资。

复习思考题

5-1　说明工程项目的投融资主体及其分类。

5-2　工程项目筹资的基本要求有哪些？

5-3　工程项目资金有哪些来源？

5-4　何谓工程项目的资本金，其有哪些来源？

5-5　既有法人项目的资本金筹措有哪些来源？

5-6　新设法人项目的资本金筹措有哪些来源？

5-7　工程项目信贷融资具体形式有哪些？

5-8　工程项目融资结构分析的内容是什么？

5-9　工程项目资金筹措计划方案包括哪些内容？

5-10　某企业从银行借款 100 万元，年利率为 12%，筹资费假设为 0，公司所得税税率为 25%。如果按一年分两次支付利息、一年分六次支付利息的两种方式支付利息，分别计算借款资金成本。

5-11　某生产企业账面反映的长期资金共 500 万元，其中，长期借款 150 万元，应付长期债券 50 万元，普通股 300 万元，其资金成本分别为 6.7%、9.2%、11.3%。该企业的综合资金成本为多少？

5-12　工程项目融资方案优化包括哪些内容？

6　工程项目财务评价

本章概要：工程项目财务评价是投融资决策的重要依据。本章介绍了工程项目财务评价的内容、程序、作用等，分析了财务评价的价格体系；在财务效益及费用估算的基础上，阐述了财务效益分析的盈利能力分析、清偿能力分析、外汇平衡能力分析等内容；并对改扩建项目及非经营性项目的财务评价进行了介绍。

6.1　财务评价概述

6.1.1　工程项目财务评价的含义与作用

6.1.1.1　工程项目财务评价的含义

工程项目财务评价（亦称财务分析），是根据国家现行的财税制度和价格体系，分析计算工程项目直接发生的财务效益和费用，编制报表，计算评价指标，考察项目的盈利能力、清偿能力以及外汇平衡状况，并且还要进行不确定性分析，以判别工程项目的投资在财务上是否可行。

作为工程项目经济评价的重要组成部分，财务评价拟解决的主要问题是：

（1）从项目或企业的角度和范围，按照现行财税制度和市场价格计算项目的费用和效益，衡量项目的盈利大小、竞争能力和抗风险能力，据以判断项目财务评价的可行性。

（2）为项目制定资金规划，通过不同的资金筹措、使用和偿还方案比较，选择最佳资金规划方案，分析清偿能力。

（3）为协调企业利益和国家利益提供参考建议。

财务评价与企业的日常财务分析存在着根本区别：日常财务分析是事后评价，而工程项目的财务评价是事前评价；日常财务分析是针对企业会计期的生产经营活动，而财务评价是针对项目整个计算期的投资和生产经营活动；日常财务分析主要对企业财务收支进行静态分析，而财务评价既要进行静态分析，又要做动态分析，还要开展不确定性分析。

6.1.1.2　工程项目财务评价的作用

A　财务评价可衡量工程项目的财务盈利能力

投资者在投资时，必须对工程项目的策划、筹资、建设直至生产经营、归还贷款和债务本息以及资产保值增值，实行全过程的负责，在享受投资利益的同时承担投资风险，在符合产业政策的前提下，企业对投资项目具有自主决策权。因此，投资者必须十分关注投资项目的盈利能力，此外，中央和地方各级决策部门对项目盈利能力也很重视。为了全面准确地把握投资项目的财务盈利能力，保证其财务可行性，应当进行投资项目的财务评价。

B　财务评价有助于工程项目资金的筹措

一般地，进行项目投资首先需要知道投资规模即投资额的大小，以及资金成本的高低和投资资金的来源构成，然后按计划进行资金筹措。对工程项目进行财务评价，不仅能使投资者了解投资项目的盈利能力，而且还可以掌握投资规模的大小以及投资资金的构成。因此，为了保证投资资金的供给，使投资项目顺利建设，进行财务评价是十分必要的。

C 财务评价对非盈利项目也可进行比较权衡

对于一些非盈利性项目或微利项目，如基础设施投资项目，在经过有关部门批准的情况下，可以实行还本付息价格或微利价格。在这类项目决策中，为了权衡项目所需中央或地方财政支持的程度，例如政策性补贴或减免税等，也需要进行财务评价。

D 财务评价是进行国民经济评价的基础

国民经济分析与财务分析都是试图判别一个项目的费用和效益，并以此计算其盈利能力。对大多数工业建设项目而言，国民经济评价都是在财务评价的基础上，对其费用和效益范围、价格、折现率等进行适当调整而进行的，因此财务评价是进行国民经济评价的基础。

6.1.2 工程项目财务评价的内容与程序

6.1.2.1 工程项目财务评价的内容

工程项目财务评价一般包括财务盈利能力评价、财务清偿能力分析和不确定性分析（在本书第八章重点讲述）三个部分；涉及外汇收支的项目，必要时还需进行外汇平衡分析。

财务盈利能力评价是衡量项目投资的盈利率，是对所提供资金潜在收益能力的一种评价，旨在判别投资项目是否值得投资；财务清偿能力分析则主要是考察计算期内各年的财务状况及偿债能力，旨在研究最佳的资金来源，解决投资项目的资金供应问题，以使可利用资金能够保证项目的顺利实施和运营。

6.1.2.2 工程项目财务评价的程序

A 财务评价前准备

通过熟悉拟建工程项目基本情况，收集整理基础数据，为进行项目财务评价做好准备。该阶段工作内容主要包括项目财务预测和基本财务报表编制两项内容。

B 进行财务效益评价

通过基本财务报表计算各项评价指标及财务比率，进行各项财务分析，以确定项目的财务可行性。

C 进行不确定性分析

通过分析不确定性因素对工程项目各项经济评价指标的影响，以估计项目可能承担的风险，确定项目经济上的可靠性。进行不确定性分析的方法主要有盈亏平衡分析、敏感性分析和概率分析。

6.1.3 工程项目财务评价的基础数据及测算

6.1.3.1 工程项目财务评价基础数据测算的概念

工程项目财务评价基础数据测算，是指在对市场、资源以及工程技术条件分析评价的基础上，从项目（或企业）角度出发，依据现行的经济法规和价格政策，对一系列有关的财务基础数据进行调查、搜集、整理和测算，并编制有关的财务基础数据估算表格的工作。

工程项目财务评价基础数据测算是工程项目财务效益分析、国民经济效益分析和不确定性分析的基础和重要依据。它不仅为财务效益分析提供必需的财务数据，而且对财务效益分析的结果、所采取的分析方法以及最后的决策意见产生决定性的影响。

6.1.3.2 工程项目财务评价基础数据测算的内容

工程项目财务评价基础数据的测算，应包括工程项目计算期内各年的经济活动情况及全部财务收支和结果。具体包括对项目总投资和投资资金来源与筹资、项目生产期、总成本费用、销售收入与税金、利润总额及其分配以及借款的还本付息等方面内容的估算和预测。

6.1.3.3 工程项目财务评价基础数据测算的程序

A 熟悉项目概况，制定财务基础数据估算工作计划

由于各个建设项目的背景、条件、项目内部因素以及外部配套条件等各不相同，分析评价人员必须对项目的基本概况作一个全面的了解，针对其特点，制定出财务基础数据估算计划，以明确审查分析的重点、时间安排以及人员分配等。

B 收集资料

财务基础数据测算工作所涉及的范围很广，需要收集大量的资料，包括批准的项目建议书和项目可行性研究报告，政府有关部门制定的政策、法令、规章制度、条例以及办法、标准等，同类项目的有关基础资料。

C 进行财务基础数据估算

在搜集、整理资料的基础上，测算各项财务基础数据，并编制相应的估算表格。

6.2 财务评价的价格体系

6.2.1 财务评价涉及的价格

6.2.1.1 影响价格变动的因素

影响价格变动的因素很多，可归纳为两类：一是相对价格变动因素；二是绝对价格变动因素。

相对价格是指商品之间的比价关系。导致商品相对价格变化的因素很复杂，例如供应量的变化、价格政策的变化、劳动生产率变化等可能引起商品间比价的改变；消费水平变化、消费习惯改变、可替代产品的出现等引起供求关系发生变化，从而使供求均衡价格发生变化，引起商品间比价的改变等。

绝对价格是指用货币单位表示的商品价格水平。绝对价格变动一般表现为物价总水平的变化，即因货币贬值（通货膨胀）引起的所有商品价格普遍上涨，或因货币升值（通货紧缩）引起的所有商品价格普遍下降。

6.2.1.2 财务分析涉及的三种价格及其关系

在项目财务分析中，要对项目整个计算期内的价格进行预测，涉及如何处理价格变动的问题。在计算期的若干年内，是采用同一个固定价格，还是各年都变动以及如何变动，即投资项目的财务分析采用什么价格体系的问题。

财务分析涉及的价格有三种，即固定价格（或称基价）、实价和时价。

（1）基价（base year price）是指以基年价格水平表示的，不考虑其后价格变动的价格，也称固定价格（constant price）。如果采用基价，项目计算期内各年价格都是相同的。一般选择评价工作进行的年份为基年，也有选择预计的开始建设年份的。例如某项目财务分析在2014年进行，一般选择2014年为基年，假定某货物A在2014年的价格为100元，即其基价为100元，是以2014年价格水平表示的。基价是确定项目涉及的各种货物预测价格的基础，也是估算建设投资的基础。

（2）时价（current price）是指任何时候的当时市场价格。它包含了相对价格变动和绝对价格变动的影响，以当时的价格水平表示。以基价为基础，按照预计的各种货物的不同价格上涨率（可称为时价上涨率）分别求出它们在计算期内任何一年的时价。

假定货物A的时价上涨率为2%，在2014年基价100元的基础上，2015年的时价应为［100×（1+2%）］，即102元；若2016年货物A的时价上涨率为3%，则2016年货物A的时价为［100×（1+2%）×（1+3%）］，即105.06元。

设基价为P_b，时价为P_c，各年的时价上涨率为$c_i(i=1,2,\cdots,n)$，c_i可以各年相同，也可以不同，则第n年的时价：

$$P_{cn} = P_b \times (1 + c_1) \times (1 + c_2) \times \cdots \times (1 + c_n) \tag{6-1}$$

若各年c_i相同，$c_i = c$，则有：

$$P_{cn} = P_b \times (1 + c)^n \tag{6-2}$$

（3）实价（real price）是以基年价格水平表示的，反映相对价格变动因素影响的价格。可以由时价中扣除物价总水平变动的影响来求得实价。

若物价总水平上涨率3.5714%，则2015年货物A的实价为［102/（1+3.5714%）］=98.48元。这说明，虽然看起来2015年A的价格比2014年上涨了2%，但扣除物价总水平上涨影响后，货物A的实际价格反而比2014年降低了，这是由于某种原因所导致的相对价格变动所致。

如果把实际价格的变化率称为实价上涨率，那么货物A的实价上涨率为：［（1+2%）/（1+3.5714%）］-1=-1.52%。只有当时价上涨率大于物价总水平上涨率时，该货物的实价上涨率才会大于零，此时说明该货物价格上涨超过物价总水平的上涨。

设第i年的实价上涨率为r_i，物价总水平上涨率为f_i，则有：

$$r_i = \frac{(1 + c_i)^i}{(1 + f_i)^i} - 1 \tag{6-3}$$

如果所有货物之间的相对价格保持不变，即实价上涨率为零，那么每种货物的实价就等于基价，同时意味着各种货物的时价上涨率相同，即各种货物的时价上涨率等于物价总水平上涨率。

6.2.2 财务评价的取价原则

6.2.2.1 财务分析应采用预测价格

财务分析是估算拟建项目未来数年或更长年份的效益与费用，因投入物和产出物的未来价格会发生变化，为了合理反映项目的效益和财务状况，财务分析应采用预测价格。预测价格应是在选定的基年价格基础上测算，一般选择评价当年为基年。至于采用上述何种价格体系，要视具体情况决定。

6.2.2.2 现金流量分析原则上采用实价体系

采用实价计算净现值和内部收益率进行现金流量分析是国际上比较通行的做法。因为实价排除了通货膨胀因素的影响，消除了因通货膨胀（物价总水平上涨）带来的“浮肿净现金流量”，能够相对真实地反映投资的盈利能力，便于投资者考察投资的实际盈利能力。

如果采用含通货膨胀因素的时价进行现金流量分析，特别是当对产出物采用的时价上涨率等于或大于对投入物采用的时价上涨率时就有可能使未来收益大大增加，因此形成“浮肿净现金流量”，夸大项目的盈利能力。此时采用的财务基准收益率应当包含通货膨胀率，才能不影响对项目财务可行性的判断。

6.2.2.3 偿债能力分析和财务生存能力分析原则上应采用时价体系

用时价进行财务预测，编制利润和利润分配表、财务计划现金流量表及资产负债表，有利于描述项目计算期内各年当时的财务状况，能相对合理地进行偿债能力分析和财务生存能力分析，这也是国际上比较通行的做法。

为了满足实际投资的需要，在投资估算中应同时包含两类价格变动因素引起投资增长的部分，一般通过计算涨价预备费来体现。同样，在融资计划中也应考虑这部分费用，在投入运营后的还款计划中自然包括该部分费用的偿还。因此，只有采用既包括了相对价格变化，又包含通货膨胀因素影响在内的时价价值表示的投资费用、融资数额进行计算，才能真实反映项目的偿债能力和财务生存能力。

6.2.2.4 财务分析价格体系的简化

在实践中，并不要求对所有项目或在所有情况下，都必须全部采用上述价格体系进行财务分析，多数情况下允许根据具体情况适当简化。

《方法与参数》和《指南》都各自提出了简化处理的办法，虽然表述不尽相同，但实际上两者对财务分析采用价格体系的简化处理基本上是一致的，可以归纳为以下几点：

（1）一般在建设期间既要考虑通货膨胀因素，又要考虑相对价格变化，包括对建设投资的估算和对运营期投入产出价格的预测。

（2）项目运营期内，一般情况下盈利能力分析和偿债能力分析可以采用同一套价格，即预测的运营期价格。

（3）项目运营期内，可根据项目和产出的具体情况，选用固定价格（项目运营期内各年价格不变）或考虑相对价格变化的变动价格（项目运营期内各年价格不同，或某些年份价格不同）。

（4）当有要求，或通货膨胀严重时，项目偿债能力分析和财务生存能力分析要采用时价价格体系。

6.3 财务效益与费用的估算

财务效益与费用是指项目运营期内企业因项目所获得的收入和企业为项目付出的支出。主要包括营业收入、成本费用和有关税金等，某些项目的补贴收入也应计入财务效益。

6.3.1　营业收入

营业收入是指销售产品或提供服务取得的收入，是项目财务效益的主体。对于销售产品的项目，营业收入即为销售收入。在估算营业收入的同时，一般还要完成相关流转税金，主要包括营业税、增值税、消费税以及营业税金附加等的估算。

在项目决策分析与评价中，营业收入的估算基于一项重要假定，即当年的产品（实际指商品，由产品扣除自用量）当年全部销售，也就是当年商品量等于当年销售量。

6.3.1.1　合理确定运营负荷

计算营业收入，首先要正确估计各年运营负荷（或称生产能力利用率和开工率）。运营负荷是指项目运营过程中负荷达到设计能力的百分数，它的高低与项目复杂程度、产品生命周期、技术成熟程度、市场开发程度、原材料供应、配套条件、管理因素等都有关系。在市场经济条件下，如果其他方面没有大的问题，运营负荷的高低应主要取决于市场。在项目决策分析与评价阶段，通过对市场和营销策略所做研究，结合其他因素研究确定分年运营负荷，作为计算各年营业收入和成本费用的基础。

常见的做法是：设定一段低负荷的投产期，以后各年均按达到设计能力计。

6.3.1.2　合理确定产品或服务的价格

为提高营业收入估算的准确性，应遵循前述稳妥原则，采用适宜的方法，合理确定产品或服务的价格。对于某些基础设施项目，其提供服务的价格或收费标准有时需要通过成本加适当利润的方式来确定，或者根据政府调控价格确定。

6.3.1.3　多种产品分别估算或合理折算

对于生产多种产品和提供多项服务的项目，应分别估算各种产品及服务的营业收入，对那些不便于按详细的品种分类计算营业收入的项目，也可采取折算为标准产品的方法计算营业收入。

6.3.1.4　编制营业收入估算表

营业收入估算表的格式可随行业和项目而异。项目的营业收入估算表格既可单独给出，也可同时列出各种应纳营业税金及附加，以及增值税。

6.3.2　补贴收入

按照《企业会计制度》（2001）的规定，企业按规定实际收到退还的增值税，或按销量或工作量等依据国家规定的补助定额计算并按期给予的定额补贴，以及属于国家财政扶持的领域而给予的其他形式的补贴，应计入补贴收入科目。

按照《企业会计准则》（2006），企业从政府无偿取得货币性资产或非货币性资产称为政府补助，并按照是否形成长期资产区分为与资产相关的政府补助和与收益相关的政府补助。

在项目财务分析中，作为运营期财务效益核算的应是与收益相关的政府补助，主要用于补偿项目建成（企业）以后期间的相关费用或损失。按照《企业会计准则》，这些补助在取得时应确认为递延收益，在确认相关费用的期间计入当期损益（营业外收入）。

由于在项目财务分析中通常可忽略营业外收入科目，特别是非经营性项目财务分析，往往要推算为了维持正常运营或实现微利所需要的政府补助，操作上需要单列一个财务效益科目，称为“补贴收入”。

6.3.3 成本与费用

6.3.3.1 成本与费用的概念与种类

按照《企业会计准则——基本准则》（2006），费用是指企业在日常活动中发生的、会导致所有者权益减少的、与向所有者分配利润无关的经济利益的总流出。费用只有在经济利益很可能流出从而导致企业资产减少或者负债增加，且经济利益的流出额能够可靠计量时才能予以确认。企业为生产产品、提供劳务等发生的费用可归属于产品成本、劳务成本，其他符合费用确认要求的支出，应当直接作为当期损益列入利润表（主要有管理费用、财务费用和营业费用）。在项目财务分析中，为了对运营期间的总费用一目了然，将管理费用、财务费用和营业费用这三项费用与生产成本合并为总成本费用。这是财务分析相对会计规定所做的不同处理，但并不会因此影响利润的计算。

项目决策分析与评价中，成本与费用按其计算范围可分为单位产品成本和总成本费用；按成本与产量的关系分为固定成本和可变成本；按会计核算的要求有生产成本或称制造成本；按财务分析的特定要求有经营成本。

6.3.3.2 成本与费用估算要求

成本与费用估算要求主要包括：

（1）成本与费用的估算，原则上应遵循国家现行《企业会计准则》和（或）《企业会计制度》规定的成本和费用核算方法，同时应遵循有关税法中准予在所得税前列支科目的规定。当两者有矛盾时，一般应按从税的原则处理。

（2）结合运营负荷，分年确定各种投入的数量，注意成本费用与收入计算口径对应一致。

（3）合理确定各项投入的价格，并注意与产出价格体系的一致性。

（4）各项费用划分清楚，防止重复计算或低估漏算。

（5）成本费用估算的行业性很强，应注意根据项目具体情况增减其构成科目或改变名称，反映行业特点。

6.3.3.3 总成本费用估算

A 总成本费用构成与计算式

总成本费用是指在一定时期（项目评价中一般指一年）为生产和销售产品或提供服务而发生的全部费用。财务分析中总成本费用的构成和计算通常由以下两种公式表达：

（1）生产成本加期间费用法。公式为：

$$\text{总成本费用} = \text{生产成本} + \text{期间费用} \tag{6-4}$$

其中，

$$\text{生产成本} = \text{直接材料费} + \text{直接燃料和动力费} + \text{直接工资或薪酬} + \text{其他直接支出} + \text{制造费用} \tag{6-5}$$

$$\text{期间费用} = \text{管理费用} + \text{财务费用} + \text{营业费用} \tag{6-6}$$

项目评价中一般只考虑财务费用中的利息支出，上式可改写为：

$$\text{期间费用} = \text{管理费用} + \text{利息支出} + \text{营业费用} \tag{6-7}$$

采用这种方法一般需要先分别估算各种产品的生产成本，然后与估算的管理费用、利息支出和营业费用相加。

(2) 生产要素估算法。公式为：

总成本费用 = 外购原材料、燃料及动力费 + 工资或薪酬 + 折旧费 + 摊销费 + 修理费 + 利息支出 + 其他费用 (6-8)

按现行会计制度，制造费用、管理费用和营业费用中均包括多项费用，且行业间不尽相同。为了估算简便，财务分析中可将其归类估算，式（6-8）中其他费用指由这三项费用中分别扣除工资或薪酬、折旧费、摊销费、修理费以后的其余部分。

生产估算法是从估算各种生产要素的费用入手，汇总得到项目总成本费用，而不管其具体应归集到哪个产品上。即将生产和销售过程中消耗的全部外购原材料、燃料及动力等费用要素加上全部工资或薪酬、当年应计提的全部折旧费、摊销费以及利息支出和其他费用，构成项目的总成本费用。采用这种估算方法，不必考虑项目内部各生产环节的成本结转，同时也较容易计算可变成本、固定成本和增值税进项税额。

B 总成本费用各分项的估算要点

a 外购原材料、燃料及动力费

外购原材料和燃料动力费的估算需要以下基础数据：

(1) 相关专业所提出的外购原材料和燃料动力年耗用量。

(2) 选定价格体系下的预测价格，应按入库价格计算，即到厂价格并考虑途库损耗，或者按到厂价格计算，同时把途库耗量换算到年耗用量中。

(3) 适用的增值税税率，以便估算进项税额。

b 工资或薪酬

财务分析中的工资或薪酬，是指企业为获得职工提供的服务而给予各种形式的报酬，通常包括职工工资、奖金、津贴和补贴等。

按照生产要素估算法估算总成本费用时，所采用的职工人数为项目全部定员。

c 固定资产原值和折旧费

固定资产，是指同时具有下列特征的有形资产：为生产商品、提供劳务、出租或经营管理而持有的，使用寿命超过一个会计年度。

固定资产在使用过程中受到磨损的价值损失，通过提取折旧的方式补偿。

计算折旧，需要先计算固定资产原值。固定资产原值是指项目投产时（达到预定可使用状态）按规定由投资形成固定资产的部分，包括：工程费用（设备购置费、安装工程费、建筑工程费）和工程建设其他费用中应计入固定资产原值的部分，也称固定资产其他费用，即除了按规定可以计入无形资产和其他资产以外的工程建设其他费用，一般包括建设单位管理费、勘察设计费、可行性研究费、环境影响评价费、场地准备及临时设施费、引进技术和引进设备其他费、工程保险费和联合试运转费等，还包括预备费和建设期利息。

按照财税制度规定，企业固定资产应当按月计提折旧，并根据用途计入相关资产的成本或者当期损益。财务分析中，折旧费通常按年计列。按生产要素法估算总成本费用时，固定资产折旧费可直接列支于总成本费用。符合税法的折旧费允许在所得税前列支。

固定资产的折旧方法可在税法允许的范围内由企业自行确定。一般采用直线法，包括年限平均法（原称平均年限法）和工作量法。税法也允许对由于技术进步，产品更新换代较快，或常年处于强震动、高腐蚀状态的固定资产缩短折旧年限或者采取加速折旧的方法。我国税法允许的加速折旧方法有双倍余额递减法和年数总和法。

按照生产要素估算法估算总成本费用时，在折旧计算中需要的是项目全部固定资产原值。固定资产折旧年限、预计净残值率可在税法允许的范围内由企业自行确定，或按行业规定，项目评价中一般按税法明确规定的分类折旧年限或按行业规定的综合折旧年限计算。

上述各种方法的计算公式如下：

(1) 年限平均法。

$$\text{年折旧率} = \frac{1-\text{预计净残值率}}{\text{折旧年限}} \times 100\% \tag{6-9}$$

$$\text{年折旧额} = \text{固定资产原值} \times \text{年折旧率} \tag{6-10}$$

(2) 工作量法。

工作量法又分两种，一是按照行驶里程计算折旧，二是按照工作小时计算折旧，计算公式如下：

按照行驶里程计算折旧的公式：

$$\text{单位里程折旧额} = \frac{\text{固定资产原值} \times (1-\text{预计净残值率})}{\text{总行驶里程}} \times 100\% \tag{6-11}$$

$$\text{年折旧额} = \text{单位里程折旧额} \times \text{年行驶里程} \tag{6-12}$$

按照工作小时计算折旧的公式：

$$\text{每工作小时折旧额} = \frac{\text{固定资产原值} \times (1-\text{预计净残值率})}{\text{总工作小时}} \times 100\% \tag{6-13}$$

$$\text{年折旧额} = \text{每工作小时折旧额} \times \text{年工作小时} \tag{6-14}$$

(3) 双倍余额递减法。

$$\text{年折旧率} = \frac{2}{\text{折旧年限}} \times 100\% \tag{6-15}$$

$$\text{年折旧额} = \text{年初固定资产净值} \times \text{年折旧率} \tag{6-16}$$

$$\text{年初固定资产净值} = \text{固定资产原值} - \text{以前各年累计折旧} \tag{6-17}$$

实行双倍余额递减法的，应在折旧年限到期前两年内，将固定资产净值扣除净残值后的净额平均摊销。

(4) 年数总和法。

$$\text{年折旧率} = \frac{\text{折旧年限} - \text{已使用年数}}{\text{折旧年限} \times (\text{折旧年限}+1) \div 2} \times 100\% \tag{6-18}$$

$$\text{年折旧额} = (\text{固定资产原值} - \text{预计净残值}) \times \text{年折旧率} \tag{6-19}$$

在上述几种折旧方法中，按年限平均法计算的各年折旧率和年折旧额都相同；而按双倍余额递减法计算的各年折旧率虽相同，但年折旧额因按固定资产净值计算，故逐年变小；按年数总和法进行计算时，虽按原值进行计算，但因各年折旧率逐渐变小，故年折旧额也逐年变小。

但无论按哪种方法计算，只要折旧年限相同，所取净残值率也相同，在设定的折旧年限内，总折旧额是相同的。只是按后两种方法，在折旧年限前期折旧额大，以后逐年变小，故称快速折旧或加速折旧法。同时可以看出，如果不计净残值率，采用双倍余额递减法计算的第 1 年折旧额是采用年限平均法的 2 倍。

例 6-1　设固定资产原值为 10000 万元，综合折旧年限为 5 年，净残值率为 5%，试分别按年限平均法、双倍余额递减法和年数总和法计算折旧。

解：(1) 按年限平均法

$$年折旧率=\frac{1-5\%}{5}\times100\%=19\%$$

各年折旧额 = 10000 × 19% = 1900（万元）

(2) 按双倍余额递减法

$$年折旧率=\frac{2}{5}\times100\%=40\%$$

第 1 年折旧额 = 10000 × 40% = 4000（万元）

第 2 年折旧额 =（10000 − 4000）× 40% = 2400（万元）

第 3 年折旧额 =（10000 − 4000 − 2400）× 40% = 1440（万元）

第 4、5 年折旧额 =［（10000 − 4000 − 2400 − 1440）−（10000 × 5%）］÷ 2
= 830（万元）

(3) 按年数总和法

$$第1年年折旧率=\frac{5-0}{5\times(5+1)\div2}\times100\%=33.33\%$$

年折旧额 =（10000 − 10000 × 5%）× 33.33% = 3166.35（万元）

$$第2年年折旧率=\frac{5-1}{5\times(5+1)\div2}\times100\%=26.67\%$$

年折旧额 =（10000 − 10000 × 5%）× 26.67% = 2533.65（万元）

$$第3年年折旧率=\frac{5-2}{5\times(5+1)\div2}\times100\%=20\%$$

年折旧额 =（10000 − 10000 × 5%）× 20% = 1900（万元）

$$第4年年折旧率=\frac{5-3}{5\times(5+1)\div2}\times100\%=13.33\%$$

年折旧额 =（10000 − 10000 × 5%）× 13.33% = 1266.35（万元）

$$第5年年折旧率=\frac{5-4}{5\times(5+1)\div2}\times100\%=6.67\%$$

年折旧额 =（10000 − 10000 × 5%）× 6.67% = 633.65（万元）

可以看出，以上分别按三种方法计算的 5 年年折旧费总额都为 9500 万元。

d　摊销费

推销费主要包括无形资产摊销费及其他资产摊销费：

(1) 无形资产摊销费。无形资产，是指企业拥有或者控制的没有实物形态的可辨认非货币性资产，包括专利权、非专利技术、商标权、著作权、土地使用权和特许权等。

项目决策分析与评价中可以将项目投资中包括的技术转让或技术使用费（包括专利权、非专利技术）、土地使用权、商标权等费用直接转入无形资产原值。但房地产开发企业开发商品房时，相关的土地使用权账面价值应当计入所建造的房屋建筑物成本。

按照有关规定，无形资产从开始使用之日起，在有效使用期限内平均摊入成本。法律和合同规定了法定有效期限或者受益年限的，摊销年限从其规定，否则摊销年限应注意符合税法的要求。无形资产的摊销一般采用年限平均法，不计残值。

（2）其他资产摊销费。其他资产原称递延资产，是指除固定资产、无形资产和流动资产之外的其他资产。

项目决策分析与评价中可将生产准备费、办公和生活家具购置费等开办费性质的费用直接形成其他资产。其他资产的摊销也采用年限平均法，不计残值，其摊销年限应注意符合税法的要求。

固定资产修理费是指为保持固定资产的正常运转和使用，充分发挥其使用效能，在运营期内对其进行必要修理所发生的费用，按其修理范围的大小和修理时间间隔的长短可以分为大修理和中小修理。

项目决策分析与评价中修理费可直接按固定资产原值（扣除所含的建设期利息）的一定百分数估算，百分数的选取应考虑行业和项目特点。

按照生产要素估算法估算总成本费用时，计算修理费的基数应为项目全部固定资产原值（扣除所含的建设期利息）。

e　其他费用

其他费用包括其他制造费用、其他管理费用和其他营业费用这三项费用，是指由制造费用、管理费用和营业费用中分别扣除工资或薪酬、折旧费、摊销费和修理费等后的其余部分。

（1）其他制造费用。制造费用是产品生产成本的重要组成部分，指企业为生产产品和提供劳务而发生的各项间接费用，但不包括企业行政管理部门为组织和管理生产经营活动而发生的管理费用。

项目决策分析与评价中，为了简化计算常将制造费用归类为生产单位（分厂或车间）管理人员工资或薪酬、折旧费、修理费和其他制造费用几部分。其他制造费用是指由制造费用中扣除工资或薪酬、折旧费、修理费后的其余部分。项目决策分析与评价中常见的估算方法有：按固定资产原值（扣除所含的建设期利息）的百分数估算；按人员定额估算。

（2）其他管理费用。管理费用是指企业行政管理部门为组织和管理企业生产经营活动所发生的费用。

项目决策分析与评价中，为了简化计算将管理费用归类为行政管理部门管理人员工资或薪酬、折旧费、无形资产和其他资产摊销费、修理费和其他管理费用几部分。其他管理费用是指由管理费用中扣除工资或薪酬、折旧费、摊销费、修理费以后的其余部分。

项目决策分析与评价中常见的估算方法是取工资或薪酬总额的倍数或按人员定额估算。

若管理费用中的技术使用费、研究开发费和土地使用税等数额较大，可单独核算后并入其他管理费用，或另外列项计入总成本费用。

（3）其他营业费用。营业费用是指企业在销售商品过程中发生的各项费用以及专设销售机构的各项经费，还包括企业委托其他单位代销产品时所支付的委托代销手续费。

项目决策分析与评价中，为了简化计算将营业费用归为工资或薪酬、折旧费、修理费和其他营业费用几部分。其他营业费用是指由营业费用中扣除工资或薪酬、折旧费和修理费后的其余部分。

项目决策分析与评价中常见的其他营业费用估算方法是按营业收入的百分数估算。

f 利息支出

按照现行财税规定，可以列支于总成本费用的是财务费用，是指企业为筹集所需资金而发生的费用，包括利息支出（减利息收入）、汇兑损失（减汇兑收益）以及相关的手续费等。

在项目决策分析与评价中，一般只考虑利息支出。利息支出估算包括长期借款利息（即建设投资借款在投产后需支付的利息）、用于流动资金的借款利息和短期借款利息三部分。

6.3.3.4 经营成本

经营成本是项目决策分析与评价现金流量分析中所采用的一个特定概念，作为运营期内的主要现金流出。经营成本与融资方案无关，因此在完成建设投资和营业收入估算后，就可以估算经营成本，为项目融资前的现金流量分析提供数据。

经营成本的构成可用下式表示：

经营成本 = 外购原材料费 + 外购燃料及动力费 + 工资或薪酬 + 修理费 + 其他费用 (6-20)

经营成本与总成本费用的关系如下：

经营成本 = 总成本费用 − 折旧费 − 摊销费 − 利息支出 (6-21)

6.3.3.5 固定成本与可变成本

根据成本费用与产量的关系可以将总成本费用分解为可变成本、固定成本和半可变（或半固定）成本。固定成本是指不随产品产量变化的各项成本费用，可变成本是指随产品产量增减而成正比例变化的各项成本费用。有些成本费用属于半可变（或半固定）成本，例如不能熄灭的工业炉的燃料费用等。工资、营业费用和流动资金利息等也都可能既有可变因素也有固定因素。必要时需将半可变（或半固定）成本进一步分解为可变成本和固定成本，使成本费用最终划分为可变成本和固定成本。

项目决策分析与评价中，一般可以根据行业特点进行简化处理。通常可变成本主要包括外购原材料、燃料及动力费和计件工资等；固定成本主要包括工资或薪酬（计件工资除外）、折旧费、摊销费、修理费和其他费用等。

长期借款利息应视为固定成本，流动资金借款和短期借款利息可能部分与产品产量相关，其利息可视为半可变（或半固定）成本，为简化计算，一般也将其作为固定成本。

进行盈亏平衡分析时，需要将总成本费用分解为固定成本和可变成本。

6.3.3.6 维持运营的投资费用

在运营期内设备、设施等需要更新或拓展的项目，应估算项目维持运营的投资费用，并在现金流量表中将其作为现金流出，同时应调整相关报表。

6.3.4 相关税费估算

财务分析中涉及多种税费的计算，不同项目涉及的税费种类和税率可能各不相同。

税费计取得当是正确估算项目费用乃至净效益的重要因素。要根据项目的具体情况选用适宜的税种和税率。这些税金及相关优惠政策会因时而异，部分会因地而异，项目评价时应密切注意当时和项目所在地的税收政策，适时调整计算，使财务分析比较符合实际情况。

财务分析涉及的税费主要包括关税、增值税、营业税、资源税、消费税、所得税、城市维护建设税和教育费附加等，有些行业还涉及土地增值税。财务分析时应说明税种、征税方式、计税依据、税率等，如有减免税优惠，应说明减免依据及减免方式。

在会计处理上，营业税、资源税、消费税、土地增值税、城市维护建设税和教育费附加包含在“营业税金及附加”中。

（1）增值税。对适用增值税的项目，财务分析应按税法规定计算增值税。须注意当采用含税（指增值税销项税额或进项税额）价格计算营业收入和原材料、燃料动力成本时，利润与利润分配表和计算净现值的现金流量表中应单列增值税科目；采用不含税（指增值税销项税额或进项税额）价格计算时，利润与利润分配表和计算净现值的现金流量表中不包括增值税科目。应明确说明采用何种计价方式。当项目进口原材料时也会涉及增值税的计算。

（2）营业税。交通运输、建筑、邮电通信、服务等行业应按税法规定计算营业税。营业税是价内税，包含在营业收入之内。

（3）消费税。我国对部分货物征收消费税。项目评价中涉及适用消费税的产品或进口货物时，应按税法规定计算消费税。

（4）土地增值税。按转让房地产取得的增值额征收的税种，房地产项目应按规定计算土地增值税。

（5）资源税。是国家对开采特定矿产品或者生产盐的单位和个人征收的税种，通常按矿产的产量计征。

（6）企业所得税。是针对企业应纳税所得额征收的税种，项目评价中应注意按有关税法对所得税前扣除项目的要求，正确计算应纳税所得额，并采用适宜的税率计算企业所得税，同时注意正确使用有关的所得税优惠政策，并加以说明。

（7）城市维护建设税和教育费附加。以流转税额（包括增值税、营业税和消费税等）为基数进行计算，属于地方税种，项目决策分析与评价中应注意当地的规定。

（8）关税。是以进出口应税货物为纳税对象的税种。项目决策分析与评价中涉及应税货物的进出口时，应按规定正确计算关税。引进技术、设备材料的关税体现在投资估算中，而进口原材料的关税体现在成本中。

6.4 财务效益计算与分析

6.4.1 财务效益计算的基础知识

6.4.1.1 工程项目财务评价指标体系的构成

财务分析结果的好坏，除了要准确地估计基础数据，编制完整、可靠的财务报表之外，还要采用合理的评价指标体系。工程项目财务效益分析指标体系根据不同的标准，可做不同的分类。

（1）根据财务效益分析的目标，可分为反映财务盈利能力的指标、反映清偿能力的指标和反映外汇平衡分析的指标（见图6-1）。

（2）根据是否考虑资金时间价值，可分为静态评价指标和动态评价指标（见图6-2）。

- 财务效益分析指标
  - 盈利能力指标
    - 财务内部收益率
    - 财务净现值
    - 投资回收期
    - 投资利税率
    - 资本金利润率
  - 清偿能力指标
    - 借款偿还期
    - 财务比率
      - 资产负债率
      - 流动比率
      - 速动比率
  - 外汇平衡能力指标

图 6-1　工程项目财务效益分析指标体系分类之一

- 工程项目评价指标
  - 静态评价指标
    - 投资回收期
    - 借款偿还期
    - 投资利润率
    - 投资利税率
    - 资本金利润率
    - 流动比率
      - 资产负债率
      - 财务比率
      - 速动比率
  - 动态评价指标
    - 投资回收期
    - 财务净现值
    - 财务内部收益率

图 6-2　工程项目财务效益分析指标体系分类之二

(3) 根据指标的性质，可分为时间性评价指标、价值性评价指标和比率性评价指标(见图 6-3)。

- 项目财务评价指标
  - 时间性评价指标
    - 投资回收期
    - 借款偿还期
  - 价值性评价指标
    - 财务净现值
    - 财务内部收益率
  - 比率性评价指标
    - 投资利润率
    - 投资利税率
    - 资本金利润率
    - 资产负债率
    - 流动比率
    - 速动比率

图 6-3　工程项目财务效益分析指标体系分数之三

6.4.1.2　费用与收益的识别

识别费用与收益是计算评价指标以及编制财务报表的前提。企业对项目投资，其目的是在向社会提供有用产品或劳务的同时追求自身发展或最大利润。因此，可以根据项目现金流量对项目盈利性的影响方向来识别费用与收益。

对工业投资项目来说，建设投资、流动资金投资、销售税、经营成本等是费用，而销售收入、资产回收、补贴等是收益。

6.4.1.3　财务评价基础数据估算表及其相互联系

为了计算评价指标，考察项目的盈利能力、清偿能力以及抗风险能力等财务状况，需要编制一系列的财务报表。

工程项目财务评价基础数据估算表的主要内容包括建设投资估算表、投资使用计划与资金筹措表、流动资金估算表、总成本费用估算表、外购材料及燃料动力估算表、固定资产折旧估算表、无形资产与其他资产摊销估算表、销售收入和税金及附加估算表、损益表、借款还本付息计算表。

财务基础数据估算的有关内容是连贯的，其中心是将投资费用、产品成本与销售收入的预测数据进行对比，求出项目利润总额，在此基础上估算借款的还本付息情况。因此编制上述估算表时，应按一定程序及其内在联系使其相互衔接。

具体来讲可按以下三类进行：

（1）分析项目建设期的建设投资和生产期的流动资金以及资金筹措和使用计划的估算表。编制时，要根据项目分析评价人员调查收集到的资料，经过项目概况的分析、市场和规模分析、建设条件和工艺技术分析，加以判别调查后计算编制。顺序是先编制投资估算表（建设投资、流动资金），然后再编制投资使用计划和资金筹措表。

（2）分析项目投产后的总成本、销售收入、税金和利润的估算表。为编制总成本估算表，还附设了材料和能源成本估算表、固定资产折旧估算表以及无形资产与其他资产摊销估算表等三张附表，只要能满足财务效益分析对基本数据的需要即可，有的附表也可合并列入总成本费用估算表之中，或作文字说明。然后根据总成本费用表、销售收入和税金估算表的数据，综合估算出项目利润总额列入损益表。

（3）分析项目投产后归还建设投资借款本息情况的估算表，即借款还本付息计算表。把前两类表中的主要数据经过综合计算，按照国家现行规定，综合编制成项目借款还本付息计算表。

各类财务数据估算之间的关系如图 6-4 所示。

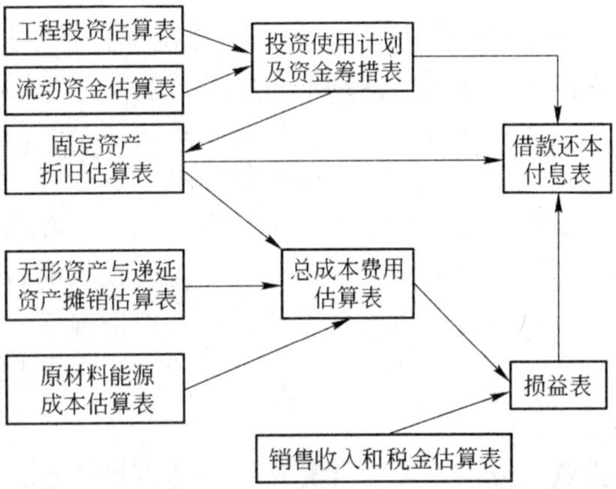

图 6-4　工程项目财务数据估算关系图

6.4.2　财务效益分析的内容

工程项目的财务效益分析包括盈利能力分析、清偿能力分析、外汇平衡能力的分析等。

6.4.2.1　盈利能力分析

A　全部投资回收期

项目的全部投资包括自有资金投资部分和债务资金的投资，对应的投资收益是税后利润、折旧与摊销以及利息。在研究全部投资的盈利能力时，按全部投资现金流量表计算投资回收期，根据基准投资回收期做出方案可行与否的判断。全部投资的盈利能力指标基本上不受融资方案的影响，可以反映项目方案本身的盈利水平。

B 投资利润率

投资利润率是指项目达到设计生产能力后的一个正常生产年份的年利润总额或年平均利润总额与项目总投资的比率。对生产期内各年的利润总额变化幅度较大的项目，应计算生产期的年平均利润总额与项目总投资的比率。

$$投资利润率 = \frac{年利润总额(年平均利润总额)}{项目总投资} \times 100\% \tag{6-22}$$

投资利润率可根据损益与利润分配估算表中的有关数据，并与行业平均投资利润率对比，以判别项目的单位投资盈利能力是否达到本行业的平均水平。

C 投资利税率

投资利税率是指项目达到设计生产能力后的一个正常生产年份的年利税总额或项目生产期内的年平均利税总额与项目总投资的比率。

$$投资利税率 = \frac{年利税总额(年平均利税总额)}{项目总投资} \times 100\% \tag{6-23}$$

其中，年利税总额 = 年利润总额 + 销售税金及附加 = 年销售收入 − 年总成本费用。

投资利税率可由损益与利润分配估算表中有关数据求得，并与行业平均投资利税率对比，以判别项目的单位投资对国家积累的贡献水平是否达到本行业的平均水平。

D 资本金利润率

资本金利润率是项目的利润总额与资本金总额的比率，有所得税前与所得税后之分。资本金是项目吸收投资者投入企业经营活动的各种财产物资的货币表现。

$$资本金利润率 = \frac{年利润总额}{资本金总额} \times 100\% \tag{6-24}$$

资本金利润率是衡量投资者投入项目的资本金获利能力。在市场经济条件下，投资者关心的不仅是项目全部资金所提供的利润，更关心投资者投入的资本金所创造的利润。资本金利润率还是向投资者分配股利的重要参考依据，一般情况下，向投资者分配的股利率要低于资本金利润率。

E 投资各方利润率

投资各方利润率以投资各方出资额为计算基础，考察投资各方可能获得的收益水平。

6.4.2.2 清偿能力分析

A 借款偿还期

借款偿还期指在国家财政规定及项目具体财务条件下，以项目投产后可用于还款的资金偿还建设投资国内借款本金和建设期利息（不包括已用自有资金支付的建设期利息）所需要的时间。

$$I = \sum_{t=1}^{P_t} R_t \tag{6-25}$$

式中 I——建设投资国内借款本金和建设期利息之和；

P_t——建设投资国内借款偿还期，从借款开始年计算；

R_t——第 t 年可用于还款的资金，包括税后利润、折旧费、摊销费及其他还款资金。

借款偿还期可由资金来源与运用表及国内借款还本付息表的数据直接推算，通常用“年”表示。从开始借款年份算起的偿还期的详细计算公式是：

$$借款偿还期=\left[\begin{array}{l}逐年偿还借款,首次\\出现欠款为零的年份数\end{array}\right]-开始借款年份数+\frac{当年偿还借款额}{当年可用于还款的金额} \tag{6-26}$$

当借款偿还期小于或等于贷款机构的要求期限时，即认为项目有清偿能力。

B 资产负债率

资产负债率指负债总额与资产总额之比，如式（6-27）所示，它用于衡量企业利用债权人提供的资金进行经营活动的能力，能够反映项目各年所面临的财务风险程度及债务清偿能力，因此也反映债权人发放贷款的安全程度。计算资产负债率所需要的相关数据可在资产负债表中获得。

$$资产负债率=\frac{负债总额}{资产总额}\times 100\% \tag{6-27}$$

一般认为资产负债率为0.5～0.7是合适的。资产负债率越高，项目风险越大。该指标太高时，可通过增加自有资金出资和减少利润分配等途径来调节。

C 流动比率

流动比率是反映项目各年偿付流动负债能力的指标，衡量项目流动资产在短期债务到期前可变为现金用于偿还流动负债的能力，所需相关数据可在资产负债表中获得。

一般认为，流动比率应不小于1.2～2.0。

$$流动比率=\frac{流动资产总额}{流动负债总额}\times 100\% \tag{6-28}$$

D 速动比率

速动比率是反映项目快速偿付（用可以立即变现的货币资金偿付）流动负债的能力。因为存货是一类不易变现的流动资产，所以流动比率不能确切反映项目的瞬时偿债能力。一般认为，速动比率应不小于1.0～1.2。

$$速动比率=\frac{流动资产总额-存货}{流动负债总额}\times 100\% \tag{6-29}$$

E 利息备付率

利息备付率表示项目利润偿付利息的保证倍率，是指项目在借款偿还期内各年可用于支付利息的税息前利润与当期应付利息费用的比值，即

$$利息备付率=\frac{税息前利润}{当前应付利息费用} \tag{6-30}$$

其中税息前利润为利润总额与计入总成本费用的利息费用之和，当期应付利息是指计入总成本费用的全部利息。

对于正常运营的企业，利息备付率应当大于2，否则，表示付息能力保障不足。

F 偿债备付率

偿债备付率表示可用于还本付息的资金偿还借款本息的保证倍率，是指项目在借款偿还期内，各年可用于还本付息资金与当期应还本付息金额的比值，即

$$偿债备付率=\frac{可用于还本付息资金}{当期应还本付息金额} \tag{6-31}$$

可用于还本付息资金包括折旧和摊销、成本中的利息及可用于还款的利润，当期应还本付息金额包括当期应还贷本金及成本中的利息。

正常情况下，偿债备付率应大于1。指标小于1表示当年资金来源不足以偿付当年债务，需要通过短期借款偿付已到期债务。

6.4.2.3 工程项目财务外汇平衡能力的分析

涉及外汇收支的项目，应进行外汇平衡分析，考察各年外汇余缺程度。首先根据各年的外汇收支情况，编制财务外汇平衡表，然后进行分析，考察计算期内各年的外汇余缺程度。一般要求，涉及外汇收支的项目要达到外汇的基本平衡，如果达不到外汇的基本平衡，工程项目投资分析人员要提出具体的解决办法。

6.4.3 几个主要的财务评价报表

6.4.3.1 财务现金流量表

财务现金流量表反映项目计算期内各年的现金收支（现金流入、现金流出和净现金流量），用以计算各项评价指标（如财务内部收益率、财务净现值等），进行项目财务盈利能力分析。按投资计算基础的不同，现金流量表又分为全部投资现金流量表、自有资金现金流量表和投资各方财务现金流量表。

全部投资现金流量表也称项目投资现金流量表。该表不分投资资金来源，以全部投资作为计算基础，用以计算全部投资所得税前及所得税后的财务内部收益率、净现值及投资回收期等评价指标、考察项目全部投资的盈利能力，为比较各个投资方案建立共同基础。

自有资金现金流量也称资本金现金流量表，如表6-1所示。该表从直接投资者角度出发，以投资者的出资额作为计算基础，把借款本金偿还和利息支付作为现金流出，用以计算资本金内部收益率、净现值和投资回收期等评价指标，考察项目资本金的盈利能力。

表6-1 自有现金流量表 （单位：万元）

序号	年份 / 科目	建设期		投产期		达到设计能力生产期				合计
		0	1	2	3	4	5	…	n	
1	生产负荷/%									
	现金流入									
1.1	产品销售（营业）收入									
1.2	回收固定资产余值									
1.3	回收流动资金									
2	现金流出									
2.1	自有资金									
2.2	借款金偿还									
2.3	借款利息支付									
2.4	经营成本									
2.5	销售税金及附加									
2.6	所得税									
3	净现金流量（1-2）									

投资各方财务现金流量如表6-2所示。该表分别以投资各方的出资额作为计算基础，编制各方的财务现金流量表，用于计算各方的投资收益率。

表6-2 投资各方财务现金流量表 （单位：万元）

序号	项目	计算期				合计
		1	2	…	n	
1	现金流量					
1.1	股利分配					
1.2	资产处置收益分配					
1.3	租赁费收入					
1.4	技术转让收入					
1.5	其他现金流入					
2	现金流出					
2.1	股权投资					
2.2	租赁资产支出					
2.3	其他现金流出					
3	净现金流量					

6.4.3.2 借款还本付息计算表

借款还本付息计划表如表6-3所示，主要用于反映项目计算期内各年的借款、还本付息、偿债资金的来源，计算借款偿还期或者偿债备付率、利息备付率等指标。

表6-3 借款还本付息计划表 （单位：万元）

序号	项目	计算期				合计
		1	2	…	n	
1	借款					
1.1	年初本息余额					
1.2	本年借款					
1.3	本年应计利息					
1.4	本年还本付息					
	其中：还本					
	付息					
1.5	年末本息余额					
2	债券					
2.1	年初本息余额					
2.2	本年发行债券					
2.3	本年应计利息					

续表6-3

序号	项　目	计算期				合计
		1	2	…	n	
2.4	本年还本付息					
	其中：还本					
	付息					
2.5	年末本息余额					
3	借款和债券合计					
3.1	年初本息余额					
3.2	本年借款					
3.3	本年应计利息					
3.4	本年还本付息					
	其中：还本					
	付息					
3.5	年末本息余额					
4	还本资金来源					
4.1	当年可用于还本的未分配利润					
4.2	当年可用于还本的折旧和摊销					
4.3	以前年度结余可用于还本资金					
4.4	用于还本的短期借款					
4.5	可用于还款的其他资金					

6.4.3.3 资金来源与运用表

资金来源与运用表如表6-4所示。该表反映项目计算期各年的投资、融资及生产经营活动的资金流入和流出情况，考察资金平衡和余缺情况。通过“累计盈余资金”项反映项目计算期内各年的资金是盈余还是短缺，是否有足够的能力清偿债务等。若累计盈余大于零，表明当年有资金盈余，若累计盈余小于零，则表明当年会出现资金短缺，需要筹措资金或调整借款及还款计划。因此，该表可用于选择资金的筹措方案，制定适宜的借款及偿还计划，并为编制资产负债表提供依据。

表6-4　资金来源与运用表　（单位：万元）

序号	年份 科目	建设期		生产经营期			合计	期末余值
		0	1	2	…	n		
1	资金来源							
1.1	利润总额							
1.2	折旧与摊销费							
1.3	长期借款							
1.4	短期借款							

续表 6-4

序号	年份 / 科目	建设期		生产经营期			合计	期末余值
		0	1	2	…	n		
1.5	自有资金							
1.6	回收固定资产余值							
1.7	回收流动资金							
1.8	其他							
2	资金运用							
2.1	固定投资							
2.2	建设期利息							
2.3	流动资金							
2.4	所得税							
2.5	应付利润							
2.6	长期借款本金偿还							
2.7	短期借款本金偿还							
3	盈余资金（1－2）							
4	累计盈余资金							

6.4.3.4 资产负债表

资产负债表和现金流量表（包括利润表、损益表、资金来源与运用表）的根本区别在于资产负债表记录的是现金存量，是指某一时刻的累计值，而现金流量表记录的是某一时段（通常为一年）发生的现金流量（即现金存量的增量），如表 6-5 所示。资产负债表综合反映项目计算期内各年年末资产、负债和所有者权益的增减变化及对应关系，以考察项目资产、负债、所有者权益的结构是否合理，用以计算资产负债率、流动比率及速动比率，进行清偿能力和资金流动性分析。

表 6-5 资产负债表 （单位：万元）

序号	年份 / 科目	建设期		生产经营期				
		0	1	2	3	4	…	n
1	资产							
1.1	流动资产总额							
1.1.1	应收账款							
1.1.2	存货							
1.1.3	现金							
1.1.4	累计盈余资金							
1.2	在建工程							
1.3	固定资产							
1.4	无形资产及递延资产净值							

续表 6-5

序号	年份/科目	建设期		生产经营期				
		0	1	2	3	4	…	n
2	负债及所有者权益							
2.1	流动负债总额							
2.1.1	应付账款							
2.1.2	短期借款							
2.2	长期负债							
	负债合计							
2.3	所有者权益							
2.3.1	资本金							
2.3.2	资本公积金							
2.3.3	累计盈余公积金							
2.3.4	累计未分配利润							

上述有关财务效益分析内容及财务基本报表和财务效益分析指标体系之间的对应关系如表 6-6 所示。

表 6-6 财务效益分析指标与基本报表的关系

分析内容	基本报表	静态指标	动态指标
盈利能力分析	现金流量表（全部投资）	全部投资回收期	财务内部收益率 财务净现值 动态投资回收期
	现金流量表（自有资金）		
	利润表	投资利润率 投资利税率 资本金利润率	
清偿能力分析	借款还本付息计算表 资金来源与运用表 资产负债表	借款偿还期 资产负债率 流动比率 速动比率	
外汇平衡能力分析	财务外汇平衡表		
其 他		价值指标或实物指标	

6.5 改扩建项目的财务评价

改扩建项目与原有企业之间存在着既相对独立，又相互依存的特殊关系。除了企业进行总体改造外，一般改扩建项目并不涉及整个企业，项目范围界定应以说明项目的效益和费用为准。当改扩建项目的效益和费用不能单独计算时，应采用“有无对比法”计算项目的效益与费用 。

6.5.1 改扩建项目的范畴和特点

改建、扩建、技术改造、迁建、停产复建等项目都可以归入改扩建项目的范畴。改扩建项目的目的在于增加产品供给，开发新型产品，调整产品结构，提高技术水平，降低资源消耗，节省运行费用，提高产品质量，改善劳动条件，治理生产环境等。项目的效益与其目的有关，有些效益可以用目的直接体现，有些效益要通过间接途径来体现。

改扩建项目具有下列特点：

(1) 项目是既有企业的有机组成部分，同时项目的活动与企业的活动在一定程度上是有区别的。

(2) 项目的融资主体是既有企业，项目的还款主体是既有企业。

(3) 项目一般要利用既有企业的部分或全部资产与资源，且不发生资产与资源的产权转移。

(4) 建设期内既有企业生产（运营）与项目建设一般同时进行。

6.5.2 改扩建项目的效益与费用

6.5.2.1 改扩建项目应明确界定项目效益和费用范围

在财务评价中，效益和费用的范围指项目活动的直接影响范围。范围界定合适与否与项目的经济效益和评价的繁简程度有直接关系。

(1) 对于“整体改扩建”的项目，项目范围包括整个既有企业，除要使用既有企业的部分或全部原有资产、场地、设备，还要另外新投入一部分资金进行扩建或技术改造。企业的投资主体、融资主体、还债主体、经营主体是统一的，项目的范围就是企业的范围。“整体改扩建项目”不仅要识别和估算与项目直接有关的费用和效益，而且要识别和估算既有企业其余部分的费用和效益。

(2) 对于“局部改扩建”项目，项目范围只包括既有企业的一部分，只使用既有企业的一部分原有资产、资源、场地、设备，加上新投入的资金，形成改扩建项目，企业的投资主体、融资主体与还债主体仍然是一致的，但可能与经营主体分离。整个企业只有一部分包含在项目“范围内”。还有相当一部分在“企业内”但属于项目“范围外”。

(3) 在保证项目的费用与效益口径一致以及不影响分析结果的情况下，应尽可能缩小项目的范围，有可能的话，只包括与项目直接关联的财务费用与效益。在界定了项目的范围后。就应当正确识别与估算项目范围内、外的费用与效益。

6.5.2.2 效益

改扩建项目的目标不同，实施方法各异。其效益可以表现在增加产量、扩大品种、提高质量、降低能耗、合理利用资源、提高技术装备水平、改善劳动条件或减轻劳动强度、保护环境和综合利用等一个方面或几个方面。

在评价过程中应具体分析其效益的表现和计量：

(1) 扩大生产规模的项目，其经济效益主要表现为由于产品销售量增加，以及由于产量增加使成本降低所获得的实际效益。

（2）提高产品质量的项目，其经济效益表现为，由于产品质量提高而使得产品销售对象、销售量、销售价格或生产成本变化所获得的实际效益。

（3）改进原有工艺、更新陈旧设备的项目，其经济效益主要表现为由于劳动生产率提高，设备使用费用和修理费用减少，单位产品成本下降所获得的实际效益。

（4）改进试验测试手段的项目，其经济效益主要表现为由于产品质量的提高而增加的销售收入。

（5）改善劳动条件，消除环境污染的项目，其效益有经济效益，也有非经济效益。经济效益表现为提高劳动生产率，节约医疗费用、减少污染处理费用等。

6.5.2.3 费用

改扩建项目的费用应包括新增固定资产投资、可利用的原有固定资产（作为投资）、新增流动资金、新增经营费用，以及技术改造过程中的停产或减产损失、废弃固定资产的拆除费用等。

可利用的原有固定资产的价值，当不涉及产权变动时可采用账面净值，当涉及产权变动时，其价值应由资产评估机构评估。

6.5.2.4 单独计算项目的增量效益和费用

改扩建项目的净效益是项目产生的增量效益与增量费用的差值。所以，要估算项目净收益，必须解决如何测算增量效益和增量费用的问题。

一般情况下，采用直接划分法。这种方法是将项目新增费用和收益直接从企业的总费用和总收益中划分出来，按新建项目经济评价方法简化处理。

在下述两种情况下，可以考虑采用直接划分法。

（1）项目的产品是完全新增的。例如，企业原有一种产品，拟建技术改造项目又新增一种或多种不同产品，且原有产品的产量、销售收入和成本没有多大变化，这时可测算新增产品的销售收入和成本。预测产品成本时，材料、能源等变动费用均按项目新增产品的耗用数计算。工资按项目职工数计算，企业管理费可不摊或适当分摊。

（2）项目产品系以新替旧。即项目新增一种或多种产品，而企业停产一种或多种原有产品。

在这种情况下，只要企业未停产的原产品在销售收入和成本上没有多大变化，就可分别计算新增产品和停产产品的成本和销售收入，二者的差值即为项目新增成本和新增销售收入的近似估算值。

6.5.2.5 用“有无对比法”估算项目增量效益和费用

改扩建项目的净效益是增量净效益，应该用“有无对比法”识别与估算。这种方法不同于“前后对比法”。前后对比法不能说明在无项目情况下，投入产出方面随着时间变化所发生的变化，因而会导致对项目投资所产生的净收益作出错误的判断。

改扩建项目经济评价应正确识别与估算“无项目”、“有项目”、“现状”、“新增”、“增量”五种状态下的资产、资源、效益与费用。“无项目”与“有项目”的口径与范围应当保持一致。避免费用与效益误算、漏算或重复计算。对于难于计算的费用和效益，可做定性描述。

（1）“有项目”（with project）。指既有企业进行投资活动后，在项目的经济寿命期内，在项目范围内可能发生的效益与费用流量。“有项目”的流量是时间序列的数据。

(2)“无项目”(without project)。指既有企业利用拟建项目范围内的部分或全部原有生产设施(资产),在项目计算期内可能发生的效益与费用流量。“无项目”的流量是时间序列的数据。

(3)“增量”(increment)。是“有项目”的流量减“无项目”的流量,是时间序列的数据。“有项目”的投资减“无项目”的投资是增量投资,“有项目”的效益减“无项目”的效益是增量效益,“有项目”的费用减“无项目”的费用是增量费用。

(4)“现状”数据是项目实施前的资产与资源、效益与费用数据,也可称基本值(baseline),是一个时点数。“现状”数据对于比较“项目前”(before project)与“项目后”(after project)效果有重要作用。现状数据也是预测“有项目”和“无项目”的基础。现状数据一般可用实施前一年的数据,当该年数据不具有代表性时,可选用有代表性年份的数据或近几年数据的平均值。其中,特别是对生产能力的估计,应慎重取值。

(5)“新增”(additional)数据是项目实施过程各时点“有项目”的流量与“现状”数据之差,也是时间序列的数据。新增建设投资包括建设投资和流动资金,还包括原有资产的改良支出、拆除、运输和重新安装费用。新增投资是改扩建项目筹措资金的依据。

“无项目”时的效益由“老产品”产生,费用是为“老产品”投入;“有项目”时的效益一般由“新产品”与“老产品”共同产生;“有项目”时的费用包含为“新产品”的投入与为“老产品”的投入。“老产品”的效益与费用在“有项目”与“无项目”时可能有差异和变化。

当然,如果预计“无项目”则企业的净收益无变化。那前后比较法与有无比较法所计算的结果一致。

6.5.2.6 改扩建项目有关费用的计算

A 固定资产投资和折旧的计算

在不涉及产权转移时,原有固定资产价值采用账面值(原值和净值)计算。固定资产投资和折旧计算时需注意以下几点:

(1)项目范围内的原有固定资产可分为“可利用”和“不可利用”的两部分。计算“有项目”投资时,原有资产无论其利用与否,均与新增投资一起计入投资费用。“可利用”的资产要按其净值提取折旧与修理费。“不可利用”的资产如果变卖,其价值按变卖值和变卖时间另行计入现金流入资金来源栏目,不能冲减新增投资。

(2)“有项目”情况下,“不可利用”的原有固定资产只要不处理(报废或变卖)。就仍然是固定资产的一部分,但是不能提取折旧。

新增折旧是指“有项目”折旧与“无项目”的折旧的差额,等于新增固定资产的折旧减去“不可利用”的原有固定资产本来应该计提的折旧。只有在原有固定资产全部利用的情况下,这两个数值才相等。

在清偿能力分析中用到新增折旧数值时,如果“不可利用”的原有固定资产的价值较小,为简化计算,也可直接采用新增固定资产的折旧。

B 停产减产损失

改扩建项目的改建活动与生产活动总是同时进行,但一般总会造成部分生产停止或减产。这一部分停产减产损失的直接结果是减少“老产品”的营业收入,同时也会减少相应的生产费用。这些流量的变化均应在销售收入表和生产成本表中有所体现,最终反映在现金流量表中，因此不必单独估算。

C　沉没成本处理

沉没成本是既有企业过去投资决策发生的、非现在决策能改变（或不受现在决策影响）、已经计入过去投资费用回收计划的费用。如前期工程为后期工程预留的场地与设备，均为前期工程的沉没成本，不计入后期投资决策费用。沉没成本是“有项目”和“无项目”都存在的成本，对于实现项目的效益不会增加额外的费用。对于项目是否应当实施的决策来说，沉没成本不应当包括在项目增量费用之中。改扩建项目的经济效果不取决于项目开始前已经支出多少费用，而仅仅取决于在改扩建过程中新投入的费用。改扩建项目的效益也只能是超出原有项目效益之上的部分。对沉没成本的这种处理办法可能导致项目的内部收益率很高，但这恰恰反映了当前决策的性质。如果为了弄清原来投资决策是否合理，可以计算整个项目（有项目状态）（包括已经建成和计划实施的项目）的收益率，这时就应把沉没成本计算在内。

D　机会成本

如果项目利用的现有资产，有明确的其他用途（出售、出租或有明确的使用效益），那么将资产用于该用途能为企业带来的收益被看作项目使用该资产的机会成本，也是无项目时的收入，按照有无对比识别效益和费用的原则，应该将其作为无项目时的现金流入。

6.5.3　改扩建项目经济评价

6.5.3.1　改扩建项目经济评价的简化处理

改扩建项目一般要用到“有项目”、“无项目”、“现状”、“新增”和“增量”数据，增大了数据预测的工作量。在企业规模比较大时，有些必要的企业数据比较难于获得，或即使得到了可靠性也比较差。还款主体与经营主体异位，一般要进行项目层次与企业层次的分析。

因此，改扩建项目经济评价比较复杂，在项目评价的实践中，往往简化处理按新建项目进行评价：

（1）项目与既有企业的生产经营活动相对独立。在这种情况下，项目的边界比较清楚，可以进行独立经济核算，项目的费用与效益比较好识别。现金流入与流出比较好测度，符合新建项目评价的基本条件，可简化处理。

（2）以增加产出为目的的项目、增量产出占既有企业产出比例较小。这种情况下，既有企业产出规模大，项目的增量产出不会对既有企业现金流量产生较大影响。项目实际上也相对独立，可以简化成新建项目处理。

（3）利用既有企业的固定资产量与新增量相比较小。被使用的既有企业的固定资产量小，意味着“有项目”情况下现金流入与流出基本不受既有企业的影响，新增投资是项目建设期内主要的现金流出，项目其他现金流入和流出也是总现金流的主要组成部分，所以可以简化处理，使用新建项目的评价过程。

（4）效益和费用的增量流量较容易确定。“有无对比”是项目评价的根本原则，对比的结果是求出增量现金流量，增量现金流量可直接用于项目（含新建项目）的盈利能力分析。新建项目实际是改扩建项目的特例，“无项目”的净现金流量为零，也不利用既有企业的任何资产，增量现金流量可以视作“无项目”的流量为零时“有项目”的现金流量。

(5) 对于可以进行简化处理的项目，一定要阐明简化处理的理由，不能直接用新建项目的做法进行估算和分析。

6.5.3.2 改扩建项目的财务评价

A 项目和企业两个层次的财务分析

改扩建项目财务分析采用一般建设项目财务分析的基本原理和分析指标。由于项目与既有企业既有联系又有区别，一般可进行下列两个层次的分析：

(1) 项目层次。盈利能力分析，遵循“有无对比”的原则。利用“有项目”与“无项目”的效益与费用计算增量效益与增量费用，用于分析项目的增量盈利能力，并作为项目决策的主要依据之一。清偿能力分析，分析“有项目”的偿债能力，若“有项目”还款资金不足，应分析“有项目”还款资金的缺口。即既有企业应为项目额外提供的还款资金数额；财务生存能力分析，分析“有项目”的财务生存能力。符合简化条件时，项目层次分析可直接用“增量”数据和相关指标进行分析。

(2) 企业层次。分析既有企业以往的财务状况与今后可能的财务状况。了解企业生产与经营情况、资产负债结构、发展战略、资源利用优化的必要性、企业的信用等。特别关注企业为项目的融资能力、企业自身的资金成本或同项目有关的资金机会成本。有条件时要分析既有企业包括项目债务在内的还款能力。

B 改扩建项目财务评价的内容

改扩建项目在完成财务费用效益识别和估算以后，要进行融资分析、盈利能力分析、项目层次的偿债能力分析、企业层次偿债能力分析以及生存能力分析。

a 融资分析

改扩建项目的资金筹措是比较复杂的。从法律上来讲，项目的所有资金都来源于既有企业，因为项目要用的债务资金是以既有企业的名义去借的，项目的权益资金也全部来源于既有企业。既有企业的债务资金包括既有企业自身运行和发展需要的贷款，也包括为实施项目的贷款。银行在为项目贷款时，一方面考虑项目未来的现金流量，项目是否有可能盈利，另一方面要考虑企业的信用与还款能力，而且后者的影响可能重于前者的影响。项目的权益资金由两部分组成，一部分是既有企业资产（含固定资产和流动资产），如既有企业的土地或现金盈余，另一部分是既有企业定向募集的股本，这部分股本对于既有企业和项目来说都是增量股本。

b 盈利能力分析

项目经济评价的基本原则是利用时间价值的原理，通过比较“有项目”与“无项目”的净现金流，求出增量净现金流，并依此计算内部收益率，考查项目实施的效果。由于既有企业不实施改扩建项目的“无项目”数据是固有的且是非零的，在进行既有企业改扩建项目的盈利能力分析时，要将“有项目”的现金流量减去“无项目”的现金流量，得出“增量”现金流量，依“增量”现金流量判别项目的盈利能力。“增量”现金流量包括“增量权益资金”、“增量借贷资金”、“增量营业收入”、“增量补贴收入”、“增量经营成本”、“增量所得税”等。既有企业改扩建项目的盈利能力分析是“增量分析”的最好体现。

c 偿债能力

从法律上讲，改扩建项目是由既有企业出面向银行借款，当然还款的财务主体是既有企业，也就只应考虑既有企业的偿债能力。然而，既有企业借款是为了项目，不管项目将来是否独立核算，都应当考察项目本身的还款能力，这是企业财务管理本身的需要。

因此，改扩建项目的偿债能力分析宜进行两个层次的分析：

（1）项目层次的偿债能力分析。编制借款还本付息计划并分析拟建项目“有项目”时的收益偿还新增债务的能力，计算利息备付率和偿债备付率，考察还款资金来源（折旧、摊销、利润）是否能按期足额偿还借款利息和本金，若资金来源足以还款或尚有节余。表明项目自身的还款能力强，若项目自身的还款资金来源不足，应由既有企业动用自有资金补足，或采用其他方式还款。计算得到的项目偿债能力指标可以表示项目用自身的各项收益抵偿债务的能力。显示项目对企业整体财务状况的影响。虽然债务偿还是企业行为，但项目层次偿债能力指标可以给企业法人和银行重要的提示，即项目本身收益是否可能完全偿还债务，是否会因此增加企业法人的债务负担。若项目范围内“无项目”时尚有借款（整体改扩建），应用“有项目”的整体收益一并偿还，需要编制“有项目”的借款还本付息计划表，包括新增借款和原有借款。

（2）企业层次的借款偿还能力。项目决策人（既有企业）要根据企业的经营与债务情况，在计入项目借贷及还款计划后，估算既有企业总体的偿债能力。银行等金融部门在做贷款决定之前，往往要了解现有企业财务状况，尤其是企业的债务情况（含原有贷款、其他拟建项目贷款和项目新增贷款），考虑企业的综合偿债能力，企业应根据债权人的要求提供相应的资料。在项目产出与企业产出相同或相近时，企业的资金成本与项目的资金成本相同，在项目资金投向其他行业时，项目的资金成本与其他行业的投资风险或投资机会成本相近。

d 生存能力

改扩建项目只进行“有项目”状态的生存能力分析，分析的内容同一般新建项目。

6.6 非经营性项目的财务评价

6.6.1 非经营性项目的概念与目的

非经营性项目是指为了实现社会目标和环境目标，为社会公众提供产品或服务的非营利性投资项目，包括社会公益项目（教育、医疗、卫生、保健等项目）、环境保护与环境污染治理项目、某些公用基础设施项目（如市政项目）等。这些项目经济上的显著特点是为社会提供的服务和使用功能不收取费用或只收取少量费用。

非经营性项目的目的是服务社会，因此进行财务评价的目的不一定是作为投资决策的依据，而是为了考察项目的财务状况，了解是盈利还是亏损，以便采取措施维持其运营，发挥其功能。另外，对很多非经营性项目的财务评价实质上是在进行方案比选，以便所选择方案能在满足项目目标的前提下，费用最少。

6.6.2 非经营性项目财务评价的要求

非经营性项目财务评价的要求视项目具体情况而有所不同：

（1）没有营业收入的非经营性项目。对于没有营业收入的项目，不需要进行盈利能力分析。其财务评价重在考察财务可持续性。这类项目通常需要政府长期补贴才能维持运营，并应同一般项目一样估算费用，包括投资和运营维护成本。在此基础上，推算项目运营期各年所需的政府补贴数额，并分析可能实现的方式。

（2）有营业收入的非经营性项目。对有营业收入的项目，财务评价应根据收入抵补支出的不同程度，区别对待。通常营业收入补偿费用的顺序是：支付运营维护成本，缴纳流转税，偿还借款利息，计提折旧和偿还借款本金。

营业收入在补偿运营维护成本、缴纳流转税、偿还借款利息、计提折旧和偿还借款本金后尚有盈余，表明项目在财务上有盈利能力和生存能力。其财务评价方法与一般项目基本相同。

对一定时期收入不足以补偿全部成本费用，但通过在运营期内逐步提高价格（收费）水平，可实现其设定的补偿运营维护成本、缴纳流转税、偿还借款利息、计提折旧和偿还借款本金的目标，并预期在中、长期产生盈余的项目，可只进行偿债能力分析和财务生存能力分析。由于项目运营前期需要政府在一定时期内给予补贴，以维持运行，因此应估算各年所需的政府补贴数额，并分析政府在一定时期内提高财政补贴的能力。

（3）收费的非经营性项目。对收费的非经营性项目应合理确定提供服务的收费价格。服务收费价格是指服务对象提供单位服务收取的服务费用。在工程项目评价中，需分析其合理性。分析方法一般是将预测的服务收费价格与消费者承受能力和支付意愿及政府发布的指导价格进行对比，也可以与类似项目进行对比。有时需要在维持项目正常运营的前提下，采取倒推服务收费价格的方式，同时分析消费者的支付能力。

（4）效益难以货币化的非经营性项目。对效益难以货币化的非经营性项目，可采用效果费用比或费用效果比来进行方案比选。具体方法可参见 7.5.4 节，主要不同在于分析目标较为单一、采用的是财务数据：

1）比选要求。主要包括：

①遵循基本的方案比选原则和方法。

②费用应包括从项目投资开始到项目终止的整个期间所发生的全部费用，可按费用现值或费用年值计算。

③效果的计算单位应能切实度量项目目标实现的进度，且便于计算。

④在效果相同的条件下，应选取费用最小的备选方案。

⑤在费用相同的条件下，应选取效果最大的备选方案。

⑥备选方案效果和费用均不同时，应比较两个备选方案之间的费用差额和效果差额，计算增量的效果费用比或费用效果比。分析获得增量效果所付出的增量费用是否值得。

2）常用比选指标。在实际中，往往采用单位功能（效果）费用指标或单位费用效果指标，包括投资指标和成本指标，习惯上常采用单位功能费用指标。

①单位功能建设投资是提供一个单位使用功能或服务所需要的建设投资。

$$\text{单位功能建设投资} = \frac{\text{建设投资}}{\text{设计服务能力或生产规模}}$$

②单位功能运营费用是提供一个单位使用功能或服务所需要的营业费用。

$$\text{单位功能运营费用} = \frac{\text{年运营费用}}{\text{设计服务能力或生产规模}}$$

但以上指标有如下缺陷：只分别计算了投资和成本，没有全面进行比较；没有考虑整个计算期的费用，未按资金时间价值原理计算。

复习思考题

6-1 工程项目财务评价的目的和内容是什么？

6-2 工程项目财务评价的工作程序是什么？

6-3 什么是工程项目财务评价基础数据测算？

6-4 工程项目财务盈利能力、清偿能力和生存能力分析工作应计算哪些评价指标？

6-5 工程项目财务评价中涉及哪几种价格，它们之间关系如何？

6-6 工程项目财务评价中应遵循哪些取价原则？

6-7 说明工程项目财务评价中总成本费用的构成和计算方法。

6-8 何谓经营成本，其与总成本费用有何关系？

6-9 工程项目财务评价基础数据估算表有哪些？

6-10 工程项目财务评价的基本报表有哪些，具体计算哪些基本评价指标？

6-11 固定资产折旧对项目有哪些影响？

6-12 说明固定资产折旧的平均年限法、工作量法、双倍余额递减法、年数总和法的区别。

6-13 改扩建项目有什么基本特点，其净效益如何识别与估算？

6-14 改扩建项目财务评价内容有哪些？

6-15 何谓非经营性项目，其财务评价有哪些要求？

6-16 新建某化学纤维厂，固定资产投资为42552万元，流动资金为7085万元，其中自有资金占总投资的40%。预计到设计生产正常年份的年销售收入为35400万元，年销售税金及附加为销售收入的8%，年经营成本和折旧摊销费共计18186万元，当年利息支出为521万元，所得税为利润总额的25%。试计算：（1）总投资收益率；（2）资本金净利润率。

6-17 某项固定资产原始价值为360000元，残余价值为12000元，使用年限为6年。用平均年限法、双倍余额递减法、年数总和法分别计算各年的折旧额。

7 工程项目国民经济评价

本章概要：国民经济评价是工程项目评价的重要组成部分，从国家宏观角度衡量工程项目的经济合理性。本章阐述了工程项目国民经济评价的基本知识，分析了国民经济评价中效益和费用的识别及估算原则，阐述了国民经济评价中各项参数的测定与选用，介绍了影子价格及其计算、效益费用分析的指标、报表内容及其编制等具体内容。

7.1 国民经济评价概述

在市场经济条件下，由于存在市场失灵，工程项目还需要进行国民经济评价，站在全社会的角度来判别项目配置经济资源的合理性。工程项目国民经济评价的目的，是把国家有限的资源（资金、外汇、劳动力、土地和自然资源等）投入到国家和社会最需要的项目，并使这些可用于投资的社会有限资源能够合理配置和有效利用，以取得最大的经济效益。

7.1.1 工程项目国民经济评价的含义和内容

7.1.1.1 工程项目国民经济评价的含义

工程项目国民经济评价是指在合理配置社会资源的前提下，从国家经济整体利益的立场出发，采用社会折现率、影子汇率、影子工资和货物影子价格等国民经济评价参数，从项目对社会经济所做贡献以及社会为项目付出代价的角度，根据《关于建设项目经济评价工作的若干规定》、《建设项目评价方法》和《建设项目经济评价参数》等三个文件，计算工程项目对国民经济的贡献，分析建设项目的经济效率、经济效果和对社会的影响，考察项目的经济合理性。国民经济评价的理论基础是新古典经济学有关资源优化配置的理论。

7.1.1.2 工程项目国民经济评价的内容

国民经济评价包括国民经济评价费用与效益的识别与处理、影子价格的确定和基础数据的调整以及国民经济效果分析等三部分内容。

A 国民经济评价费用与效益的识别与处理

国民经济评价中的费用与效益，与财务评价中的划分范围是不同的。国民经济评价以工程项目耗费的资源及项目给国民经济带来的收益来界定项目的费用与效益，无论最终由谁支付和获取，都视为该项目的费用与效益，而不仅仅是考察项目账面上直接显现的收支。因此，在国民经济评价中，需要对这些直接或间接的费用与效益，逐一加以识别、归类和处理。

B 影子价格的确定和基础数据的调整

在绝大多数发展中国家，现行价格体系一般都存在着较为严重的扭曲和失真现象，使用现行市场价格无法进行国民经济评价。只有采用那些通过现行市场价格调整计算而获得的并能够反映资源真实价值和市场供求关系的价格（称之为影子价格），来进行国民经济评价，才能保证评价的科学性。这是因为与项目有关的各项基础数据，都必须以影子价格为基础进行调整，才能正确计算出项目的各项国民经济费用与效益。

C 国民经济效果分析

根据所确定的各项国民经济费用与效益，结合相关经济参数，计算建设项目的国民经济评价指标并进行方案比选。编制国民经济评价报表，对建设项目的国民经济效果进行分析，做出建设项目经济上是否合理的结论。

7.1.2 国民经济评价的范围

7.1.2.1 需要进行国民经济评价的项目

需要进行国民经济评价的项目包括：

(1) 自然垄断项目。对于电力、电信、交通运输等行业的项目，存在着规模效益递增的产业特征，企业一般不会按照帕累托最优规则进行运作，从而导致市场配置资源失效。

(2) 公共产品项目。即项目提供的产品或服务在同一时间内可以被共同消费，具有“消费的非排他性”（未花钱购买公共产品的人不能被排除在此产品或服务的消费之外）和“消费的非竞争性”特征（一人消费一种公共产品并不以牺牲其他人的消费为代价）。由于市场价格机制只有通过那些不愿意付费的消费者排除在该物品的消费之外才能得以有效运作，因而市场机制对公共产品项目资源配置失灵。

(3) 具有明显外部效果的项目。外部效果是指一个个体或厂商的行为对另一个个体或厂商产生了影响，而该影响的行为主体又没有负相应的责任或没有获得应有报酬的现象。产生外部效果的行为主体由于不受预算约束，常常不考虑外部效果结果承受者的损益情况。这样，在其行为过程中常常会低效率甚至无效率地使用资源，造成消费者剩余与生产者剩余的损失及市场失灵。

(4) 对于涉及国家控制的战略性资源开发及涉及国家经济安全的项目，往往具有公共性、外部效果等综合特征，不能完全依靠市场配置资源。

(5) 政府对经济活动的干预，如果干扰了正常的经济活动效率，也是导致市场失灵的重要因素。

7.1.2.2 需要进行国民经济评价项目的特征

对于上述无法完全依靠市场配置资源、需要进行国民经济评价的工程项目，往往具有下列特征：

(1) 项目的产出物不具有市场价格。由于公共产品和外部效果等因素的影响，无法对其进行市场定价。

(2) 市场价格虽然存在，但无法确切地反映投入物和产出物的边际社会效益和成本。因而在竞争性市场上提供这些服务得到的收益，将无法充分地反映这些供给所产生的社会净效益。

7.1.3 工程项目国民经济评价的必要性和意义

7.1.3.1 国民经济评价的必要性

从经济学的角度看，经济活动的目的，是通过配置稀缺经济资源用于生产产品和提供服务，尽可能地满足社会需要。当经济体系功能发挥正常、社会消费的价值达到最大时，就认为是取得了“经济效益”。

在现实经济中，依靠两种基本机制来实现这种目的。一是市场定价机制，通过此种机制，厂商对由市场供求水平决定的价格作出反应，并据此从事自利的经济活动；二是政府部门通过税收补贴、政府采购、货币转移支付以及为企业运行制定法规等，进行资源配置的决策活动，从而影响社会资源的配置状况。

在完全竞争的完善的市场经济体系下，竞争市场机制能够对经济资源进行有效配置，产出品市场价格将以货币形态反映边际社会效益，而投入品的市场价格将反映边际社会机会成本。利润最大化自然会导致资源的有效配置，财务分析与经济费用效益分析的结论一致，不需单独进行经济费用效益分析。

在现实经济中，由于市场本身的原因及政府不恰当的干预，都可能导致市场配置资源的失灵，市场价格难以反映项目的真实经济价值，客观上需要通过国民经济评价来反映项目的真实经济价值，判断投资的经济合理性，为投资决策提供依据。

7.1.3.2 工程项目国民经济评价的意义

开展工程项目国民经济评价的意义在于：

(1) 宏观上合理配置国家有限资源的需要。国家的资源（资金、土地、劳动力等）总是有限的，而同一种资源可以有不同的用途，必须从这些相互竞争的用途中作出选择。此时，就需要从国家整体利益的角度来考虑，开展国民经济评价。国民经济是一个大系统，项目建设是这个大系统中的一个子系统。国民经济评价就是要分析项目从国民经济中所吸取的投入，以及项目产出对国民经济这个大系统的经济目标的影响，从而选择对大系统目标最有利的项目或方案。

(2) 真实反映项目对国民经济净贡献的需要。在现实经济活动中，不少商品的价格不能反映价值，也不反映供求关系，即所谓的价格失真。在这样的条件下，按现行价格来考察项目的投入或产出，就不能确切地反映项目建设给国民经济带来的效益和费用。

通过国民经济评价进行价格调整，运用能反映资源真实价值的价格来计算建设项目的费用和效益，以便得出该项目的建设是否有利于国民经济总目标的结论。

(3) 投资决策科学化的需要。国民经济评价有利于引导投资方向。运用国民经济评价的相关指标及相关参数，可以影响国民经济评价的最终结论，进而起到鼓励或抑制某些行业或项目发展的作用，促进国家资源的合理分配。国民经济评价有利于抑制投资规模。当投资规模过大时，会引发通货膨胀，适当提高折现率，可控制一些项目的通过，有利于控制投资规模。

7.2 经济评价效益和费用的估算

7.2.1 国民经济评价中效益与费用的概念

效益与费用分析起源于1844年法国人杜波伊特（Jules Dupuit）撰写的《论公共工程效益的衡量》一文，起初是作为评价公共事业部门投资的一种方法而发展起来的，后来被广泛应用于评价各种工程项目方案，并扩展到对发展计划和重大政策的评价。现在，效益费用分析是发达国家广泛采用的用于对建设项目进行国民经济评价的方法，也是联合国向发展中国家推荐的国民经济评价方法。它是从国家和社会的宏观利益出发，通过对工程项目的经济效益和经济费用进行系统、全面的识别和分析，求得项目的经济净收益，并以此来评价工程项目可行性的一种方法。

效益与费用分析的核心是通过比较各种备选方案的全部预期效益和全部预计费用，来评价这些备选方案的优劣，并以此作为决策的参考依据。

7.2.2 效益与费用的识别原则

在工程项目的财务评价中，工程项目可视为一个相对独立的封闭系统，货币在这一系统的流入和流出容易识别，且大都可以从相应的会计核算科目中找到答案，在工程项目的国民经济评价中，效益和费用的划分与财务评价相比有了质的变化。项目的国民经济效益，包括项目的直接效益和间接效益；项目的国民经济费用，包括项目的直接费用和间接费用。

正确地识别效益与费用，是保证国民经济评价正确性的重要前提条件。

效益与费用识别的基本原则是，凡是项目为国民经济所作的贡献，均计为项目的效益，凡是国民经济为项目所付出的代价，均计为项目的费用。具体为：

（1）增量分析的原则。项目经济费用效益应建立在增量效益和增量费用识别和计算的基础上，不应考虑沉没成本和已实现的效益。应按照“有无对比”增量分析的原则，通过项目的实施效果与无项目情况下可能发生的情况进行对比分析，作为计算机会成本或增量效益的依据。

（2）考虑关联效果原则。应考虑项目投资可能产生的其他关联效应。

（3）以本国居民作为分析对象的原则。对于跨越国界、对本国之外的其他社会成员产生影响的项目，应重点分析对本国居民带来的效益和费用。项目对本国以外社会群体所产生的效果，应进行单独陈述。

（4）剔除转移支付的原则。转移支付代表购买力的转移行为，接收转移支付的一方所获得的效益与付出方所产生的费用相等，转移支付行为本身没有导致新增资源的发生。在经济费用效益分析中，税费、补贴、国内借款利息属于转移支付。一般在进行经济费用效益分析时，不得再计算转移支付的影响。

7.2.3 经济效益与费用的估算原则

项目投资所造成的经济费用或效益的估算，应在利益相关者分析的基础上，研究在特定的社会经济背景条件下，相关利益主体获得的收益及付出的代价。估算项目相关的效益和费用，应遵从以下原则：

（1）支付意愿原则。项目产出物正面效益的估算应遵循支付意愿原则，用于分析社会成员为项目所产出的效益愿意支付的价值。

（2）受偿意愿原则。项目产出物负面影响的估算应遵循接受补偿意愿原则，用于分析社会成员为接受这种不利影响所得到补偿的价值。

（3）机会成本原则。项目投入的经济费用的估算应遵循机会成本原则，用于分析项目所占用的所有资源的机会成本。机会成本应按资源的其他最有效利用所产生效益进行计算。

（4）实际价值估算原则。项目经济费用效益分析应对所有费用和效益采用反映资源真实价值的实际价格进行计算，不考虑通货膨胀因素的影响，但应考虑相对价格变动。

7.2.4　直接效益与直接费用

7.2.4.1　直接效益

直接效益是由项目产出物直接产生并在项目范围内计算的经济效益。

一般包括以下内容：

（1）增加项目产出物（或服务）的数量，以增加国内市场的供应量，其效益就是满足国内需求。

（2）项目产出物（或服务）代替相同或类似企业的产出物（或服务），使被替代企业减产，从而减少国家有用资源的耗用（或损失），其效益就是被替代企业释放出来的资源。

（3）项目产出物（或服务）减少了进口量，即替代了进口货物，其效益为所节约的外汇支出。

7.2.4.2　直接费用

直接费用是指项目使用投入物所产生的，并在项目范围内计算的经济费用。一般包括以下内容：

（1）国内其他部门为本部门项目提供投入物、而扩大了该部门的生产规模，其费用为该部门增加生产所消耗的资源。

（2）项目投入物本来用于其他项目，由于用于该拟建项目而减少了对其他项目（或最终消费）投入物的供应，其费用为其他项目（或最终消费）因此而放弃的消费。

（3）项目的投入物来自国外，即增加进口，其费用为增加的外汇支出。

（4）项目的投入物本来首先用于出口，为了满足项目需求而减少了出口，其费用为减少出口所减少的外汇收入。

7.2.5　间接效益与间接费用

7.2.5.1　间接效益与间接费用的概念

间接效益。是指由项目引起、在直接效益中没有得到反映的效益。间接费用。是指由项目引起、在直接费用中没有得到反映的费用。

7.2.5.2　间接效益与间接费用应具备的条件

在进行项目评价时，只有同时具备以下两个条件才能视为间接效益或间接费用：

（1）项目将对其无直接关联的其他项目或消费者产生影响。

（2）该效益或费用在财务报表中并没有得到反映，或者没有将其量化。

7.2.5.3　间接效益与间接费用所涉及的内容

间接效益与间接费用所涉及的内容包括：

（1）环境影响效果。项目对自然环境造成的污染和对生态平衡产生的破坏，是一种间接费用，一般较难定量计算。可按同类项目所造成的损失或按恢复环境质量所消耗的费用来近似估算，无法定量计算应做定性说明。某些建设项目属于环境治理项目，或含有环境治理工程，对环境会产生好的影响，在国民经济评价中应估算其间接效益。

（2）价格影响效果。若项目的产出物品是增加了国内市场的供应量，导致产品的市场价格下跌，使消费者受益，这种益处只是将生产商减少的收益转移给了产品的消费者，对整个国民经济而言，效益并未改变，因此消费者得到的收益不能计为该项目的间接效益。若项目的产出物大量出口，导致国内同类产品出口价格下跌，由此造成的外汇收入减少，应计为该项目的间接费用。

（3）技术扩散效果。一个技术先进项目的实施，会培养和造就大量的工程技术人员、管理人员或技术较强的操作人员，也会产生或发明一些先进技术。由于人员的流动和技术外流，使整个社会经济的发展受益，这种效益通常是隐蔽的、滞后的，难以识别和计量，一般只做定性描述。

（4）产业关联效果。这一效果包括纵向的相邻效果和横向的相乘效果（也叫乘数效果）。具体为：

1）相邻效果。是指由于项目的实施而给“上游”企业和“下游”企业带来的辐射效果。

上游企业是指为该项目提供原材料或半成品的企业。项目的实施可能会刺激这些上游企业得到发展，使新增加的生产能力或原有的生产能力得到充分的利用。

下游企业是指使用项目的产出物作为原材料或半成品的企业。项目的产品可能对下游企业的经济效益产生影响，使其闲置的生产能力得到充分利用，或使其在生产上节约成本。

在大多数情况下，项目的相邻效果可以在项目的投入物和产出物的影子价格中得到体现，不应再计算间接效果。在某些特殊情况下，间接影响难于在影子价格中反映时，需要作为项目的外部效果计算。

2）相乘效果（也叫乘数效果）。是指由于项目的实施而使与该项目相关的产业部门的闲置资源得到有效利用，进而产生一系列的连锁反应，带动某一行业、地区或全国的经济发展，所带来的外部效果。

一般情况下乘数效果不能连续扩展计算，只需计算一次相乘效果。

7.2.6 转移支付

在工程项目效益与费用的识别过程中，经常会遇到工程项目与各种社会实体之间的货币转移，如税金、补贴、利息、折旧等问题的处理。这些都是财务评价中的实际支出，从国民经济角度来看，它们并不影响社会最终产品的增减，都未造成资源的实际耗用和增加，仅仅是资源的使用权在不同的社会实体之间的一种转移。将这种并不伴随着资源增减的纯粹货币性质的转移，称为转移支付。

在国民经济评价中，转移支付不能计入项目的效益或费用，但关键是对转移支付的识别和处理：如果以项目的财务评价为基础进行国民经济评价时，应从财务效益与费用中剔除在国民经济评价中计作转移支付的部分。

常见的转移支付有以下内容：

（1）税金。税金在财务评价中显然是建设项目的一种费用。但在国民经济评价中，从国民经济整体来看，税金作为国家财政收入的主要来源，是国家进行国民收入二次分配的重要手段，缴税只不过表明税收代表的那部分资源的使用权从纳税人那里转移到了国家手里。也就是说，税金只是一种转移支付，不能计为国民经济评价中的效益或费用。

(2) 补贴。补贴是一种货币流动方向与税收相反的转移支付。包括价格补贴和出口补贴等。补贴虽然使工程项目的财务收益增加，但同时也使国家财政收入减少，实质上仍然是国民经济中不同实体之间的货币转移，整个国民经济并没有因此发生变化。因此，国家给予的各种形式的补贴都不能计入国民经济评价中的效益或费用。

(3) 国内贷款利息。国内贷款利息在企业财务评价中的资本金财务现金流量表中是一项费用。对国民经济评价来说，它表示项目对国民经济的贡献有一部分转移到了政府或国内贷款机构。项目对国民经济所作贡献的大小，与所支付的国内贷款利息的多少无关。因此，它也不是国民经济评价中的效益或费用。

(4) 国外贷款与还本付息。在国民经济评价中，国外贷款和还本付息，根据分析角度不同，有两种不同的处理原则：

1) 全部投资在国民经济评价中的处理。全部投资国民经济评价，把国外贷款也看作国内投资，此项目的全部投资作为计算基础，对拟建设项目使用的全部资源的使用效果进行评价。由于随着国外贷款的发放，国外相应的实际资源的支配权利也同时转移到了国内。因此，国外贷款资源与国内资源一样，也存在着合理配置的问题。在全部投资国民经济评价中，国外贷款和还本付息与国内贷款和还本付息一样，不能作为效益或费用。

2) 国内投资在国民经济评价中的处理。全部投资国民经济评价效果好的项目，并不一定是国内受益。为考察项目对本国国民经济的实际贡献，应以国内投资作为计算基础，进行国内投资国民经济评价，把国外贷款还本付息视为费用。

(5) 折旧。折旧是会计意义上的生产费用要素，是从收益中提取的部分资金，与实际资源的耗用无关。因为在经济分析时，已将固定资产投资所耗用的资源视为项目的投资费用，而折旧无非是投资形成的固定资产在再生产过程中价值转移的一种方式而已。因此，不能将折旧作为国民经济评价中的效益或费用。

7.3　经济评价参数的测定与选用

7.3.1　概述

科学、合理、可用的参数是建设项目经济评价过程中不可缺少的工具之一。国民经济评价参数是国民经济评价的基础，包括计算、衡量项目经济费用效益的各类计算参数和判定项目经济合理性的判据参数，也是衔接微观投资项目选择与宏观经济目标的纽带，促使项目选择符合国家社会经济发展目标和宏观经济意图。正确理解和使用评价参数，对正确计算费用、效益和评价指标，以及比选优化方案具有重要作用。

为适应社会主义市场经济发展，加强和规范建设项目经济评价工作，满足政府和其他各投资主体投资决策的需要，保证经济评价的质量，引导和促进各类资源的合理有效配置，发挥投资效益，提高项目决策的科学化水平，应制定取值合理的参数。

国家有关行政主管部门根据国家与行业的发展战略与发展规划、国家的经济状况、资源供给状况、市场需求状况、各行业投资经济效益、投资风险、资金成本及项目投资者的实际需要，组织测定和发布的工程项目评价参数，有利于促进社会资源的合理配置，有利于社会信息资源的共享，有利于避免参数测算中的盲目、主观、片面、局部、狭隘、短视、静止等弊端。

在选用工程项目国民经济评价参数时，要注意以下问题：

(1) 周期性。在项目评价时，对不同种类参数均使用同一时段的数据，以保证计算结论的合理性与可比性。

(2) 有效性。项目评价时要使用在有效期内的参数。每个参数均有其自身的有效期，都需要适当进行调整。使用过期的参数不能得出合理的评价结论，而且很可能对项目决策者产生误导。

(3) 稳妥性。工程项目经济评价工作要在大量预测的基础上进行，存在着各种不确定性，在不能准确估计项目效益时，宁可低估效益，在不能准确估计项目成本时，宁可高估成本。

(4) 时效性。由于社会经济状况处于不断的发展变化中，不同时期的参数反映不同时期的社会经济状况，因此项目经济评价参数在使用过程中一定要注意其时效性。

综合考虑我国目前参数使用与测算两方面的基本情况，国家有关部门规定通用参数的测算发布周期为一年，社会有关方面每年都有必要进行参数的适应性检查，借助参数定期更新的机会，落实国家及行业规划，落实国家有关政策。常用的项目国民经济评价参数有社会折现率、影子汇率、影子工资等。

7.3.2 社会折现率

7.3.2.1 社会折现率的概念

国民经济评价中，主要采用动态计算方法，计算经济净现值或者经济内部收益率指标。计算经济净现值指标时，需要使用一个事先确定的折现率，在使用经济内部收益率指标时，需要一个用事先确定的基准收益率作对比，以判定项目的经济效益是否达到了标准。通常将上述情况下的折现率和基准收益率，统一称为社会折现率。

社会折现率也叫影子利率，表示从国家角度对资金机会成本和资金时间价值的估量。它是建设项目国民经济评价中衡量经济内部收益率的基准值，也是从社会经济整体出发评价项目经济合理性用于计算经济净现值的折现率。

社会折现率在项目国民经济评价中具有双重职能：

(1) 作为项目费用效益不同时间价值之间的折算率。社会折现率作为项目费用效益不同时间价值之间的折算率，它反映了对于社会费用效益价值的时间偏好。社会费用或效益的时间偏好，代表人们对于现在的社会价值与未来价值之间的权衡。社会费用或效益的时间偏好在一定程度上受到社会经济增长的影响，但并非完全由经济增长所决定，而经济增长也并不是完全由社会投资所带来的。

(2) 作为项目经济效益要求的最低经济收益率。社会折现率作为项目经济效益要求的最低经济收益率，代表着社会投资所要求的最低收益率，代表着社会投资所要求的最低收益率水平。项目投资产生的社会收益率如果达不到这一最低水平，项目不应当被接受。社会投资所要求的最低收益率，理论上认为应当由社会投资的机会成本决定，也就是由社会投资的边际收益率决定。

7.3.2.2 社会折现率的作用

A 社会折现率是项目经济可行性的主要判据

社会折现率作为基准收益率，其取值高低直接影响项目经济可行性的判断结果。社会折现率的取值，实质上反映的是国家希望投资项目获得的最低期望收益率，一个项目是否可行，首先要看其是否能达到或超过这一期望收益水平。社会折现率如果取值过低，将会使得一些经济效益不好的项目投资得以通过，经济评价起不到应有的作用；社会折现率取值过高，会使一部分本来可以通过评价的项目因达不到判别标准而被舍弃。通过设定社会折现率的取值，可以间接起到调控投资规模的作用。

B 社会折现率是项目方案比选的主要判据

社会折现率在项目方案比选中，其取值高低会影响比选的结果。取值较高会使远期收益在折算为现值时发生较高的折减，因此有利于社会效益产生在近期并有比较高的社会成本产生在远期的方案和项目入选，而社会效益产生在远期的项目被淘汰。这可能会导致对评价结果的误导。

国家根据宏观调控意图和现实经济状况，制定发布统一的社会折现率，有利于统一评价标准，避免参数选择的随意性。采用适当的社会折现率进行工程项目评价，有利于正确引导投资，控制建设规模，调节资金供求平衡，促进资金在短期与长期项目之间的合理配置。

7.3.2.3 社会折现率的测定

社会折现率是根据国家的社会经济发展目标、发展战略、发展优先顺序、发展水平、宏观调控意图，社会成员的费用效益时间偏好、社会投资收益水平、资金供给状况、资金机会成本等因素进行综合分析，由国家相关部门统一测定和发布。

在工程项目评价中，社会折现率既代表了资金的机会成本，也是不同年份之间费用效益的折算率。在理论上，如果社会资源供求在最优状态平衡，资金的机会成本应当等于不同年份之间的折算率，在实际中，社会投资资金总是表现出一定的短缺，资金的机会成本总是高于不同年份之间的费用效益折算率。同时，由于投资风险的存在，资本投资所要求的收益率总是要高于不同年份折算率。因此，按照资金机会成本原则确定的社会折现率总是高于按照费用效益的时间偏好率原则确定的数值。

7.3.2.4 社会折现率的取值

2006 年的《建设项目经济评价方法与参数》（第三版）根据影响社会折现率的各主要因素，结合当前经济发展的实际情况规定社会折现率为 8%，并对一些具体情况做出了相应规定和说明。对于一些特殊的项目，主要是水利工程、环境改良工程、某些稀缺资源的开发利用项目，采取较低的社会折现率，可能会有利于项目的优选和方案的优化；对于受益期长的建设项目，如果远期效益较大，效益实现的风险较小，社会折现率可适当降低，但不应低于 6%；对于永久性工程或者受益期超长的项目，如水利设施等大型基础设施和具有长远环境保护效益的工程项目，宜采用低于 8% 的社会折现率；对于超长期项目，社会折现率可按时间分段递减的方法取值。

7.3.3 影子汇率

7.3.3.1 影子汇率的概念

一般发展中国家都存在着外汇短缺的问题，政府在不同程度上实行外汇管制和外贸管制，外汇不允许自由兑换。在这种情况下，官方汇率往往不能真实地反映外汇的价值。因此，在工程项目国民经济评价中，为了消除用官方汇率度量外汇价值所导致的误差，有必要采用一种更合理的汇率，即影子汇率，来使外贸品和非外贸品之间建立一种合理的价格转换关系，使二者具有统一的度量标准。

影子汇率是指不同于官方汇率的、能反映外汇转换国民经济真实价值的汇率，是项目国民经济评价的重要参数，它体现了从国民经济角度对外汇价值的估量。在项目国民经济评价中使用影子汇率，是为了正确计算外汇的真实经济价值。实际上影子汇率是外汇的机会成本，即项目投入或产出所导致的外汇的减少或增加给国民经济带来的损失或收益。

影子汇率这一重要经济参数由国家统一制定并定期调整，国家可以利用影子汇率作为杠杆，影响项目投资决策，影响项目方案的选择和项目的取舍。当项目要引进国外设备或零部件时，都要与国内设备、技术或零部件进行对比。因此，影子汇率直接影响进口设备、技术或零部件的影子价格计算，从而影响对比结果。

对于投入物中有较大进口货物的项目，使用进口设备或原材料、与国产设备或原材料比较时，如果影子汇率取值较高，进口设备或原材料的社会成本较高，国产设备或原材料的社会成本相对较低，有利于方案选择中选用国产设备或原材料，即不利于引进方案但有利于国产设备的方案。对于那些主要产出物是外贸货物的项目，影子汇率较高，将使得项目收入的外汇经济价值较高，有利于这些项目获得批准实施。

影子汇率在项目的国民经济评价中，除了用于外汇与本国货币之间的换算外，还是经济换汇和经济节汇成本的判据。

7.3.3.2 影子汇率的测定

影子汇率由国家统一测定发布，并定期调整，其发布的形式有两种：一种是直接发布影子汇率；另一种则是将影子汇率与国家外汇牌价挂钩，发布影子汇率换算系数。

影子汇率换算系数是影子汇率与国家外汇牌价的比值，其影响因素是国家外汇收支状况、主要进出口商品的国内价格与国外价格的比较、出口换汇成本以及进出口关税等，国家相关部门根据上述综合因素统一测算和发布。投资项目投入物和产出物涉及进出口的，应采用影子汇率换算系数调整计算影子汇率。2006 年版《建设项目经济评价参数》中的影子汇率换算系数取值确定为 1.08。

7.3.4 影子工资

7.3.4.1 影子工资的概念

在大多数国家中，由于经济的、社会的和传统的原因，劳动者的货币工资常常偏离竞争性劳动市场所决定的工资水平，因而不能真实地反映单位劳动的边际产品价值，进一步产生了劳动市场供求失衡问题。在这种情况下对工程项目进行国民经济评价，就不能简单地把项目中的货币工资支付直接视为该项目的劳动成本，而是要通过影子工资来对此劳动成本进行必要调整。

影子工资是指建设项目使用劳动力资源而使社会付出的代价。项目国民经济评价中以影子工资计算劳动力费用。在项目的财务评价中，职工工资作为成本的构成内容被看作财务费用；在项目的国民经济评价中，职工工资作为新创造的价值，而被看做经济效益；只是在考虑项目招收职工对国民经济其余部分带来的损失时，才使用影子工资这一费用概念。

7.3.4.2 影子工资的构成

影子工资即劳动力的影子价格，是指由于建设项目使用劳动力而使国民经济所付出的真实代价。影子工资由劳动力机会成本和新增资源消耗两部分组成。可按下式计算：

$$影子工资 = 劳动力机会成本 + 新增资源消耗 \tag{7-1}$$

（1）劳动力机会成本。是指劳动力在本项目被使用，而不能在其他项目中使用而被迫放弃的劳动收益。

项目所雇用的职工在被雇以前对国民经济其他部门所作的贡献，即职工从别处转移到项目中来而使别处放弃的劳动力边际产出价值，亦即别处所减少的国民收入。可见，影子工资是“从项目招收职工会使国民经济其他部门付出多大代价”这一机会成本的角度，而被视作国民经济费用，或者说，是指劳动力如果不就业于该项目而从事于其他生产经营活动所能创造的最大效益。劳动力的机会成本与劳动力的技术熟练程度和供求状况有关，技术越熟练，需求程度越高，其机会成本越高，反之越低。它是影子工资的主要组成部分。

（2）新增资源消耗。是指项目使用或转移劳动力所增加的社会资源消耗。

劳动力在本项目就业或由其他就业岗位转移来本项目而发生的社会资源消耗，这些资源消耗并没有提高劳动力的生活水平，在分析中应根据劳动力就业的转移成本测算。

7.3.4.3　影子工资的计算

影子工资一般通过影子工资换算系数计算，按下式计算：

$$影子工资 = 财务工资 \times 影子工资换算系数式 \tag{7-2}$$

影子工资的确定，应符合下列规定：

（1）影子工资应根据项目所在地的劳动力就业状况、劳动力就业或转移成本测定。具体原则是：

1）过去受雇于别处、由于本项目的实施而转移过来的人员，其影子工资应是其放弃过去就业机会的工资（含工资性福利）及支付的税金之和。

2）对于自愿失业人员，影子工资应等于本项目的使用所支付的税后净工资额，以反映边际工人投入到劳动力市场所必须支付的金额。

3）非自愿失业劳动力的影子工资，应反映他们为了工作而放弃休闲愿意接受的最低工资金额，其数值应低于本项目的使用所支付的税后净工资并大于支付的最低生活保障收入。当缺少信息，可按非自愿失业人员接受的最低生活保障收入和税后净工资的平均值近似测算。

（2）技术劳动力的工资报酬一般可由市场供求决定，即影子工资一般可用财务实际支付工资计算。

（3）对于非技术劳动力，其影子工资根据我国技术劳动力就业状况确定。具体可根据当地的非技术劳动力供求状况确定。

7.3.4.4　影子工资换算系数的取值

2006年的《建设项目经济评价方法与参数》（第三版），在对影子工资测算时采用了技术与非技术劳动力的分类方式，来分别测算劳动力影子价格的推荐取值。对于技术劳动力，采取影子工资等于财务工资，即影子换算系数为1；对于非技术劳动力，推荐在一般情况下采取财务工资的0.25～0.8倍作为影子工资，即其影子工资换算系数为0.25～0.8。考虑到我国现阶段各地经济发展不平衡，劳动的供求关系有一定差别，规定应按当地非劳动力资源供给的富余程度调整影子工资换算系数。对于非技术劳动较为富余地区的影子工资系数可取较低值，非技术劳动力不太富余的地区可取较高值，中间状况可取0.5。

7.4 影子价格的计算

7.4.1 影子价格的概念

影子价格最早来源于数学规划。它是20世纪30年代末、40年代初由荷兰数理经济学家、计量经济学创始人之一詹思·丁伯根及苏联数学家、经济学家、诺贝尔经济学奖获得者列·维·康托罗维奇分别提出来的。在西方最初称为预测价格或计算价格，在苏联称为最优计划价格。后来，美籍荷兰经济学家库普曼主张统一称为影子价格，这一提法为理论界所普遍接受。

影子价格是指当社会经济处于某种最优状态时，能够反映社会劳动消耗、资源稀缺程度和最终产品需求情况的价格。因此，影子价格是人为确定的、比交换价格更为合理的一种价格。从定价原则来看，这个“合理”的标志能更好地反映产品价值、市场供求状况、资源稀缺程度；从价格产出的效果来看，“合理”的标志是使资源配置向优化的方向发展。

在实际工作中，由于各种条件的限制，往往不能及时准确地获得建立数学模型所需要的各类数据，影子价格难以用数学模型来计算，而需要采用一些实用的方法来确定。国际上通常采用的方法，主要有内利特尔（I. M. D. Little）和米尔里斯（J. Mierless）提出的并被经济合作发展组织和世界银行采用的利持尔-米尔里斯法（简称L-M法）、联合国工业发展组织推荐的UNIDO法等。

在国外，以L-M法或UNIDO法确定影子价格时，首先把货物区分为贸易货物和非贸易货物两大类，然后根据项目的各种投入和产出对国民经济的影响分别进行处理。考虑到中国仍然是发展中国家，整个经济体系还没有完成工业化过程，国内市场和国际市场的完全融合仍需要一定时间等具体情况，将投入物和产出物区分为外贸货物、非外贸货物和特殊投入物，分别进行处理，采用不同的思路确定其影子价格。

进行国民经济评价时，应使用影子价格计量工程项目的主要投入物和产出物。2006年的《建设项目经济评价方法与参数》（第三版），对不同情况影子价格的确定作了规定。

7.4.2 市场定价货物的影子价格

随着我国市场经济的发展和贸易范围的扩大，大部分货物的价格由市场形成，价格可以近似反映其真实价值。进行国民经济评价可将这类货物的市场价格加上或者减去国内运杂费等，作为投入物或产出物的影子价格。

一个项目的产出和投入，必然会对国民经济产生各种影响。就产出物的产量来看，可能会增加国民经济对这个产出物的总消费、减少国民经济其他企业的生产、减少进口或增加出口；就投入物的消耗来看，可能会减少国民经济其他部门对该投入物的消费、增加国民经济内部该投入物的产量、增加进口或减少出口。

7.4.2.1 可外贸货物的影子价格

可外贸货物通常称外贸货物，是指其生产和使用将对国家进出口产生直接或间接影响的货物，它分为投入物和产出物两大类。

其影子价格的确定是以口岸价格为基础，按项目各项产出和投入对国民经济的影响，根据口岸、项目所在地、投入物的国内产地、产出物的主要市场所在地以及交通运输条件等方面的差异对流通领域的费用支出进行调整而分别确定的。简言之，外贸货物的影子价格是以口岸价为基础加上或者减去国内运杂费和贸易费用。

其中贸易费用是指外经贸机构为进出口货物所耗用的、用影子价格计算的流通费用，包括货物的储运、再包装、短途运输、装卸、保险、检验等环节的费用支出，以及资金占用的机会成本，但不包括长途运输费用，一般用货物的口岸价乘以贸易费用率估算贸易费用。

(1) 产出物影子价格的确定。对于项目产出物，确定的是出厂影子价格。

产出物影子价格 = 离岸价（FOB）×影子汇率 - 国内运杂费 - 贸易费用　(7-3)

产出物进一步可细分为直接出口产品、间接出口产品、替代进口产品等三种情况，其中间接出口是指项目的产品在国内销售、顶替其他同类货物，使其他的货物增加出口；替代进口是指项目的产品在国内销售，以产顶进、减少进口。具体计算时，运杂费及贸易费视实际情况而定。

(2) 投入物影子价格的确定。对于项目投入物，确定的是到厂影子价格。

投入物影子价格 = 到岸价（CIF）×影子汇率 + 国内运杂费 - 贸易费用　(7-4)

投入物进一步可细分为直接进口、间接进口、减少出口等三种情况。其中，间接进口是指项目使用国内产品，但挤占其他用户，使得国家的进口增加；减少出口是指项目的投入物是国内生产的，但由于项目的使用而使国家减少了该种产品的出口。具体计算时，运杂费及贸易费视实际情况而定。

(3) 如果可贸易货物以财务成本或价格为基础调整计算经济费用和效益，应注意以下两点：

1) 如果不存在关税、增值税、消费税、补贴等转移支付因素，则项目的投入物或产出物价格直接采用口岸价格进行调整计算。

2) 如果在货物的进出口环节存在转移支付因素，应区分不同情况处理。

7.4.2.2 非贸易货物的影子价格

非贸易货物是指其生产和使用对国家进出口不产生影响的货物。一种货物之所以成为非外贸货物，大多是由于运输费用太高，以致它的出口成本将高于可能的离岸价格，或者运到使用地的进口成本将高于当地的生产成本，也有的是受到国内或国外贸易政策限制的产品，还有一些是边远地区的自给产品和低质产品，所以不同地区非外贸货物的比重也不同。一般越往内地，非外贸货物的比重越大。

非贸易货物包括：天然非贸易货物，如国内建筑物、国内运输等基础设施产品和服务；非天然非贸易货物，如受到国内外政策限制及经济上不合理等因素约束而不能进行外贸的货物。非贸易货物影子价格确定的原则和方法如下：

(1) 确定原则。具体包括以下两点：

1) 若具有市场价格的货物或服务，处于竞争性市场环境中，市场价格能够反映支付意愿或机会成本，应采用市场价格作为计算项目投入物或产出物影子价格的依据。即非外贸货物影子价格以市场价格加上或者减去国内运杂费作为影子价格。产出物影子价格为出厂价，投入物影子价格为到厂价。

2) 若项目的投入物或产出物的规模很大，项目的实施将足以影响其市场价格，导致

“有项目”和“无项目”两种情况下市场价格不一致，在项目评价实践中，取二者的平均值作为测算影子价格的依据。

（2）确定方法。具体包括：

1）产出物影子价格。产出物影子价格的确定方法为：

①增加供应量、满足国内消费的项目产出物的影子价格。若国内市场供求均衡，应采用市场价格定价；若国内市场供不应求，应参照国内市场价格并考虑价格变化的趋势定价，但不应高于质量相同的同类产品的进口价格；对于无法判断供求情况的，应按稳妥原则取上述价格较低者。

②不增加国内市场供应数量、只是替代其他生产企业的产品、使被替代产品的企业减产或停产的产出物的影子价格。若产品质量与被替代产品相同，应按被替代产品的可变分解成本定价。其中可变分解成本是指某种产品已有一定的富余生产能力，要增加产量，只需增加投入物和少量的辅助费用，不需要增加固定资产、流动资金、人工费和管理费等固定成本。若产品质量较被替代产品有所提高，应按被替代产品的可变成本再加上因产品质量提高而带来的国民经济效益定价。其中因提高质量而带来的国民经济效益，可近似地按国际市场价格与被替代产品的国内市场价格之差确定。

③占国内市场份额较大、项目建成后会导致市场价格下跌的项目产出物的影子价格。这类产出物可按照项目建成前的市场价格和项目建成后的市场价格的平均值定价。

2）投入物影子价格。投入物影子价格的确定方法为：

①项目所需的某种投入物能通过原有企业生产能力挖潜即可满足供应，不必增加新的投资，这说明此种货物原有生产能力过剩属于长线物资。确定其影子价格时，对其可变成本进行分解，得到货物的出厂影子价格，加上运输费用和贸易费用，就得到该项目投入物的影子价格。

②项目所需的某种投入物必须通过投资，扩大生产规模，才能满足拟建项目的需要，说明此种货物的生产能力已充分利用，不属于长线物资。确定其影子价格时，需对其全部成本进行分解，得到货物的出厂影子价格，加上运输费用和贸易费用，就得到该项目投入物的影子价格。

③项目所需的某种投入物，在项目计算期内，其原有生产能力无法得到满足，又不可能新增生产能力，只有通过减少对原有用户的供应量才能得到。确定其影子价格时，应参照国内市场价格、国家统一价格加补贴（若有补贴）和协议价格这三者之中的最高者，再加上运输费用和贸易费用，即得到该项目投入物的影子价格。

7.4.2.3 影子价格中流转税的处理

影子价格中流转税（如消费税、增值税、营业税等）宜根据产品在整个市场中发挥的作用，分别记入或不记入影子价格。具体原则是：

（1）对于产出品，增加供给满足国内市场供应的，影子价格按支付意愿确定，含流转税；顶替原有市场供应的，影子价格按机会成本确定，不含流转税。

（2）对于投入品，有新增供应来满足项目的，影子价格按机会成本确定，不含流转税；挤占原有用户需求来满足项目的，影子价格按支付意愿确定，含流转税。

（3）在不能判断产出或投入是增加供给还是挤占（替代）原有供给的情况下，可以简化处理。处理的原则是，产出的影子价格一般包含实际缴纳流转税，投入的影子价格一般不包含实际缴纳流转税。

7.4.3 政府调控价格货物的影子价格

有些货物或服务不完全由市场机制形成价格，而是由政府调控价格，如由政府发布指导价、最高限价和最低限价等。这些货物或服务的价格不能完全反映其真实价值，因此在进行国民经济评价时，应对这些货物或服务的影子价格采用特殊方法确定。

一般原则是：投入物按机会成本分解定价，产出物按消费者支付意愿定价。

(1) 电价。电价作为项目投入物的影子价格，一般按完全成本分解定价，电力过剩时按可变成本分解定价。电价作为项目产出物的影子价格，可按电力对当地经济边际贡献率定价。

(2) 铁路运价。铁路运价作为项目投入物的影子价格，一般按完全成本分解定价，对运能富余的地区，按可变成本分解定价。铁路项目产出品的国民经济效益有特殊性，通常采用“有无对比法”计算其国民经济效益。

(3) 水价。水价作为项目投入物的影子价格，按后备水源的边际成本分解定价，或者按恢复水功能的成本计算。水价作为项目产出物的影子价格，按消费者支付意愿或者按消费者承受能力加政府补贴计算。

7.4.4 土地影子价格

7.4.4.1 土地影子价格的概念

土地是一种特殊投入物。建设项目必须坐落在一定的土地上，而且一个项目使用了某块土地，其他项目就不能再使用。

土地是一种稀缺资源。它显然和大气、水、阳光一样，是一种自然资源。但它不能自行生长、补充和净化，土地一旦被开发利用，很难转化为最初的自然状态，而且随经济不断发展、人口不断增长和环境变化，显得越发稀缺。

土地是重要的经济资源。项目使用了土地，对国家来说就造成了费用。国家对建设项目使用土地实行政府管制，土地使用价格受到土地管制的影响，不一定能反映土地的真实价值。在工程项目国民经济评价中要以土地影子价格计算土地费用。

所谓土地影子价格是指建设项目使用土地资源而使社会付出的代价。

土地影子价格代表对土地资源的真实价值衡量，在项目的国民经济评价中应正确衡量土地资源的影子价格，正确估计土地资源的价值，提高土地资源的利用率。

7.4.4.2 土地影子价格的组成

土地影子价格由两部分组成：一是土地机会成本；二是新增资源消耗。按下式计算：

$$土地影子价格 = 土地机会成本 + 新增资源消耗 \tag{7-5}$$

式中，土地机会成本按拟建项目占用土地而使国民经济为此放弃的该土地“最佳替代用途”的净效益计算；新增资源消耗，即土地改变用途而发生的新增资源消耗，主要包括拆迁补偿费、劳动力安置补助费、养老保险费等。在实际中，土地平整等开发成本通常计入工程建设费用中，在土地影子价格中不再重复计算。

7.4.4.3 土地影子价格的计算

土地影子价格应区分城市土地和农村土地分别计算。

A 城市土地影子价格的确定

国家实行土地出让制度，建设项目从国家取得出让土地使用权。出让土地采取协议出让、公开招标和拍卖三种方式，这三种方式相应的形成了三种土地价格，即协议价格、招标价格和拍卖价格。依法取得的出让土地使用权，在法律许可的范围内，可以在市场上转让。以土地转让方式取得的土地使用权，其影子价格可能等于转让价格，也可能不等于其转让价格。

国家在城镇土地出让中，逐步引入市场机制，逐步建立由市场机制决定土地价格。土地影子价格应根据项目占用土地所处地理位置、项目情况以及取得方式的不同分别确定。

土地影子价格确定应符合如下规定：

(1) 通过招标、拍卖和挂牌出让方式取得使用权的国有土地，影子价格应按财务价格计算。

(2) 通过划拨或双方协议方式取得使用权的土地，应分析价格优惠或扭曲情况，参照公开市场交易价格，对价格进行调整。

(3) 经济开发区优惠出让使用权的国有土地，应参照当地土地市场交易价格类比确定其影子价格。

(4) 当难以用市场交易价格类比方法确定土地影子价格时，采用收益现值法确定，或以开发投资应得收益加土地开发成本确定。

(5) 当采用收益现值法确定土地影子价格时，应以社会折现率对土地的未来收益及费用进行折现。

B 农村土地影子价格的确定

项目使用的农村土地，一般是来自政府征用的农村农民集体所有的土地。政府征用农民的土地，被征用土地的农民失去了土地，需要由政府重新安置，安置新的居住房屋，安排新的就业，使农民获得新的生活资料来源。政府征用农民土地，要向农民支付征地补偿费用，包括耕地补偿费、青苗补偿费、地上建筑物补偿费、安置补助费等。这些征地补偿费，通常全部或者部分由项目建设方来向政府交付。除此之外，项目建设方还要向政府缴纳土地管理费、耕地占用税、耕地开垦费、土地管理费、土地开发费等其他费用。

建设项目占用农村土地，以土地征用费调整计算土地影子价格。具体规定如下：

(1) 项目征用农村土地，土地征用费中的耕地补偿费及青苗补偿费应视为土地机会成本，地上建筑物补偿费及安置补助费应视为新增资源消耗，征地管理费、耕地占用税、耕地开垦费、土地管理费、土地开发费等其他费用应视为转移支付，不列为费用。

(2) 项目所支付的征地费中，耕地补偿费、青苗补偿费、安置补助费等的确定，如果与农民进行了充分的协商，能够充分保证农民的应得利益，则土地影子价格可按土地征地费中的相关费用确定协商。如果没有与农民进行充分协商，导致相应的补偿和安置补助费低于市场定价，不能充分保证农民利益，则土地影子价格应参照当地正常征地补助标准进行调整。如果项目建设方支付给政府的耕地补偿费、青苗补偿费、安置补助费等没有全部覆盖政府实际支付的补偿费用，政府另外以货币或非货币形式对农民进行补偿，则相应的土地影子价格应当根据政府的额外补偿进行调整。

7.5 经济评价方法及效果分析

7.5.1 经济费用效益分析指标

工程项目的国民经济评价包括国民经济盈利能力分析和外汇效果分析，其评价指标相应地包括国民经济盈利能力分析指标和外汇效果分析指标两大类。

7.5.1.1 国民经济盈利能力分析指标

项目国民经济盈利能力分析的主要指标有经济净现值、经济内部收益率、经济效益费用比等。

(1) 经济净现值 (*ENPV*)。经济净现值是反映项目对国民经济净贡献的绝对指标，是用社会折现率将项目计算期内各年的经济净效益流量折算到建设初期的现值之和，其表达式为：

$$ENPV = \sum_{t=1}^{n} (B - C)_t (1 + i_s)^{-t} \tag{7-6}$$

式中 B——经济效益流量；

C——经济费用流量；

$(B-C)_t$——第 t 期的经济净效益流量；

i_s——社会折现率；

n——项目计算期。

在国民经济评价中，项目经济净现值等于或大于零的经济意义是：除得到符合社会折现率要求的社会盈余外，还可以得到以现值计算的超额社会盈余，或者国家为拟建项目付出的代价可以得到符合社会折现率要求的社会盈余。即表明项目可以达到符合社会折现率的收益水平，认为该项目从经济资源配置的角度可以被接受。

(2) 经济内部收益率 (*EIRR*)。经济内部收益率是指项目在计算期内各年经济净效益流量的现值累计等于零时的折现率。其表达式为：

$$\sum_{t=1}^{n} (B - C)_t (1 + EIRR)^{-t} = 0 \tag{7-7}$$

式中 B——经济效益流量；

C——经济费用流量；

$(B-C)_t$——第 t 期的经济净效益流量；

n——项目计算期；

$EIRR$——经济内部收益率。

经济内部收益率是反映项目对国民经济净贡献的相对指标，表示项目占用资金所获得的动态收益率。

经济内部收益率等于或大于社会折现率，表示项目对国民经济的净贡献达到或者超过要求的水平，项目资源配置的效率达到了可以被接受的水平，项目可以接受。

按分析效益费用的口径不同，可分为整个项目的经济内部收益率和经济净现值、国内投资经济内部收益率和经济净现值。如果项目没有国外投资和国外借款，全投资指标与国内投资指标相同；如果项目有国外资金流入与流出，应以国内投资的经济内部收益率和经济净现值作为项目国民经济评价的评价指标。

(3) 经济效益费用比。经济效益费用比是项目在计算期内效益流量的现值与费用流量的现值之比。其表达式为：

$$R_{BC} = \frac{\sum_{t=1}^{n} B_t (1 + i_s)^{-t}}{\sum_{t=1}^{n} C_t (1 + i_s)^{-t}} \tag{7-8}$$

式中 R_{BC}——经济效益费用比；

B_t——第 t 期的经济效益；

C_t——第 t 期的经济费用；

i_s——社会折现率。

如果经济效益费用比大于1，则表明项目资源配置的经济效率达到可以被接受的水平。

7.5.1.2 外汇效果分析指标

外汇作为一种重要的经济资源，对国民经济的发展具有特殊的价值，外汇平衡对一个国家的经济形势有着特殊的影响。因此，对产品出口创汇及替代进口节汇的项目，应进行外汇效果分析。项目的外汇效果分析指标主要有经济外汇净现值、经济换汇成本和经济节汇成本。

(1) 经济外汇净现值。经济外汇净现值是反映项目实施后对国家外汇收支直接或间接影响的重要指标，用来衡量项目对国家外汇的净贡献（创汇）或净消耗（用汇）。经济外汇净现值是项目计算期内各年的净外汇流量用社会折现率折算到建设期初的现值之和。其表达式为：

$$ENPV_F = \sum_{t=0}^{n} (FI - FO)_t (1 + i_s)^{-t} \tag{7-9}$$

式中 $ENPV_F$——经济外汇净现值；

FI——外汇流入量；

FO——外汇流出量；

$(FI - FO)_t$——第 t 年的净外汇流量；

n——项目的计算期；

i_s——社会折现率。

经济外汇净现值一般应按项目的实际外汇收支来计算，但折现率应使用社会折现率，而不应使用外汇借款利率。当项目有较大产量的产品替代进口时，也可按净外汇效果来计算其经济外汇净现值。所谓外汇净效果，是指净外汇流量再加上产品替代进口所得到节汇额（国家节约的用于进口的外汇支出）。如果项目的经济外汇净现值等于0，则表明项目对国家的外汇收支没有消耗；如果项目的经济外汇净现值大于0，则表明项目对国家的外汇收支有净贡献。从外汇获取或节约的角度看，这两种情况的项目是可以接受的。

(2) 经济换汇成本。当项目有产品直接出口时，应计算经济换汇成本，以分析这种产品出口对于国民经济是否真正有益。经济换汇成本是指用货物的影子价格、影子工资和社会折现率计算的为生产出口产品而投入的国内资源现值（以人民币表示）与生产出口产品的经济外汇净现值（通常以美元表示）的比值，即换取一美元外汇（现值）所要投入多少价值的国内资源（现值）。

其计算表达式为：

$$\text{经济换汇成本} = \frac{\sum_{t=1}^{n} DR_t (1 + i_s)^{-t}}{\sum_{t=1}^{n} (FI' - FO')_t (1 + i_s)^{-t}} \tag{7-10}$$

式中 DR_t——项目在第 t 年生产出口产品投入的国内资源价值（以人民币表示），包括应分摊的投资、原材料、劳动力影子工资及其他收入；

FI'——生产出口产品的外汇流入（以美元计）；

FO'——生产出口产品外汇流出（以美元计），包括进口原材料、零部件以及应由出口产品分摊的建设投资及经营费用中的外汇流出；

$(FI' - FO')_t$——第 t 年的净外汇流量；

n——项目的计算期；

i_s——社会折现率。

经济换汇成本是分析项目产品出口的国际竞争能力、判断项目产品是否应当出口的指标。当经济换汇成本小于或等于影子汇率时，表明项目生产出口品是有利的；当经济换汇成本大于影子汇率时，则是不利的。

当项目产出只有部分为外贸品时，应将生产外贸品部分所耗费的国内资源价值从国内资源总生产耗费中分离出来，然后采用式（7-10）来计算经济换汇成本。

（3）经济节汇成本。对于有产品替代进口的项目，应计算其经济节汇成本。

经济节汇成本是指项目生产出口产品或替代进口产品时，用影子价格、影子工资和社会折现率计算的为生产而投入的国内资源现值（以人民币表示）与产出品的经济外汇净现值（通常以美元表示）的比值，即获取 1 美元净外汇收入或节省 1 美元耗费所需消耗的国内资源价格（人民币元）。其表达式为：

$$\text{经济节汇成本} = \frac{\sum_{t=1}^{n} DR'_t (1 + i_s)^{-t}}{\sum_{t=1}^{n} (FI'' - FO'')_t (1 + i_s)^{-t}} \tag{7-11}$$

式中 DR'_t——项目在第 t 年生产替代进口产品投入的国内资源价值（以人民币表示），包括应分摊的投资、原材料、劳动力影子工资及其他收入；

FI''——生产替代进口产品的外汇流入（以美元计）；

FO''——生产替代进口产品的外汇流出（以美元计）；

$(FI'' - FO'')_t$——第 t 年的净外汇流量；

n——项目的计算期；

i_s——社会折现率。

经济节汇成本指标可以反映项目产品以产顶进时，在经济上是否合理。

如果经济节汇成本小于影子汇率，表明项目生产出口品或替代进口品的经济效益好，项目的产品替代进口是有利的，否则，替代进口是不利的。该指标用于分析评价项目实施后其产品在国际上的竞争力，进而判断其产品是否应出口或进口。

7.5.2 经济评价报表

经济费用效益分析的报表主要包括项目投资经济费用效益流量表和国内投资经济费用效益流量表。

7.5.2.1 项目投资经济费用效益流量表

项目投资经济费用效益流量表（表7-1）用以综合反映项目计算期内各年按项目投资口径计算的各项经济效益与费用流量及净效益流量，并可用来计算项目投资经济净现值和经济内部收益率指标。

表7-1 项目投资经济费用效益流量表 （单位：万元）

序号	项 目	合计	计算期					
			1	2	3	4	…	n
1	效益流量							
1.1	项目直接效益							
1.2	资产余值回收							
1.3	项目间接效益							
2	费用流量							
2.1	建设投资							
2.2	维持运营投资							
2.3	流动资金							
2.4	经营费用							
2.5	项目间接费用							
3	净效益流量（1－2）							

计算指标：

项目投资经济内部收益率（%）

项目投资经济净现值（$i_c=8\%$）

7.5.2.2 国内投资经济费用效益流量表

国内投资经济费用效益流量表（表7-2）用以综合反映项目计算期内各年按国内投资口径计算的各项经济效益与费用流量及净效益流量。在表7-2中，效益流量与表7-1相同，不同之处在于费用流量。由于要计算国内投资的经济效益，项目从国外的借款不在建设期列出，但需要在还款期费用流量中列出用以偿还国外借款本息的支出。对于有国外资金的项目，应该编制该表，并计算国内投资经济净现值和经济内部收益率指标。

表 7-2 国内投资经济费用效益流量表 （单位：万元）

序号	项目	合计	计算期					
			1	2	3	4	…	n
1	效益流量							
1.1	营业收入							
1.2	回收固定资产余值							
1.3	回收流动资金							
1.4	项目间接效益							
2	费用流量							
2.1	建设投资中国内资金							
2.2	流动资金中国内资金							
2.3	经营费用							
2.4	流到国外的资金							
2.4.1	国外借款本金偿还							
2.4.2	国外借款利息支付							
2.4.3	外方利润							
2.4.4	其他							
2.5	项目间接费用							
3	国内投资效益流量（1－2）							

计算指标：

项目投资经济内部收益率（%）

项目投资经济净现值（$i_c=8\%$）

项目经济评价应对所有效益和费用采用反映资源真实价值的实际价格进行计算，不考虑通货膨胀因素的影响，但可考虑相对价格变动。

7.5.3 报表编制方式

经济费用效益分析报表可以按照前述效益和费用识别计算方法直接编制，也可以在财务现金流量表的基础上进行调整编制。

7.5.3.1 直接计算编制

直接计算编制的步骤为：

（1）确定经济效益、费用的计算范围，包括直接效益与直接费用和间接效益与间接费用。

（2）测算各投入物的影子价格和产出物的影子价格，并在此基础上对各项经济效益和费用进行估算。

（3）编制项目投资经济效益费用流量表。

7.5.3.2 在财务报表基础上编制经济评价报表

A 调整内容

在财务报表和分析的基础上编制经济评价报表，主要包括效益和费用范围的调整和数值的调整。

a 效益和费用范围的调整

识别财务现金流量中属于转移支付的内容，并逐项从财务效益和财务费用流量中剔除。作为财务现金流入的国家对项目的各项补贴，应看作转移支付，不计为经济效益流量；作为财务现金流出的项目向国家支付的大部分税金，也应看作转移支付，不计为经济费用流量；国内借款利息以及流动资金中的部分构成，在经济评价中都应作为转移支付，不再作为项目的费用流量。

经济评价效益与费用的估算，遵循实际价值原则，不考虑通货膨胀因素。因此，建设投资中包含的涨价预备费通常要从财务费用流量中剔除。

财务评价中的流动资产和流动负债包括现金、应收账款和应付账款等，但这些并不实际消耗资源，因此，经济评价中调整估算流动资金时应将其剔除。

识别项目的外部效果，分别纳入效益和费用流量。根据项目具体情况估算项目的间接效益和间接费用、纳入经济效益费用流量表。

b 效益和费用数值的调整

鉴别投入物和产出物的财务价格是否能正确反映经济价值。如果项目的全部或部分投入和产出没有正常的市场交易价格，那么应当采用适当的方法测算其影子价格，并重新计算相应的费用或效益流量。

投入物和产出物中涉及外汇的，需要用影子汇率代替财务评价中采用的国家外汇牌价。

对项目的外部效果尽可能用货币量化计算。

B 调整方法

a 调整直接效益流量

项目的直接效益大多为营业收入。产出物需要采用影子价格的，用影子价格计算营业收入。应分析具体情况，选择适当的方法确定产出物影子价格。出口产品用影子汇率计算外汇价值，然后重新计算营业收入，编制营业收入调整估算表。

某些项目的间接效益估算比较复杂，而且在财务效益中可能未得到反映，可视具体情况采用不同方式估算。

交通运输项目的直接效益体现为时间节约的效果。可按时间节约价值的方法估算，交通运输项目还可能有运输成本节约的效益、运输质量提高的效益（包括顾客舒适度提高、交通事故减少、安全性提高）等，需结合项目的具体情况计算。教育项目、医疗卫生和卫生保健项目等的产出效果表现为对人力资本、生命延续或疾病预防等方面的影响；水利枢纽项目的直接效益体现为防洪效益、减淤效益和发电效益等，这些都可按照行业规定和项目具体情况分别估算。

b 调整建设投资

将建设投资中涨价预备费从费用流量中剔除，建设投资中的劳动力按影子工资计算费用，土地费用按土地的影子价格调整，其他投入可根据情况决定是否调整，有进口用汇的按影子汇率换算并剔除作为转移支付的进口关税和进口环节增值税。

c 调整建设期利息

国内借款的建设期利息不作为费用流量，来自国外的外汇贷款利息需按影子汇率换算，用于计算国外资金流量。

d 调整经营费用

对需要采用影子价格的投入物，用影子价格重新计算；对一般投资项目，人工工资可不予调整，即取影子工资换算系数为1；人工工资用外币计算的，应按影子汇率进行调整。对经营费用中的除原材料和燃料动力费用之外的其余费用，通常可不予直接调整，但有时由于取费基数的变化，也会引起其经济数值与财务数值略有不同。

e 调整流动资金

如果财务评价中的流动资金是采用扩大指标法估算的，经济评价中可仍按扩大指标法估算，但需要将计算基数调整为以影子价格计算的营业收入或经营费用、再乘以相应的系数估算。如果财务评价中流动资金是按分项详细估算法估算的，在剔除了现金、应收账款和应付账款后，剩余的存货部分要用影子价格重新分项估算。

成本费用的其他科目一般不予调整。

在以上基础上，编制经济费用效益表。其调整经济效益费用具体如表 7-3 和表 7-4 所示。

表 7-3 经济费用效益分析投资费用估算调整表 （单位：万元）

序号	项目	财务分析			经济费用效益分析			经济费用效益分析比财务分析增减
		外币	人民币	合计	外币	人民币	合计	
1	建设投资							
1.1	建筑工程费							
1.2	设备购置费							
1.3	安装工程费							
1.4	其他费用							
	其中：土地费用							
	专利及专有技术							
1.5	基本预备费							
1.6	涨价预备费							
1.7	建设期利息							
2	流动资金							
	合 计							

注：若投资费用是通过直接估算得到的，本表应略去财务分析的相关栏目。

表 7-4 经济费用效益分析经营费用估算调整表 （单位：万元）

序号	项目	单位	投入量	财务分析		经济费用效益分析	
				单价/元	成本	单价/元	费用
1	外购原材料						
1.1	原材料 A						
1.2	原材料 B						
1.3	原材料 C						
1.4	…						
2	外购燃料动力						
2.1	煤						
2.2	水						
2.3	电						
2.4	重油						
2.5	…						
3	工资及福利						
4	修理费						
5	其他费用						
合计							

7.5.4 经济评价的费用效果分析

7.5.4.1 费用效果分析概述

费用效果分析是通过对项目预期效果和所支付费用的比较，判断项目费用的有效性和项目经济合理性的分析方法。

费用是指社会经济为项目所付出的代价，是可以货币量化计算的。

效果是指项目引起的效应或效能，表示项目目标的实现程度，往往不能或难以货币量化。效果可以采用有助于说明项目效能的任何计量单位，选择的计量单位应能切实度量项目目标实现的程度，且便于计算。若项目的目标不止一个，或项目的效果难以直接度量，需要建立次级分解目标加以度量时，需要用科学的方法确定权重，如借助层次分析法对项目的效果进行加权计算，处理成统一的综合指标。

当项目效果不能或难以货币量化时，或货币量化的效果不是项目目标的主体时，在经济评价中可采用费用效果分析方法，其结论作为项目投资决策的依据，如医疗卫生保健、政府资助的普及教育、气象、地震预报、交通信号设施、军事设施等项目。例如，供水工程可以选择供水量（吨）、教育项目选择受教育人数等。

作为一种方法，费用效果分析既可以应用于财务评价，采用财务费用流量计算，也可以应用于国民经济评价，采用经济费用流量计算。对于前者，主要用于各个环节的项目方案比选、项目总体方案的初步筛选；对于后者，除了可以用于上述方案比选、筛选外，对于项目主体效益难以货币量化的，则用费用效果分析取代经济费用效益分析，并作为经济评价的最终结论。

7.5.4.2 费用效果分析的要求与应用条件

费用效果分析是将效果与费用采取不同的度量方法、度量单位和指标，在以货币度量费用的同时，采用某种非货币指标度量效果。

费用效果分析遵循多方案比选原则，通过对各种方案的费用和效果进行比较，选择最好或较好的方案。在费用估算时，应注意：

（1）费用应包括整个计算期内发生的全部费用。

（2）费用可采用现值或年值表示，备选方案计算期不一致时应采用年值。

进行费用效果分析，项目的备选方案应具备以下条件：

（1）备选方案是互斥方案或可转化为互斥方案，且不少于两个。

（2）备选方案目标相同，且均能满足最低效果标准的要求，否则不可进行比较。

（3）备选方案的费用可以货币量化，且资金用量不突破预算限额。

（4）备选方案的效果应采用同一非货币单位计量。如果有多个效果，可以通过加权的方法处理成单一的综合指标。

（5）备选方案应具有可比的寿命周期。

7.5.4.3 费用效果分析的基本程序

费用效果分析的基本程序为：

（1）确立项目目标，并将其转化为可量化的效果指标。

（2）拟定各种可以完成任务（达到效果）的方案。

（3）识别和计算各方案的费用与效果。

（4）计算指标，综合比较，分析各方案的优缺点。

（5）推荐最佳方案或提出优先采用的次序。

7.5.4.4 费用效果分析基本指标

费用效果分析基本指标是效果费用比（$R_{E/C}$），即单位费用所达到的效果

$$R_{E/C} = \frac{E}{C} \tag{7-12}$$

式中，$R_{E/C}$为效果费用比；E 为项目效果；C 为项目费用。

习惯上也可以采用费用效果比（$R_{C/E}$）指标，即单位效果所花费的费用

$$R_{C/E} = \frac{C}{E} \tag{7-13}$$

7.5.4.5 费用效果分析的基本方法

费用效果分析的基本方法包括：

（1）最小费用法。当项目目标是明确固定的，即效果相同的条件下，选择能够达到效果的各种可能方案中费用最小的方案，这种方法称为最小费用法，也称固定效果法。例如，优化一个满足特定标准的教育设施项目，如一所学校，其设施要达到的标准和可以容纳的学生人数若事先确定下来，可以采用最小费用法。

（2）最大效果法。将费用固定、追求效果最大化的方法称为最大效果法，也称固定费用法。例如，用于某一贫困地区扶贫的资金通常是事先固定的，扶贫效用最大化是通常要

追求的目标，即采用最大效果法。

(3) 增量分析法。当备选方案效果和费用均不固定且分别具有较大幅度的差别时，应比较两个备选方案之间的费用差额和效果差额，分析获得增量效果所花费的增量费用是否值得，不可盲目选择费用效果比大的方案或者费用效果比小的方案。

采用增量分析法时，须事先确定基准指标，如 $[E/C]_0$ 或 $[C/E]_0$（也称截止指标）。如果增量效果超过增量费用，即 $\Delta E/\Delta C \geqslant [E/C]_0$ 或 $\Delta C/\Delta E \geqslant [C/E]_0$ 时，可以选择费用高的方案，否则选择费用低的方案。

复习思考题

7-1 什么是国民经济评价，哪些工程项目需要进行国民经济评价？

7-2 在国民经济评价中，识别效益费用的基本原则是什么？

7-3 什么是工程项目的直接效益和直接费用、间接效益和间接费用？分别举例说明。

7-4 在国民经济评价中采用什么价格体系计量直接效益和直接费用？

7-5 进行国民经济评价时，有哪些是转移支付？

7-6 什么叫社会折现率，它的作用是什么？

7-7 说明工程项目投入物和产出物影子价格计算的基本思路。

7-8 工程项目国民经济盈利能力分析指标有哪些？

7-9 在工程项目财务报表基础上编制国民经济评价报表，需要调整哪些内容？

7-10 国民经济评价费用效果分析的基本方法有哪些？

8 工程项目评价中的不确定性分析及风险决策

本章概要：工程项目投资决策应充分考虑不确定分析和风险分析的结果。本章阐述了盈亏平衡分析的原理、敏感性分析的类别、概率分析的原理，介绍了线性盈亏平衡分析的应用、方案风险估计，分析了各种方法的局限性，对多方案的风险决策进行了阐述，给出了决策树技术的具体应用。

8.1 概　　述

在经济环境比较确定的情况下，确定性分析无疑是减少投资风险的一种科学分析方法，但是变动着的未来经济环境，往往具有不确定性。经济环境的不确定性，一方面是指影响投资项目经济效果的各种因素（如各种价格）的未来变化带有不确定性，另一方面是指测算投资项目现金流量时各种数据（如投资额、产量等），由于缺乏足够的信息或测算方法上的误差，使得投资项目经济效果评价指标值带有不确定性。不确定性评价主要分析各种外部条件发生变化或者测算数据误差对投资项目方案经济效果的影响程度，以及方案本身对不确定性的承受能力。常用的不确定性分析包括盈亏平衡分析、敏感性分析、风险分析三种方法。

对工程项目进行不确定性分析的内容和方法，要在综合考虑工程方案的类型、特点、决策者的要求、相应的人力财力以及项目对国民经济的影响程度等条件下来选择。一般来讲，盈亏平衡分析只适用于项目的财务评价，而敏感性分析和概率分析则可同时用于财务评价和国民经济评价。《建设项目评价方法与参数》指出，在完成盈亏平衡分析和敏感性分析之后，根据项目特点和实际需要，有条件时还应进行概率分析。

风险是未来变化偏离预期的可能性以及对目标产生影响的大小。风险是中性的，既可能产生不利影响，也可能产生有利影响，风险的大小与变动发生的可能性有关，也与变动发生后对工程项目影响的大小有关。变动出现的可能性越大，变化出现后对目标的影响越大，风险就越大。风险分析就是要对工程项目的风险因素和风险程度进行识别和判断，主要方法有决策树分析、蒙特卡洛模拟等。

8.2 盈亏平衡分析

投资项目的经济效果，会受到许多因素的影响。当这些因素（如投资、成本、销售量、产品价格、项目寿命期等）发生变化达到一个临界值时，可能会导致原来盈利的项目变为亏损项目，这个临界点称为盈亏平衡点。盈亏平衡分析的目的，是通过分析产品产量、成本和盈利之间的关系，找出方案盈利和亏损在产量、单价、成本等方面的临界点，判断不确定性因素对方案经济效果的影响程度，说明方案实施风险的大小。

8.2.1 盈亏平衡分析原理

产品的产量、成本、利润这三种因素之间的关系，主要有线性和非线性两种情况，对应的有线性和非线性盈亏平衡分析。

8.2.1.1 线性盈亏平衡分析

线性盈亏平衡分析中，假设产品的产量、成本、利润呈线性关系。即：

（1）年销售收入与产量的关系。这种情况下，投资项目的生产销售活动不会明显影响市场的供求状况，即在市场其他条件不变的情况下，产品价格不随其销售量的变动而变动，可以看作一个常数。

若产品的产量与销售量的变化是一致的，则年销售收入与年产量之间呈线性关系，有：

$$TR = PQ \tag{8-1}$$

式中 TR——年销售收入；

P——单位产品价格；

Q——产品年产量。

（2）年成本与产量的关系。项目投产后产品的年成本可分为固定成本与可变成本两部分，固定成本是在一定范围 内不随产量变动而变动的生产费用（即为常数），可变成本是随产量变动而变动的生产费 用，一般情况下可近似看作可变成本随产量作正比例变动。

年成本与产量的关系也可近似地看作线性关系，即

$$TC = C_f + C_v Q \tag{8-2}$$

式中 TC——总成本；

C_f——年固定成本；

C_v——单位产品可变成本；

Q——产品年产量。

（3）年利润与产量的关系。企业年利润是年销售收入与年成本的差额，即

$$\text{年利润} = B = TR - TC = PQ - (C_f + C_v Q) \tag{8-3}$$

式中各符号意义同前。

当年利润为零时，年总销售收入等于年总成本，表示该项经济活动盈亏平衡，这个临界点即为盈亏平衡点（break even point，简称 BEP）。该状态下的产量即为盈亏平衡产量，记为 Q^*，则由

$$PQ^* = C_f + C_v Q^* \tag{8-4}$$

可知

$$Q^* = \frac{C_f}{P - C_v} \tag{8-5}$$

同理，若项目的设计生产能力为 Q_0，则盈亏平衡点也可以用盈亏生产能力利用率 E^* 来表示，由式（8-4）可得

$$E^* = \frac{Q^*}{Q_0} = \frac{C_f}{(P - C_v)Q_0} \tag{8-6}$$

若按照设计生产能力 Q_0 进行生产和销售，盈亏平衡点还可以用盈亏平衡销售价格 P^* 来表示，由式（8-4）可知盈亏平衡销售价格 P^* 为：

$$P^* = \frac{C_f + C_v Q_0}{Q_0} = C_v + \frac{C_f}{Q_0} \tag{8-7}$$

若按照设计生产能力 Q_0 进行生产和销售，且单位产品销售价格 P 已定，则由式（8-4）还可得到盈亏平衡单位产品变动成本 C_v^* 为：

$$C_v^* = P - \frac{C_f}{Q_0} \tag{8-8}$$

将式（8-1）、式（8-2）和式（8-3）在同一坐标系中表达出来，则如图 8-1 所示。

从图 8-1 可见，Q^* 是 BEP 的一个重要表达。当企业在小于 Q^* 的产量下组织生产，该项目亏损；反之在大于 Q^* 的产量下组织生产，该项目盈利。因此，Q^* 越低，说明项目造成亏损的可能性越小，其抗风险能力越强。

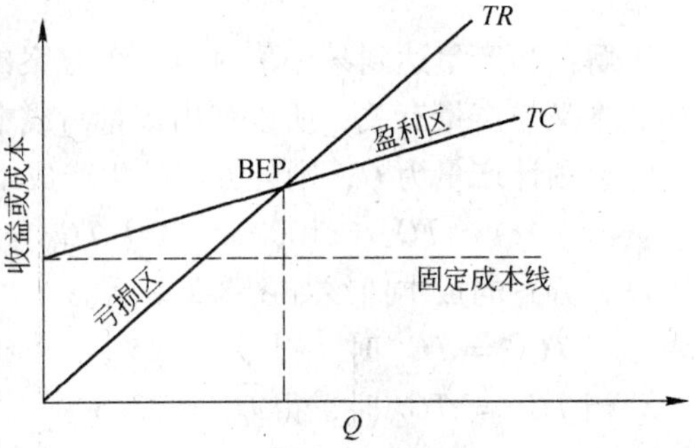

图 8-1 线性盈亏平衡分析图

8.2.1.2 线性盈亏平衡分析的应用

对单个方案进行盈亏平衡分析，通过求得 BEP 可分析方案的盈利与亏损的可能性，详见例 8-1。当不确定性因素同时对两个以上方案，如对互斥方案的经济效果产生不同程度的影响时，可通过盈亏平衡分析方法开展互斥方案在不确定性条件下的比选，详见例 8-2、8-3。

例 8-1 某工程方案的设计生产能力 12 万吨/年，单位产品销售价为 510 元/t，年总固定成本 1500 万元，单位成本 250 元/t，并与产量成正比例关系。求以产量、生产能力利用率、销售价格、单位产品变动成本表示的盈亏平衡点。

解：由式（8-5）、式（8-6）、式（8-7）、式（8-8）得

$$Q^* = \frac{1500 \times 10^4}{510 - 250} = 5.77 \times 10^4 (\text{t})$$

$$E^* = \frac{5.77 \times 10^4}{12 \times 10^4} \times 100\% = 48\%$$

$$P^* = 250 + \frac{1500 \times 10^4}{12 \times 10^4} = 375(\text{元}/\text{t})$$

$$C_v^* = 510 - \frac{1500 \times 10^4}{12 \times 10^4} = 385(\text{元})$$

通过计算 BEP，还可以对方案发生亏损的可能性作出大致的判断，如产量和价格允许的变化率。

产量允许的降低率为：

$$1 - \frac{Q^*}{Q_0} = 1 - \frac{5.77 \times 10^4}{12 \times 10^4} = 52\%$$

价格允许的降低率为：

$$1 - \frac{P^*}{P} = 1 - \frac{375}{510} = 26\%$$

也就是说，其他条件不变时，只要产量降低幅度不超过生产能力的 52%，项目就不会发生亏损，同样在售价上也可降低 26% 而不至于亏损。

例 8-2　拟兴建某工程项目，现有三种方案，机械化程度高时投资大，固定成本高，可变成本低。其具体参数见表 8-1，试评价三种方案的优劣。

表 8-1　项目参数汇总表

方案费用项目	A	B	C
产品可变成本/元·件$^{-1}$	100	60	40
产品年固定成本/元	1000	2000	3000

解：当产量达到某一值时，几个方案的销售收入应一致，故评价指标应是成本大小，而成本又与产量有关，所以列出产量与成本关系式进行评价。

设预计产量为 Q，则各方案的生产成本为：

$$TC_A = 1000 + 100Q, TC_B = 2000 + 60Q, TC_C = 3000 + 40Q$$

各方案的成本曲线如图 8-2 所示。

当 $TC_A = TC_B$ 时，得 $Q_1 = 25$；

当 $TC_A = TC_C$ 时，得 $Q_2 = 33.3$；

当 $TC_B = TC_C$ 时，得 $Q_3 = 50$。

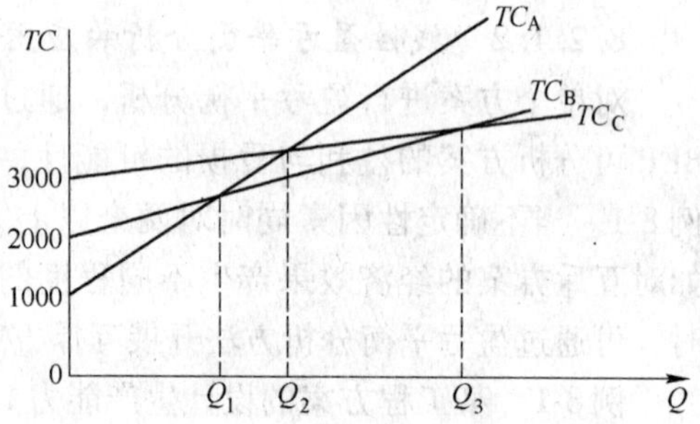

图 8-2　盈亏平衡分析图

由上可以看出，每种方案在不同的产量范围内有不同的相应效果，即产量越大，对方案 C 越有利，而对方案 A 越不利。故当产量 $Q < Q_1 = 25$ 时，A 方案成本最低，故应选择 A 方案；当产量 Q 介于 $Q_1 = 25 \sim Q_3 = 50$ 范围之内时，B 方案成本最低，故应选择 B 方案；当产量 $Q > Q_3 = 50$ 时，C 方案成本最低，故应选择 C 方案。

例 8-3　某建筑工地需抽除积水以保证施工顺利进行，现有 A、B 两个方案可供选择。

A 方案：新建一条动力线，需购置一台 2.5kW 电动机并线运转，其投资为 1400 元，第 4 年末残值为 200 元，电动机每小时运行成本为 0.84 元，每年预计的维护费 120 元。

B 方案：购置一台 3.68kW 柴油机，其购置费为 550 元，使用寿命为 4 年，设备无残值，运行每小时燃料费为 0.42 元，平均每小时维护费 0.15 元，每小时的人工成本为 0.8 元。

若寿命都为 4 年，基准折现率为 10%，试比较 A、B 方案的优劣。

解：两方案的总费用都与年开机小时数 t 有关，故两方案的年成本均可表示为 t 的函数：

$$C_A = 1400(A/P,10\%,4) - 200(A/F,10\%,4) + 120 + 0.84t = 518.56 + 0.84t$$

$$C_B = 550(A/P,10\%,4) + (0.42 + 0.15 + 0.8)t = 175.51 + 1.37t$$

令
$$C_A = C_B$$

即
$$518.56 + 0.84t = 175.51 + 1.37t$$

得 $t = 647$h，即 $t = 647$h 这一点上，$C_A = C_B = 1062$ 元。

A、B 方案的年成本函数曲线如图 8-3 所示。

由图 8-3 可见，当年开机小时数低于 647h，选 B 方案有利；当年开机小时数高于

647h，选 A 方案有利；当年开机小时数等于 647h 时，A、B 方案效果相同。

盈亏平衡分析用于互斥方案比选也称为优劣平衡分析。它可以对决策者确定项目的合理经济规模及对项目工艺技术方案的投资抉择起到一定的参考与帮助作用。

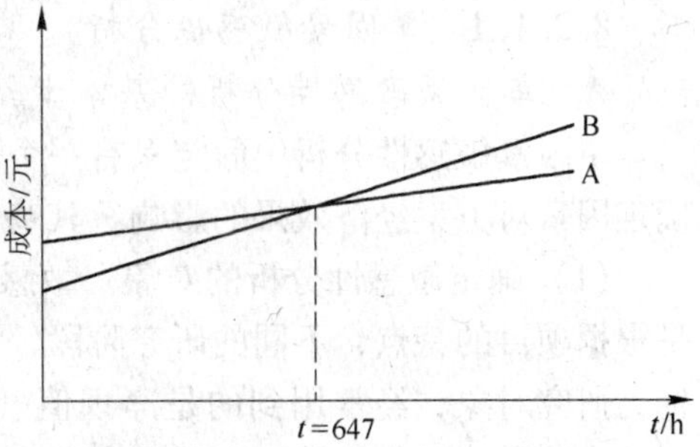

图 8-3　A、B 方案年成本函数曲线

8.2.1.3　非线性盈亏平衡分析

线性盈亏平衡分析方法简单明了，能方便地全面把握决策。但其局限性在于，在实际生产经营过程中，产品的销售收入与销售量之间、成本费用与产量之间，并不一定呈现出线性关系。如当项目的产量在市场中占有较大的份额时，其产量的高低可能会明显影响市场的供求关系，从而使市场价格发生变化，再如根据报酬递减规律，变动成本随着生产规模的不同而与产量呈非线性的关系，在生产中还有一些辅助性的生产费用（通常称为半变动成本）随着产量的变化而呈梯形分布。这样，产品的销售收入和总成本与产量之间存在着非线性的关系，应进行非线性盈亏平衡分析，其基本原理与线性盈亏平衡分析大致相同，不再赘述。

8.2.2　盈亏平衡分析的局限性

盈亏平衡分析虽然能够度量项目风险的大小，但并不能揭示产生项目风险的根源。比如说虽然知道降低盈亏平衡点，就可以降低项目的风险、提高项目的安全性，也知道降低盈亏平衡点可采用降低固定成本的方法，但如何降低固定成本、应该采取哪些可行的方法或通过哪些有利途径来达到目的，盈亏平衡分析并未给出答案，还需采用其他一些方法来开展进一步的分析。因此，在应用盈亏平衡分析时，应注意使用场合及目标。

8.3　敏感性分析

敏感性分析是研究当一个或多个不确定因素发生变化时，对方案经济效果的影响程度，以分析当外部条件发生不利变化时投资方案的承受能力。

一个项目，在其建设与生产经营的过程中，许多因素都会发生变化，如投资、价格、成本、产量、工期等，都可能随项目内、外部环境的变化而变化，与在项目经济评价中对其所作的预测值（估计值）之间存在差异，不可避免地会对项目的经济评价指标产生影响。但这种影响的程度又各不相同：有些因素可能仅发生较小幅度的变化，就能引起经济评价指标发生了较大变动，而另一些因素虽然变化幅度较大，但对经济评价指标的影响却并不明显。前一类因素称为敏感性因素，后一类因素称为非敏感性因素。从评价项目风险的角度出发，敏感性因素及其对项目经济评价指标的影响程度更值得关注。

敏感性分析的目的就在于，通过分析各个因素对项目经济评价指标的影响程度大小，找出敏感性因素，以便为采取必要的风险防范措施提供依据。

8.3.1　敏感性分析的类别

按所考虑因素的数目多少，敏感性分析可以分为单因素和多因素两种。

8.3.1.1 单因素敏感性分析

A 单因素敏感性分析的基本步骤

单因素敏感性分析中假定只有一个不确定因素发生变化、其他因素都不变，分析该不确定因素对方案经济效果的影响。其基本步骤如下：

(1) 确定敏感性分析的对象。敏感性分析的对象就是前述的各项经济评价指标。一般是根据项目的特点、不同的研究阶段、实际需求情况和指标的重要程度来选择一至两种指标为研究对象，经常用到的是净现值（*NPV*）和内部收益率（*IRR*）。一般敏感性分析中所确定的经济评价指标，应与方案的经济评价指标一致，不宜设立新指标。

(2) 选择需要分析的不确定性因素。影响项目经济评价指标的不确定性因素很多，但实际中不必对所有不确定性因素进行敏感性分析，一般是选择一些主要影响因素，如项目总投资、建设年限、经营成本、产品价格、标准折现率等。选择因素时主要考虑：

1）预计这些因素在其可能的变化范围内对经济评价指标的影响较大。

2）这些因素本身发生变化的可能性比较大。

(3) 计算各不确定性因素对经济评价指标的影响程度。对所选定的需要进行分析的不确定性因素，按照一定的变化幅度（如5%、10%、20%等）改变其数值，然后计算该变化所对应的经济评价指标（如*NPV*、*IRR*等）值，并将其与该指标原始值相比较，从而得出该指标的变化率，可用式8-9表示：

$$变化率(\beta) = \left|\frac{评价指标变化幅度}{变量因素变化幅度}\right| = \left|\frac{\Delta Y_j}{\Delta X_i}\right| = \frac{\left|\dfrac{Y_{j1} - Y_{j0}}{Y_{j0}}\right|}{|\Delta X_i|} \tag{8-9}$$

式中 ΔX_i ——第 i 个变量因素的变化幅度（变化率）；

Y_{j1} ——第 j 个指标受变量因素变化影响后所达到的指标值；

Y_{j0} ——第 j 个指标未受变量因素变化影响时的指标值；

ΔY_j ——第 j 个指标受变量因素变化影响的差额幅度（变化率）。

式中的 β 又称灵敏度，是衡量变量因素敏感程度的一个指标。

(4) 确定敏感因素。敏感因素是指会对经济评价指标产生较大影响的因素，根据分析问题的目的不同一般可通过两种方法来确定。

第一种称为相对测定法。即设定要分析的因素均从初始值开始变动，且假设各个因素每次变动的幅度均相同，分别计算在同一变动幅度下各个因素的变动对经济评价指标的影响程度，然后按灵敏度高低对各个因素进行排序，灵敏度越高的因素越敏感。

第二种称为绝对测定法。即假定要分析的因素均向只对经济评价指标产生不利影响的方向变动，并设该因素达到可能的最差值，然后计算在此条件下的经济评价指标。如果计算出的经济评价指标已超过项目可行的临界值、以致使项目可行性发生了改变，则该因素敏感性较高。

B 单因素敏感性分析图

单因素敏感性分析图是通过在坐标图上作出各个不确定性因素的敏感性曲线，进而确定各因素敏感程度的一种图解方法。

(1) 以纵坐标表示项目的经济评价指标（项目敏感性分析的对象），横坐标表示各个变量因素的变化幅度（以%表示）。

(2) 根据敏感性分析的计算结果绘出各个变量因素的变化曲线，其中与横坐标相交角度较大的变化曲线所对应的因素就是敏感性因素。

(3) 在坐标图上作出项目经济评价指标的临界曲线（如 $NPV=0$、$IRR=i_c$ 等），求出变量因素变化曲线与临界曲线的交点，则交点处的横坐标就是表示该变量因素允许变化的最大幅度，即项目由盈到亏的极限变化值。

C 单因素敏感性分析的应用

例 8-4 某投资方案设计年生产能力为 10 万台，计划总投资为 1200 万元，期初一次性投入，预计产品价格为 35 元/台，年经营成本为 140 万元，方案寿命期为 10 年，到期时预计设备残值收入为 80 万元，标准折现率为 10%。试就投资额、单位产品价格、经营成本等影响因素对该投资方案作敏感性分析。

解：选择净现值为敏感性分析的对象。

根据其计算公式，可计算出项目在初始条件下的净现值：

$$NPV_0=-1200+(35\times10-140)(P/A,10\%,10)+80(P/F,10\%,10)=121.21(\text{万元})$$

由于 $NPV_0>0$，知该项目是可行的。

对项目进行敏感性分析，取定三个因素：投资额、产品价格和经营成本，然后令其逐一在初始值的基础上按 ±10%、±20% 的变化幅度变动，分别计算相对应的净现值变化情况，得出结果如表 8-2 及图 8-4 所示。

表 8-2 单因素敏感性分析表 （单位：万元）

项目 \ 变化幅度	-20%	-10%	0	10%	20%	平均 +1%	平均 -1%
投资额	361.21	241.21	121.21	1.21	-118.79	-9.90%	9.90%
产品价格	-308.91	-93.85	121.21	336.28	551.34	17.75%	-17.75%
经营成本	293.26	207.24	121.21	35.19	-50.83	-7.10%	7.10%

由表 8-2 和图 8-4 可以看出，在各个变量因素变化率相同的情况下：首先，产品价格的变动对净现值的影响程度最大，当其他因素均不发生变化时，产品价格每下降 1%，净现值下降 17.75%，并且当产品价格下降幅度超过 5.64% 时，净现值将由正变负，即项目由可行变为不可行；其次，对净现值影响较大的因素是投资额，当其他因素均不变化时，投资额每增加 1%，净现值下降 9.90%，当投资额增加的幅度超过 10.10% 时，净现值由正变负，

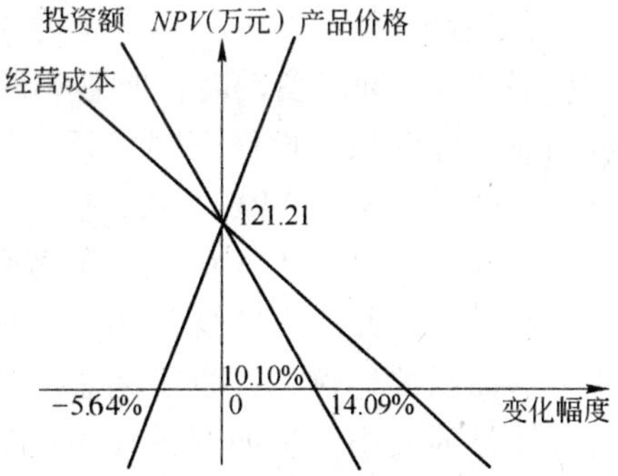

图 8-4 单因素敏感性分析图

项目变为不可行；最后，对净现值影响最小的因素是经营成本，在其他因素均不发生变化的情况下经营成本每上升 1%，净现值下降 7.10%，当经营成本上升幅度超过 14.09% 时，净现值由正变负，项目变为不可行。由此可见，按净现值对各个因素的敏感程度来排序，依次是产品价格、投资额、经营成本，最敏感的因素是产品价格。因此，从方案决策的角度，应对产品价格进行进一步的测算。从项目风险的角度来讲，如果未来产品价格发

生变化的可能性较大，则意味着这一投资项目的风险性也较大。

8.3.1.2　多因素敏感性分析

多因素敏感性分析测量考查多个因素同时变动时对方案经济效果的影响，以判断方案的风险程度。分析时要考虑被分析的各因素可能的不同变化幅度的多种组合，计算起来比单因素敏感性分析要复杂得多。当同时变化的因素不超过 3 个时，一般可采用解析法和作图法相结合的方法进行分析。

例 8-5　某投资方案的基础数据如表 8-3 所示，试对该方案中的投资额和产品价格进行双因素敏感性分析。

表 8-3　投资方案基础数据表

项 目	初始投资	寿命期	残值	价格	年经营费	折现率	年生产能力
参 数	1200 万元	10 年	80 万元	35 元/台	140 万元	10%	10 万台

解：以净现值作为分析指标，设投资变化百分率为 X，产品价格变化率为 Y，则：

$$NPV = -1200(1+X) + [35(1+Y)\times 10 - 140]\times(P/A,10\%,10) + 80(P/F,10\%,10)$$
$$= -1200 - 1200X + (350+350Y-140)\times[(1+i)^n - 1]/[i(1+i)^n] + 80\times 1/(1+i)^n$$
$$= -1200 - 1200X + 210\times(1.1^{10}-1)/(0.1\times 1.1^{10}) + 350Y\times(1.1^{10}-1)/(0.1\times 1.1^{10}) + 80\times 1/1.1^{10}$$
$$= -1200 - 1200X + 1290.36 + 2150.60Y + 30.84$$
$$= 121.21 - 1200X + 2150.60Y$$

取 NPV 的临界值，即令 $NPV = 0$，则：

$$1200X = 121.21 + 2150.60Y$$
$$X = 0.101 + 1.79Y \text{（实际上是一条线性函数）}$$

取 X 和 Y 两因素的变动量均为 ±10% 和 ±20% 作图，可得到图 8-5 所示的双因素敏感性分析图。从图 8-5 可以看出：$X = 0.101 + 1.79Y$ 为 $NPV = 0$ 临界线，当投资与价格同时变动时，所影响的 NPV 值落在直线的右上方区域，投资方案可行；若落在临界线右下方的区域，表示 $NPV < 0$，投资方案不可行；若落在临界线上，$NPV = 0$，方案勉强可行。还可看出，在各个正方形内净现值小于零的面积所占整个正方形面积的比例，反映了因素在此范围内变动时方案风险的大小。例如在 ±10% 的区域内，净现值小于零的面积约占整个正方形面积的 20%，这就表明当投资额和价格在 ±10% 的范围内同时变化时，方案盈利的可能性为 80%，出现亏损的可能性为 20%。

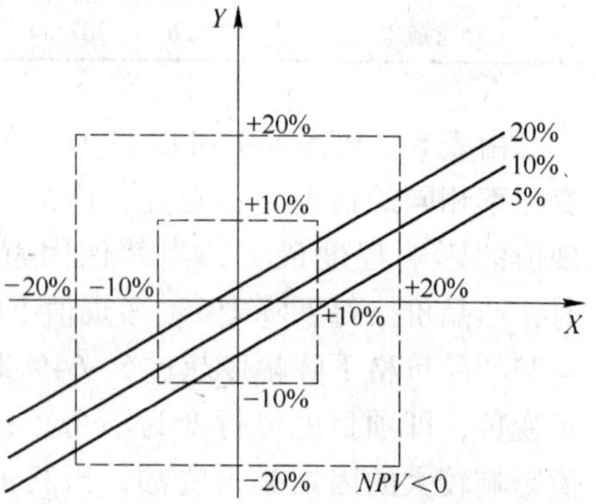

图 8-5　多因素敏感性分析图

8.3.2　敏感性分析的局限性

敏感性分析是项目经济评价时经常用到的一种方法，它在一定程度上对不确定因素的变动对项目投资效果的影响作了定量的描述，得到了维持投资方案经济可行所允许的不确定因素发生不利变化的最大幅度。但敏感性分析的局限性在于，它不能说明不确定因素发生变动的情况的可能性是大还是小，即没有考虑不确定因素在未来发生变动的概率，而这种概率是与项目的风险大小密切相关的。经常会碰到这样的情况，某些因素在未来发生不利变动的可能性很小，虽然它可能是一个敏感性较强的因素，但实际上它给项目带来的风险并不大；而另外有一些因素，虽然并不是十分敏感，但由于它们在未来发生不利变化的可能性很大，实际上给项目带来的风险可能比敏感因素还要大。对于此类问题，尚需借助于概率分析。

8.4 概率分析

概率分析，是利用概率来研究和预测不确定因素对项目经济评价指标的影响的一种定量分析方法。风险分析的基本原理：假设影响方案经济效果的各种不确定因素是服从某种分布的随机变量，则以这些不确定因素为参数的经济效果函数，也必然是一个随机变量。在进行概率分析时，先对各个不确定因素作出概率估计，并以此为基础计算方案的经济效果，最后通过经济效果的期望值、累计概率、标准差及离差系数等来表示方案的风险和不确定程度。

概率分析的方法很多，常用的方法有解析法、图示法、蒙特卡罗模拟法、决策树法等。其中最常用的是决策树法，它也是利用树形决策网络来描述和求解风险型决策问题的一种主要方法。

8.4.1 概率分析原理

8.4.1.1 随机现金流的概率描述

严格来说，影响方案经济效果的大多数因素（如投资额、销售量、销售价格、生产成本、项目寿命期等）都是随机变量。即人们可以通过以往的统计资料，预测其未来可能的取值范围、估计各种取值或值域发生的概率，但不可能肯定地预知它们取什么值。投资方案的现金流量序列正是由这些因素所决定的，所以说，方案的现金流量序列也是随机变量，称之为随机现金流。

要完整地描述一个随机变量，需要确定其概率分布的类型和参数。常见的概率分布类型有均匀分布、二项分布、泊松分布、指数分布和正态分布等。在经济分析与决策中，使用最普通的是均匀分布和正态分布。

随机现金流的概率分布通常可借鉴已发生过的类似情况的实际数据，并结合对各种具体条件的判断来确定。在某些情况下，也可以根据各种典型分布的条件，通过理论分析来确定随机现金流的概率分布类型。一般来说，投资项目的随机现金流量受多种已知或未知的不确定因素的影响，可以看成是多个独立的随机变量之和，在多数情况下近似地服从正态分布。

描述随机变量的主要参数是期望值和方差。假设某方案的寿命期为 n 个周期，净现金流量序列为 $y_0, y_1, y_2, \cdots, y_n$，周期数 n 和各周期的净现金流量 $y_t(t = 0,1,2,\cdots,t)$ 都是随机变量。对于某一特定周期 t 的净现金流量 y_t 可能有无限多个取值，可将其简化为若干个

离散值 $y_t^{(1)}, y_t^{(2)}, \cdots, y_t^{(m)}$ ，这些离散值发生的概率分别为 $P_1, P_2, \cdots, P_m(\sum_{j=1}^{m} P_j = 1)$ ，则第 t 周期净现金流量 y_t 的期望值为：

$$E(y_t) = \sum_{j=1}^{m} y_t^{(j)} \cdot P_j \tag{8-10}$$

第 t 周期净现金流量 y_t 的方差为：

$$D(y_t) = \sum_{j=1}^{m} [y_t^{(j)} - E(y_t)]^2 \cdot P_j \tag{8-11}$$

8.4.1.2　方案净现值的期望值、方差与变异系数

以净现值为例来讨论方案经济效果的概率描述。在各个周期的净现金流量均为随机变量的情况下，由各个周期净现金流量现值之和构成的方案净现值必然也是一个随机变量，称之为随机净现值。在多数情况下，可以认为随机净现值近似地服从正态分布。

设各周期的随机现金流为 $y_t(t = 0,1,2,\cdots,t)$ ，则随机净现值为：

$$NPV = \sum_{t=0}^{m} y_t(1 + i_0)^{-t} \tag{8-12}$$

（1）期望值。假设方案寿命期的周期数 n 为一常数，根据各周期随机现金流的期望值 $E(y_t)(t = 0,1,2,\cdots,n)$ ，可得方案净现值的期望值：

$$E(NPV) = \sum_{t=0}^{n} E(y_t) \cdot (1 + i_0)^{-t} \tag{8-13}$$

对净现值指标来讲，期望值大的方案优于期望值小的方案。

（2）方差。方案净现值的方差与各周期随机现金流之间的相关性有关。如果方案寿命期内任意两个随机现金流之间不存在相关关系或相关关系可以不考虑，则方案净现值的方差为：

$$D(NPV) = \sum_{t=0}^{n} D(y_t) \cdot (1 + i_0)^{-2t} \tag{8-14}$$

在实际工作中，如果能通过统计或主观判断给出在方案寿命期内不确定因素可能出现的各种状态及其发生概率，就可以通过对各不确定因素的不同状态进行组合，求出所有可能出现的方案净现金流量序列及其发生概率，从而可不必计算各年净现金流量的期望值与方差，而是直接计算方案净现值的期望值与方差。

如果影响方案现金流量的不确定因素，在方案寿命期内可能出现的各种状态均可视为独立事件，则由各因素的某种状态组合所形成的方案净现金流量序列的发生概率，应为各因素相应状态发生概率之积。对各个不确定因素的各种可能出现状态进行组合后，便可得到所有可能出现的方案现金流量状态及其发生概率。在此基础上，计算方案净现值的期望值与方差。

为了便于分析，通常使用与净现值具有相同量纲的标准差，来反映随机净现值取值的离散程度，记为 $\sigma(NPV)$ 其计算式为：

$$\sigma(NPV) = \sqrt{D(NPV)} \tag{8-15}$$

对于期望值相同的方案，标准差越大说明其偏离期望值的程度越大，因而风险越大。

（3）变异系数。为了比较期望值不同的投资项目之间的风险程度大小，需要引进

"变异系数"的概念。变异系数是用标准差除以期望值的商，通常用"V"表示：

$$V = \frac{\sigma}{E(NPV)} \tag{8-16}$$

变异系数越大，则该投资项目的风险越大。

例 8-6 某新产品生产项目，影响未来净现金流量的不确定因素主要是产品的市场销售情况和原材料价格水平。据分析，市场销售状态有畅销、一般、滞销三种可能（分别记作 $\theta_{m1},\theta_{m2},\theta_{m3}$），原材料价格水平状态有高、中、低三种可能（分别记作 $\theta_{p1},\theta_{p2},\theta_{p3}$）。市场销售状态与原材料价格水平状态之间是相互独立的。各种市场销售状态和原材料价格水平状态的发生概率如表 8-4 所示，各种可能的状态组合所对应的方案现金流量如表 8-4 第（3）、第（4）列所示。试计算方案净现值的期望值与方差（$i_0 = 12\%$）。

解：对各个不确定因素的各种可能出现状态进行组合，分别计算各组合的净现值 $NPV^{(j)}$，并按各因素相应状态发生概率之积求得某种组合方案净现金流量序列的发生概率 $P_j(j = 1,2,\cdots,9)$，见表 8-5 第（5）、（6）列。

表 8-4 某项目信息

市场销售情况	状态	θ_{m1}	θ_{m2}	θ_{m3}
	发生概率	$P_{m1}=0.3$	$P_{m2}=0.5$	$P_{m3}=0.2$
原材料价格水平	状态	θ_{p1}	θ_{p2}	θ_{p3}
	发生概率	$P_{p1}=0.4$	$P_{p2}=0.4$	$P_{p3}=0.2$

表 8-5 各种可能的组合状态

序 号	状态组合	现金流量/万元		净现值 $NPV^{(j)}$ /万元	发生概率 P_j
		0 年	1~5 年		
(1)	(2)	(3)	(4)	(5)	(6)
1	$\theta_{m1}\cap\theta_{p1}$	-1000	390	405.86	0.12
2	$\theta_{m1}\cap\theta_{p2}$	-1000	450	622.15	0.12
3	$\theta_{m1}\cap\theta_{p3}$	-1000	510	838.44	0.06
4	$\theta_{m2}\cap\theta_{p1}$	-1000	310	117.48	0.20
5	$\theta_{m2}\cap\theta_{p2}$	-1000	350	261.67	0.20
6	$\theta_{m2}\cap\theta_{p3}$	-1000	390	405.86	0.10
7	$\theta_{m3}\cap\theta_{p1}$	-1000	230	-170.90	0.08
8	$\theta_{m3}\cap\theta_{p2}$	-1000	250	-98.81	0.08
9	$\theta_{m3}\cap\theta_{p3}$	-1000	270	-26.71	0.04

按式（8-13）计算方案净现值的期望值：

$$E(NPV) = \sum_{t=0}^{n} E(y_t)\cdot(1+i_0)^{-t} = \sum_{t=0}^{n}\sum_{j=1}^{m} y_t^{(j)}\cdot P_j\cdot(1+i_0)^{-t}$$

$$= \sum_{j=1}^{m} \sum_{t=0}^{n} y_t^{(j)} \cdot (1+i_0)^{-t} \cdot P_j = \sum_{j=1}^{m} NPV^{(j)} \cdot P_j = 267.44$$

按式（8-14）计算方案净现值的方差：

$$D(NPV) = \sum_{t=0}^{n} D(y_t) \cdot (1+i_0)^{-2t} = \sum_{t=0}^{n} \sum_{j=1}^{m} [y_t^{(j)} - E(y_t)]^2 \cdot P_j \cdot (1+i_0)^{-2t}$$

$$= \sum_{j=1}^{m} \sum_{t=0}^{n} [y_t^{(j)} - E(y_t)]^2 \cdot (1+i_0)^{-2t} \cdot P_j = \sum_{j=1}^{m} [NPV^{(j)} - E(NPV)]^2 \cdot P_j$$

$$= 72943.69$$

方案净现值的标准差为：

$$\sigma(NPV) = \sqrt{D(NPV)} = 270.08$$

8.4.2 方案风险估计

根据上述概率分析的基本原理，计算得到方案经济效果指标（如净现值）的期望值与方差后，便可估计方案的风险。概率分析中，在已知方案经济效果指标（如净现值）的概率分布及其期望值与方差的情况下，一般采用解析法进行方案风险估计。

例 8-7 假定例 8-6 中方案净现值服从正态分布，利用例 8-6 的计算结果求

（1）净现值大于等于 0 的概率；

（2）净现值小于 -100 万元的概率；

（3）净现值大于等于 500 万元的概率。

解：由概率论理论可知，连续型随机变量 X 的标准正态分布：

$$F(x) = \frac{1}{\sqrt{2\pi}} \int_{-\infty}^{\frac{x-\mu}{\sigma}} e^{-\frac{1}{2}u^2} du = \Phi\left(\frac{x-\mu}{\sigma}\right)$$

式中，μ、σ 分别为随机变量 X 的期望值和标准差。

令 $Z = \frac{x-\mu}{\sigma}$，由表可以直接查出 $x < x_0$ 的概率值为：

$$P(x < x_0) = P\left(Z < \frac{x-\mu}{\sigma}\right) = \Phi\left(\frac{x-\mu}{\sigma}\right)$$

在本例中，若将方案净现值视为连续型随机变量，且

$$\mu = E(NPV) = 267.44(\text{万元})$$
$$\sigma = \sigma(NPV) = 270.08(\text{万元})$$

则

$$Z = \frac{NPV - E(NPV)}{\sigma(NPV)} = \frac{NPV - 267.44}{270.08}$$

由此可以计算出各项待求概率。

（1）净现值大于等于 0 的概率

$$P(NPV \geqslant 0) = 1 - P(NPV < 0)$$
$$= 1 - P\left(Z < \frac{0 - 267.44}{270.08}\right)$$
$$= 1 - P(Z < -0.9902)$$
$$= P(Z < 0.9902)$$

由标准正态分布表可查得 $P(Z < 0.9902) = 0.8389$，所以 $P(NPV \geqslant 0) = 0.8389$

（2）净现值小于 -100 万元的概率

$$P(NPV < -100) = P(Z < \frac{-100 - 267.44}{270.08})$$
$$= P(Z < -1.360)$$
$$= 1 - P(Z < 1.360)$$
$$= 1 - 0.9131 = 0.0869$$

（3）净现值大于等于 500 万元的概率

$$P(NPV \geqslant 500) = 1 - P(NPV < 500)$$
$$= 1 - P(Z < \frac{500 - 267.44}{270.08})$$
$$= 1 - P(Z < 0.8611)$$
$$= 1 - 0.8054$$
$$= 0.1946$$

从以上计算结果可知，本方案能够取得满意经济效果（$NPV > 0$）的概率为 83.89%；不能取得满意经济效果（$NPV < 0$）的概率为 16.11%；净现值小于 -100 万元的概率为 8.69%；净现值大于等于 500 万元的概率为 19.46%。

在正态分布条件下，随机变量的实际取值在 $\mu \pm \sigma$（μ 为净现值，σ 为标准差）范围内的概率为 68.3%，在 $\mu \pm 2\sigma$ 范围内的概率为 95.4%，在 $\mu \pm 3\sigma$ 范围内的概率为 99.7%。因此，对于随机净现值服从正态分布的投资方案，只要计算出了净现值的期望值和标准差，就可以根据正态分布的特点，对方案的风险程度作出大致判断。如例 8-6，实际净现值在 -2.64 ~ -537.52 万元范围内的概率为 68.3 %，实际净现值在 -272.72 ~ -807.6 万元范围内的概率为 95.4%，实际净现值小于 -542.8 万元和大于 1077.68 万元的情况几乎不可能（概率小于 0.3%）。

8.5 多方案的风险决策

在现实的工程项目评价中，一个项目往往存在多种方案，因此需要考虑多方案风险决策。

8.5.1 决策问题及其结构

例 8-8 有一河面上增建一座公路桥，某建筑公司考虑是否承包这项工程。如果承包，在整个建桥过程中，遇河水为低水位，则可省工省料，公司可挣 4 万元；若在施工过程中遇河水上涨，就会损失 1 万元，如果不承包，未来这段时间公司也会因工程任务少而亏损 4000 元。据气象及水文资料分析得知，未来这段时间出现低水位的概率为 0.7，出现高水位的概率为 0.3。试根据以上资料对是否承包该工程做出决策。

在本例中，河水出现低水位或高水位事先不能肯定，叫做自然状态，为不可控因素，公司可能采取的行动有两种——承包或不承包，叫做行动方案，为可控因素，对应不同的自然状态和行动方案的损失或收益叫做损益值，也叫做风险值，如表 8-6 所示。

表 8-6 修建公路桥资料表

自然状态	概 率	行动方案	
		承 包	不承包
低水位	0.7	4	-0.4
高水位	0.3	-1	-0.4

由上述例子可以看到，构成一个决策问题通常应具备以下条件：

(1) 存在着决策人希望达到的一个明确目标，如收益较大或损失最小。

(2) 存在着两个以上不以决策人的主观意志为转移的自然状态。

(3) 存在着两个以上可供选择的行动方案。

(4) 在各自然状态下，不同行动方案将导致不同的结果，其损益值可以计算出来。

(5) 在几种不同的自然状态中今后将出现哪种自然状态，决策人不能肯定。

8.5.2 决策的分类

按决策所处的条件不同，有确定型决策、非确定型决策和风险型决策等。

8.5.2.1 确定型决策

确定型决策是指在自然状态的发生为已知情况下进行的决策。一个方案的确立只有一种结果，通过比较、计算、选优，即可做出决策。在例 8-8 中，如果确认在将来一段时期内肯定是低水位，则公司应选择承包方案，可获利 4 万元。严格来讲，确定型决策只是单纯的数学计算，不属于决策论的研究范畴。

8.5.2.2 非确定型决策

非确定型决策是在各自然状态出现的概率完全未知情况下的决策，即决策者对自然状态是否发生事先不能肯定、被决策的事物具有两种以上客观存在的自然状态、同时具有可供决策人选择的两个以上方案。常用的方法，按决策的标准主要分为以下四种：

(1) 乐观准则（或称大中取大法）。其特点是决策人对客观情况抱乐观态度，总是认为会出现最好的自然状态。

决策过程是先从各种情况下选出每个方案的最大损益值，然后对各个方案进行比较，以收益值最大的方案为选择方案，其表达为 $\max_j\{\max_i[a_{ij}]\}$，式中 a_{ij} 为方案 j 在状态 i 下的损益值。

(2) 悲观准则（或称小中取大法）。其特点是决策人对现实方案的选择持保守态度，为了保守起见，总是根据最坏的客观条件来选择行动方案。

决策过程是先从各种情况下选出每个方案的最小损益值，以最小损益值为最大的方案为选择方案，其表达式为 $\max_j\{\min_i[a_{ij}]\}$，式中 a_{ij} 为方案 j 在状态 i 下的收益值。

(3) 折中准则（或称乐观系数法）。其特点是决策人对客观条件的估计及选择方案既不像悲观者那样保守，也不像乐观者那样冒险，而是从中找出一个折中的标准。

决策过程是决策人先要根据历史数据和经验确定一个乐观系数 a，来表达乐观程 度，且 $0 \leqslant a \leqslant 1$，然后用下式计算结果。

$$CV_i = a \cdot \max_j|a_{ij}| + (1-a) \cdot \min_j|a_{ij}| \tag{8-17}$$

也就是先找出每个方案在各自然状态下的最大损益值，并乘以 a；再加上最小损益值乘（$1-a$），最后选出其中最大的 CV_i 值，其对应的方案即为最佳方案。显然 $a=1$ 时是乐观准则；$a=0$ 时是悲观准则。这种方法中，a 的取值是决策的关键，要根据具体情况合理确定。

（4）等可能性准则。折中准则只是考虑了每一种方案的最大和最小损益值的影响，对于中间的情况没有考虑。等可能性准则则是认为将来各种情况出现的概率都相同，在此基础上计算出每一种方案收益值的平均数，选取平均收益最大的方案。平均收益可用下式表示：

$$\bar{a}_i = \frac{\sum_{j=1}^{n} a_{ij}}{n} \tag{8-18}$$

式中　$\bar{a}_i$ ——各方案的平均收益；

　　n ——自然状态值。

（5）后悔值准则（或称大中取小法）。后悔值准则又称为最小机会损失准则。后悔值是指每种情况下方案中最大收益值与各方案收益值之差。如果决策者选择了某一个方案，但后来事实证明他所选择的方案并非最优方案，他就会少得一定的收益或承受一些损失，于是他会后悔把方案选错了，或者感到遗憾。这个因选错方案可得而未得到的收益或遭受的损失，称为后悔值或遗憾值。应用时先计算出各方案的最大后悔值，进行比较，以最大后悔值最小的方案作为最佳方案。

例 8-9　某建筑制品厂拟生产一种新产品，由于没有资料，只能设想出三种方案以及各种方案在市场销路好、一般、差三种情况下的损益值，如表 8-7。每一种情况出现的概率也无从知道，试进行方案决策。

对于这种非确定型决策，可用乐观准则、悲观准则、折中准则和后悔值准则进行决策，并以损益矩阵表示，见表 8-7。

表 8-7　损益矩阵表

决策方案损益值/万元 产品销售情况	销路好	销路一般	销路差	决策准则				
				$\max[a_{ij}]$	$\min[a_{ij}]$	CV_i	$\bar{a}$	后悔值
A_1	36	23	−5	36	−5	19.6	18	14
A_2	40	22	−8	40	−8	20.8	18	17
A_3	21	17	9	21	9	16.2	15.67	19
选取方案				A_2	A_3	A_2	A_1 或 A_2	A_1

解：（1）乐观准则

$\max_j\{\max_i[a_{ij}]\} = \max\{36,40,21\} = 40$，故选取方案 A_2。

（2）悲观准则

$\max_j\{\min_i[a_{ij}]\} = \max\{-5,-8,9\} = 9$，故选取方案 A_3。

（3）折中准则

如果根据具体情况分析，设乐观系数 $a=0.6$，则这个方案的折中损益值为：

$$CV_1 = 0.6 \times 36 + 0.4 \times (-5) = 19.6$$
$$CV_2 = 0.6 \times 40 + 0.4 \times (-8) = 20.8$$
$$CV_3 = 0.6 \times 21 + 0.4 \times (9) = 16.2$$

（4）等可能性准则

$$\bar{a}_1 = \frac{\sum_{j=1}^{n} a_{ij}}{n} = \frac{36 + 23 - 5}{3} = 18$$

$$\bar{a}_2 = \frac{\sum_{j=1}^{n} a_{ij}}{n} = \frac{36 + 23 - 5}{3} = 18$$

$$\bar{a}_3 = \frac{\sum_{j=1}^{n} a_{ij}}{n} = \frac{21 + 17 - 9}{3} = 15.6$$

（5）后悔值准则

用每种自然状态下的最大收益值减去该自然状态下各方案的损益值，即得到该方案在自然状态下的后悔值，找出每一种方案的最大后悔值，从中选取最大后悔值最小的方案即决策方案。后悔值的计算及决策过程如表 8-8 所示。因此选择 A_1 方案。

表 8-8 后悔值表

产品销售情况		销路好	销路一般	销路差	各方案最大后悔值
最理想收益值/万元		40	23	9	
后悔值/万元	A_1	40 - 36 = 4	23 - 23 = 0	9 - （-5） = 14	14
	A_2	40 - 40 = 0	23 - 22 = 1	9 - （-8） = 17	17
	A_3	40 - 21 = 19	23 - 17 = 6	9 - 9 = 0	19
选取方案					A_1

8.5.2.3 风险型决策

风险型决策也叫统计型决策或随机型决策。它除具备非确定型决策的四个条件外，还应具备第五个条件，即在几种不同的自然状态中未来究竟将出现哪种自然状态，决策人不能肯定，但是各种自然状态出现的可能性（即概率），决策人可以预先估计或计算出来。这种决策具有一定的风险性，所以称为风险型决策。决策的正确程度与历史资料的占有数量有关，与决策者的经验、判断能力以及对风险的看法和态度有关。

风险型决策可用期望值准则、最大可能准则等。

（1）期望值准则。把每个行动方案看成是一个随机变量，其取值就是每个行动方案在各种自然状态下相应的损益值，而各方案的损益期望值是各自然状态发生的概率与该方案对应的损益值乘积之和。其公式如下：

$$E(A_i) = \sum_{j=1}^{n} p(\theta_j) \cdot a_{ij} \tag{8-19}$$

式中 $E(A_i)$ ——A_i 方案的损益期望值；

$p(\theta_j)$ ——自然状态 θ_j 的发生概率；

a_{ij} ——A_i 方案在自然状态 θ_j 下的损益值；

n ——自然状态值。

所谓期望值准则，就是以期望值最大的行动方案作为最佳方案。

例 8-10 以例 8-8 为背景，按期望值准则应如何决策？

解：按期望值准则求解

承包方案：$E(A_1) = 4 \times 0.7 + (-1) \times 0.3 = 2.5$（万元）

不承包方案：$E(A_2) = (-0.4) \times 0.7 + (-0.4) \times 0.3 = -0.4$（万元）

显然是承包方案优于不承包方案，开工可得最大期望值 2.5 万元。

（2）最大可能准则。风险型决策还可用最大可能准则求解。自然状态的概率越大，表明发生的可能性越大，该法取概率最大自然状态下最大损益值对应的方案为最优方案。

在例 8-8 中，低水位的概率大，这样就不考虑高水位这个自然状态，在低水位自然状态下，承包方案的损益值大于不承包方案，所以承包方案是最优方案。与期望值准则决策结果保持一致。

由于考虑问题的出发点不同，最大可能准则与期望值准则的决策结果有时会出现不一致的情况。一般来讲，最大可能准则以自然状态发生的可能性作为决策的唯一标准，作为一次性决策有其合理性的一面，尤其是在一组自然状态中，某一状态出现的概率明显高于其他状态出现的概率，且它们相应的损益值差别不很大时，该法的效果良好。如果在一组自然状态中，各状态发生的概率都很小且互相很接近，再采用最大可能准则就效果不佳，决策方法效果不好，有时甚至会引起严重错误。

对于多次反复的决策问题，采用期望值准则更为科学合理。

8.5.3 决策树法

决策树法是一种利用树型决策网络来描述与求解风险型决策问题的方法，也是概率分析的一种图解方法。它是将决策过程中各种可供选择的方案、可能出现的自然状态及其概率和产生的结果，用一个像树枝的图形表示出来，把一个复杂的多层次决策问题形象化。其优点是能使决策问题形象直观，便于思考与集体讨论，特别在多级决策活动中，能起到层次分明、一目了然、计算简便的作用。

8.5.3.1 决策树的结构及其绘制方法

决策树是以方框与圆圈为节点，由直线连接而形成的一种树形图，包含决策点、机会点、方案枝，概率枝等要素，如图 8-6 所示。其绘制方法如下：

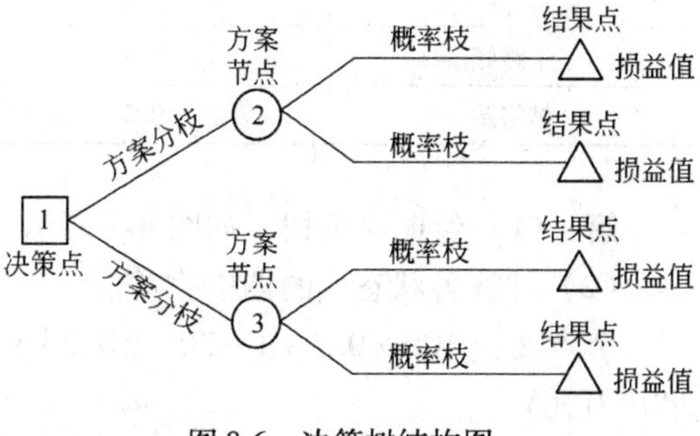

图 8-6 决策树结构图

（1）先画一个方框作为出发点，称为决策点。

（2）从决策点引出若干直线，表示该决策点有若干可供选择的方案，在每条直线上标明方案名称，称为方案分枝。

（3）在方案分枝的末端画一圆圈，称为方案节点或机会点。

（4）从方案节点再引出若干直线，表示可能发生的自然状态，并标明可能出现的概率，称为状态分枝或概率分枝。

（5）在概率分枝的末端画若干个小三角形，写上各方案在每种自然状态下的收益值或损失值，称为结果点。

风险型决策问题一般都具有多个备选方案，每个方案又有多种客观状态，因此决策树都是由左向右、由简入繁，形成一个树形的网络图，要把决策方案、自然状态及其概率期望损益值系统地在图上反映出来，供决策者抉择。

8.5.3.2 决策树法的应用步骤

运用决策树进行决策通常分为两个阶段：首先是从左向右的建树过程，即根据决策问题的内容（备选方案、客观状态及其概率、损益值等）从左向右逐步分析，绘制决策树。其次，决策树建好后，再从右向左，计算各个方案在不同状态下的期望损益值，然后根据不同方案的期望损益值的大小作出选择，“剪去”被淘汰的方案枝，最后决策点留下的唯一一条方案枝即代表最优方案。

具体工作内容为：

（1）列出方案。通过资料的整理和分析，提出决策要解决的问题，针对具体问题列出方案，并绘制成表格。

（2）根据方案绘制决策树。画决策树的过程，实质上是拟定各种抉择方案的过程，是对未来可能发生的各种事件进行周密思考、预测和预计的过程。决策树按从左到右的顺序绘制。

（3）计算各方案的期望值。计算时从决策树最右端的结果点开始。

（4）方案选择即决策。在各决策点上比较各方案的期望值，以其中最大者为最佳方案。在被舍弃的方案分枝上画两杠表示剪枝。

8.5.3.3 单级决策

只需要进行一次决策就可以选出最优方案的决策，称为单级决策。

例 8-11 某投资者欲投资兴建一工厂，建设方案有两种：①大规模投资 300 万元；②小规模投资 160 万元。两个方案的生产期均为 10 年，其每年的损益值及销售状态的概率见表 8-9。试用决策树法选择最优方案。

表 8-9 某项目信息表

销售状态	概 率	损益值/万元·年$^{-1}$	
		大规模投资	小规模投资
销路好	0.7	100	60
销路差	0.3	−20	20

解：（1）绘制决策树，如图 8-7 所示。

（2）计算各状态点的期望收益值。

节点②：$[100\times0.7+(-20)\times0.3]\times10-300=340$（万元）

节点③：$(60\times0.7+20\times0.3)\times10-160=320$（万元）

将各状态点的期望收益值标在圆圈上方。

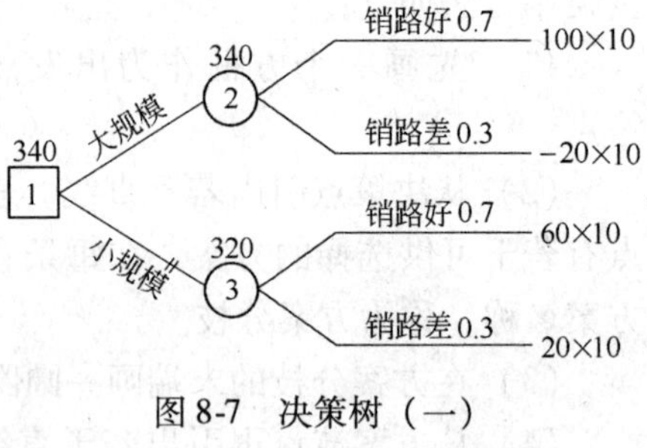

图 8-7 决策树（一）

（3）决策。比较节点②与节点③的期望收益值可知，大规模投资方案优于小规模投资方案，故应选择大规模投资方案，用符号“//”在决策树上“剪去”被淘汰的方案。

8.5.3.4 多级决策

一个决策问题，如果需要进行两次或两次以上的决策，才能选出最优方案，达到决策目的，称为多级决策。在多级决策中，决策树更加形象、直观。

例 8-12 某建筑公司拟建一预制构件厂，一个方案是建大厂，需投资 300 万元，建成后如销路好，每年可获利 100 万元，如销路差，每年要亏损 20 万元，该方案的使用期均为 10 年。另一个方案是建小厂，需投资 170 万元，建成后如销路好，每年可获利 40 万元，如销路差每年可获利 30 万元。若建小厂，则考虑在销路好的情况下 3 年以后再扩建，扩建投资 130 万元，可使用 7 年，每年盈利 85 万元。假设前 3 年销路好的概率是 0.7，销路差的概率是 0.3，后 7 年的销路情况完全取决于前 3 年。设定基准收益率为 10%，试用决策树法选择方案。

解：这个问题可以分前 3 年和后 7 年两期考虑，属于多级决策类型，如图 8-8 所示。

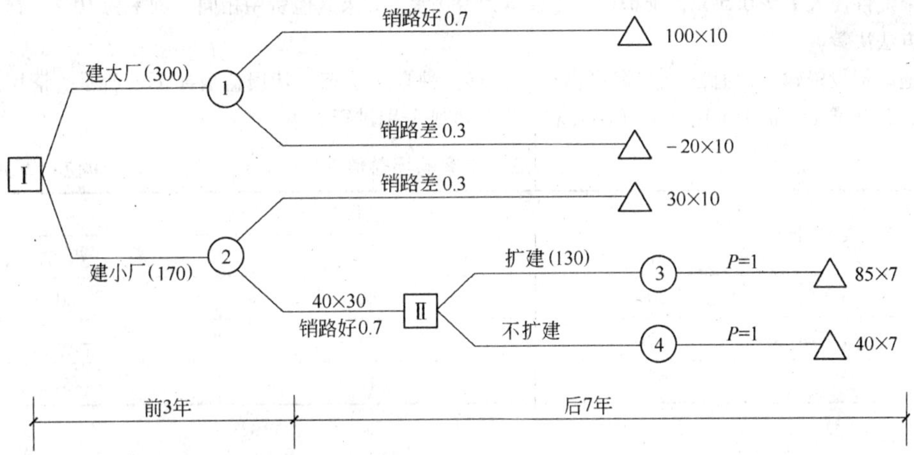

图 8-8 决策树（二）

在本例中，有两个决策点Ⅰ和Ⅱ，在多级决策中，期望值计算先从最小的分枝决策开始，逐级决定取舍到决策能选定为止。

考虑资金的时间价值，各点损益期望值计算如下：

点①：净收益 $= [100 \times (P/A,10\%,10) \times 0.7 + (-20)(P/A,10\%,10) \times 0.3] - 300 = 93.35$(万元)

点③：净收益 $= 85 \times (P/A,10\%,7) \times 1.0 - 130 = 283.84$(万元)

点④：净收益 $= 40 \times (P/A,10\%,7) \times 1.0 = 194.74$(万元)

可知决策点Ⅱ的决策结果为扩建，决策点Ⅱ的期望值为 $283.84 + 194.74 = 478.58$(万元)

点②：净收益 $= (283.84 + 194.74) \times 0.7 + 40 \times (P/A,10\%,3) \times 0.7 + 30 \times (P/A,10\%,10) \times 0.3 - 170 = 345.62$(万元)

由上可知，最合理的方案是先建小厂，如果销路好，再进行扩建。

复习思考题

8-1 什么是工程项目不确定分析，为什么要进行工程项目不确定性分析？

8-2 简述盈亏平衡分析的概念和特点。

8-3 简述敏感性分析的步骤、作用和局限性。

8-4 某公司计划新上一个项目，生产某种新产品。设计生产能力为年产量1000万件，单位产品售价预计为20元，每年的固定成本为4000万元，单位产品变动成本为12元，总变动成本、总销售收入均与产品产量成正比关系，不考虑税金。求以产量、销售收入、生产能力利用率、单位产品销售价格、单位产品变动成本表示的盈亏平衡点。

8-5 加工某种产品有两种备选设备：设备A需投资20万元，加工每件产品的费用为8元；设备B需投资30万元，加工每件产品的费用为6元。两种设备均无残值。若设备使用年限为8年，基准折现率为12%，则年产量为多少时选用设备B比较有利？

8-6 某厂生产一种配件，有两种加工方法可供选择：一种为手工安装，每件成本为1.2元，还需分摊年设备费用300元；另一种为机械生产，需投资4500元购置机械，寿命为9年，预计残值为150元，每个配件需人工费0.5元，维护设备年成本为180元，如果其他费用相同，利率为10%，试进行加工方法决策。

8-7 某地区拟投资建厂，有三个方案可供选择，有三种自然状态，其损益值如下表所示。请用乐观准则、悲观准则、折中准则（$\alpha=0.6$）和后悔值准则分别进行决策。

三个方案的损益值 （单位：万元）

方案	自然状态		
	θ_1	θ_2	θ_3
S_1	50	40	-20
S_2	30	25	-10
S_3	20	15	-5

8-8 某方案需投资25000元，预期寿命为5年，残值为0，每年净现金流量为随机变量，其可能发生的三种状态的概率及变量值如下：5000元（$P=0.3$）；10000元（$P=0.5$）；12000元（$P=0.2$），若利率为10%，试计算净现值的期望值与标准差。

8-9 某预应力混凝土构件生产企业估计，在其生产过程中任何一年发生事故的概率为0.025，如果发生事故造成的经济损失为100万元。为防止事故发生，有两种方案可供选择：方案甲需投资15万元安装预警装置以改善生产安全，事故发生的概率可以降至0.001，一旦发生事故经济损失仍是100万元，该装置的年运行费用为0.5万元；方案乙需投资12万元改造生产工艺以控制事故波及的范围，发生事故的损失因而可限制在10万元以内，发生事故的概率为0.025。两种方案的经济寿命均为10年，基准收益率为15%。试比较两方案优劣。

9 工程项目社会评价

本章概要：社会评价是识别和评价工程项目的各种社会影响，分析当地社会环境对拟建项目的适应性和可接受程度。本章介绍了工程项目社会评价的概念、发展历程等基础知识，对工程项目社会评价内容、步骤、方法和工程项目社会评价报告的编写等进行了阐述。

9.1 工程项目社会评价概述

9.1.1 工程项目社会评价的概念

工程项目社会评价最早在英国称为社会分析，美国称为社会影响评价，世界银行也在发展中国家推行这种社会评价，又称社会分析。美国政府还公布过行政令（12074）“城市及社会影响分析”等，主要集中在人类环境的人文分析方面，分析政策、项目和方案的实施对人们的生活、人们所在的社区、人口、收入分配、健康、安全、教育、文化娱乐和风俗习惯、社区凝聚力等方面的影响。我国开展工程项目社会评价的时间比西方国家更为短暂，其中的许多问题都还处在研究和规范阶段，关于工程项目社会评价方面的认识也需要进一步加深。

工程项目社会评价旨在系统调查和预测拟建项目的建设、运营产生的社会影响与社会效益，分析项目所在地区的社会环境对项目的适应性和可接受程度，通过分析项目涉及的各种社会因素，评价项目的社会可行性，提出项目与当地社会协调关系、规避社会风险、促进项目顺利实施、保持社会稳定的方案。因此，工程项目社会评价主要是指分析拟建项目对当地社会的影响和当地社会条件对项目的适应性和可接受程度，评价项目的社会可行性。

9.1.2 工程项目社会评价的发展历程

工程项目社会评价是由最近几十年西方社会学家参与并提出的社会影响分析发展而来的，其历程包括世界银行的工程项目社会评价、美国政府主导的工程项目社会评价及中国工程项目社会评价。

9.1.2.1 世界银行的工程项目社会评价发展历程

有学者认为工程项目社会评价，最初源于世界银行贷款项目的评估，因为早在20世纪70年代和80年代初，世界银行的社会科学家就在研究如何促进项目实效和帮助穷人获益。世界银行在1984年要求将“社会性评估”作为世界银行项目可行性研究的一部分，并且必须在项目评价阶段与经济技术等评价共同进行。

在20世纪80年代到90年代中期，随着世界银行某些大型项目开发带来的负面社会影响不断增加，人们开始研究综合考虑社会影响和消除贫困的项目设计和评价方法。1985

年世界银行出书介绍了社会分析在农业、农村发展项目设计中的应用，而且世界银行环境部的社会科学家开始从社会学角度去解决项目影响的问题。在1995年召开的联合国全球社会发展高峰会和1996年世界银行社会发展任务小组报告会以及1997年成立的全球社会发展网络组织基础上，世界银行于1997年成立社会发展部门以强化项目社会评价的作用，从此世界银行开始全面开展了项目社会评价、受益评价和社会分析等工作，并且在2002年发布了《项目社会分析源书》和《贫困和社会影响评价用户指南》。

在随后的五年中，项目的社会影响问题成了世界银行贷款项目社会评价的重要内容，近几年世界银行几乎每年都会对提出的社会影响评价进行讨论和改进。总之，世界银行近年来从注重经济发展到注重社会发展、一直到注重可持续的社会经济发展，其中最重要的就是认识到经济与社会发展都需要人们的参与，而项目社会影响分析就是要分析参与人的问题、利益和出路。

9.1.2.2 美国政府主导的工程项目社会评价发展历程

自从1970年美国环境政策法律获得通过后，项目的环境影响评价就变成了美国制定重大项目决策和计划的关键要素。其中有代表性的有1977年出版的《社会评价手册：水资源项目的社会效益测算指南》一书。社会学家们在1992年组织了“社会影响评价原理和指南的组织间委员会”，并根据美国环境政策法律分别制定了1993年版本和2003年版本的《美国社会影响评价的原理和指南》。

这一指南的核心内容是关于六个项目社会效果评价的基本方面和原理：一是确定具体项目的影响地区；二是找出该项目的社会环境关键要素；三是选用使用的评价方法和假设前提条件；四是为该项目的决策提供高质量的信息；五是确保该项目涉及的社会环境争议问题得到评价；六是建立该项目必要的社会环境影响问题的评估、监控和管理机制。这在很大程度上推进了工程项目社会评价的发展。

实际上美国政府以及西方发达国家的学者早对工程项目社会评价进行了深入的研究，只是那时将其称为“社会评价”或“社区评价”等。例如，美国林务局在1982年提出了《工程、资源计划和项目的经济与社会分析指南》，而早在1980年Carley出版了《社会影响评价：一个矿专业的文献指引》一书，到1981年Finsterbusch编辑出版了《社会影响评价方法论》的专集，随后的1984年美国西点出版社等还出版了项目社会影响评价的专著和教科书。

在1986年美国环境质量委员会提出了“实施国家环境政策法律的规程规定的法规”，学者们在这方面进行了更为深入的研究。其中有人提出了社会评价的领域，而有人则评论了21世纪的项目社会影响评价，还有人出专著讨论社会评价的理论、过程和技术方法。最新的社会评价方面的著作和文章是《社会影响评估国际手册：先进的概念和方法》以及最新的一些学术论文等。总之，有关工程项目社会评价的观点、原理和方法多数是起源于美国并在美国最先应用的。

9.1.2.3 中国的工程项目社会评价发展历程

我国在工程项目社会评价方面的研究和应用相对较晚。1989年国家科委下达了“投资项目社会评价方法”的研究课题，经过三年多的努力，课题组出版了《投资项目社会评价方法》。到了20世纪90年代，国内相关的著作、论文和论坛逐渐繁荣，而且一些翻译著作和国家权威机构编写的指南也相应出版和出台，这些形成了我国有关工程项目社会评价的最初发展阶段。

2000~2002年，亚洲开发银行为中国政府提供了一项以发展为导向并将减轻贫困、移民、社会性别和少数民族问题作为项目社会评价所关注主要内容的支援项目，以便通过案例研究、各种层次的研讨会来推动中国社会评价的能力建设，该项目由中国社会科学院执行。在该技术援助项目的后期，世界银行也参与进来，资助并支持编写出版了《中国投资项目社会评价指南》，对中国大型开发项目的社会评价和决策起到指导作用。这标志着中国已经将工程项目社会评价作为国家和地方政府审批项目的一个重要内容。

在2004年国家投资体制改革前后，工程项目社会评价在国内得到了快速发展。在世界银行和亚洲开发银行对《投资项目咨询评估细则》给予了必要的政策建议和资助以后，中国国际投资咨询公司开始研究如何把社会影响评价引入国内投资项目指南。同时，2004年新的投资项目审批体制把市场和技术问题由企业决策，而国家着重审批和核准投资项目的社会和环境影响。

2007年6月7日，国家发展和改革委员会发布的《项目申请报告通用文本》正式将社会评价作为企业项目申请报告的必报部分，规定项目核准机关对企业投资项目的核准必须包括“项目社会影响分析”等八个方面的内容。另外，国内也见到了一系列的工程项目社会评价方面的著作和论文。

9.1.3 工程项目社会评价的特点、原则和准则

9.1.3.1 工程项目社会评价的特点

工程项目社会评价相对于财务评价和国民经济评价而言，具有宏观性和长期性、评价目标的多样性和复杂性及评价指标和评价标准的差异性等特点。

A 宏观性和长期性

对投资项目的社会评价所依据的是社会发展目标，社会发展目标是依据国家和地区的宏观经济与社会发展需要来制定的，包括经济增长目标、国家安全目标、人口控制目标、减少失业和贫困目标、产业结构调整目标、环境保护目标等，涉及社会生活的方方面面。工程项目社会评价主要考察投资项目建设和运营后对实现社会发展目标的作用和影响，是促进了社会发展目标的实现还是阻碍了社会发展目标的实现。

在进行投资项目的社会评价时，必须认真考察与项目建设相关的各种可能的影响因素，同时，社会评价也是长期的。一般经济评价时只需考察投资项目大约20年的经济效果，而社会评价通常要考虑一个国家或地区的中期和远期发展规划和要求，涉及对有些领域的影响或效益可能不是短短的几十年，而是上百年，甚至是关乎几代人的。如新建电站这样的工程项目，在考察项目对生态环境、人类生活、国家安全的影响时，考察的时间跨度势必是几代人、上百年。

B 评价目标的多样性和复杂性

财务评价和国民评价的目标通常比较单一，主要是衡量企业的财务盈利能力及资源配置的经济效率，而社会评价的目标则远为多样和复杂。

社会评价的目标分析首先是多层次的，需要从国家、地方、社区三个不同的层次进行分析，以各层次的社会政策为基础展开，做到宏观分析与微观分析相结合。通常低层次的社会目标是依据高层次的社会目标制定的，但各层次在就业、扶贫、妇女地位、文化、教

育、卫生保健等方面可能存在不同情况，要求和重点也可能各不相同。社会目标层次的多样性，决定了社会评价需要综合考察社会生活的各个领域与项目之间的相互关系和影响，必须分析多个社会发展目标、多种社会政策、多种社会影响和多样的人文环境等因素。

C 评价指标和评价标准的差异性

在投资项目的经济评价中，每个行业和不同投资者都有自己的评价指标和相应的评价标准。如财务评价通常采用同行业平均投资收益率、基准投资回收期、加权平均资金成本或行业部门基准收益率等作为财务评价指标的评价标准；国民经济评价通常采用社会折现率作为经济内部收益率的评价标准。社会评价由于涉及的社会因素多种多样，比较复杂，社会目标多元化和社会效益本身的多样性使得难以使用统一的评价指标和标准来计算和比较社会效益，因而在不同行业和不同地区的项目评价中差异明显，评价指标的设定往往因项目而异。同时，社会评价中的各个影响因素，有的可以定量计算，但更多的社会因素是难以定量计算的，如项目对项目所在地文化的影响，对当地社会稳定的影响，以及当地居民对项目的支持程度等。这些难以量化的影响因素，通常要使用定性分析的方法来进行。因此，社会评价中，通用评价指标少，专用指标多，定量指标少，定性指标多。这就要求在具体项目的社会评价中，应充分发挥评价人员的主观能动性。

9.1.3.2 工程项目社会评价的原则

根据工程项目社会评价的特点，开展时必须遵循的基本原则有：

(1) 认真贯彻国家经济建设和社会发展的方针政策、战略规划，遵循有关法律及规章制度。

(2) 以国民经济与社会发展计划的发展目标为依据，以近期目标为重点，兼顾远期各项社会发展目标，并考虑项目与当地社会环境的关系，力求分析评价能够全面反映项目投资引发的各项社会效益与影响、当地社区及人民对项目的不同反应，促进项目与当地社区、人民相互适应，共同发展。

(3) 依据客观规律，从实际出发，实事求是，采用科学、适用的评价方法。

(4) 坚持可比性原则。在进行社会影响分析和有关数据对比及方案比选时，无论定量分析还是定性分析，均应注意可比性。

(5) 按目标的重要程度进行排序的原则。每个项目的建设都有其预先期望达到的主要社会目标和次要社会目标，由于项目建设对各个目标的贡献程度不同，因此，应依据其重要程度进行排序，并以之作为进行综合社会评价的基础。

(6) 以人为本的原则。在考虑国家及地方利益的前提下，把对人民负责和对国家负责统一起来，对项目的利益与当地人民的利益同等重视，尽力做到两者兼顾，并在涉及人民切身利益的问题上，把人民利益摆在首位。深入了解人民的意见和要求，积极采取措施，提高人民参与项目的程度，以保证项目与当地社会协调发展。

(7) “有无”对比的原则。“有无”对比的原则在社会评价中同样适用。

(8) 要深入调查，摸清基本情况，提高分析评价的科学性和准确性。

(9) 社会评价人员必须以公正、客观、求是的态度从事社会评价工作。评价工作不应受到任何的人为干扰，力求使分析评价结果反映客观实际。

9.1.3.3 工程项目社会评价的准则

工程项目社会评价的准则包括：

A 社会公正性准则

公正性是指在工程项目社会评价中必须坚持确保项目实施和运行不会加剧地区或群体间的不平等现象，尤其关注项目能够确保儿童、妇女、失业群体、少数民族等弱势群体的社会公平和公正。这种社会公正性不但包括项目相关利益主体之间的公正，而且包括项目对于国家和地区全体人民的公正，不但包括项目所涉及的当代各个社会群体之间的公正，而且包括项目所涉及的当代与后代群体之间的公正。

B 社会可持续性准则

可持续性是指在工程项目社会评价中必须坚持国家或地区社会发展的可持续性的准则，即确保项目的投入不会造成社会成本负担过大而无法持续，以及确保项目产出所造成的收益能够确实为目标受益人所获取而不会造成社会冲突。通过工程项目社会评价去寻找可行的项目方案以避免或减少项目社会成本和群体利益受损的情况，以及使受损群体能获得必要的补偿方案。

C 社会和谐性准则

和谐性是指在工程项目社会评价中必须坚持项目不应该造成社会和谐的损害和社会冲突加剧的准则，在工程项目社会评价中都要充分考虑并尊重社会各个群体之间的和谐，同时项目还要强调所涉及各个组织和部门之间的沟通、协商与合作，要分析和评估项目可能带来的各种各样的社会冲突风险并制定相应的社会稳定措施。

D 社会多样性准则

多样性是指在工程项目社会评价中必须充分认识和尽可能保护项目所在地区的地方社会、社会经济和社会文化等方面的多样性，这也是工程项目社会评价的重要准则。任何项目都不应该破坏一个国家或地区的社会多样性，这包括民族的多样性、族群的多样性、文化的多样性、宗教的多样性、风俗的多样性等各个方面。实际上这种社会多样性的准则是社会可持续与社会和谐的一种保障。

E 公众参与性准则

公众参与性是指在工程项目社会评价中必须坚持项目决策要有项目各类相关利益群体参与的准则，项目评价必须充分评价和考虑社会群体对项目的意愿和接受程度，任何侵犯或拒绝相关社会公众参与项目社会评价的做法、手段和过程都是不可接受的。因此在工程项目社会评价中必须采取各种方法和手段去调查了解那些项目所涉及各个全体和个人对项目的意见和建议，并且针对社会公众意见和建议进行项目决策。

F 预防和优化准则

预防和优化准则是指工程项目社会评价中必须坚持努力通过修正和优化项目方案而避免不利社会影响的产生，如果项目的某些不利的社会影响不可避免，就应探讨和设计相应的消减措施和应急方案。同时，对于工程项目社会评价还应能够帮助决策者去优化项目方案并选择最优方案。

9.1.4 工程项目社会评价的目的、作用、范围和层次

9.1.4.1 工程项目社会评价的目的

工程项目社会评价要求应用社会学的基本理论和方法，系统地调查和收集与项目相关的社会因素和具体数据，了解项目实施过程中可能出现的社会问题，研究、分析对项目成

败可能产生影响的社会因素，提出保证项目顺利实施和效果持续发挥的建议和措施。

工程项目社会评价的主要目的是判断项目的社会可行性，消除或尽量减少项目实施所产生的社会负面影响，是项目更符合项目所在地区的发展目标、当地具体情况和目标人口的发展需要，为项目地区的区域社会发展目标做出贡献，促进经济与社会的协调发展。社会发展的目标包括提高人们的教育水平、知识和技能，增进人们的健康，促进社会福利增长，以及公平分配等问题，这就决定了工程项目的社会评价具有多重目的。

在宏观层面上，工程项目社会评价的目的主要包括：

(1) 实现经济和社会的稳定、持续和协调发展。

(2) 满足人们的基本社会需求。

(3) 保证不同地区之间的公平协调发展。

(4) 充分利用地方资源、人力、技术和知识，增强地方的参与程度。

(5) 减少或避免项目建设和运行可能引起的社会问题。

在项目层面上，工程项目社会评价的目的主要包括：

(1) 制订一个能够切实完成项目目标的机制和组织模式。

(2) 保证项目收益在项目所在地区不同利益相关者之间的公平分配。

(3) 预测潜在风险并分析减少不良社会后果和影响的对策措施。

(4) 提出为实现各种社会目标而需要对项目设计方案进行改进的建议。

(5) 通过参与式方法的运用，增强项目所在地区民众有效参与项目建设和管理，以维持项目效果可持续性的途径。

(6) 防止或尽量减少项目对地区社会环境造成的负面影响。

9.1.4.2 社会评价的意义和作用

工程项目社会评价的理论和方法仍在形成和完善之中，我国工程项目社会评价被定义为一个单独的项目专项评价。经过这些年的研究，对于开展工程项目社会评价的意义和作用已经取得如下的共识：

(1) 有利于国民经济与社会发展目标顺利实现，防止单纯追求项目的经济效益。对投资项目仅做经济评价是不够的，如果在项目建设前没有做社会评价，项目的社会、环境问题未能在实施前解决，将会阻碍项目预期目标的实现。有些项目的经济效益不错，但可能对生态环境污染严重；有些项目建成了，社会安全问题解决不好，严重影响项目的生产运营；有些项目在少数民族地区建设，没有充分了解当地的风俗习惯，导致当地居民和有关部门的不配合；有些项目由于移民安置解决不好，导致人民生活水平下降等。

实践证明，投资项目尤其是国家给予重大支持的投资项目的实施是实现国民经济发展目标的重要途径，直接关系到国家和当地的经济发展和社会发展水平。在项目评价中，社会评价处理好了，达到了项目建设与社会发展相协调，必将促进经济发展目标的实现和社会效益的提高，从而使国家和地区社会发展进入一个新的阶段。

(2) 有利于项目与所在地区利益协调一致，减少社会矛盾和纠纷，防止可能产生的不利的社会影响和后果，促进社会稳定。投资项目在客观上一般都存在对所在地区的有利影响和不利影响。有利影响与所在地区利益相协调，对地区社会发展和人民生活水平起到促进和推动作用，不利影响则会对地区的局部利益或社会环境带来一定的损害。分析有利影响和不利影响的大小，判断有利影响和不利影响在项目作用中的比例，是社会评价中判断一个项目好坏的标准。如一个核电站工程项目，有利影响包括发电、环保，不利影响就是由于核电站建设而导致的当地居民的恐慌和排斥情绪、人口迁移；迁移人口安置不当，致使当地人民生活水平下降，生活习惯改变，难以适应新的生活环境，从而引起移民的不满或过激行为，对当地社会稳定和项目的顺利进行都会产生不利的后果。因此，社会评价中应该始终把项目建设同当地人民的生活和发展联系起来，充分估计到项目建设可能造成的各种不利影响，预先采取适当的措施，把由项目建设引起的社会震荡减到最小。

（3）有利于避免或减小项目建设和运营的社会风险，提高投资效益。项目建设和运营的社会风险是指由于在项目评价阶段忽视社会评价工作，致使在项目的建设和运营过程中与当地社区发生种种矛盾、长期得不到解决，导致工期拖延、投资加大、经济效益低下、与当初经济评价结论大相径庭的风险。

9.1.4.3 工程项目社会评价的范围和层次

工程项目社会评价有助于将项目建设方案设计和实施与区域性社会发展结合起来，力求找到经济与社会之间的有机联系，减少社会风险，并有利于促进社会稳定。任何工程项目都与人和社会有着密切的联系，从理论上讲工程项目的社会评价适合于各类工程项目，然而，工程项目的社会评价难度大、要求高，并且需要一定的资金和时间投入，因此不是任何项目都有必要进行社会评价。工程项目社会评价，主要适用于那些社会因素较为复杂、社会影响较为久远、社会效益较为显著、社会矛盾较为突出、社会风险较大的工程建设项目。

需要开展社会评价的工程项目主要包括：

（1）引发大规模移民征地或者占用农田较多的工程项目，如交通、水利、采矿和油田项目。

（2）具有明确的社会发展目标的工程项目，如扶贫项目、区域性发展项目和社会服务项目（如教育、文化和公共卫生项目等）。

（3）工程项目地区的人口无法从以往的发展项目中受益或历来处于不利地位。

（4）工程项目地区存在比较严重的社会、经济不平等现象。

（5）工程项目地区存在比较严重的社会问题。

（6）工程项目地区面临大规模企业结构调整可能引发大规模的失业人口。

（7）可以预见到工程项目会产生重大的负面影响，如非自愿移民、文物古迹严重破坏。

（8）工程项目活动会改变当地人口的现行行为方式和价值观念。

（9）社区参与对工程项目效果可持续性和成功实施十分重要。

（10）工程项目设计人员对项目影响群体和目标群体的需求及项目地区发展的制约因素缺乏足够的了解。

根据项目周期的阶段划分，可将社会评价分为三个层次：

（1）项目识别。通过实地考察，确定项目利益主体，筛选主要的社会因素和风险，确定负面影响。通过初步的社会评价，识别项目，并为项目建设方案设计、实施做准备。

（2）项目准备。详细社会分析主要描述影响发展项目诸方面的社会形成和过程，为项目实施做准备。

（3）项目实施。在项目实施阶段，测量投入与产出，以此作为衡量项目成功进展的尺度，并随时间的发展衡量项目的社会影响。

9.1.5 工程项目社会评价的内容

9.1.5.1 工程项目社会评价的总体框架

工程项目社会评价的总体框架如图 9-1 所示。

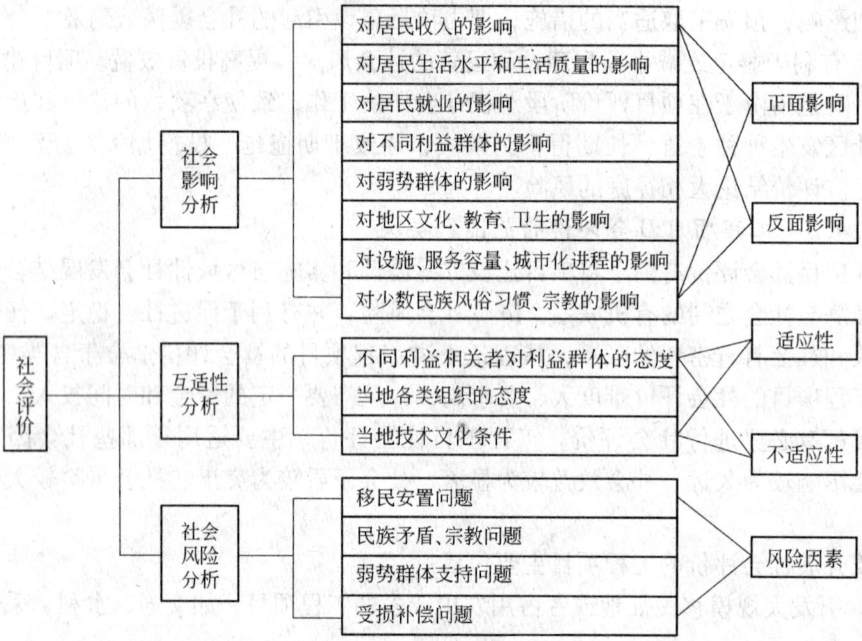

图 9-1 工程项目社会评价框架

9.1.5.2 社会评价的主要内容

工程项目社会评价从“以人为本”的原则出发，研究内容包括工程项目的社会影响分析、工程项目与所在地区的互适性分析和工程项目社会风险分析三个方面。

A 社会影响分析

工程项目的社会影响分析在内容上可分为三个层次，从国家、地区、社区三个层面展开，包括正面影响和负面影响。

（1）工程项目对所在地居民收入的影响。主要分析预测由于工程项目实施可能造成当地居民收入增加或者减少的范围、程度及其原因，收入分配是否公平，是否扩大了贫富收入差距，并提出促进收入公平分配的措施建议。扶贫项目应着重分析项目实施后，能在多大程度上减轻当地居民的贫穷和帮助多少贫困人口脱贫。

（2）工程项目对所在地区居民生活水平和生活质量的影响。分析预测工程项目实施后居民居住水平、消费水平、消费结构、人均寿命的变化及其原因。

（3）工程项目对所在地区居民就业的影响。分析预测工程项目的建设和运营对当地居民就业结构和就业机会的正面影响和负面影响。正面影响是指增加新的就业机会，吸纳就业人员；负面影响是指可能排挤掉的原有就业机会及人数，以及由此引发的社会矛盾。

（4）工程项目对所在地区不同利益相关者的影响。分析预测工程项目的建设和运营是哪些人收益，哪些人受损，以及对受损群体的补偿措施和途径。兴建露天矿区、水利枢纽工程、交通运输工程、城市基础设施等引起的非自愿移民，应特别加强这项内容的分析。

(5) 工程项目对所在地区弱势群体利益的影响。分析预测工程项目的建设和运营对当地妇女、儿童、残疾人员利益的正面影响和负面影响。

(6) 工程项目对所在地区文化、教育、卫生的影响。分析预测工程项目建设和运营期间可能引起的当地文化教育水平、卫生健康程度的变化和对当地人文环境的影响，提出减小不利影响的措施建议。公益性工程项目要特别加强这项内容的分析。

(7) 工程项目对当地基础设施、社会服务容量和城市化进程等的影响。分析预测工程项目建设和运营期间，可能增加或者挤占当地原有的基础设施，包括道路、桥梁、供电、给排水、供气以及服务网点的影响。

(8) 工程项目对所在地区少数民族风俗习惯和宗教的影响。分析预测工程项目建设和运营是否符合国家的民族和宗教政策，是否充分考虑了民族地区的风俗习惯、生活方式、宗教信仰，是否会引起民族矛盾、宗教纠纷，影响当地社会安定。

通过以上分析，对工程项目的社会影响作出评价。编制项目社会影响分析表，如表9-1所示。

表 9-1 项目社会影响分析表

序号	社会因素	影响的范围、程度	可能出现的问题	措施建议
1	对居民收入的影响			
2	对居民生活水平与生活质量的影响			
3	对居民就业的影响			
4	对不同利益相关者的影响			
5	对弱势群体的影响			
6	对地区文化、教育、卫生的影响			
7	对地区基础设施、社会服务容量和城市化进程的影响			
8	对少数民族风俗习惯和宗教的影响			

B 互适性分析

互适性分析主要是分析预测项目能否为当地的社会环境、人文条件所接纳，以及当地政府、居民支持项目的程度，考察项目与当地社会环境的相互适应关系。

(1) 分析预测与项目直接相关的不同利益相关者对项目建设和运营的态度及参与程度，选择利益相关者参与的适当方式，对可能阻碍项目存在与发展的因素提出防范措施。因此有必要在工程项目周期的各个阶段，对社区参与的可行性进行考察和评估。考察的内容包括：分析工程项目社区中不同利益集团参与项目活动的重要性；分析对当地人民的参与有影响的关键社会因素；分析在项目社区中是否有一些群体被排斥在项目设计之外或在项目的设计中没有发表意见的机会；分析找出项目地区的人民参与项目设计、准备和实施的恰当的形式和方法。

(2) 分析预测项目所在地区的社会组织对项目建设和运营的态度，可能在哪些方面、在多大程度上对项目予以支持和配合。首先分析当地政府对项目的态度及协作支持的力度。尤其是大型项目，在后勤保障等一系列问题上更离不开当地社会的支撑，应当认真考察当地能否提供交通、电力、通信、供水等基础设施条件和医疗、教育等社会福利及生活条件等方面的保障。其次分析当地群众对项目的态度以及群众参与的程度。通过分析项目的受益者及受益面的大小、受损者及其受损程度和补偿方案，寻找共赢方案。

(3) 分析预测项目所在地区社会环境、文化状况能否适应项目建设和发展需要，对于主要为发展地方经济、改善当地居民生产生活条件兴建的水利项目、交通运输项目、扶贫开发项目，应分析当地居民的教育水平能否适应项目要求的社会环境条件，能否保证实现项目的既定目标。

通过项目与所在地的互适性分析，评价当地社会对项目的可接受程度和项目对当地社会条件的适应性，编制社会与项目的互适性分析表，如表9-2所示。

表9-2 社会与项目的互适性分析表

序号	社会因素	适度程度	可能出现的问题	措施建议
1	不同利益相关者的态度			
2	当地社会组织的态度			
3	当地社会环境条件			

C 社会风险分析

工程项目的社会风险分析是对可能影响项目的各种社会因素进行识别和排序，选择影响面大、持续时间长，并容易导致较大矛盾的社会因素进行预测，分析可能出现这种风险的社会环境和条件。如：进行三峡工程的建设，就要分析项目占用地的移民安置和受损补偿问题。如果移民群众的生活得不到有效保障或生活水平大幅降低，受损补偿又不尽合理，群众抵触情绪就会滋生，从而直接会导致项目工期的推延，甚至会给项目预期社会效益的实现带来社会风险。通过分析社会风险因素，编制项目社会风险分析表，如表9-3所示。

表9-3 社会风险分析表

序号	社会风险分析表	持续时间	可能出现的问题	措施建议
1	移民安置问题			
2	民族矛盾、宗教问题			
3	弱势群体支持问题			
4	受损补偿问题			

9.1.6 我国工程项目社会评价的主要问题

虽然我国在工程项目社会评价方面已经有了一定的发展，但是由于投资项目的社会评价涉及范围大、知识面广、专业性强，当前还面临着许多实际的、难以在短期内解决的困难。工程项目社会评价在中国只有短短的十几年，这使得我国工程项目社会评价工作存在许多不足，主要表现在以下几个方面：

(1) 从事工程项目社会评价的专业人才紧缺。我国的一些社会科学研究机构及高等院校虽然也开展了与社会评价有关的研究，但是普遍的不具备项目投资规划、分析的专业知识和背景，缺乏工程项目社会评价的经验和能力，也缺少有关工程项目社会评价的调查、分析评价、监测与评价的实际工作技能。目前，社会评价人员的来源主要有两个方面：一是工程技术专业出身的人，其对项目的背景比较了解、技术操作熟练，但是缺乏基本理论和研究方面的训练，把握不准社会现象，往往他们的评价不具有针对性。二是社会科学专业出身的人，其社会学科知识比较丰富、评价具有针对性，不足之处是对项目本身缺乏深刻理解。

(2) 工程项目社会评价体制不完善，操作不规范。我国工程项目社会评价在理论和方法方面的发展比较落后，目前还没有规范性的社会评价方法。现有对工程项目的社会评价属于计划性工程项目评价，没有提升到现代公共政策层面，缺乏科学的评价体系和评价机制，评价机制不完善。目前，还没有全国统一的社会评价管理方法，缺乏工程项目的社会经济调查、社会评价报告编制、社会检测与评价实施管理等方面的操作规范。虽然社会评价已作为可行性研究报告的重要组成部分，但它还处于起步阶段，没有可操作性的实施细节，没有行业的社会评价操作规范和手册。

(3) 对工程项目社会评价的重要意义认识不深刻。目前，我国工程项目的社会评价仅局限在项目前期准备阶段，在项目的后评价中缺少有说服力的社会评价，其根本原因就在于人们对社会评价的重要性认识还不够。在目前的市场经济中，人们对工程项目的社会评价主要是获得经济评价和财务评价的报告，追求的是经济的增长和利润的上升，即使以环境恶化和资源的浪费为条件也在所不惜。这种片面的投资观念严重阻碍了社会评价的发展，导致扭曲的社会评价与真正意义上的社会评价相去甚远。

9.2 工程项目社会评价的步骤和方法

9.2.1 工程项目社会评价的步骤

工程项目社会评价包括调查社会资料、识别社会因素、论证比选方案三个步骤。

9.2.1.1 调查社会资料

调查了解项目所在地区的社会环境等方面的资料。调查的内容包括项目所在地区的人口统计资料；基础设施与服务设施状况；当地的风俗习惯、人际关系；各利益群体对项目的反应、要求与接受程度；各利益群体参与项目活动的可能性，如项目所在地区干部、群众对参与项目活动的态度和积极性，可能参与的形式、时间，妇女在参与项目活动方面有无特殊情况等。社会调查可采用多种调查方法，如查阅历史文献、统计资料，问卷调查，现场访问、观察、开座谈会等。

9.2.1.2 识别社会因素

分析社会调查获得的资料，对项目涉及的各种社会因素进行分类。一般可分为三类：影响人类生活和行为的因素；影响社会环境变迁的因素；影响社会稳定与发展的因素。从中识别与选择影响项目实施和项目成功的主要社会因素，作为社会评价的重点和论证比选方案的内容之一。

9.2.1.3 论证比选方案

对项目可行性研究拟定的建设地点、技术方案和工程方案中涉及的主要社会因素进行定量、定性分析，比选推荐社会正面影响大、社会负面影响小的方案。主要步骤如下：

（1）确定评价目标与评价范围。根据投资项目建设的目的、功能以及国家和地区的社会发展战略，对与项目相关的各社会因素进行分析研究，找出项目对社会环境可能产生的影响，确定项目评价的目标，并找出主要目标和次要目标。

分析评价的范围，包括项目影响涉及的空间范围和时间范围。空间范围是指项目所在的社区、县市。有的大型项目如水利项目，影响区域可涉及多个省市。时间范围是指项目的寿命期或预测可能影响的年限。

（2）选择评价指标。根据评价的目标，选择适当的评价指标。评价指标包括各种效益及影响的定性指标和定量指标。一般地，所选指标不宜过多，且要便于搜集数据和进行评定。

（3）确定评价标准。在广泛调查研究和科学分析的基础上，收集项目本身及评价空间范围内社会、经济、环境等各方面的信息，并预测在评价和项目建设阶段有无可能发生变化，然后确定评价的标准。定量指标的评价标准一定要明确给出。

（4）列出备选方案。根据项目的建设目标、不同的建设地点、不同的资金来源、不同的技术方案等，理清可供选择的方案，并采取拜访、座谈、实地考察等方式，了解项目影响区域范围内地方政府与群众的意见，将这些意见纳入方案比较的过程中。

（5）进行项目评价。根据调查和预测的资料，对每一个备选方案进行定量和定性评价。首先，对能够定量计算的指标，依据调查和预测资料进行测算，并根据一定标准评价其优劣。其次，对不能定量计算的社会因素进行定性分析，判断各种定性指标对项目的影响程度，揭示项目可能存在的社会风险。再次，分析判断各定性指标和定量指标对项目实施和社会发展目标的重要程度，对各指标进行排序并赋予一定的权重。对若干重要的指标，特别是不利影响的指标进行深入的分析研究，制定降低不利影响的措施，研究存在的社会风险的性质与重要程度，提出规避风险的措施。最后，计算各指标得分和项目综合目标值，并对备选方案进行排序，得分高者为优，若出现得分相同情况，则以权重最大的某项指标为准，以该指标优者为佳。

（6）专家论证。根据项目的具体情况，可召开相应规模的专家论证会，将选出的最优方案提交专家论证，对中选方案进行详细分析，就其不利因素、不良影响和存在的问题提出改进建议和解决办法，进一步补充和完善该方案。

（7）评价总结，编制“项目社会评价报告”。将对所评价项目的调查、预测、分析、比较的过程和结论，以及方案中的重要问题和有争议的问题写成一定格式的书面报告。在提出方案优劣的基础上，提出项目是否具有社会可行性的结论与建议，形成项目社会评价报告或者篇章，作为项目决策者的决策依据之一。

9.2.2 工程项目社会评价的方法

由于项目的社会因素多而复杂，且大多是无形甚至是潜在的，不能用统一的指标、量纲去评价，必须根据项目自身的情况采用较为灵活的评价方法。

9.2.2.1 定性分析方法和定量分析方法

项目影响的社会因素通常多而繁杂。有的社会因素可以采用一定的计算公式定量计算，如就业效益、收入分配效益、节约资源效益等，而更多的社会因素则难以计量，更难以以一定的量纲用统一的计算公式进行计算。因此，社会评价通常采用定量分析与定性分析相结合、参数评价与经验判断相结合的方法。

A 定性分析法

定性分析方法基本上是采用文字描述，说明事物的性质。但是，定性分析与定量分析的区分也不是绝对的。定性分析在需要与可能的情况下，应尽量采用直接或间接的数据，以便准确地说明问题的性质或结论，不过是一般很难用一定的数学公式罢了。例如，分析项目对所在地区的文化教育的影响，就可以采用一些统计数据，如项目建设前后所在地区的小学生入学率，每百人拥有的大学毕业生人数，大专院校科研人员人数，人均图书拥有量等。

科学的定性分析，要求首先要合理确定所分析指标的标准，然后在可比的基础上按照有无分析法的原则对该指标进行对比分析，注意在调查时要制定定性分析的调查提纲，以利于调查和分析工作的有序和深入，最后在衡量影响重要程度的基础上，对各指标进行权重的确定和排序，为项目的综合评价做好准备。项目社会评价中需要定性分析的指标，如先进技术的引进、社会基础设施、生态平衡、资源利用、时间节约、地区开发和经济发展、人口结构的改变，以及人民科学文化水平的提高等方面的社会效果指标。

B 定量分析法

定量分析法就是通过一定的数学公式或模型，在调查分析得到的原始数据基础上，计算得出结果并结合一定的标准所进行的分析评价。定量分析一般要有统一的量纲、一定的计算公式和判别标准。一般认为，用数据和公式说话比较客观科学，但是对于项目评价来说，对大量复杂的社会因素进行定量计算显然难度很大。定量分析在社会评价中仅是一种辅助方法。

9.2.2.2 几种常用的分析评价方法

A 有无对比分析法

有无对比分析法是指在有项目情况和无项目情况下的社会效益对比分析，通过有无对比分析，可以确定拟建项目可能产生的社会影响，预测各种效益和影响的性质、范围和程度，为项目评价人员的优选调整方案提供有效的依据。有项目情况减去同一时刻的无项目情况，就是由于项目建设引起的社会影响。例如，某一农业项目在没有项目情况时只有纯种植业一种经营活动，如果该农业项目重点是为了开发林果业，那么，项目区内的农业经营将由原来一种种植业经营活动变为既有种植业又有农林复合经营活动，如果采取有无对比分析方法，可以分析这种经营方式发生所产生的效益对农村社会变化的影响。又如，在某一项目区内拟安排农业加工项目，也可以采取这种方法分析有无项目时农业劳动力就业结构发生变化所产生的影响。这种分析方法可以采取一系列评价方法进行对比分析，然后通过一定的统计分析方法，得出一些令人满意的结构，这种评价可以丰富项目评价内容，同时为类似的项目提供一定的评价标准。

B 利益相关者分析法

项目利益相关者是指与项目有直接或间接的利害关系，并对项目的成功与否有直接或间接的影响的所有有关各方，如项目的受益人、受害人，与项目有关的政府组织与非政府组织等。利益相关者的划分依据一般是各利益主体与项目的关系及其项目的影响程度与性质或其受项目影响的程度。

利益相关者分析一般按照以下四个步骤进行：

（1）识别利益相关者。项目利益相关者一般划分为：项目受益人、项目受害人、项目受影响人、其他利益群体，包括项目的建设单位、设计单位、咨询单位、与项目有关的政府部门与非政府组织。他们可能会对项目产生重大的影响，或者对项目能否达到预定目标起着十分重要的作用。

（2）分析利益相关者的利益构成。在对项目的利益相关者进行识别之后，还需要对他们从项目实施中可能获得的利益以及可能对项目产生的影响进行分析。

（3）分析利益相关者的重要性和影响力。利益相关者按其重要程度分为以下几类：主要利益相关者，是指项目的直接受益者或者直接受到损害的人；次要利益相关者，是指与项目的方案规划设计、具体实施等相关的人员或机构，如银行机构、政府部门、非政府组织等。

对利益相关者从以下几方面分析其影响力及重要程度：权利和地位的拥有程度；组织机构的级别；对战略资源的控制力；其他非正式的影响力；与其他利益相关者的权利关系；对项目取得成功的重要程度。

（4）制订主要利益相关者参与方案。在已获得利益相关者的相关信息、明晰了不同利益群体之间的关系之后，重点关注主要利益相关者，制订主要利益相关者参与项目方案制订、实施及管理等的方案。

利益相关者分析的主要内容有：根据项目单位的要求和项目的主要目标，确定项目所包括的主要利益相关者；明确各相关者的利益所在以及与项目的关系；分析各个利益相关者之间的相互关系；分析各利益相关者参与项目的设计、实施的各种可能方式。

C 矩阵分析总结法

矩阵分析总结法是将社会评价的各种定量和定性分析指标列一矩阵表——“项目社会评价综合表”，如表9-4 所示。

表9-4 项目社会评价综合表

顺序	社会评价指标（定量与定性指标）	分析评价结果	简要说明（包括措施、补偿及其费用）
1			
2			
3			
4			
⋮			
总结评价			

将各项定量与定性分析的单项评价结果，按评价人员研究决定的各项指标的权重排列顺序，列于矩阵表中。由评价人员对矩阵中所列的各指标进行分析，阐明每一个指标对整个项目社会可行性的影响程度。然后根据影响程度的大小对指标进行排序，重点分析那些对项目影响大而且存在风险的问题，权衡利弊得失，研究说明对其的补偿措施情况。最后，进行分析和归纳，指出对项目社会可行性具有关键作用和影响的决定性因素，从而得出对项目社会可行性作出的总结评价，并指出项目从社会因素方面考虑是否可行。

D 综合分析评价法

分析项目的社会可行性时，通常要考虑项目的多个社会效益和目标的实现。对这种多个目标的评价决策问题，通常选用多目标决策科学中的一些方法，如矩阵分析法、层次分析法、模糊综合评价法、数据包络分析法等。评价人员可以根据项目定量与定性指标的复杂程度，选择合适的评价方法。多目标综合评价法一般都要组织若干专家，包括各行业和各学科的专家学者，根据国家的产业发展政策和地区的社会发展水平和社会发展目标，结合拟建项目的具体情况，对确定下来的各个分项指标视其对项目的重要程度给以一定的权重，并对每个指标进行分析和打分，最后计算出项目的综合社会评价效果，得出评价的结论。

在多目标综合分析评价中，项目的有利影响可视为效益，不利影响作为负效益。社会适应性分析部分的定性指标，如对社区居民收入的分配是否公平，参与、组织机构分析结论如何等，也可根据分析结论适当权重评分。但是，这种项目与社区的互适性分析，分析的目的是研究如何采取措施使项目与社会相互适应，以取得较好的投资效果。所以，综合分析评价得出项目社会评价的总分后，在方案比较中，除了要看总分高低，还要看各方案措施实施的难易和所需费用的高低以及风险的大小情况，才能得出各方案社会可行性的优劣。有些项目可能因某些方案社会风险大或受损群众数量较大，又难以减轻某项重大的不利影响而决定改变方案。因此，对于项目社会评价来说，多目标分析综合评价方法得出的结果，往往只能作为一种分析总结的参考数据，不能据以决策。

9.3 工程项目社会评价报告的编写

社会评价的结果应形成社会评价报告，报告内容应能够满足进一步明确投资项目应达到的社会目标等要求，并可作为针对这些目标制订项目方案的依据。在项目的研究论证中，社会评价可能以独立的研究报告的形式出现，也可能作为项目可行性研究报告或咨询评价报告等项目论证报告的一个独立章节的形式出现。无论以什么方式出现，对社会评价报告编写的基本要求是一致的。

9.3.1 工程项目社会评价报告的要求

9.3.1.1 社会评价报告的内容深度要求

社会评价报告是社会评价工作成果的集中体现，是社会评价承担单位向其委托单位提交的工作文件，是政府有关部门对有关建设项目进行审批、核准或备案的重要依据，其内容应该达到以下要求：

（1）社会评价报告总体上应做到内容全面，重点突出，实用性强，全面回答了有关各方所关注的涉及社会评价的各方面问题。

（2）项目背景的社会信息以及相关社会层面的项目的受益人群范围应界定清楚，包括对社会经济和人口统计特征、社会组织和社会服务、文化接受程度和融合能力、受益人群参与项目相关活动的可能性等方面的阐述。

（3）解释在所选定的需要进行社会调查和评价的受影响范围及特定社会环境条件下所开展的社会评价工作的过程、目的及效果，包括为开展相关社会评价工作所采用的策略和方法。

（4）确认主要利益相关者的需求、支持项目的意愿、目标人群对项目内容的认可和接受程度等。

（5）阐明需要由拟建项目来解决的社会问题及解决方法，在需要时制订缓解负面社会影响后果的方案，如果所造成的负面社会影响后果不能由项目业主自身来解决，阐述其他可供选择的解决途径。

（6）为增强不同利益相关者参与项目的能力提出具体方案，为提高项目透明度和确保社会公平、减轻贫困和降低社会风险提出具体方案，制订必要的利益相关者参与方案，在少数民族群体将会受到负面影响时，按国际惯例制订符合少数民族特殊需求的方案。

（7）提出从营造良好的社会环境条件的角度，提升项目实施效果及实现项目预期目标的有关建议，并提出使项目机构能够继续自我发展且符合当地可持续发展目标要求的策略和途径。

（8）对项目实施过程中的监测评估机制提出建议，从而通过把重点放在符合项目社会发展目标的投入、过程、产出和结果上，对项目实施过程中的监测评估体现做出制度性安排。

9.3.1.2 社会评价报告的编写要求

社会评价报告的编写要求主要包括：

（1）所采用的基础数据应真实可靠。基础数据是评价的基础，社会评价强调重视社会经济调查工作，尽可能全面了解项目影响区域的社会经济真实情况。社会评价报告引用的数据资料应确保来源可靠，要选用最能支持和说明观点的关键指标和最新、权威的数据资料，并明确指出数据的来源渠道。对于国家及当地统计部门已经发布的数据，要求至少是上一年度的统计数据。对于统计部门尚未发布、通过其他途径获得的数据，引用时应对数据的准确性进行分析论证。

（2）分析方法的选择要合理。社会评价应在社会基础数据资料调查研究的基础上，对拟建项目预期可能的社会影响进行预测分析。应根据项目所在地区的实际情况，通过定性分析与定量分析相结合的方法，对未来可能的社会影响后果进行分析预测。

（3）结论观点明确，客观可信。结论中必须对项目可能造成的社会影响、所采用的减轻负面社会影响措施的可行性、合理性做出明确回答，不能模棱两可。结论必须以严谨客观的分析论证为依据，不能带有感情色彩。

（4）报告格式应规范。应强调社会评价报告的客观性、科学性、逻辑性和可读性。报告写作应合理采用图表等形式，使报告的论证分析过程直观明了，版面图文并茂，简化不必要的文字叙述。语言表达要准确、简明、朴实、严谨，行文不加夸饰和渲染。凡带有综合性、结论性的图表应放到报告正文之中，对于有参考价值的图表应放到报告的附件中，以减少正文篇幅。

9.3.2 工程项目社会评价报告编写要点

建设项目的类型不同，对社会评价要求的差别很大。社会评价工作在我国的开展刚刚起步，国外及有关各级组织对社会评价报告的编写要求也不尽相同，因此没有一个被普遍接受的社会评价报告编写标准格式，报告的章节设置及表达方式存在很大差别。但项目社会评价报告编写时应重点关注的内容相差不大，主要包括以下方面：

(1) 报告摘要。主要阐述评价项目的由来，编制社会评价报告的依据、评价范围、主要工作过程、主要结论及建议等。

(2) 建设项目概述。主要阐述建设项目的规模、工程技术及产品方案、原材料、燃料供应、辅助设施建设、项目建设和运营活动的社会影响范围和途径等。

(3) 社会影响范围的界定。根据项目的具体特点及当地的社会经济情况，对社会影响范围及对象进行合理界定。重点包括以下内容：

1) 对项目的社会影响区域进行界定。社会影响区域应是可能受到项目直接或间接影响的地区，社会评价的区域范围应能涵盖所有潜在影响的社会因素，而不应受到行政区划等因素的制约。

2) 对项目影响区域内的目标群体和影响群体进行合理界定。目标群体应是项目直接瞄准的期望受益群体。项目影响群体应包括各类直接或间接受益群体，也包括可能受到潜在负面影响的群体。

3) 分析哪些社会影响是由项目直接导致的，以及项目的实施还可能产生哪些间接影响。

4) 对项目可能导致的重要影响因素进行合理界定，以便合理确定社会评价的内容及侧重点。

(4) 社会经济调查。在社会影响范围界定的基础上，阐述对受项目影响的社会环境、经济环境及人文环境进行调查的过程、方法和主要步骤，包括召开各种研讨会、听取弱势群体的意见，对受影响的人口、财产、资源展开、社会组织结构、法律制度环境进行调查的过程。

(5) 利益相关者分析。在社会经济调查的基础上，进行利益相关者分析，确定主要的利益相关者，分析利益相关者的利益构成，对各利益相关者的重要性和影响力进行分析评价，并在此基础上为各利益相关者参与项目方案制订、实施管理提出相应的参与方案，以提高项目建设的透明度，避免工程延期或管理方面的冲突。

通常还应结合项目的具体情况，对贫困人群、妇女群体、少数民族群体和非自愿移民群体等特定利益相关者进行重点专题分析评价。

(6) 减轻负面社会影响的措施方案及其可行性。在对利益相关者社会风险分析评价的基础上，应针对比较重要的风险因素，通过工程规划设计方案的调整和变更，或者采用相应的对策措施，有针对性地提出规避社会风险的措施方案。例如，对于非自愿移民的社会风险，主要通过移民安置计划的编制和实施，规避失去土地可能造成的社会风险，通过编制收入恢复计划，使受影响人群得以妥善安置、生产生活水平得以恢复和逐步提高，解决失业人群的再就业问题及丧失家园的恢复重建问题等。

措施方案应包括损失估算、补偿标准制定、收入恢复计划、补偿措施、实施进度计划、费用预算等相关内容，并结合社会经济调查及利益相关者分析的结果，对措施方案的可行性进行分析论证。

(7) 参与、磋商及协调机制。社会评价报告应结合项目的具体特点，对利益相关者参与社会经济调查、参与补偿措施方案的制订和实施、参与项目的实施管理等活动提出措施建议，对相关的沟通协调、意见反馈、申诉及纠偏机制的建立提出措施方案。

（8）监测评价。社会评价重视对项目的实施效果及社会风险规避措施的监测评价。项目业主应根据项目的具体情况，建立内部监测评价的框架机制。对于存在社会风险可能性较大的项目，还应委托外部机构和专家建立相应的外部监测评价制度。在项目前期论证的社会评价报告中，应对监测评价方案明确要求。

（9）主要结论及建议。社会评价报告应给出项目社会可行性的基本判断，并提出项目优化的合理化建议。

（10）附件、附图及参考文献。社会评价报告应结合项目的具体情况，在报告正文之后提供有关的附件、附图及参考文献等。附件可能包括项目建议书、可行性研究报告、项目申请报告等项目前期论证报告及其审批、核准的文件，社会评价调查大纲、访谈记录等。可以根据项目情况，提供有关地图、反映当地社会经济特征的图表等资料。参考文献应给出作者、文献名称、出版单位、版次、出版日期等相关信息。

复习思考题

9-1 何谓工程项目社会评价，其有什么特点？

9-2 工程项目社会评价应遵循哪些准则？

9-3 工程项目社会评价的主要内容有哪些？

9-4 简述工程项目社会评价的工作步骤。

9-5 工程项目社会评价的常用方法有哪些？

9-6 工程项目社会评价报告的编写要点是什么？

10 工程项目环境影响评价

本章概要：环境影响评价作为一种环境管理制度，是解决发展中的环境问题、促进经济发展和环境保护相协调，实现经济、环境、社会可持续发展的重要手段。本章分析了工程项目环境影响评价的概念、基本原则等内容，介绍了工程项目环境影响评价的工作程序和内容，阐述了工程项目环境影响评价方法。

10.1 工程项目环境影响评价概述

10.1.1 工程项目环境影响评价的概念

由于项目对于环境的影响评价涉及内容广泛，关联的学科很多，所以项目环境影响评价的概念也相对较宽泛。项目环境影响评价主要涉及的核心概念包括环境、工程项目环境影响及其分类以及项目环境影响评价的含义。

A 环境

环境，泛指人类生存的全部空间，通常包括大气、水、陆地、海洋、森林及生物等。环境为人类提供了基本的生活条件，是人类赖以生存的物质基础。随着经济的发展，人类对自然资源的需求不断增长。人类一面肆无忌惮地掠夺地球资源，一方面又随心所欲地排出废气、废水和废渣，造成环境质量急剧下降，降低了人类的生活质量。主要表现在大气遭到污染，臭氧层损耗，地球变暖及酸性沉降（如酸雨）范围日益扩大；淡水资源枯竭、水体污染、森林毁坏、水土流失、“三废”污染及化肥农药施用的残留等，已使土、河流、湖泊甚至海洋遭受污染破坏；生物多样性锐减，由于大气、水体的严重污染，森林面积的减少，使得生物的生存环境急剧恶化，生物的种类和数量不断减少，不少珍惜品种濒临灭绝。

综上所述，保护环境是各国共同的使命。对我国来说，加强环境保护是一项极其紧迫又极其必要的艰难任务。因此，首先要在可行性研究中搞好环境设计，对建设项目环境影响有一个比较全面的认识。

B 工程项目环境影响及其分类

项目环境影响是指项目实施和运行活动对于其所处自然环境的各种影响，而且特指项目对于自然环境的不利和有害的影响。在本章讨论的项目环境影响评价中主要评价的是项目实施与运行活动对自然环境带来的不利影响。

项目对自然环境的不利影响可以有多种分类，常见的有如下三种：

（1）按影响的性质分，可分为直接影响和间接影响。直接影响是指由于项目活动而对环境的直接作用结果，间接影响则是由于项目活动而诱发的其他后续结果。按照这种分类进行分析和评价，可有效地评价项目对于环境影响的途径、范围、状况等。

（2）按影响的后果分类，可分为有利影响和不利影响。有利影响是指由于项目活动而对自然环境产生的好影响，不利影响是指由于项目活动而对自然环境产生的坏影响。人们需要按照这种分类确定出项目对环境的有利和不利影响，并主要对不利影响进行深入评价。

（3）按影响的程度分类，可分为可恢复影响和不可恢复影响。可恢复影响指项目活动造成的环境影响随着时间推移可逐步恢复，不可恢复影响指项目活动造成的环境影响是不可逆转的。按照这种分类进行分析和评价，可使人们更好地规避不可恢复性的环境影响。

C 项目环境影响评价的含义

项目环境影响评价是指在项目决策中通过充分调查研究和分析预评估，从而给出项目活动给环境造成的影响后果的工作。其中，项目环境影响调查和分析是项目环境影响评价的基础性工作，它需要调查和分析项目对各种环境要素的影响。项目环境影响预测和评价是项目环境影响评价的实质性工作，它需要预测和评价项目对各种环境要素的影响结果或危害。更进一步，项目环境影响评价还需要预测和估算消除项目对于环境的影响所需的代价，甚至恢复项目环境影响造成的生态破坏所需付出的代价等。

10.1.2 工程项目环境影响评价的意义和作用

项目决策的各个环节都离不开对于项目环境影响的评价，因此项目决策实际上直接与项目环境影响评价相互关联。具体说，项目环境影响评价的意义和作用包括如下几个方面：

（1）有助于项目选址和布局的合理性。项目的合理布局是保证环境与经济持续发展的前提条件，项目不合理的布局则是造成环境污染的重要原因之一。项目环境影响评价就是要从建设项目所在国家或地区的整体出发，考察建设项目的不同选址和布局对国家和区域整体的不同影响，并进行多方案的比较和取舍，然后选择最有利的方案，以保证建设项目选址和布局的合理性。

（2）有利于提出和实施环境保护措施。一般来说，项目的开发建设活动和生产活动都要消耗一定的资源，这会给环境带来一定的污染与破坏，因此必须采取相应的环境保护措施。项目环境影响评价是针对具体项目的开发建设活动或生产活动，对项目环境污染治理措施的技术、经济和环境论证，从而得到相对最合理的环境保护措施，把项目的环境污染或影响限制在最小的范围内。

（3）为区域的社会经济发展提供必要导向。项目环境影响评价可以通过对区域的自然条件、资源条件、社会条件和经济发展状况等进行综合分析，掌握该地区的资源、环境和社会承受能力等状况，从而对该地区发展方向、发展规模、产业结构和产业布局等做出科学的决策和规划，以指导该地区的区域经济活动，最终实现国家或地区的可持续发展。

（4）促进项目相关环境科学技术的发展。项目环境影响评价涉及自然和社会科学的广泛领域，包括基础理论研究和应用技术开发。项目环境影响评价工作中遇到的问题必然会对相关环境科学技术提出挑战，进而推动相关环境科学技术的发展。项目环境评价就是根据环境标准的要求来控制项目的污染、改善环境，并将环境保护工作纳入整个项目的发展与运行计划中去。

10.1.3 我国工程项目环境影响评价的基本原则

10.1.3.1 目的性与主导性原则

任何国家或地区的环境都有其特定的结构、功能和承载能力，这要求项目必须有特定的环境保护目标和措施，因此在进行项目环境影响评价中必须有明确的目的并据此去确定这种评价的内容和任务，这就是目的性原则。我国这种评价的目的是充分保护人民的生存环境、生态平衡和经济与社会的可持续发展，所以我国这种评价主要是针对项目环境影响问题去评价，对起主导作用的项目环境影响进行评价，这就是主导性原则。

10.1.3.2 整体性与相关性原则

在这种评价中不但要分别评价项目对环境的各种专项影响，进一步还必须分析和评价项目对环境的综合影响，这就是整体性原则。因为只有全面地评价项目对整个环境的总体影响，人们才能对各种项目提案或替代方案进行比较和选择以作出科学决策。同时，在这种评价中还必须充分考虑项目各专项环境影响之间的联系，分析和评价项目环境影响的传递性和相关性，以便全面评价项目环境影响的整体效果，这就是相关性原则。

10.1.3.3 均衡性与动态性原则

项目各专项环境影响之间既互相独立又相互联系，虽然各自表现出独特影响属性，但是人们需要均衡地关注项目各专项环境影响评价（不能“单打一”或偏向哪个专项），这就是均衡性原则。同时，项目对环境影响是个发展变化的动态过程，所以在这种评价中还必须贯彻动态性的原则，即在这种评价中还要评价项目和环境发展变化，以及由此而形成的项目环境影响的动态变化情况，这就是动态性原则。

10.1.3.4 确定性与风险性原则

项目环境影响因素众多，项目环境影响结果复杂，项目及其环境影响多变，因为在项目实施和运行中存在有各种各样的风险，这些都会给项目环境影响带来不确定性。所以人们在这种评价中首先要评价项目确定性的环境影响情况，分析和预测项目活动会造成的确定性环境影响。同时，人们还必须对项目不确定性的环境影响进行评价（即开展项目环境影响评价中的不确定性分析）。因为项目环境影响存在着可能的风险，所以环境影响评价就必须进一步开展项目环境影响的风险性分析和评估。

10.1.3.5 强制性与公众参与原则

项目环境影响评价必须根据国家项目环境影响评价的法律法规去开展，这就是强制性原则。国家根据建设项目对环境的影响程度规定：对可能造成重大环境影响的项目，应当编制环境影响报告书以便对产生的环境影响进行全面评价，对可能造成轻度环境影响的项目应当编制环境影响报告表并对产生的环境影响进行分析或专项评价，对环境影响很小的项目就不需要进行环境影响评价而只填报环境影响登记表即可。同时，项目环境影响评价还有一个公众参与的原则，对环境有重大影响的项目必须建立社会公众磋商制度。

上述这些项目环境影响评价的原则是人们在多年的环境保护实践中总结出来的，所以它们是在进行项目环境影响评价时必须遵守的基本准则。

10.1.4 环境影响评价管理

10.1.4.1 我国环境影响评价管理制度的特点

我国环境影响评价管理制度的特点包括：

（1）以建设项目环境影响评价为主。近20年来我国进行的环境影响评价绝大多数都是建设项目的评价，近年来也开展了一些开发区的环境影响评价，战略环境评价开展很少。未来后两种评价将逐步增多。

（2）具有法律强制性。我国的环境影响评价制度是国家环境保护法明确规定的一项法律制度，以法律形式约束人们必须遵照执行，具有不可违背的强制性，所有对环境有影响的建设项目必须执行这一制度。

（3）已纳入基本建设程序。建设项目的环境影响评价已经进入了基本建设的程序，为建设单位所熟知。目前环境影响评价和项目的可行性研究处于同一个阶段，各种投资类型的项目都要求在可行性研究阶段或开工建设之前，完成环境影响评价的报批。

（4）实行分类管理。对造成不同程度环境影响的项目实行分类管理：对环境有重大影响的项目，必须编写环境影响报告书；对环境影响较小的项目，可以编写环境影响报告表；而对环境影响很小的项目，可只填报环境影响登记表。

（5）实行评价资格审核认定制。为确保环境影响评价工作的质量，从1986年起，建立了评价单位的资格审查制度，强调评价机构必须具有法人资格，具有与评价内容相适应的固定的专业人员和测试手段，能够对评价结果负法律责任。评价资格经审核认定后，发给环境影响评价资格证书。

1998年国务院颁发的《建设项目环境保护管理条例》第十三条明确规定："国家对从事建设项目环境影响评价工作的单位实行资格审查制度，从事建设项目环境影响评价工作的单位，必须取得国务院环境保护行政主管部门颁发的资格证书，按照证书规定的等级和范围从事建设项目环境影响评价工作，并对评价结论负责。"持证评价是中国环境影响评价制度的一个重要特点。

10.1.4.2 我国环境影响评价制度的法律法规体系

我国环境影响评价制度的法律法规体系是由国家法律、行政法规、部门行政规章和地方法规等几个层次组成的。

国家法律：《中华人民共和国环境保护法》、《中华人民共和国海洋环境保护法》、《中华人民共和国水污染防治法》、《中华人民共和国大气污染防治法》、《中华人民共和国噪声污染防治法》、《中华人民共和国固体废物污染防治法》、《中华人民共和国土地管理法》、《中华人民共和国森林法》、《中华人民共和国草原法》等。

行政法规：《建设项目环境保护管理条例》。

部门行政规章：国家环境保护总局、国务院有关部委关于环境保护的有关规定。

地方法规：各省、自治区、直辖市有关建设项目环境保护管理的条例、办法、政府令等。

10.1.4.3 环境影响评价管理程序

A 环境影响分类筛选

凡新建或改扩建工程，根据国家环境保护总局"分类管理名录"确定应编制环境影响评价报告书、环境影响报告表或填报环境影响登记表。

编写环境影响报告书的项目：对环境可能造成重大的不利影响，这些影响可能是敏感的、不可逆的、综合的或以往尚未有过的。这类项目需要做全面的环境影响评价。

编写环境影响报告表的项目：可能对环境产生有限的不利影响，这些影响是较小的，或减缓影响的补救措施是容易找到的。这类项目可编写环境影响报告表，对其中个别环境要素或污染因子需进一步分析的，可附单项环境影响专题报告。

只填写环境保护管理登记表的项目：对环境不产生不利影响或影响极小的项目，不需要开展环境影响评价，只需要填报环境影响登记表。

B　评价大纲的审查

编制环境影响报告书的项目，应编制环境影响评价大纲。环境影响评价大纲是环境影响报告书的总体设计，应在开展评价工作以前编制。环境影响评价大纲由建设单位向负责审批的环境保护主管部门申报，并抄送行业主管部门。环境保护主管部门根据情况确定审批方式，提出审查意见。

C　环境影响评价的质量管理

环境影响评价工作一旦确定，承担单位要根据批准的大纲开展工作，同时要制订详细的质量保证计划。为了获得满意的环境影响报告书，必须按照环境影响评价的管理程序和工作程序进行有组织、有计划的活动，成立质量保证小组，把好各个阶段、各个环节的质量关，将质量保证工作贯穿于评价工作的全过程。在评价工作中，应向各个方面有经验的专家咨询，最后请具有权威的专家审评报告。

D　环境影响报告书的审批

环境影响报告书由建设单位报主管部门预审，主管部门提出预审意见后转报负责审批的环境保护行政主管部门审批。

各级主管部门和环境保护部门在审批时应贯彻以下原则：

(1) 审查该项目是否符合国家产业政策。

(2) 审查该项目是否符合城市环境功能区划和城市总体发展规划，做到合理布局。

(3) 审查该项目的技术与装备政策是否符合清洁生产的要求。

(4) 审查该项目是否做到污染物达标排放。

(5) 审查该项目是否满足国家和地方规定的污染物总量控制指标。

(6) 审查该项目建成后是否能维持地区环境质量，符合功能区环境质量的要求。

(7) 审查该项目的环境影响评价工作是否符合有关法律和行政规章规定的程序。

环境影响报告书的审查以技术审查为基础，审查方式采用专家评审会还是其他形式，由保护主管部门视具体情况而定。

10.2　工程项目环境影响评价的工作程序和内容

10.2.1　工程项目环境影响评价的工作程序

项目环境影响评价程序是指完成项目环境影响评价工作的步骤和过程。这种程序又可以分为管理程序和工作程序两个方面。其中，项目环境影响评价管理程序主要指用于指导项目环境影响评价的监督与管理工作步骤、内容和过程；项目环境影响评价的工作程序主要指用于指导项目环境影响评价的工作步骤、内容和进程。项目环境影响评价的管理程序主要用于保证项目环境影响评价工作能够按照国家或地方主管部门的要求去进行和实施，它是国家或地方的环境管理部门的一种监督管理手段。项目环境影响评价的工作程序是评估项目对于环境影响的实际工作程序，这一程序在很大程度上是根据项目环境影响评价管理程序的要求设定的，因此本书将只对项目环境影响评价的工作程序加以介绍。

建设项目的环境影响评价工作必须在项目建设前期工作的项目论证阶段进行。而在建设项目的实施过程中，配套的环境防护和治理设施也必须同项目的总体工程同时设计、同时施工、同时验收并投入运行。表 10-1 和表 10-2 反映了项目环境影响评价与工程建设程序的匹配关系。

表 10-1　项目环境影响评价与工程建设程序对照表

工程建设程序	相应的环境影响评价工作
1. 现场调查研究	现场环境情况调查
2. 编制项目建议书	编制环境影响初评
3. 编制项目可行性研究报告	进行环境影响评价，编写报告书
4. 工程设计	监督设计，落实评价结论
5. 工程施工	监督环保设施的施工建设
6. 项目投入生产运行	进行区域环境检测

表 10-2　项目环境影响评价工作平衡关系表

评价步骤	评价时机	评价组织
1. 初步研究	在可行性研究期间	项目管理和环境研究小组
2. 影响识别	在可行性研究和初步设计之间	环境研究小组
3. 基础研究	在初步设计期间	环境和工程研究小组
4. 影响评价	在初步设计和最终设计之间	环境研究小组和技术专家
5. 环境对策措施	在初步设计和最终设计之间	环境研究小组协同工程研究小组
6. 方案比较	在最终设计之前	环境研究小组
7. 报告编写	在最终设计之前	环境研究小组
8. 决策	在最终设计之前	环境研究部门
9. 追踪调查	在运行开始后	项目生产运行和管理部门

建设项目环境影响评价的工作程序，大体可以划分为四个阶段：

（1）准备阶段。本阶段的主要内容是：研究有关文件，进行初步的工程分析和环境现状调查，筛选重点评价项目，确定各单位环境影响评价的工作等级，编制评价工作大纲。

（2）评价工作阶段。本阶段的主要工作是：进一步做好工程分析和环境现状的调查研究工作，并进行环境影响的预测和评价环境影响。

（3）报告书编写阶段。本阶段的主要工作是：汇总、分析第二阶段工作所得到的各种资料、数据，给出评价结论，完成环境影响报告书的编制。

（4）运行效果的检测、检验和评估。本阶段的主要工作是：伴随着项目的建设、投产和运行，并开展项目环境影响的后评价工作。

10.2.2 工程项目环境影响评价的工作内容

项目环境影响评价有许多工作内容，主要包括：

（1）编写项目环境评价大纲。这种大纲是整个项目环境影响评价的总体设计和行动指南，所以它必须在开展项目环境影响评价之前依法编制给出。因为它是具体指导项目环境影响评价的技术性文件，也是检查这种评价的报告书内容和质量的主要判断依据。这种大纲应该在充分研读有关法律法规文件和进行了初步的项目环境分析和环境调查的基础上形成，其主要内容如下：

1）项目环境影响评价的总则。这包括项目的由来，项目环境影响评价大纲编制依据，控制环境污染和环境保护目标，采用的相关评价标准、评价科目及评价工作的等级和重点等。

2）项目的概况和项目所处环境的简况分析。这是项目环境影响评价的基础工作，主要分析和说明项目的基本情况和项目所处环境的现实情况，并分析它们之间的相互影响。

3）项目工程分析的内容和方法与项目环境现状调查。确定项目环境影响评价工作等级、环境特点和预测数据需要情况，规定调查参数、调查范围及调查方法、时间和地点等。

4）项目环境影响预测与评价项目环境影响。这包括项目环境影响的预测方法、内容、范围、时段及有关参数的估值方法，以及专项和综合项目环境影响评价的内容与方法等。

5）项目环境影响评价工作成果的清单。这包括整个项目环境影响评价的工作内容与步骤规定，拟提评估结论的内容和有关项目环境影响评价最后成果的一览表和规定等。

6）项目环境影响评价工作的组织和计划安排。这包括有关项目环境影响评价的人员、组织结构、工作方案、呈报程序和手续以及整个评价工作的经费预算安排等。

（2）调查分析项目周围环境的现状。项目所处环境的现状调查是项目环境影响评价的重要工作，虽然这种调查的内容会因所评价项目及其所处区域环境的不同而不同，但这种工作的目的都是为项目环境影响评价的数据预测、评价和环境影响累积效应分析及项目运行的环境管理提供相应的基础数据。这一工作的原则、方法和主要内容分述如下：

1）环境调查的原则。根据项目所在环境的特点，结合项目环境影响评价内容的工作等级，确定项目所在环境各要素的现状调查范围，并分析和筛选出这种调查的有关参数。原则上说，这种环境调查的范围应大于项目环境影响评价的范围。这种调查应首先搜集各种现有文献资料并认真选取其中的可用部分，当现有文献资料不足时就需要开展现场调查工作。在这种调查中，要对重点部分进行全面详细的调查并收集定量调查结果数据。

2）环境现状调查的方法。主要有资料收集法、现场调查法和遥感调查法等三种，其中，资料收集法的应用范围广、收效大，比较节省人力、物力和时间，但只能获得第二手资料；现场调查法可针对具体需要安排人们在现场直接获得第一手相关数据和资料，但其工作量大且需占用较多的人力、物力和时间；遥感调查法可从整体上了解项目所处区域的环境特点（包括人行走无法到达地区的环境情况），但不十分准确。

3）环境现状调查的内容。主要有该区域的地理位置、地质、地形地貌、气候与气象、地面水环境、地下水环境、大气环境质量、动植物与生态情况、人口情况、工业与能源情况、农业与土地利用情况、交通运输情况、文物与“珍贵”景观情况、人群健康状况和其他环境污染和破坏的现状情况。当然，不同专业项目、不同周围环境、不同国家和地区会有不同的项目周围环境现状调查的内容要求，应具体情况具体对待。

（3）预测和分析项目对环境的影响。这是项目影响评价的重要环节，这一工作的内容、原则和注意事项有如下几个方面：

1）项目环境影响预测所遵循的原则。对于已确定要评价的项目，需预测和分析它们对所处区域环境产生的影响，这种预测和分析的范围、时间周期、内容及方法，均应根据具体项目环境影响评价工作等级、项目活动与环境的特性、当地的环保要求等确定。同时也应尽量考虑项目环境影响评价所需的预测分析范围，安排好项目建设与运行的环境影响评价。

2）项目的环境影响预测的时段划分。项目的环境影响预测可以划分为项目建设阶段的环境影响预测、项目运营阶段的环境影响预测和项目服务期满后的环境影响预测三个阶段进行评估，其中，项目运行阶段又可分为项目运行初期和运行中后期预测。另外，多数项目均应预测项目运行阶段的正常排放和不正常排放两种情况下的项目环境影响结果。

3）项目环境预测的范围和内容。为全面反映项目对环境的影响，项目环境预测的范围必须适当。这种预测范围的大小取决于项目环境影响评价的等级和项目环境的特性，一般项目环境影响评价的预测范围等于或略小于项目周围环境现状调查的范围。这种项目环境影响预测既要考虑环境影响对环境系统的危害程度，也要考虑这些环境影响的经济价值。

（4）制定或选用项目环境影响评价标准。主要包括：

1）项目环境影响评价标准的概念。项目环境影响评价中所用的环境标准是国家或地方控制环境污染和保护生态环境各种标准的总称，是由国家按照法律、法规制定和批准的对环境结构和状态要求等方面的相关规范。例如，我国就制定有国家环境质量标准、国家污染物排放（控制）标准、清洁生产标准、生态环境保护标准、环境污染物监测方法标准、建设项目竣工环境保护验收监测技术规范、环境标志产品标准、环境保护产品标准、环境监测仪器与设备标准、污染物总量控制与排放量核算技术规范、环境保护档案管理规范、环境保护信息标准、其他环境保护标准与规范等总计1000多项国家级的标准和规范。

2）项目环境影响评价标准的作用。因为项目环境影响评价所用的标准是这种评价的根本依据，所以在进行项目环境影响评价和编制项目环境影响评价报告书时必须按照这些标准开展工作。人们只有遵照环境评价标准，才能作出对于项目环境影响的定量化分析、比较和评估，才能正确地判断项目所在区域的环境质量好坏，从而才能够控制项目所处环境的质量，开展好项目环境影响的综合防范和治理。

3）项目环境影响评价的标准体系。项目环境影响评价使用的标准共同构成一个项目环境评估的标准体系，这种标准体系中的各个标准相互联系、互相依存和互相补充而具有成套性和体系性。

我国目前的项目环境评价标准主要有如下几个方面：

①环境质量标准。环境质量标准是指在一定时间和空间范围内，对各种环境介质（如大气、水、土壤等）中有害物质和因素所规定的容许量和要求。环境质量标准主要包括：大气质量标准、水质质量标准、环境噪声及土壤标准、生物质量标准等。这些标准是衡量环境受污染的程度是否符合有关部门环境管理和污染排放标准的依据，环境质量标准又分为国家和

地方两级标准，国家环境质量标准是由国家按照环境要素和污染因素规定的环境质量标准，地方环境质量标准是由地方根据自己地区的实际情况，比某些国家标准更严格的要求。

②污染物排放标准。污染物排放标准是根据国家和地方环境质量标准，结合环境特点和社会、经济、技术条件对污染源排入环境的有害物质和产生的有害因素所作的控制标准。污染物排放标准按污染物的状态可分为气态污染物排放标准、液态污染物排放标准、固态污染物排放标准及物理污染控制标准。这一标准对直接控制污染源、防治环境污染、保护和改善环境质量具有重要的作用，所以它是实现环境质量目标的重要手段。污染物排放标准也分为国家污染物排放标准和地方污染物排放标准两级，以便实现两级管理污染排放规定的要求。

③环境基础标准与环境方法标准。环境基础标准是指在环境保护工作范围内对具有指导意义的有关名词术语、符号、指南、导则等所作的统一的规定。在环境标准体系中它处于指导地位，是制定其他环境标准的基础性标准。环境方法标准是环境保护工作中以实验、分析、抽样、统计、计算等方法为对象而制定的标准，是制定和执行环境质量标准和污染物排放标准和实现统一管理的基础。例如，锅炉大气污染物测试方法标准等。

④环境标准样品标准和环保仪器设备标准。环境标准样品的标准是对环境标准样品必须达到的各种要求所作的正式规定。环境标准样品是环境保护工作中用来标定仪器、验证测量方法、进行量值传递或质量控制的标准材料或物质，所以它相当于“标准的标准”。环保仪器设备标准是为保证污染物监测仪器所测数据的可比性、可靠性和保证污染治理设备运行的各项效率而对有关环境保护仪器设备的各项技术要求也要编制统一的规范和规定，所以它也是一种“标准的标准”。

⑤强制性标准和推荐性标准。凡国家和地方环境保护法律、法规、条例和标准化方法等规定的强制执行标准为强制性标准，凡国家和地方未做强制性规定且不强制执行的标准都属于推荐性标准。项目的环境影响至少要达到国家或地方的强制性标准要求，最好能够达到并超过国家或地方的非强制性标准要求，这样才能确保项目的环境影响未来不会出现超标问题。例如，国家或地方的生态环境功能区规划就属于强制性环境保护标准，像2008年获准实施的《温州市区生态环境功能区规划》就属于强制性的，温州市区被划定为禁止准入、限制准入、优化准入、重点准入四个功能区域，项目或企业必须依法进入各功能区域。

（5）项目环境影响评价报告书（表）的编写。按照国家项目环境影响评价法的规定，项目环境影响评价文件包括三种，项目可能造成重大环境影响的应当编制环境影响报告书，项目可能造成轻度环境影响的应当编制环境影响报告表，项目对环境影响很小而不需要进行环境影响评价的应当填报环境影响登记表。所以项目环境影响评价文件的编写需要按照规定的详细程度和内容编写，其中项目环境影响评价报告书是最详细和完整的评价文件，它必须由有资质的项目环境影响评价者编写和提交。这些文件经国家或地区环保主管部门批准后就会成为项目可行性的重要依据，因此必须认真编写项目环境影响评价报告书。

1）项目环境影响评价报告书的编写原则。项目环境影响评价报告书给出的结论就是全部项目影响评价工作的最终结论，所以在编写报告书时首先要在概括和总结全部项目环境影响评价工作的基础上，客观地实事求是地总结项目各阶段活动对项目所在区域环境造成的影响。

2）项目环境影响评价报告书的编写内容。按照国家法律规定，项目环境影响评价报告书的内容主要包括：建设项目概况、建设项目周围环境现状、建设项目对环境可能造成影响的分析、预测和评估、建设项目环境保护措施及其技术、经济论证、建设项目对环境影响的经济损益分析、对建设项目实施环境监测的建议、环境影响评价的结论等。表 10-3 给出了一个工厂建设项目的项目环境影响评价报告书的建议内容和格式。

表 10-3 某工厂建设项目的项目环境影响评价报告书的建议内容和格式

序号	内 容	编号	具体内容	备 注
1	总则	1.1	评价目的和编制依据以及评价采用的标准	
		1.2	评价项目、范围、内容、工作等级及重点	
		1.3	控制污染与环境保护目标	
		1.4	评价时段和主要评价因子	
2	建设项目概况	2.1	项目基本情况	
		2.2	建设规模、产品品种及项目总投资	
		2.3	建设内容和工厂防护设置	
		2.4	占地面积和劳动定员与工作制度	
		2.5	生产设备及附属设备和公用工程	
		2.6	产业政策、选址、平面布置合理性分析	
		2.7	项目现有工程（扩建前）概况	
3	建设项目工程分析	3.1	工艺流程叙述	
		3.2	主要原辅材料及动力消耗和物料平衡	
		3.3	原辅材料及产品理化性质分析	
		3.4	给排水的平面图	
		3.5	污染源及污染物排放情况分析	
4	建设项目周围环境现状调查及评价	4.1	项目的地理位置	
		4.2	项目的自然环境概况	
		4.3	项目的社会环境概况	
		4.4	项目的环境质量现状监测与评价	
5	清洁生产分析	5.1	清洁生产的目的	
		5.2	我国清洁生产产业政策	
		5.3	清洁生产水平分析	
		5.4	清洁生产建议	
6	环境影响分析及预测	6.1	施工期环境影响分析	
		6.2	运营期环境影响分析	
		6.3	运营期水污染物影响分析	
		6.4	运营期的环境空气质量影响分析	
		6.5	运营期的固体废物影响分析	
		6.6	运营期的地下水影响分析	
		6.7	运营期的环境风险分析	

续表 10-3

序号	内　容	编号	具体内容	备　注
7	公众参与	7.1	公众参与调查概况	
		7.2	信息公示	
		7.3	调查内容与调查结果	
8	污染防治措施	8.1	废水防治措施及其分析	
		8.2	废气防治措施及其分析	
		8.3	固体废弃物处理措施及其分析	
		8.4	噪声防治措施及其分析	
		8.5	厂区绿化措施及其分析	
9	环境影响经济损益分析	9.1	环保投资估算	
		9.2	环境影响经济损益分析	
10	污染物总量控制	10.1	污染物总量控制指标	
		10.2	污染物总量控制	
11	环境管理和环境监测计划	11.1	环境管理计划	
		11.2	环境监测计划	
12	评价结论	12.1	项目所在地区环境质量现状	
		12.2	项目工程分析	
		12.3	环境影响预测与分析	
		12.4	环保治理措施	
		12.5	公众参与	
		12.6	总量控制	
		12.7	厂址及总图布置分析	
		12.8	结论	
		12.9	建议	

10.3　工程项目环境影响评价方法

10.3.1　环境影响评价指标体系

10.3.1.1　环境指标的分类

环境指标可以分为以下四大类：

(1) 环境经济计划类指标。具体规定为环保投资计划指标——环保投资与国民生产总值的比值，它把环境保护的要求以投资的形式参与国民收入的分配与再分配过程，经过综合平衡，合理地确定环保投资规模，因而它是纳入国民经济预算、决算计划的决策指标。

(2) 环境经济控制类指标。它由环境损失控制指标、环境污染控制指标、资源保护控制指标构成。这类指标是从经济—社会发展规模和素质的角度提出确保合理的环境质量要求，控制环境污染和资源破坏程度以及相应的危害损失值。

(3) 环境经济评价类指标。它由环境经济三要素（即环境损失、环保投资、环保投资效益）相互间的比值构成。这类指标以环境损失作为评价环境—经济系统中环保投资规模和流向合理性的基础，以环境损益评价指标来反映环保投资的有效性。

（4）环境经济约束类指标。它是对社会经济发展综合指数系统与环境经济指标“三要素”系统进行综合平衡，把若干决策变量进行比较，形成若干约束指标，作为系统规划的约束条件，以实现投资最小、效益最大的目标。这类指标包括重污染部门产值对比约束、环境损失与经济密度对比约束、环保投资对发展生产影响对比约束、环保投资对就业影响对比约束等指标。另外，环境质量标准或污染物控制总量等也作为一种约束指标。

10.3.1.2 环境指标体系

环境指标体系由四类功能指标和18个单位指标组成（见表10-4），采用环境损失、环保投资与环保投资效益三要素为定量化体系的内生变量，与社会、经济、环境三系统决策要素中筛选出来的外生变量综合平衡。该指标体系适用于地方、行业及企业各层次。

表10-4 环境经济指标体系

指标分类	指标名称	指标定义
计划指标	环保投资比例	环保投资与国民生产总值之比
控制指标	环境损失	环境损失与万元国民生产总值之比
	环境污染	污染物排放总量与万元国民生产总值之比
	资源保护	主要能源、资源、原材料消耗与万元国民生产总值之比
评价指标	环保投资	环保损失与相应支付环保投资之比
	环保投资效果	环境损失减少量与环境损失之比
约束指标	产业结构	重污染部门产值之和的变化率与国民生产总值变化率之比
	经济密度	环境损失变化率与每平方千米产值变化率之比
	人口密度	环境损失变化率与每平方千米人口数变化率之比
	环保投资与效益评价	环境损失变化率与环境投资效益变化率之比
	资源保护	主要资源开采、利用及回收率的变化率与环境损失变化率之比
约束指标	环保与再生产投资效益平衡	万元环保投资的效益变化率与万元再生产投资的效益变化率之比
	环保对发展生产影响	环保投资变化率与国民生产总值变化率之比
	环保投资与消费总额对比	环保投资变化率与环境净损失的变化率之比
	环保与固定资产投资对比	环保投资变化率与固定资产投资变化率之比
	环保投资与消费总额对比	环保投资变化率与消费总额变化率之比
	环境损失与国民收入平衡	环境损失变化率与国民收入变化率之比
	污染物排放	污染物排放总量变化率与国民生产总值变化率之比

10.3.2 工程项目环境影响评价的技术方法

在世界各国多年环境影响评价实践中，已经形成了许多行之有效的具体技术方法。这些技术方法从其功能上可分为环境影响识别技术方法、环境影响预测技术方法、环境影响风险评估技术方法和环境影响经济分析技术方法等。

10.3.2.1 工程项目环境影响识别技术方法

这类技术方法是识别找出项目环境影响因素的具体方法，这些技术方法可以使工程项目环境影响预测和项目环境影响分析更具可靠性，使项目污染防治对策更具针对性。

A 工程项目环境影响因素分类法

项目环境影响因素的影响可按照不同的分类标志进行划分，可分为有利与不利影响两大类。其中有利影响可进一步分为微弱、轻度、中度、非常和极端有利五个级别的影响，而不利影响可进一步分为微弱、轻度、中度、非常和极端不利五个级别的影响。

B 工程项目环境影响识别的核检清单法

工程项目环境影响识别核检表法是最普遍使用的技术方法，也被称为“列表清单法”或“核检清单法”。这是将可能的项目环境影响因素及其可能产生的环境影响，通过开列在核检清单中，进而开展评估的技术方法，进一步分为简单型、描述型、分级型等多种核检清单法。其中，工程项目环境影响因素的简单型核检清单的示意如表10-5所示。

表10-5 简单型工程项目环境影响因素的核检清单示意表

序号	工程项目环境影响因素	可能的环境影响（性质）	核检结果
1	工程项目环境影响因素 No. 1	有利影响1	√
		有利影响2	√
		不利影响1	×
		不利影响2	×
2	工程项目环境影响因素 No. 2	有利影响1	√
		有利影响2	×
		不利影响1	√
⋮	⋮	⋮	⋮

10.3.2.2 工程项目环境影响预测的技术方法

普遍采用的工程项目环境影响预测方法主要有数学模型法、物理模拟法、类比调查法和专家判断法等。

A 数学模型法

数学模型法是首先要根据工程项目与环境系统各变量之间存在的物理、化学、生物等过程和关系，建立表述工程项目和环境各种发展变化关系的数学模型。这种方法能给出定量的项目环境影响预测结果，但需有计算能力和数据支持，所以有一定的局限性。

B 物理模拟法

物理模拟法是用人—机组成的模拟仿真系统，通过仿真模拟去给出项目环境影响评估结论的技术方法。这种技术方法需要有合适的仿真模拟试验条件、设备和基础数据，而且项目环境影响预测原型与仿真模型要可靠有效，以便保证仿真预测结果的可靠性和真实性。

C 类比调查法

类比调查法是通过将一个项目与另一个已完成的相似项目实际的环境影响结果进行类比，从而给出新项目的环境影响预测的技术方法。其预测结果可以是定量或定性的，但是这种技术方法的预测精度相对比较低，适合对预测精度要求不高的项目环境影响预测使用。

D 专家判断法

专家判断法是通过专家咨询和综合应用专家的专业知识和实践经验（即专家经验），从而分析和预测项目环境影响的技术方法。这种技术方法的预测精度也相对较低，甚至有时比类比调查法的精度还要低，但它高效、快捷且相对可靠，所以对预测精度要求不高的项目比较适用。

10.3.2.3 工程项目环境影响风险评价技术方法

工程项目环境影响风险评价是20世纪70年代后期发展起来的工程项目环境影响评价内容，这使得工程项目环境影响评价的结论更能反映实际情况，可以更可靠地为环境管理部门进行工程项目的平衡和取舍作出比较合理和实际的决策。所谓的工程项目环境影响风险就是指由于工程项目实施和运行活动所引起的环境影响风险情况的评价，即对工程项目环境影响的不确定性所进行的评估。

从工程项目环境影响风险的定义出发可知，工程项目环境影响风险有两个特点，即工程项目环境影响风险发生的不确定性和工程项目环境影响风险后果的危害性。其中，前者是指人们对工程项目环境风险发生的时间、地点、强度等难以事先准确地预料，而后者是指工程项目环境风险事件的后果可能带来一定的损失或危害（注意：这种评估较少考虑可能带来收益和好处）。

工程项目环境影响风险评价是指，对工程项目活动对其所处区域造成的各种可能损失和收益（包括对人体健康、社会经济发展、生态系统等造成的损失和收益）进行的全面评价，主要是指对工程项目活动所产生的环境影响发生可能性和损失危害严重性两个方面的评价。

其具体内容包括：工程项目环境影响风险的发生概率估计、工程项目环境影响风险后果的严重程度评价、工程项目环境影响风险关联范围的分析与评价等，这种评价可以帮助人们去提出和制定各种应对工程项目环境影响风险的方案和决策。一般的工程项目环境影响风险评价包括三个步骤：

（1）工程项目环境影响风险的识别。工程项目环境影响风险的识别是工程项目环境影响风险评价的首要工作，是根据工程项目与环境的影响关系，使用分析、筛选和判断等技术方法，把工程项目对环境影响中可能给环境造成危害或损失的风险识别出来的工作。由于引起工程项目环境影响的因素多，各自影响程度不同，工程项目与环境的影响关系错综复杂，所以工程项目环境影响会有很多风险需要识别。

（2）工程项目环境影响风险的评价。工程项目环境影响风险的识别是指对工程项目环境影响风险的概率大小以及后果严重程度的全面估计和衡量。需要评价和度量的内容有三个方面：一是工程项目环境影响风险的发生概率；二是工程项目环境影响风险的后果严重程度；三是工程项目环境影响风险的关联影响情况。工程项目环境影响风险的评价和度量可以采用定性和定量相结合的方式，全面估计工程项目环境影响风险的可能性、严重性和关联性大小。

（3）工程项目环境风险应对措施的决策和管理。工程项目环境影响风险评价的最后环节是分析和给出相应的风险应对措施，工程项目环境影响风险的应对措施主要有容忍、规避、分担和消减四种措施。其中，容忍措施是指对于那些发生概率和可能损失较小（即在可容忍范围之内）的工程项目环境影响风险不去采取任何应对措施；规避措施是指对于那些可能造成很大损失（即实在不能容忍）的工程项目环境影响风险就需要通过不实施等方法去规避风险（采取不实施工程项目的措施）；风险分担措施是指对于工程项目可能造成损失较大（在不可容忍范围之内）又无法规避的环境影响风险，可采取买保险或分包合同等方法或措施；而风险消减措施是指对于工程项目可能造成损失较大且无法规避的环境影响风险，需要采取消减风险后果的措施（如救人和救火的措施）。

另外，工程项目环境影响风险评价是一个动态的过程，需要多次开展从工程项目环境影响风险识别到工程项目环境影响风险评价，再到工程项目环境影响风险应对措施制定的动态循环过程。同时，工程项目不同阶段也都需要开展工程项目环境影响风险的评价，以便可以不断修正工程项目环境风险评价的结果并作出科学的跟踪决策。

10.3.2.4 工程项目环境影响经济分析技术方法

工程项目环境影响的经济分析是一种分析和计算工程项目环境影响货币价值，评价工程项目对环境影响的效益和损失的定量估价的工作，是给出工程项目对环境造成的损害以及采取工程项目环境保护设施所能带来的社会经济效益的价值核算工作。这种经济分析的主要内容包括工程项目污染物排放量的经济分析、工程项目环境保护措施的实施费用和逐年费用分析、工程项目所能产生的环境经济效益和环境经济损失的分析等。在这种经济分析中有些方面不能用价值量来恰当地反映，因此需要采用“等效”原理和“价值替代”等原理来进行必要的价值转换。所以对工程项目环境影响的经济评价的方法可以分为定性和定量两种不同的方法，分述如下：

（1）工程项目环境影响经济分析的定性方法。工程项目环境影响经济分析中的定性方法主要是专家判断法，这是通过有关专家来定性描述工程项目对环境所产生的各种影响的价值。这种方法主要用于工程项目对环境所产生的各种无形影响的分析与评估。例如，工程项目对珍稀动植物和生态环境的影响难以直接用货币计量，只能通过专家判断进行度量的工程项目环境影响。

（2）工程项目环境影响经济分析的定量方法。工程项目环境影响经济分析中的定量方法主要是费用—效益分析法，人们在工程项目环境影响的经济分析中可以把其中的费用和效益看做是工程项目对社会经济福利的一种贡献，从而将工程项目环境影响引起的社会经济福利变化用等量商品的价值量来给出。这种方法的具体做法就是使用净现值的计算方法进行工程项目环境影响评价中的经济分析与计算。

10.3.3 工程项目环境影响综合评价方法

工程项目对环境的影响是多方面的，在工程项目专项环境影响评价结果的基础上，还需要对工程项目环境影响进行综合的评价，以给出工程项目对环境的总体影响评价。显然，综合评价是整个工程项目环境影响评价的重要组成部分。在进行工程项目环境影响综合评价时，要根据每个专项工程项目环境影响的重要程度（或者严重程度）去确定专项工程项目环境影响的权重，据此去开展工程项目环境影响的综合评价。

10.3.3.1 工程项目环境影响综合评价的原则

工程项目对环境的影响因素众多，有的可以定量，有的难以定量，需要依据一定的原则综合整个工程项目的环境影响，以便最终找出在经济效益、社会效益和环境效益三方面的最优工程项目和工程项目环境影响治理方案。在工程项目环境影响综合评价中应首先确定评价的如下原则：

(1) 因果和主次关系的原则。要正确地进行工程项目环境影响综合评价，必须搞清楚工程项目实施与运行将会造成的各种环境影响问题的因果关系和主次关系，从而根据这些关系进行工程项目环境影响综合评价的原则。这有助于区分工程项目环境影响专项评价的主次等级和正视综合工程项目环境影响。

(2) 全面和整体综合评价的原则。工程项目环境影响的综合评价还必须贯彻"全面和整体"的原则，即要求从全面、整体的角度去开展这种综合评价。其中的"全面"是指每个工程项目专项环境影响都必须予以综合，"整体"是说在工程项目环境影响综合评价中不要局限于某些方面而要看整体。

(3) 一次性经济补偿的评价原则。工程项目环境影响综合评价要全面考虑工程项目环境影响的经济效益和损失，其中有些损失是永久性的，有些损失是一次性的，还有些损失是周期性的。在计算这些不同性质的工程项目环境影响损失时，需要按照一次性补偿原则来进行计算和确定。

(4) 贵极无价的一票否决原则。这是指在工程项目环境影响评价中有些环境影响(包括动植物或文物的破坏)是无价的，即无法以价格来表示，因为它们不可替代和无法复制。所以对这类工程项目环境影响损失不能使用价值来衡量，只能用"贵极无价"的方法衡量，且其具有"一票否决权"的作用和地位。

10.3.3.2 工程项目环境影响综合评价的方法

尽管开展工程项目环境影响评价已有几十年的时间，但至今还没有一种完善通用的评价方法。几种具有代表性的常用工程项目环境影响综合评价方法是：

(1) 指数法。一般的工程项目环境影响综合评价都可使用指数法。这种方法是用一个预先设定的工程项目环境质量标准 C_s，然后通过工程项目环境影响评价获得一个工程项目环境影响综合评价的预测值 C，进一步将它与标准值 C_s 的比值作为指数，根据二者的比较所得的比值（指数）给出综合评价结论。

通常，工程项目单一环境影响的指数法用于分析工程项目专项环境影响，评价工程项目专项环境影响究竟是未满足工程项目环境专项标准要求（$P_{ij}<1$），还是超过工程项目专项环境标准要求（$P_{ij}>1$），以及其具体程度（显然 P_{ij}越小越好），这种评价的数学表达式如下：

$$P_{ij} = C_{ij}/C_{sij} \tag{10-1}$$

式中，P_{ij}为第 ij 项工程项目环境专项影响的评价结果；C_{ij}为第 ij 项工程项目环境专项影响的结果预测值；C_{sij}为第 ij 工程项目环境专项影响的质量要求；j 为第 i 个工程项目环境专项中的第 j 个环境因子。

在工程项目环境专项影响评价的基础上，就可以汇总它们而得到工程项目所有环境专项影响的综合评价结果。在工程项目所有环境专项影响的综合评价中需要引入综合指数(所以此法被称为"综合指数法")，这一指数的计算式如下：

$$P = \sum_{i=1}^{n}\sum_{j=1}^{m} P_{ij} \tag{10-2}$$

式中，P 为工程项目环境影响的综合评价结果；P_{ij}为第 ij 项的工程项目环境专项影响的评价结果；i 为第 i 个工程项目环境专项影响；j 为第 i 个工程项目环境专项影像中的第 j 个环境因子；n 为工程项目环境专项影响的总数；m 为第 i 个工程项目环境专项影响中的工程项目环境影响因子总数。

综合指数法实际上是一种平均权重的综合方法，即将工程项目环境专项影响设置同样权重的综合方法。

但是有些工程项目要求使用不等权重的综合方法，此时要先确定出各工程项目环境专项影响的权重。工程项目环境专项影响不等权重的综合指数法可采用下式：

$$P = \frac{\sum_{i=1}^{n}\sum_{j=1}^{m} P_{ij}}{\sum_{i=1}^{n}\sum_{j=1}^{m} W_{ij}} \tag{10-3}$$

式中，W_{ij}为各项环境专项影响的权重因子，其他各项均与式（10-2）相同。

（2）矩阵法。矩阵法是根据工程项目环境影响识别中使用的核检清单法发展而来的。它将该核检清单中所列的工程项目环境影响识别结果按因果关系系统地加以排列，然后再把工程项目活动和工程项目环境影响组成一个矩阵，从而在工程项目活动和工程项目环境影响之间建立起一种因果关系，并且以定量或半定量的方法揭示工程项目活动对工程项目环境的影响。这类方法主要有相关矩阵法和迭代矩阵法两种，以下介绍使用较多的相关矩阵法。

相关矩阵法可以用于确定、解释和综合评价工程项目对环境的综合影响，它把每个工程项目活动及其对环境的影响按照大小划分为若干等级（五级或十级）。由于工程项目各种不同活动对工程项目环境的影响程度不同，所以各种工程项目活动对工程项目环境影响的结果也不同。因此，为求得工程项目活动的环境影响整体效果，就必须使用加权的方法去确定每个工程项目行为的重要性。这种方法的数学表达式如式（10-4）所示。

$$\sum_{i=1}^{n}\sum_{j=1}^{m} W_{ij}M_{ij} \tag{10-4}$$

式中，M_{ij}为项目活动 j 对项目环境要素 i 的影响；W_{ij}为项目环境要素 j 在项目活动 i 上的权重。

（3）图形叠置法。图形叠置法最早用于变量分布空间范围很广的项目活动评估，McHary 在美国环境影响评估立法（1968 年）前就使用该法分析可供选择的公路项目对环境的影响。这种方法开始要准备一张透明图片，画上项目位置和需要考虑的项目环境影响评估的区域轮廓基图，然后另行编制一份可能受影响的项目环境因素一览表，并标出需专家们判断的可能受项目影响的环境因素，对每种要评估的项目环境因素都要准备一张透明图片，每种项目环境因素所受的影响程度都可用一种专门的黑白阴影来表示。

例如，如果认为由于地下水位的降低对环境影响严重时就在准备好的图片上画一种深色的阴影，通过在透明图上给出的特定阴影就可以很容易地表示项目环境影响的程度，最终将各种颜色的透明图片叠置到基片图上，就可看出一个项目对环境的综合影响了。

国际上图形叠置法的使用经验表明，对各种线路（如管道、公路和高压线等）的开发项目进行路线方案选择时，这种方法是最有效的项目环境影响综合评价的方法。这种方法的综合叠置图显示，不但能用于评价项目线路的环境影响，而且还能指出哪个是产生环境影响最小的路线方案。因此，图形叠置法是一种能为线路开发项目分析和评价出最少环境破坏的非常有用的项目方案的“搜索”方法。

（4）网络法。网络法的原理是采用“原因—结果”的分析网络来阐明和推广的前面已经讨论过的矩阵法。它除了矩阵法的功能外，还可以鉴别累积的项目环境影响或间接的项目环境影响。

网络法实际上使用呈树枝状的网络图（又被称为关系树枝或影响树枝），由此可以表述和记载第二、第三以及更高层次上的项目环境影响，具体见图10-1。要建立一个项目环境影响综合评价的网络，要回答与每个项目活动有关的一系列问题，包括原发（第一级）的项目环境影响有哪些、它们的影响结果是什么；二级的项目环境影响是什么、二级的影响结果是什么；三级的项目环境影响有哪些、它们的影响结果是什么等。

图10-1是关于在某市区内建造一条快速公路所造成的房屋和商业拆迁的影响网络图。

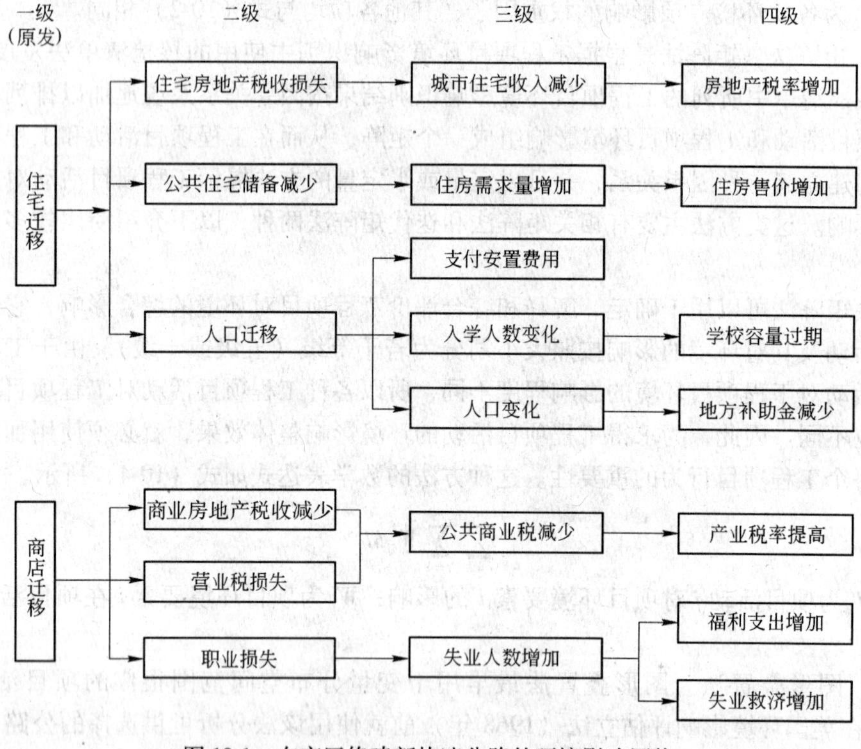

图10-1　在市区修建新快速公路的环境影响网络

工程项目及其环境影响是一个复杂的系统，网络法可较好地描述工程项目环境及其影响的复杂关系。一个工程项目行动会产生一种或几种对环境的影响，后者又依次引起一种或几种后续环境的变化，最终产生多种工程项目环境影响的综合结果。但需要注意的是：在建立工程项目环境影响网络图时，每个影响树枝网络都可能会发生因果循环的关系，特别是当因果之间存在复杂的相互作用时更是如此。此时，还应考虑工程项目某种环境影响发生后其后续影响的发生概率与影响程度，决定这些后续影响是否有列入工程项目环境影响网络图的意义。

使用这种方法得到工程项目环境影响时有几点必须加以注意：一是能有效地用工程项

目环境影响事件的发生概率估计各个工程项目环境影响行为发生的可能性；二是这种方法算出的分数不是绝对分数而只是相对分数，该分数只能用于不同工程项目方案或不同工程项目环保措施的效果比较；三是为了取得有意义的工程项目环境影响综合评价期望值，工程项目环境影响网络必须列出所有可能和有显著性意义的“原因—条件—结果”序列或工程项目环境影响事件链条。如果这三个方面出现遗漏或问题，这种工程项目环境影响综合评分的方法就不够全面。

10.3.3.3　工程项目环境综合影响评价的信度和效度

工程项目环境影响的综合评价要真正做到可信性和有效性，通常是十分困难的。J. Boyle 最早提出了保证工程项目环境影响综合评价有效性的七项基本要素，并认为这可以保障工程项目环境影响综合评价的信度和效度。有效性检验方法主要包括如下工作：

（1）预先的综合评价设计和安排。在工程项目酝酿和提出建议书阶段就应考虑工程项目环境影响的综合评价，以使其能够与工程项目的经济和技术可行性研究以及区域经济规划同步进行和相互协调。

（2）以工程项目和工程项目方案筛选为导向。工程项目环境影响综合评价要用于对工程项目和工程项目方案的筛选和界定，以保证将工程项目或工程项目方案的评价重点置于对环境有重大影响的工程项目及其影响的评价上。

（3）要全面考虑工程项目的环境效益。要恰当地识别和预测出可能出现的工程项目对环境的负面影响以及确切地提出避免和消减这些影响的环保措施。当然也应该同时识别和预测工程项目潜在的环境效益。

（4）以多个备选工程项目或方案为对象。应该提出多个备选工程项目位置和设计方案，以便对它们进行环境影响的比较和评价，并从中选出合理和负面影响小而可获取正面环境效益的工程项目和工程项目方案。

（5）以消除工程项目环境负面影响为主。在工程项目的评审和审批的过程中应强调必须有避免、消除或补偿工程项目环境负面影响，同时兼顾设法获取工程项目环境正面效益的可操作性的工程项目方案内容。

（6）要有必要的公共参与评价。必须充分考虑受工程项目影响的个人和社区团体的意向和保证他们在工程项目环境影响中的损失补偿，必须强调工程项目环境影响评价各个阶段都应该有公众参与。

（7）要为工程项目环境影响管理服务。必须实施适宜的工程项目环境影响警戒、监测和管理措施，以避免、消除和控制负面的工程项目环境影响，并且从长期来看要能够获得工程项目环境影响的效益。

工程项目的环境影响综合评价是整个工程项目评价中的一个重要内容，由于人类所处环境的唯一性决定了工程项目活动必须建立在尽量不对工程项目环境造成负面影响的基础上。对于一些对环境危害不大但又必须实施的工程项目，一定要制定出对工程项目环境负面影响的环保补救措施，以减少工程项目建设和运行对环境的危害。从人类生存的角度上讲，投资工程项目的根本目的是为了更好地生活，而如果破坏了生存的环境，那么投资和开发工程项目就没有意义了。这实际是一个人类长期利益和短期利益问题，工程项目环境影响评价是人类为珍惜自己的生存环境所必须开展的工程项目可行性评价的重要内容。

复习思考题

10-1　何谓工程项目环境影响及其评价?
10-2　工程项目环境影响评价的基本原则是什么?
10-3　我国环境影响评价管理制度的特点是什么?
10-4　工程项目环境影响评价的工作程序有哪些?
10-5　工程项目环境影响评价包括哪些内容?
10-6　工程项目环境影响评价的技术方法有哪些?
10-7　工程项目环境影响综合评价应遵循哪些原则?
10-8　常用的工程项目环境影响综合评价方法有哪些?
10-9　工程项目环境影响综合评价的有效性检验方法有哪些?

11　工程项目后评价

本章概要：工程项目后评价是指对已经完成的项目在一定时期内，对其目的、执行过程、效益、作用和影响所进行的系统、客观分析。本章介绍了工程项目后评价的概念、作用等内容，阐述了工程项目后评价的工作内容、工作程序和方法，并对工程项目后评价的综合结论与报告给出了示例。

11.1　工程项目后评价概述

11.1.1　工程项目后评价的概念

工程项目后评价又称事后评价，是指工程项目建成投产并运行一段时间（一般 2 年）后，对项目立项、准备、决策、实施直到投产运行全过程的工程活动进行总结评价，对工程项目取得的经济效益、社会效益和环境效益进行综合评价，从而作为判别项目目标实现程度的一种方法。工程项目的后评价是对项目决策前的评价报告及其设计文件中规定的技术经济指标进行再评价，并通过对整个工程项目建设过程各阶段工作的回顾，对工程项目全过程的实际情况（施工建设、投产经营等）与预计情况进行比较研究，衡量分析实际情况与预计情况发生偏离的程度，说明项目成功与失败的原因，全面总结工程项目管理的经验与教训。再将总结的经验教训反馈到将来的项目中去，作为其参考和借鉴，为改善项目管理工作和制订科学合理的工程计划及各项规定提供重要的依据和改进措施，以达到提高项目投资决策水平、管理水平和投资效益的目的。工程项目后评价不仅是工程项目建设程序中的一个重要工作阶段，而且是工程项目管理工作中不可缺少的组成部分和重要环节。

11.1.2　工程项目后评价的特点

工程项目后评价不同于项目决策前的可行性研究和项目的评价（即前评价）。由于评价时点的不同，后评价具有以下特点：

（1）现实性。工程项目后评价是对工程项目投产后一段时间所发生情况的一种总结评价。它分析研究的是项目的实际情况，所依据的数据资料是现实发生的真实数据或根据实际情况重新预测的数据，总结的是现实存在的经验教训，提出的是可实行的对策措施。工程项目后评价的现实性决定了其评价结论的客观可靠性，而项目前评价分析研究的是项目的预测情况，所采用的数据都是预测数据。

（2）公正性和独立性。后评价必须保证公正性和独立性，这是一条重要的原则。公正性标志着后评价及评价者的信誉，应避免在发生问题、分析原因和做结论时避重就轻，受项目利益的束缚和局限，作出不客观的评价。独立性标志着后评价的合法性。后评价应从项目投资者和受益者或项目业主以外的第三者的角度出发独立地进行，特别是要避免项目决策者和管理者自己评价自己的情况发生。公正性和独立性应贯穿后评价的全过程，即从后评价项目的选定、计划的编制、任务的委托、评价者的组成，到评价过程和撰写报告。

（3）可信性。后评价的可信性取决于评价者的独立性和经验以及资料信息的可靠性和评价方法的实用性。可信性的一个重要标志是应同时反映出项目成功的经验和失败的教训，这就要求评价者具有广泛的阅历和丰富的经验。同时，后评价也提出了“参与”的原则，要求项目执行者和管理者参与后评价，以利于收集资料和查明情况。为增强评价者的责任感和可信度，评价报告要注明评论者的姓名。评价报告要说明所用资料的来源或出处，报告的分析和结论应有充分可靠的依据。评价报告还应说明评价所采用的方法。

（4）全面性。工程项目后评价的内容具有全面性，即不仅分析项目的投资过程，还分析其生产经营过程，不仅分析项目的投资经济效益，还分析其社会效益、环境效益等。另外，它还分析项目经营管理水平和项目发展的潜力。

（5）透明性。透明性是后评价的另一项重要原则。从可信性来看，后评价的透明度越大越好，因为后评价往往需要引起公众的关注，对投资决策活动及其效益实施更有效的社会监督。从后评价成果的扩散和反馈的效果来看，成果及其扩散的透明度也是越大越好，以便使更多的人能够借鉴过去的经验教训。

（6）反馈性。工程项目后评价的目的在于对现有情况的总结和回顾，并为有关部门反馈信息，以利于提高工程项目决策和管理水平，为以后的宏观决策、微观决策和建设提供依据和借鉴。因此，后评价的最主要特点是具有反馈特性。项目后评价的结果需要反馈到决策部门，作为新项目的立项和评价基础以及调整工程规划和政策的依据，这是后评价的最终目的。因此，后评价结论的扩散以及反馈机制、手段和方法成为后评价成败的关键环节之一。国外一些国家建立了“项目管理信息系统”，通过项目周期各个阶段的信息交流和反馈，系统地为后评价提供资料和向决策机构提供后评价的反馈信息。

11.1.3 工程项目后评价与前评价的区别

工程项目后评价的特点决定了它与工程项目前评价有较大的差别，主要体现在以下几个方面：

（1）评价主体不同。工程项目前评价是由工程主体（投资者、贷款决策机构、项目审批机构等）组织实施的；而工程项目的后评价则是以工程运行的监督管理机构、单独设立的后评价机构或决策的上一级机构为主，会同计划、财政、审计、设计、质量等有关部门进行。这样一方面可保证工程项目后评价的全面性，另一方面也可确保后评价工作的公正性和客观性。

（2）评价的侧重点不同。工程项目前评价主要以定量指标为主，侧重于项目的经济效益分析与评价，其作用是直接作为项目投资决策的依据；而后评价则要结合行政、法律、经济、社会、建设、生产、决策和实施等方面的内容进行综合评价。它以现有事实为依据，以提高经济效益为目的，对项目实施结果进行鉴定，并间接作用于未来项目的投资决策，为其提供反馈信息。

（3）评价的内容不同。工程项目前评价主要是对项目建设的必要性、可行性、合理性及技术方案和建设条件等进行评价，对未来的经济效益和社会效益进行科学预测；而后评价除了对上述内容进行再评价外，还要对项目决策的准确程度和实施效率进行评价，对项目的实际运行状况进行深入细致的分析。

（4）评价的依据不同。工程项目前评价主要依据历史资料和经营数据以及国家和有关部门颁发的政策、规定、方法、参数等文件；而项目的后评价则主要以已经建成投产后一段时间内，项目全过程（包括项目的工程实施期）的总体情况为依据进行评价。

（5）评价的阶段不同。工程项目的前评价在项目决策前的前期工作阶段进行，是项目前期工作的重要内容之一，它为项目投资决策提供依据；而后评价则是在项目建成投产后一段时间里，对项目全过程（包括项目的工程实施期和生产期）的总体情况进行的评价。

总之，工程项目的后评价不是对项目前评价的简单重复，而是依据国家政策和制度的规定，对工程项目的决策水平、管理水平和实施结果进行的严格检验和评价。它是在与前评价进行比较分析的基础上，总结经验教训，发现存在的问题并提出对策措施，促使项目更好更快地发挥效益和健康地发展。

11.1.4 工程项目后评价的作用

从上述工程项目后评价的定义、特点及与前评价的差别中可以看出、工程项目的后评价在提高项目决策的科学化水平、改进项目管理水平、监督项目的正常生产经营、降低工程项目的风险和提高投资效益水平等方面发挥着非常重要的作用。

具体地说，工程项目后评价的作用主要表现在以下几个方面：

（1）总结工程项目建设管理的经验教训，对项目本身有监督和促进作用。工程项目管理是一项十分复杂的综合性的工作活动。它涉及计划、主管部门，银行，物资供应部门，勘察设计部门，施工单位，项目和有关地方行政管理部门等较多单位。项目能否顺利完成并取得预期的工程经济效果，不仅取决于项目自身的因素，而且还取决于这些部门能否相互协调、密切合作、保质保量地完成各项任务和工作。工程项目后评价通过对已建成项目的分析研究和论证，较全面地总结项目管理各个环节的经验教训，指导未来项目的管理活动。不仅如此，通过工程项目后评价，针对项目实际效果所反映出来的项目建设全过程（从项目的立项、准备、决策、设计实施和投产经营）各阶段存在的问题提出切实可行的、相应的改进措施和建议，促进项目运营状况正常化，使项目尽快实现预期的效益目标，更好地发挥其效益。同时，对于一些决策失误，或投产后经营管理不善，或环境变化造成生产、技术、经济状况处于困境的项目，通过后评价为其找出生存和发展途径，这样也会对现有工程项目起到一定的监督作用。

（2）提高项目投资决策的科学化水平，对项目决策有着示范和参考作用，有利于降低项目的工程风险程度。工程项目的前评价是项目投资决策的依据，但前评价中所作的预测和结论是否准确，需要通过项目的后评价来检验。因此，通过建立和完善项目的后评价制度和科学的方法体系，一方面可使决策者和执行者预先知道自己的行为和后果要受到事后的审查和评价，从而增强他们的责任感，促使评价和决策人员努力做好前评价工作，提高项目预测的准确性。另一方面，可通过项目的后评价的反馈信息，及时纠正项目决策中存在的问题，从而提高未来工程项目决策的准确程度和科学化水平，并对类型相似的工程项目决策起到参考和示范作用。

（3）为国家制订工程计划、产业政策和技术经济参数提供重要依据，对国家建设项目的工程管理工作起着强化和完善作用。

通过工程项目的后评价，能够发现工程宏观管理中存在的某些问题，从而使国家可以及时地修正某些不适合经济发展的技术经济政策，修订某些已经过时的指标参数。同时，国家还可以根据项目后评价所反馈的信息，合理确定工程规模和工程流向，协调各产业、各部门之间及其内部的各种比例关系。此外，国家还可以充分运用法律、经济和行政的手段，建立必要的法规、制度和机构，促进工程管理的良性循环。

11.2 工程项目后评价的基本内容

不同类型、不同时点的工程项目后评价在评价内容和深度上是有差别的。这里结合国外先进经验和我国的实际情况，仅就一般工业项目后评价的基本内容进行探讨。工程项目后评价是以工程项目前评价所确定的目标和各项指标与工程项目实际实施结果之间的对比为基础。因此，工程项目后评价的基本内容大体上与前评价的内容类似。

11.2.1 工程项目前期工作的后评价

工程项目前期工作的质量对工程项目成功与否影响重大，因此前期工作后评价是整个工程项目后评价的重点。其任务是评价工程项目前期工作的实绩，分析和总结工程项目前期工作的经验教训。其意义在于分析研究前期工作失误在多大程度上导致工程项目实际效果与预测目标的偏差及其原因，从而为今后加强工程项目前期工作管理积累经验。其主要有以下几方面内容：

(1) 工程项目筹备工作的评价。从分析工程项目筹建计划入手，重点考核和评价工程项目筹备工作效率，并总结其经验教训。具体应考查：工程项目筹建机构、领导班子及其他人员构成、素质情况；各项工作制度和岗位责任明确落实情况；筹建机构的设立情况及选择机构的具体方式（招标或行政指定等)。

(2) 工程项目决策的评价。具体包括：工程项目可行性研究单位资格及委托方式审查；工程项目可行性研究的依据、实际经历的时间、研究的内容和深度等；工程项目决策程序、决策效率和质量如何等。

(3) 场址选择的评价。具体包括：场址的选择是否符合国家建设布局及城镇建设规划的要求；是否有利于环境保护和维护生态平衡；工程地质、水文地质等自然条件是否符合建厂和实际生产经营的要求；是否有利于开展生产技术协作的要求；多方案比较及选择情况；厂址选择对项目实际投资效益的影响等。

(4) 征地拆迁工作的评价。具体包括：征地拆迁工作进度是否按计划要求完成；征地标准、数量及拆迁过程等是否符合相关规定。

(5) 勘察设计工作的评价。具体包括：勘察设计单位资格和信誉状况及设计单位配合组织情况；委托设计合同；设计的效率及其对项目建设的影响；设计的质量、依据、标准、规范、定额等是否符合国家规定，是否满足建设单位和施工单位的实际需要；设计方案在技术上的可行性和经济上的合理性。

(6) 委托施工的评价。具体包括：招标投标方法及过程是否合规；施工队伍的资格审查情况及总、分包形式的运用；施工合同及合同执行情况。

(7) 土地开发工作的评价。具体包括：工作是否按计划完成及其原因；费用开支是否符合国家的有关规定。

(8) 资金落实情况的评价。具体包括：自筹资金来源是否正当、可靠，是否做到先存后用；社会集资额目标是否完成，是否有国家有关部门批准的文件；银行贷款资金及与银行签订的有关合同情况；资金总额是否符合项目开工建设的要求，有无追加投资，原因何在。

(9) 物资落实情况的评价。具体包括：主要建筑材料在开工前是否落实，供货货源和合同规定的时间是否适应建设进度的需要，实际供货是否违约、违约原因及其给项目建设带来的影响；项目所需成套设备到货情况，有无盲目订货现象；各类物资订货时是否遵循事先调查、货比三家的原则。实际货款有无超出计划（预测）的规定，其原因何在。

11.2.2　工程项目实施后评价

工程项目实施阶段是工程项目财力、物力集中投入和消耗过程，也是固定资产逐步形成时期，它对工程项目能否发挥投资效益有着十分重要的意义。工程项目实施后评价的任务是评价工程项目实施过程中各主要环节的工作实绩，分析和总结工程项目实施管理中的经验和教训，其意义在于分析和研究工程项目实际投资效益与预计投资效益的偏差在多大程度上是由工程项目实施过程中造成的，原因何在。主要有以下几方面内容：

(1) 工程项目开工的评价。具体包括：工程项目开工条件、手续是否齐备；工程项目实际开工时间与计划的开工时间是否相符；提前或延迟的原因及其对工程项目投资效益发挥的影响。

(2) 施工项目组织与管理的评价。具体包括：施工组织方式是否科学合理；施工项目经理承包责任制的实际绩效；施工项目进度、控制方法及其成效；施工进度提前或延误的原因、补救措施及其成效；施工项目成本及其控制；施工技术与方案的制订依据及其对施工项目进度和成本的影响。

(3) 工程项目建设资金供应与使用情况的评价。具体包括：建设资金供应状况；建设资金运用和占用情况是否符合规定；考核和分析全部资金的实际使用效率。

(4) 工程项目建设工期的评价。具体包括：各单位工程实际开、竣工日期；提前或推迟的原因以及与计划工期或同类项目产生偏差的原因；建筑安装单位工程的施工工期；投产前生产准备工作情况及其对建设工期的影响。

(5) 工程项目建设成本的评价。具体包括：主要实物工程量的实际数量是否超出预计数量及其原因；设备、工器具购置数量，其他基本建设费用中的土地征用数量以及项目临时设施工程的数量等是否与预计情况相符，导致不符的原因及对建设成本的影响；主要材料实际消耗量、材料实际购进价格及其对建设成本的影响；各项管理费用的取费标准。

(6) 工程项目工程质量和安全情况的评价。具体包括：实际工程质量状况及是否达到设计规定或其他同类工程项目质量标准，原因何在；设备及其安装工程质量能否保证投产后正常生产的需要；有无重大质量事故、产生事故的原因及造成的经济损失；工程安全情况，发生安全事故的原因及其影响。

(7) 工程项目变更情况的评价。具体包括：项目范围变更与否、变更原因及其影响；项目设计变更与否、变更原因及其影响。

(8) 工程项目竣工验收的评价。具体包括：工程项目竣工验收组织工作及其效率；工程项目竣工验收的程序；工程项目竣工验收标准及其对工程项目投资效益的影响；工程项目竣工验收各项技术资料的完备性及整理、立档、保存等情况；工程项目投资包干、招标投标的特色、有关合同执行情况、合同不能履行的原因；收尾工程和遗留问题的处理情况及其对工程项目投资效益的影响。

（9）同步建设的评价。具体包括：相关项目在时间安排上是否同步，不同步的原因及对项目投资效益的影响；建设项目所采用的技术与前序、后序项目的技术水平是否同步，不同步的原因及对项目投资效益的影响；相关项目之间的实际生产能力的协调、配套状况，不配套的原因何在，及其对项目投资效益的影响；建设项目内部各单项工程之间工程建设速度、技术水平、生产能力配套状况及原因。

（10）工程项目生产能力和单位生产能力投资的评价。衡量项目实际生产能力通常从设备的负荷能力、各主要生产车间平衡后生产能力、辅助工程和配套工程及设施的适应生产能力等方面进行。具体包括：项目实际生产能力与设计生产能力的偏差情况、产生原因及对项目投资效益的影响；项目实际生产能力与产品实际成本的关系及项目所形成的生产规模是否处在最优的经济规模区间；项目实际生产能力与产品实际市场需求量的关系；项目实际生产能力与实际原材料来源和燃料、动力供应及交通运输条件是否相适应，对项目投资效益的影响；实际单位生产能力投资与预计的或其他同类项目实际的单位生产能力投资的偏差。

11.2.3 工程项目运营后评价

工程项目运营阶段是实现和发挥工程项目投资效益的阶段，在整个项目中占有十分重要地位。工程项目运营后评价是通过工程项目投产后的有关实际数据资料或重新预测的数据，研究建设项目实际投资效益与预测情况或其他同类项目投资效益的偏重程度及其原因，系统地总结项目投资的经验教训，并为进一步提高项目投资效益提出切实可行的建议。主要有以下几个方面内容：

（1）企业经营管理状况的评价。具体包括：企业投产以来经营管理机构的设置与调整情况（包括领导班子和人员配备）；经营管理的主要策略及其实施的效果；现行管理规章制度情况等。

（2）工程项目产品方案的评价。具体包括：工程项目投产后到项目后评价时点为止的产品规格和品种的变化情况；产品方案调整的次数、依据及其对工程项目投资效益的影响；现行的产品方案能否适应消费对象的消费需求；产品销售方式的选择及其对产品销售的影响。

（3）工程项目达产年限的评价。具体包括：计算工程项目实际达产年限；与设计的或前评价预测的达产年限进行比较，计算实际达产年限的变化情况及其原因；工程项目超前或拖延达产年限的变化所带来的实际效益或损失等。

（4）工程项目经济效益后评价，即财务后评价和国民经济后评价。其评价的内容与项目前评价无大的差别，但项目后评价时应注意：

1）工程项目前评价采用的是预测值，工程项目后评价则采用实际值，并按统计学原理加以处理，对后评价时点以后的流量作出新的预测。

2）当财务现金流量来自财务报表时，对应收而未实际收到的债权和非货币资金都不可计为现金流入，只有当实际收到时才作为现金流入。同理，应付而实际未付的债务资金不能计为现金流出，只有当实际支付时才作为现金流出。必要时，要对实际财务数据作出调整。

3）对工程项目后评价采用的财务数据要剔除物价上涨的因素。

工程项目经济效益后评价主要包括以下两方面内容：

1）工程项目财务后评价，包括盈利能力再分析、清偿能力再分析和敏感性再分析。盈利能力再分析通过测算财务内部实际收益率和实际财务净现值等指标，将项目运行的经济结果与项目前评价的相应指标进行对比分析，并与行业基准收益率或项目贷款利息率、社会折现率或中央银行的同期贴现率等进行对比，用以评价项目实际经济效益的好坏。清偿能力再分析主要通过项目的损益与利润分配表和资产负债表中的相关数据考查，如负债资产比率等指标用以鉴别项目是否具有财务上的持续能力。敏感性再分析是指在后评价时点以后的敏感性分析，主要通过对成本和销售收入两个因素的分析来评价项目的持续性。

2）工程项目国民经济后评价是从国家或地区的整体角度考查项目的费用和效益，采用国际市场价格、价格转换系数、实际汇率和贴现率等参数对后评价时点以前各年度项目实际发生的效益和费用加以核实，并对后评价时点以后的效益和费用进行重新预测，计算出主要评价指标如经济内部收益率（*EIRR*）等，将之与前评价的结论相比较，分析项目的决策质量，并对项目的效益作出评价，以指明项目的持续性和重复的可能性。

（5）对工程项目可行性研究水平进行综合评价。主要包括：考核项目实施过程的实际情况与预测情况的偏差；考核项目预测因素的实际变化与预测情况的偏离程度；考核可行性研究各假设条件与实际情况的偏差；考核实际投资效益指标与预测投资效益指标的偏离程度；考核项目实际敏感性因素和敏感性水平；对可行性研究深度进行总体评价。

11.2.4 工程项目影响后评价

工程项目影响评价包括经济影响后评价、环境影响后评价和社会影响后评价。

（1）经济影响后评价主要分析评价工程项目对所在地区、所属行业和国家产生的经济方面的影响。进行经济影响再评价要注意把项目效益评价中的国民经济再评价区分开来，避免重复计算。评价的内容主要包括分配、就业、国内资源成本（或换汇成本）、技术进步等。由于经济影响再评价的部分因素难以量化，一般只能做定性分析，一些国家和组织把这部分内容并入社会影响评价的范畴。

（2）环境影响后评价是指遵照国家环保法的规定，根据国家和地方环境质量标准和污染物排放标准以及相关产业部门的环保规定，对照工程项目前评价时批准的《环境影响报告书》，重新审查项目环境影响的实际结果，审核项目环境管理的决策、规定、规范、参数的可靠性和实际效果。同时对未来进行预测。

对有可能产生突发性事故的工程项目，要有环境影响的风险分析。主要包括：

1）污染控制。具体包括：工程项目的废气、废水和废渣及噪声是否在总量和浓度上都达到了国家和地方政府颁布的标准；项目选用的设备和装置在经济和环保效益方面是否合理；项目的环保治理装置是否做到了“三同时”并运转正常；项目环保的管理和监测是否有效等。

2）对地区环境质量的影响。环境质量评价要分析对当地环境影响较大的若干种污染物，这些物质与环境背景值相关，并与项目的“三废”排放有关。环境质量指数是主要的衡量指标之一。

3）自然资源的利用和保护。资源利用分析的重点是节约能源、节约水资源、节约土地和资源的综合利用等。对于上述内容的管理条例和评价方法，世行和各国的环保部门大都已制定了有关的规定和办法，项目后评价原则上应按这些条例和方法进行分析。

4）对生态平衡的影响。项目对生态平衡的影响主要包括：人、植物和动物种群，特别是珍稀濒危的野生动植物；重要水源涵养区；具有重大科教文化价值的地质构造、气候；可能引起或加剧的自然灾害和危害等。

5）环境管理。包括环境监测管理、“三同时”和其他环保法令、条例的执行；环保资金、设备及仪器仪表的管理；环保制度和机构、政策和规定的评价；环保的技术管理和人员培训等。

工程项目环境影响后评价应着重分析随着项目的进程和时间的推进所发生的变化，此外项目所在地区的环境背景差别很大，工程废弃物各不相同，因此，评价者要分析特定项目的这些不同点，找出影响因素中不同因子，赋以权重系数进行综合评价。

（3）社会影响后评价是对项目在社会经济、发展方面有形和无形的效益与结果的一种分析，重点评价项目对国家（或地区）社会发展目标的贡献和影响，包括项目本身和对周围地区社会的影响。评价的内容包括持续性、机构发展、参与、妇女、平等和贫困六个方面。当然，根据项目需要和各国的现状，应区别不同情况分类进行重点的要素评价。具体内容包括：

1）就业影响，包括项目的直接就业效果和间接就业效果。

2）居民的生活条件和生活质量，包括：居民收入的变化；人口和计划生育；住房条件和服务设施；教育和卫生；营养和体育活动；文化、历史和娱乐等。

3）地区收入分配影响，即项目对当地公平分配和扶贫政策的影响。

4）项目实际受益者范围及其受益程度、受益水平和反应等。

5）当地妇女地位、民族状况和宗教信仰等。

6）地方社区的发展，包括项目对当地城镇、地区基础设施建设和未来发展的影响。

7）当地政府和居民对项目的参与程度。

11.2.5 工程项目持续性评价

工程项目持续性评价是指工程项目建设完成投入运行之后，工程项目的既定目标是否能按期实现，工程项目是否可以持续保持产生较好的效益，接受投资的工程项目业主是否愿意并可以依靠自己的能力继续实现既定的目标，工程项目是否具有可重复性等方面作出评价。主要包括：

（1）政府政策因素。包括参与该项目的政府部门各自作用和目的，对项目目标的理解是什么，根据这些目的所提出的条件和各部门的政策是否符合实际，如果不符合实际，需要做哪些修改，政策的多变是否影响到该项目的持续性。

（2）管理、组织和参与因素。如工程项目管理人员的素质和能力、管理机构和制度、组织形式和作用、人员培训等对持续性影响。

（3）经济财务因素。在持续性分析中应注意：

1）评价时点之前的所有工程项目投资都应作为沉没成本不再考虑。工程项目是否持续的决策应在对未来费用和收益的合理预测以及项目投资的机会成本（重估值）基础上作出。

2）要通过工程项目的资产负债表等来反映工程项目的投资偿还能力，并分析和计算项目是否可以如期偿还贷款和它的实际还款期。

3）通过工程项目未来的不确定性分析来确定工程项目持续性的条件。

（4）技术因素。主要包括技术因素对于项目管理和财务持续性的影响，在技术领域的成果是否可以被接受并推广应用。对照前评价确定的关键技术内容和条件，分析当地实际条件是否满足所选择技术装备的需求，并分析技术选择与运转操作费用的关系，新产品的开发能力和使用新技术的潜力等。

（5）社会文化因素。主要分析工程项目的施工、建设和运行，对所在地区风俗习惯、宗教信仰、文化水平、教育程度、技术水平等方面带来的影响，以及这种影响对项目未来的持续发展，地区社会经济的持续发展的作用情况。

（6）环境和生态因素。这两部分的内容与项目影响评价的有关内容类同。但是持续性分析应特别注意这两方面可能出现的反面作用和影响，从而可能导致项目的终止以及值得今后借鉴的经验和教训。

11.3　工程项目后评价的工作程序和方法

11.3.1　工程项目后评价程序

工程项目后评价一般包括如下几个基本步骤：

（1）立项阶段。立项阶段的主要任务是明确后评价的具体对象、评价目的及具体要求。项目后评价的任务由国家计划部门、银行贷款部门、项目主管部门提出，也可由项目投资者或项目自身管理部门提出。项目后评价立项阶段的主要工作内容，便是由这些有关部门以项目后评价任务书的形式或以项目后评价委托书的形式向有关部门下达。

（2）筹划准备阶段。项目后评价的筹划准备阶段是指后评价任务立项后，即后评价任务书或委托书下达后，为实施项目后评价任务而进行的一系列准备工作。具体包括：

1）项目后评价机构的组建。项目后评价机构是一个由项目评价专家组成的，包罗技术、经济、社会、环境各方面专门人才的临时机构，一般称之为项目评价组。项目评价组的规模取决于项目本身的规模和项目后评价深度的要求。一般来说，项目规模越大，后评价深度要求越高，评价组的人数也越多。通常的中小型项目，5~7人，较大型的项目，10人以上，超大型项目，评价组人数可达数十人。项目后评价机构是为承担具体项目的后评价任务而组建的。随着项目后评价任务的完成，该机构的存在自然失去意义。项目后评价的许多内容是对该项目前期策划，尤其是可行性研究工作的审核与评价，因而，在组建评价组时，要注意回避原则。即一般而言，参与该项目策划、决策、可行性研究、施工、管理的有关机构或人员，不宜参加该项目的后评价组。

2）项目后评价、计划的制订。项目后评价组成立后的首要工作便是依据评价任务书（或评价委托书）的要求和该项目的具体情况制订该项目的后评价计划。项目后评价计划的具体内容主要包括进度安排、评价内容、范围与深度要求，经费预算与评价方法的确定，选定评价指标，并视其在综合评价中的地位确定其权重系数等。

(3) 调查研究阶段。调查研究阶段的主要任务是信息资料的收集、原始数据的采集以及各种数据资料的分析与处理。常用的信息资料主要有：

1) 关于项目开发建设的资料。如项目建议书、可行性研究报告、项目策划阶段的市场调查资料、项目设计文件—项目概预算文件、项目决算报告、竣工验收报告、质量检验报告及与项目开发建设有关的各种合同文件。

2) 关于项目开发建设及生产运营的财务资料。如项目投资计划、资金筹措计划、现金流量表（预测值）、现金流量表（实际发生值）、收益表（预测值）、收益表（实际发生值）、生产经营利润、成本、税收、偿还贷款本息等。

3) 关于国民经济政策的资料。主要包括国家有关的产业政策、经济政策、税收政策、金融政策、资源政策、环境保护政策等。

4) 关于市场状况的资料。主要指与该项目产品有关的市场信息资料。如该产品的市场供求状况、价格状况、竞争状况，该项目产品的市场占有率、消费者的反馈信息等。

5) 关于项目环境影响的资料。指项目建设期和生产运营期的环境影响资料。包括环境监测报告、环境治理投入资料、周围社区群众反映资料等。

6) 关于国内外同行业的对比资料。指上述分析评价资料的国内外同类项目平均水平和先进水平的有关数据资料。

(4) 分析研究阶段。在掌握了大量的信息资料基础上，按照评价任务书（或评价委托书）的要求，对所需评价的内容，运用所选用的评价方法，逐项进行评价。再依据综合评价的程序和方法，对该项目进行系统的、全面的综合评价。

(5) 编制项目后评价报告阶段。将上述信息资料及分析研究、综合评价结果汇编整理，按项目后评价（即项目完成报告）报告的内容和形式，编制项目后评价报告。

11.3.2 工程项目后评价的基本方法

11.3.2.1 对比法

建设工程项目后评价的基本方法是对比法，即根据项目各阶段所预定的目标，从建设项目作用与影响效果与效益、实施与管理、运营与服务等方面追踪对比和分析评价。对比法有两种：“前后对比法”和“有无对比法”。

“前后对比法”国内存在两种说法，一是认为前后对比法就是对项目实施以前和实施以后所出现的经济效益进行对比，其差别反馈了以项目实施前后为分界的经济效益变化情况，但却没有考虑在没有投资情况下区域内可能会发生的情况变化，因此对于项目投资而带来的效益的反映有可能出现不全面、不真实，甚至弄不清有哪些效益是因为实施项目才带来的；二是认为前后对比法是指将项目前期的可行性研究和评价的预测结论，以及初步设计时的技术经济指标，与项目实际运行结果及在后评价时所做的新的预测结果相比较，以发现变化并分析原因。按照这种思路前后对比的结论不是项目产生的效益，而是用于揭示计划、决策和实施的质量。

“有无对比法”是对有项目实施和没有项目实施的经济效益进行比较，其差别就是因投资项目而产生的效益的真实增加量，它可以清楚地确定有多少效益是归功于该投资项目的，不过它也是假定没有项目的情况下，该地区没有大的政策变化和自然灾害等特殊情况。相对来说，“有无对比法”更能反映效益变化的真实情况。

（1）“前后对比法”和“有无对比法”。“前后对比法”是将项目实施之前与完成之后的情况加以对比，以确定项目效益的一种方法。在项目后评价中是指将项目前期可行性研究和评价的预测结论与项目实际运行结果相比较，以发现变化和分析原因。“有无对比”是指将项目实际发生的情况与若无项目可能发生的情况进行对比，以度量项目的真实效益、影响和作用。对比的重点是要分清项目作用的影响与项目以外作用的影响。用于项目的效益评价和影响评价，是项目后评价的一个重要方法论原则。“有”与“无”指的是评价的对象，即计划、规划或项目。方法论的关键是要求投入的代价与产出的效果口径一致，即所度量的效果要真正归因于项目。很多项目，特别是大型社会经济项目，实施后的效果不仅仅是项目的效果和作用，还有项目以外多种因素的影响，因此，简单的前后对比不能得出真正的项目效果结论。

（2）“有无对比法”。后评价中的效益评价任务就是要剔除那些非项目因素，对归因于项目的效果加以正确的定义和度量。由于无项目时可能发生的情况往往无法确定地描述，项目后评价中只能用一些方法去近似地度量项目的作用。理想的做法是在该受益范围之外找一个类似的“对照区（control area）”，进行比较评价。图 11-1 为有无对比示意图。

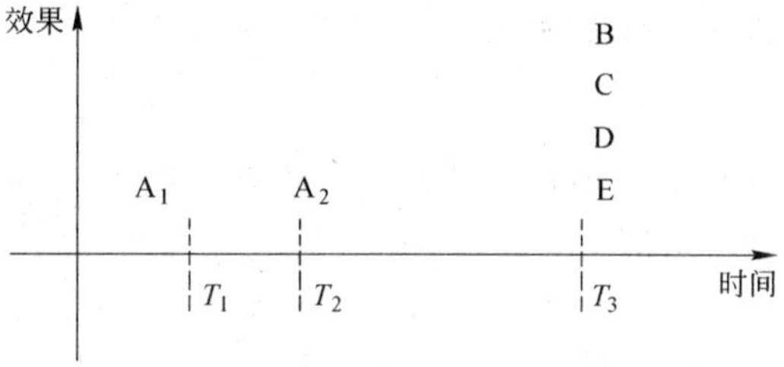

图 11-1　有无对比示意图

A_1—项目开工；A_2—项目完工；B—项目实际效果；C—项目的预测效果；D—无项目实际效果；E—无项目，外部条件与开工时相同；T_1—项目开工时间；T_2—项目完工时间；T_3—项目后评价时间

项目的“有无对比”不是“前后对比”（B/A_1 或 B/E），也不是项目实际效果与项目前预测效果之比（B/C），而是项目实际效果与无项目实际或可能产生的效果的对比（B/D）。“有无对比法”需要大量可靠的数据，最好有系统的项目监测资料，也可引用当地有效的统计资料。在进行对比时，先要确定评价内容和主要指标，选择可比的对象，通过建立比较指标的对比表，用科学的方法收集资料。

11.3.2.2　逻辑框架法

逻辑框架法（logical framework approach，LFA），是美国国际开发署（United States Agency for International Development，USAID）在 1970 年开发并使用的一种设计、计划和评价的工具。目前已有三分之二的国际组织把 LFA 法作为援助项目的计划管理和后评价的主要方法。LFA 法不是一种机械的方法程序，而是一种综合、系统地研究和分析问题的思维框架。

A　LFA 法的概述

a　LFA 法的基本概念

LFA 法是一种定性评价项目的方法，即用一张简单的框图来清晰地分析一个复杂项目的内涵和关系，使之更易理解。LFA 法是将几个内容相关、必须同步考虑的动态因素组合起来，通过分析其间的关系，从设计策划到目的、目标等方面来评价一项活动或工作。LFA 法为项目计划者和评价者提供一种分析框架，用以确定工作的范围和任务，并通过对项目目标和达到目标所需的手段进行逻辑关系的分析。LFA 法的核心概念是事物的因果关系，即"如果"提供了某种条件，"那么"就会产生某种结果，这些条件包括事物内在的因素和事物所需的外部因素。

b LFA 法的基本模式

LFA 法的模式是一张 4×4 的矩阵，基本模式如表 11-1 所示。

表 11-1 逻辑框架的基本模式

层次描述	客观验证指标	验证方法	重要假定条件
目标	目标指标	监测和监督手段及方法	实现目标的主要条件
目的	目的指标	监测和监督手段及方法	实现目标的主要条件
产出	产出物定量指标	监测和监督手段及方法	实现目标的主要条件
投入	投入物定量指标	监测和监督手段及方法	落实投入的主要条件

B LFA 法的层次和逻辑关系

a 层次

如表 11-1 所示。LFA 法把目标及因果关系划分为四个层次，即：

(1) 目标 (goal)。通常是指高层次的目标，即宏观计划、规划、政策和方针等，该目标可由几个方面的因素来实现。宏观目标是指国家、地区、部门或投资组织的整体目标，一般均超越了项目的范畴。这个层次目标的确定和指标的选择一般由国家或行业部门负责。

(2) 目的 (objectives or purposes)。目的是指"为什么"要实施这个项目，即项目直接的效果和作用。一般应考虑项目为受益目标群带来什么，主要是社会和经济方面的成果和作用。这个层次的目标由项目和独立的评价机构来确定，指标由项目确定。

(3) 产出 (outputs)。这里的"产出"是指项目"干了些什么"，即项目的建设内容或投入产出物一般要提供项目可计量的直接结果。

(4) 投入和活动 (inputs and activities)。该层次是指项目的实施过程及内容，主要包括资源的投入量和时间等。

b 垂直逻辑关系 (vertical logic)

以上四个层次由下而上形成了三个逻辑关系。第一级是如果保证一定的资源投入，并加以很好的管理，则预计有怎样的产出；第二级是项目的产出与社会或经济变化之间的关系；第三级是项目的目的对整个地区或甚至整个国家更高层次目标的贡献关联性。

如上所述，在 LFA 法中"垂直逻辑"可用来阐述各层次的目标内容及其上下间的因果关系，如图 11-2 所示。

C 水平逻辑关系 (horizontal logic)

LFA 法的垂直逻辑分析了评价项目的层次关系。每个层次目标的水平逻辑关系则由验证指标、验证方法和重要的假定条件所构成，从而形成了 LFA 法的 4×4 的逻辑框架。水

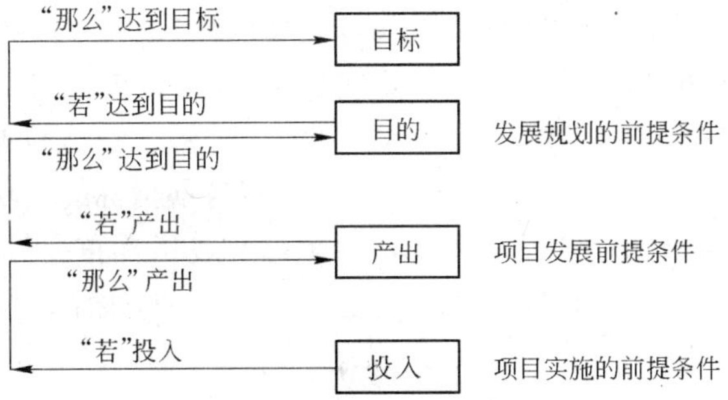

图 11-2 垂直逻辑中的因果关系图

平逻辑的三项内容主要包括：

(1) 客观验证指标 (objective verifiable indicators)。各层次应尽可能的有客观的、可度量的验证指标。包括数量、质量、时间及人员。在后评价时，一般每项指标应具有三个数据，即原来预测值、实际完成值、预测和实际间的变化和差距值。

(2) 验证方法 (means of verification)。包括主要资料来源 (监测和监督) 和验证所采用的方法。

(3) 重要假定条件 (important assumptions)。重要假定条件是指可能对项目的进展或成果产生影响，而项目管理者又无法控制的外部条件，即风险。这种失控的发生有多方面的原因，首先是项目所在地的特定自然环境及其变化。其次，政府在政策、计划、发展战略等方面的失误或变化给项目带来严重的影响。第三个是管理部门体制所造成的问题，使项目的投入产出与其目的目标分离。

工程项目的假定条件很多，一般应选定其中几个最主要的因素作为假定的前提条件。通常工程项目的原始背景和投入/产出层次的假定条件较少，而产出/目的层次间所提出的不确定因素往往会对目的/目标层次产生重要影响，由于宏观目标的成败取决于一个或多个工程项目的成败，因此，最高层次的前提条件是十分重要的。

11.3.2.3 成功度法

成功度评价法也就是通常所称的打分方法。成功度评价是依靠评价专家或专家组的经验，综合后评价指标的评价结果，对项目的成功程度做出定性的结论。成功度评价是以用逻辑框架法分析的项目目标的实现程度和经济效益分析的评价结论为基础，以项目的目标和效益为核心所进行的全面系统的评价。

(1) 项目成功度的标准。项目评价的成功度可分为五个等级，如表 11-2 所示。

表 11-2 项目成功度登记标准表

等级	内 容	标 准
1	完全成功	项目的各项目标已全面实现或超过；相对成本而言，项目取得巨大的效益和影响
2	成功 (A)	项目大部分目标已经实现；相对成本而言，项目达到了预期的效益和影响
3	部分成功 (B)	项目实现了原定的部分目标；相对成本而言，项目只取得了一定的效益和影响
4	不成功 (C)	项目实现的目标非常有限；相对成本而言，项目几乎没有产生效益和影响
5	失败 (D)	项目的目标是不现实的，无法实现；相对成本面言，项目不得不终止

（2）项目成功度的测定步骤和方法。项目成功度表（见表11-3）包括项目实施评价指标重要性和成功度。在评价具体项目的成功度时，评价人员首先根据具体项目的类型和特点，确定各评价指标相关重要程度，把它们分为“重要”、“次重要”、“不重要”三类，在表中第二栏里（相关重要性）填注。然后，再测定各项指标的成功度，采用打分制，即按（表11-2）评定标准分别用A、B、C、D表示。通过指标重要性分析和单项成功度的综合，可得到整个项目的总成功度指标，也用A、B、C、D表示，填在表的最底一行。

表11-3　成功度评价表

项目实施评价指标	相关重要性	成 功 度
经济适应性		
扩大生产能力		
管理水平		
人力资源		
⋮		
总成功度		

在具体操作时，项目评价组成员每人填好一张表后，对各项指标的等级进行内部讨论，或经过必要的数据处理，形成评价组的成功度表，再把结论写入评价报告。

11.3.2.4　*层次分析法*

层次分析法就是将研究对象和问题分解为不同的组成因素，按照各个因素之间的相互影响以及隶属关系自上而下、由高到低排列成若干层次结构，在每一个层次上依照某一特定准则，根据客观实际情况对该层次各因素进行分析比较，每一层要素的相对重要性进行定量表示，利用数学方法确定该层次各项因素的权重值，通过排序结果对问题进行分析和决策。通过这种方法可以把定性分析和定量分析有机地结合起来，并且使复杂的问题显得层次分明、相互关系清楚，便于逐个处理。

在进行项目后评价时，往往会遇到这样的情况，由于存在多种因素以不同的方式共同作用，影响着项目总体的目标或效果。运用层次分析法可将一个复杂的问题分解为它的组成部分或组成要素。例如，项目的目标、前提条件或约束、宏观政策、必须遵守的原则或准则、可供选择的技术方案等。按照要素的不同属性，可将这些因素组成相应的层次，上一个层次的因素对相邻的下一个层次的全部或某些因素起着支配作用，形成按层次从上到下的逐层支配关系，具有这种性质的层次称为递阶层次（见图11-3）。通过对问题的分析，建立一个有效的合理的递阶层次结构对于运用层次分析法解决系统评价问题具有决定性的意义。

根据以上分析，层次分析法可以作为一种定量化分析方法，应用于投资项目评价中。这是由于建设项目后评价往往涉及众多的因素和指标，并且各种指标的性质存在差异，表现形式也不完全一致，仅仅从单一指标去衡量或评价项目的实施效果未免有失偏颇，而运用层次分析法可从系统的角度对项目总体效果给出一个全面、客观的评价。

运用层次分析法的过程可基本归纳为以下五个步骤：根据项目评价的指标体系建立层次结构模型；构造判断矩阵；层次单排序；层次总排序；一致性检验。

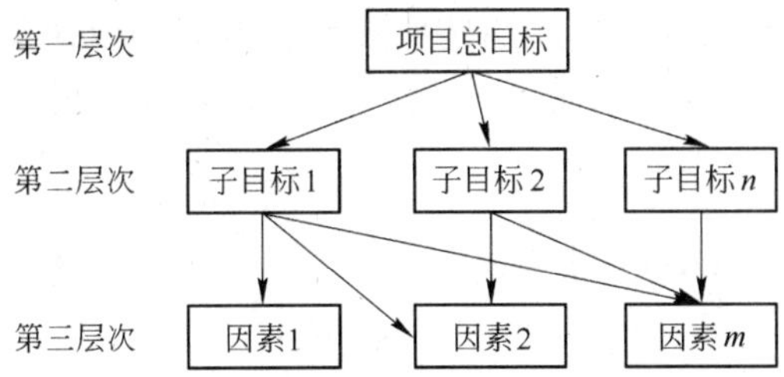

图 11-3　递阶层次结构示意图

11.3.2.5　因果分析法

项目后评价主要是在项目建设实施过程中或者是项目竣工投产后，对影响（或决定）项目成败和实施效果的主要技术经济指标以及有关政策法规、管理条例的执行情况进行跟踪调查、监督检查。由于一些投资项目建设周期较长，在此过程中，受社会经济发展变化国家政策等外部客观因素影响，以及项目执行或管理单位内部的一些主客观因素影响，导致项目的主要技术经济指标和可行性研究阶段以及勘察设计阶段预测结果发生一定的偏差，并对项目实施效果正在发生或已经发生较大影响。因此，在项目后评价时，为了及时发现问题、分析问题，提出解决问题的对策、措施和建议，就需要运用一定的方式方法，对这些变化进行因果分析。即主要通过对造成变化原因逐一进行剖析，分清主次及轻重关系，以便于总结经验教训，提出改进或完善的措施和建议。

（1）因果分析的对象。具体包括：

1）对投资项目管理法规条例及办事程序的执行情况分析。主要针对基建项目是否按照国家有关项目管理程序进行项目立项决策、勘察设计、资金筹措、项目招投标、施工组织管理、工程监理、竣工验收工作等环节进行分析。

2）工程技术及质量指标变化的因果分析。包括：设计方案变化；工期变化；资金来源及融资方式的变化；项目总投资及单项工程投资变化；工程建设数量及规模的变化；设施及设备技术标准的变化；设备采购方式的变化；技术设备引进及人员培训方式的变化；工程支付方式、时间及数量的变化。

3）经营方式、运营管理体制及经济效益指标变化。包括：项目经营方式的变化；项目运营管理体制的变化；项目投产后实际产量、产品结构与前期工作阶段及设计阶段预测值差距及变化；项目投产后市场及销售量与预测结果变化分析；项目经营（运营）管理成本变化分析；项目国民经济效益指标的变化；项目财务效益指标的变化等。

（2）因果分析图。因果分析可采用因果图的方式来实现。在评价一个投资项目的工程质量或效益等方面的技术经济指标时，由于若干因素的共同作用，在项目的设计、施工建设、运营管理过程当中，使得实际指标与前评价阶段预期的目标产生一定的差距，以至于影响到项目实施的总体目标或子目标。在这些复杂的原因当中，由于它们又不都是以同等效力作用于实施效果或指标的变化过程，必定有主要的、关键的原因，也有次要的或一般的原因。在项目评价中又不能对上述这些原因泛泛地一概而论，而必须从这些错综复杂的原因中整理出头绪，找出使指标产生变化的真正起关键作用的原因。因果分析图就是这样一种分析和寻找影响项目主要技术经济指标变化原因的简便有效的方法或手段。

因果分析图的工作步骤如下：

1）作图。从项目中首先要找出或明确所要分析的问题或对象，并画一条从左至右的带箭头的粗线条作为主干，表示要分析的问题。在箭头的右侧写出所要分析的问题或指标。如图 11-4 所示。

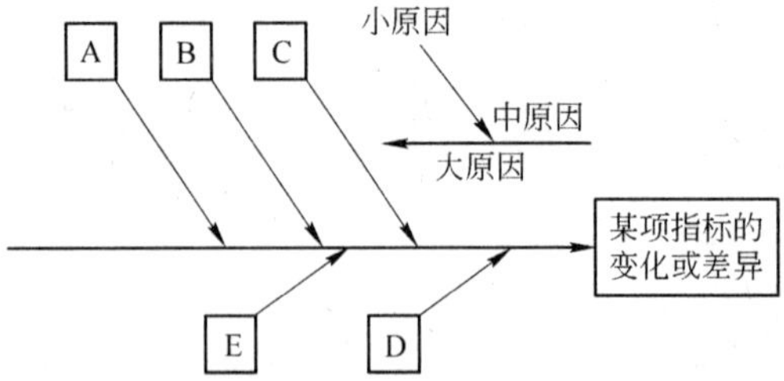

图 11-4　因果分析图

2）原因分类。将项目实施情况调查或考察中收集到的信息进行整理、分类。通常可按照问题的性质或属性进行分类。如：人的因素；技术条件因素（评价方法及技术、勘测设计技术、工程技术条件、运营管理技术等）；环境因素（社会环境、自然环境、经济环境、相关政策法规环境等）；实施方法因素（项目管理方式及方法、招投标管理、投融资管理、施工管理、工程监理、审计监督、运营管理等方面）；设备及材料的因素（设备、材料的选型及质量保障等）。

3）重要原因的标定。将通过对项目实地考察、调研或通过其他途径收集到问题和情况以及项目评价专家组成员提出的问题和对原因的分析进行集中整理和分类。一般可以按照外部因素和内部因素两大类分，也可以按照项目管理的主要环节进行分类。例如前期评价论证工作环节、立项审批程序环节、勘察设计环节、融资环节、项目招投标环节、工程建设实施及管理环节、建设资金使用情况、财务管理环节、竣工验收环节以及投产后运营管理环节等大原因进行分类，然后按照造成上述各环节变化的中原因和小原因依次罗列。其中，对于造成项目重大变化的，或对项目实施目标和效果产生重大影响的主要原因和核心问题加上突出的标记，以便于作为重点分析评价的对象。

11.3.2.6　模糊综合评价方法

A　模糊综合评价的基本原理

模糊综合评价是在考虑多种因素的影响下，运用模糊数学工具对某事物作出综合评价。设 $U = \{u_1, u_2, \cdots, u_m\}$，为刻画被评价对象的 m 种因素，$V = \{v_1, v_2, \cdots, v_n\}$，为刻画每一因素所处状态的 n 种决断。这里存在着两类模糊集，以主观赋权为例，一类是标志因素集 U 中诸元素在人们心目中的重要程度的量，表现为因素集 U 上的模糊权重向量 $\underline{\boldsymbol{A}} = \{a_1, a_2, \cdots, a_m\}$，另一类是 $U \times V$ 上的模糊关系，表现为 $m \times n$ 模糊矩阵 $\boldsymbol{R}$，这两类模糊集都是人们价值观念或偏好结构的反映。再对这两类集施加某种模糊运算，便得到 v 上的一个模糊子集 $\underline{\boldsymbol{B}} = \{b_1, b_2, \cdots, b_n\}$。因此模糊综合评价是寻找模糊权重向量 $\underline{\boldsymbol{A}} = \{a_1, a_2, \cdots, a_m\} \in F(U)$，以及一个从 u 到 v 的模糊变换 $\bar{f}$，即对每一因素 u，单独作出一个判断 $\bar{f}(u_i) = (r_{i1}, r_{i2}, \cdots, r_{im}) \in F(V), i = 1, 2, \cdots m$，据此构造模糊矩阵 $\underline{\boldsymbol{R}} = |r_{ij}|_{m\times n} \in F(U \times V)$，其中 r_{ij} 表示因素 u_i 具有评语 v_j 的程度，进而求出模糊综合评价 $\underline{\boldsymbol{B}} = \{b_1, b_2, \cdots, b_n\} \in F(V)$，其中 b_j 表示被评价对象具有评语 v_j 的程度，即 v_j 对模糊集 $\underline{\boldsymbol{B}}$ 的隶属度。

模糊综合评价的数学模型涉及三个要素：

（1）因素集 $U = \{u_1, u_2, \cdots, u_m\}$ 。

（2）决断集 $V = \{v_1, v_2, \cdots, v_n\}$ 。

（3）单因素判断 $\bar{f}: U \to F(V), u_i \to \bar{f}(u_i) = (r_{i1}, r_{i2}, \cdots, r_{im}) \in F(V)$ 。

由 $\bar{f}$ 可诱导模糊关系 $R_f \in F(U \times V)$ ，其中 $R_f(u_i, v_j) = \bar{f}(u_i)(v_j) = r_{ij}$ ，而由 R_f 可构成模糊矩阵

$$\underline{\boldsymbol{R}} = \begin{bmatrix} r_{11} & r_{12} & \cdots & r_{1n} \\ r_{21} & r_{22} & \cdots & r_{2n} \\ \vdots & \vdots & & \vdots \\ r_{m1} & r_{m2} & \cdots & r_{mn} \end{bmatrix} \tag{11-1}$$

对于因素集 U 上的权重模糊向量 $\underline{\boldsymbol{A}} = \{a_1, a_2, \cdots, a_m\}$ ，通过 $\underline{\boldsymbol{R}}$ 变换为决断集 V 上的模糊集 $\underline{\boldsymbol{B}} = \underline{\boldsymbol{A}} \cdot \underline{\boldsymbol{R}}$，于（$U, V, \underline{\boldsymbol{R}}$）构成一个综合评价模型，它像一个如图 11-5 所示的转换器。若输入一权重分配 $\underline{\boldsymbol{A}} \in F(U)$ ，则输出一个综合评价 $\underline{\boldsymbol{B}} = \underline{\boldsymbol{A}} \cdot \underline{\boldsymbol{R}} \in F(V)$ 。

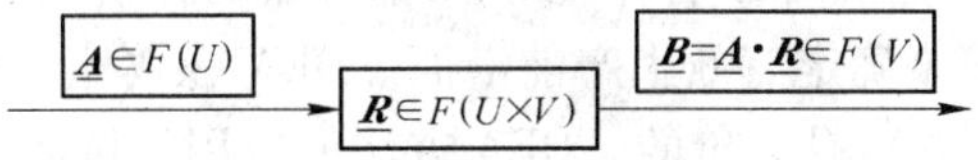

图 11-5　模糊转换器

B　模糊综合评价的基本步骤

模糊综合评价的基本步骤包括：

（1）确定评价对象集、因素集和评语集。根据实际需要确定评价的对象集、评价的因素集和评语集（即决断集）。

对象集：$O = \{o_1, o_2, o_3, \cdots, o_l\}$ ，因素集：$U = \{u_1, u_2, \cdots, u_m\}$ ，决断集：$V = \{v_1, v_2, \cdots, v_n\}$ 。

（2）建立 m 个评价因素的权重分配向量 $\underline{\boldsymbol{A}}$。评价因素集中的每个因素在“评价目标”中有不同的地位和作用，即各评价因素在综合评价中占有不同的比重，这个比重称为权重值。确定权重值的方法很多，可以采用专家咨询法、层次分析法或“相对重要程度相关等级计算法”等。

（3）计算隶属度，建立模糊关系矩阵。具体为：

$$\underline{\boldsymbol{R}} = \begin{bmatrix} r_{11} & r_{12} & \cdots & r_{1n} \\ r_{21} & r_{22} & \cdots & r_{2n} \\ \vdots & \vdots & & \vdots \\ r_{m1} & r_{m2} & \cdots & r_{mn} \end{bmatrix} \tag{11-2}$$

每一个评价对象都应建立一个综合评价矩阵 $\underline{\boldsymbol{R}}$，其中 $R_{ij} = (r_{i1}, r_{i2}, \cdots, r_{im})$ 为第 i 个因素 u_i 的单因素评价，所以 r_{ij} 表示第 $i(1 \leqslant i \leqslant m)$ 个因素 u_i ，在第 $j(1 \leqslant j \leqslant m)$ 个评语 v_j 上的频率分布，一般将其归一化使之满足 $\sum_{j=1}^{m} r_{ij} = 1$ 。

（4）进行复合运算得到综合评价结果。

$$\underline{\boldsymbol{B}} = \underline{\boldsymbol{A}} \cdot \underline{\boldsymbol{R}} \tag{11-3}$$

（5）计算每个评价对象的综合分值。如果是多个项目一起进行评价，还需要将所有对象的综合评价分值计算出来，然后进行排序，找出最优和最差的项目，然后进行对策的研究。

11.3.2.7 其他方法简介

近年来，由于国内外后评价的发展，形成了一些较新的方法：

(1) 人工神经网络法。在综合项目评价中，目标属性间的关系大多为非线性关系，一般的方法很难反映。难以描述评价方案各目标间的相互关系，更无法用定量关系式来表达它们之间的权重分配，只能提供各目标的属性特征，以及同类方案以往的评价结构。人工神经网络评价方法的前提之一，是利用已有方案及其评价结果，根据所给新方案的特征，就能对方案直接做出评价。神经网络的非线性处理能力存在于信息含糊、不完整、矛盾等复杂环境中，它所具有的自学习能力使得传统的专家系统最感困难的知识获取工作转化为网络的变结构调整过程，从而大大方便了知识的记忆和提取。通过学习，可以从典型事例中提取所包含的一般原则，学会处理具体问题，且对不完整信息进行补全。神经网络既具有专家系统的作用，又具有比传统专家更优越的性能。

(2) DEA 方法。DEA 方法是用来评价多个输入和多个输出的“部门”（成为决策单元）的相对有效性。DEA 方法可以看作是一种非参数的经济估计方法，实质是根据一组关于输入—输出的观察值来确定有效生产前沿面。DEA 有效性与相应的多目标规划问题的 Pareto 有效解（或非支配解）是等价的。DEA 方法的应用领域非常广泛，可以用于多种方案之间的有效性评价、技术进步评价、规模报酬评价及企业效益评价等。

(3) 灰色决策评价方法。邓聚龙教授根据因素间发展态势的相似或相异程度来衡量因素关联程度，提出了关联度分析法，随后又提出了灰色多目标决策问题，并做了探讨。刘思峰阐述了灰靶决策方法，即根据问题的要求确定一个靶心，通过求各方案的靶心距离来给方案排序。潘良明将层次分析法和模式识别技术引入灰色评价中，提出了灰色层次评价法。连育青等采用灰色关联分析法进行评价，即对方案中的灰数指标进行白化处理，将已经是白化值的属性值直接用于分析，有效地保护了已有信息，并减小了误差。

(4) 可拓决策评价方法。可拓决策评价方法是研究物元及其变化并用以解决矛盾问题的理论和方法。在物元分析基础上发展的多目标决策方法—可拓决策。它以可拓集合为数学工具，用关联函数来分析决策对象目标间的相容性，通过物元变换，化矛盾问题为相容问题，最大限度地满足主系统、主指标的要求，对非主系统中的矛盾问题进行物元变换，以此获得全局性的最佳决策。可拓决策不仅可以对已有的方案进行评价和优选，还可研究怎样产生更好的方案，它能够融合其他的决策技术，引入人工智能而将定量计算与定性分析相结合。

上述各种评价方法都有一定的局限性，综合运用则可提高评价结果的可靠性，是项目综合评价方法发展的途径之一。主要有两类：一种是在综合评价过程中同时使用几种评价方法，这样一般会得到不同的评价结果，然后对结果以一定的方法进行综合，进行最终评价；另一种是综合运用几种理论方法形成新的方法，是项目综合评价发展的方向。

11.4 工程项目后评价综合结论与报告

工程项目后评价报告应真实地反映情况，客观地分析问题，认真总结经验和教训。为了便于报告内容的分解以及计算机输入，工程项目后评价报告一般有相对固定的格式。另外工程项目后评价报告还必须满足信息反馈的需要。

工程项目后评价报告的重点是对工程项目执行情况的判别和分析，工程项目后评价的主要内容及其评价结果均应在报告中反映。如工程项目目标的实现程度、工程项目实施过程、工程项目效益、工程项目影响、工程项目可持续性的后评价及工程项目经验教训均应在报告中反映。

工程项目目标的实现程度一般分三个等级（成功、部分成功和不成功）。这三个等级的评价内容涉及宏观产业政策目标、财务目标、机构发展目标、实物目标、扶贫和其他社会目标、环境目标以及公共行业管理和私营行业发展等目标。工程项目的可持续性后评价可采用可持续、不可持续和尚不明确三个等级来评定。工程项目的经验教训主要讨论工程项目建设过程中有何成功的经验和失败的教训以及在工程项目未来发展中如何吸取这些经验教训，这些经验教训对类似或同类在建工程项目和未来待建工程项目有哪些借鉴作用。

下面以工业项目为例，介绍一般后评价报告所包括的内容。

（1）总论。说明项目后评价的目的、后评价工作的组织机构及管理、后评价报告编制单位的情况、后评价工作的开始和完成时间、后评价资料的来源及依据、后评价方法和项目实施的总体概况。

（2）项目前期工作后评价。项目前期工作后评价主要包括以下内容：

1）对项目前期筹备工作的后评价。包括筹备单位名称、组织机构、筹备计划及筹备工作效率等。

2）对项目决策工作的后评价。包括项目可行性研究承担单位的名称、资格，项目可行性研究的编制依据，可行性研究的起始和完成时间，项目决策单位、决策程序、决策效率等。

3）对项目征地拆迁工作的后评价。包括征地拆迁工作进度、安置补偿标准等是否符合国家有关规定。

4）对项目委托设计与施工的后评价。包括设计单位名称及资格审查、委托设计方式、设计费用、设计方案的技术可行性和经济合理性、设计标准与设计质量、委托施工方式、施工企业资格审查情况及施工合同等。

5）对建设物资、资金等的落实情况的后评价。

（3）项目实施后评价。项目实施后评价的主要内容如下：

1）项目开工后评价。

2）对项目变更的后评价。如项目范围变更、设计变更、变更的原因及影响。

3）对施工管理的后评价。包括对施工组织方式、实际施工进度、施工工程成本、质量及控制、监理、施工技术与方案等进行的后评价。

4）对项目建设资金供应情况的后评价。

5）对项目建设工期的后评价。主要评价实际建设工期及工期提前或延迟的原因。

6）对项目建设成本的后评价。即对项目实际建设成本及超支或节约原因的后评价。

7）对项目工程质量的后评价。

8）对项目竣工验收与试生产的后评价。

9）对项目建成投产后的实际生产能力与单位生产能力投资的后评价。

（4）项目生产经营的后评价。项目生产经营的后评价的主要内容如下：

1）项目达产情况的后评价。

2）项目产出物的种类与数量、产品销售情况的后评价。

3）项目获取利润情况的后评价。

4）企业经营管理的后评价。包括对机构设置，管理人员配备及素质、管理规章制度、管理效率等进行的后评价。

5）劳动定员后评价。

6）职工培训后评价。

（5）项目经济后评价。项目经济后评价的主要内容如下：

1）项目财务效益后评价。包括项目财务状况及预测，项目实际财务效益指标，主要财务指标的对比与分析，财务状况的发展变化趋势及对策措施。

2）项目国民经济后评价。包括项目国民经济效益状况及预测，项目国民经济效益指标与计算，评价指标的对比分析等。

（6）综合结论。综合结论一般包括：项目准备、决策、实施和生产经营各个阶段的主要经验教训；对项目可行性研究及评价决策水平的综合评价；项目在评价时点后的发展前景；提高项目在未来时期经济效益水平的主要对策和措施。

通常后评价报告应按照国家有关部门规定的要求进行编制。

复习思考题

11-1 工程项目后评价的概念是什么，有什么特点？

11-2 工程项目后评价有哪些作用？

11-3 工程项目后评价包括哪些内容？

11-4 说明工程项目后评价的工作程序。

11-5 工程项目后评价的方法有哪些？

11-6 工程项目后评价报告应包括哪些内容？

参 考 文 献

[1] 党耀国，米传民．投资项目评价［M］．北京：科学出版社，2010.
[2] 冯彬，冯思维．工程项目投资评价［M］．北京：中国电力出版社，2011.
[3] 陆宁，史玉芳．建设项目评价［M］．北京：化学工业出版社，2009.
[4] 周慧珍．投资项目评估［M］．大连：东北财经大学出版社，2007.
[5] 万威武．可行性研究与项目评价［M］．西安：西安交通大学出版社，2008.
[6] 王立国，等．项目评估理论与实务［M］．北京：首都经济贸易大学出版社，2006.
[7] 成其谦．投资项目评价［M］．北京：中国人民大学出版社，2007.
[8] 孙元欣，徐勇谋．投资项目评价理论、方法与案例［M］.2 版．上海：上海科学技术文献出版社，2005.
[9] 王勇．投资项目可行性分析［M］.2 版．北京：电子工业出版社，2012.
[10] 张明，田贵军．投资项目评估与工程项目管理［M］．北京：中国物价出版社，2001.
[11] 赵国杰．投资项目可行性研究［M］．天津：天津大学出版社，2003.
[12] 王斌霞．工程造价计价与控制原理［M］．郑州：黄河水利出版社，2004.
[13] 宁素莹．建设工程价格管理［M］．北京：中国建材工业出版社，2005.
[14] 陆参．工程建设项目可行性研究实务手册［M］．北京：中国电力出版社，2006.
[15] 赵平．建筑工程概预算［M］．北京：中国建筑工业出版社，2009.
[16] 李慧民．工程经济与项目管理［M］．北京：中国建筑工业出版社，2009.
[17] 李南．工程经济学［M］.3 版．北京：科学出版社，2009.
[18] 黄有亮等．工程经济学［M］．南京：东南大学出版社，2006.
[19] 戴大双．项目融资［M］．北京：机械工业出版社，2005.
[20] 蒋先玲．项目融资［M］．北京：中国金融出版社，2004.
[21] 国家发展改革委．建设项目经济评价方法与参数［M］.3 版．北京：中国计划出版社，2006.
[22] 中国国际工程咨询公司．投资项目可行性研究指南［M］．北京：中国电力出版社，2002.
[23] 刘健．投资项目经济评价和财务分析［M］．哈尔滨：哈尔滨工程大学出版社，2007.
[24] 全国投资建设项目管理师考试专家委员会．投资建设项目决策［M］．北京：中国计划出版社，2011.
[25] 中华人民共和国财政部．企业会计准则［M］．北京：经济科学出版社，2006.
[26] 陈旭，闫文周．工程项目管理［M］．北京：化学工业出版社，2011.
[27] 建设部标准定额研究所．建设项目经济评价案例［M］．北京：中国计划出版社，2006.
[28] 朱红章．工程项目经济评价［M］．武汉：武汉大学出版社，2010.
[29] 中华人民共和国住房和城乡建设部．市政公用设施建设项目社会评价导则［M］．北京：中国计划出版社，2011.
[30] 陈琳，谭建辉．建设项目社会评价研究——理论与实践［M］．北京：中国建筑工业出版社，2009.
[31] 姜伟新，张三力．投资项目后评价［M］．北京：中国石化出版社，2001.
[32] 陈文晖．工程项目后评价［M］．北京：中国经济出版社，2009.
[33] 樊胜军．旧工业建筑群再生利用项目后评价［D］．西安：西安建筑科技大学，2008.